国家一般職・国家総合職・地方上級等

公務員試験

技術系

新スーパー過去問ゼミ

電気・電子・デジタル

資格試験研究会 編　丸山大介 執筆

実務教育出版

技術系 新スーパー過去問ゼミ
刊行に当たって

「公務員試験を攻略するには，まず過去問を解くこと」
——受験生の間で常に語られてきた「真理」です。

しかし，技術系の試験については，事務系の試験のように多くの問題集が発行されているわけではありません。「過去問を入手するのが大変」「どんな問題が出題されるのか」と，情報不足に悩む人もかなりいます。また，問題の解き方を見ることが少ないため，「どうやって学習を進めればよいのか」「どうしたら得点アップに結びつく効率的な学習ができるのか」を知るチャンスが少ないという人もいます。

そういった受験生の要望に応えるべく刊行したのが，技術系の専門試験の過去問だけを集めた「技術系スーパー過去問ゼミ」シリーズです。その改訂版である「技術系　新スーパー過去問ゼミ」シリーズは，より新しい問題を収録し，さらにパワーアップしました。

過去問対策の定番として公務員試験受験生から圧倒的な信頼を寄せられている「スーパー過去問ゼミ」シリーズと同じように，次のような特長があります。

- ・テーマ別に編集したので集中して学習できる。
- ・「必修問題」「実戦問題」のすべてにわかりやすい解説。
- ・「POINT」で頻出事項の知識・論点を整理。

なお，おろそかにできないのが教養試験対策です。教養試験（基礎能力試験）は事務系と共通の問題なので，小社刊行の「新スーパー過去問ゼミ」シリーズなどを利用して，総合的な実力をつけるようにしてください。

本書を手に取られたあなたが，新時代の公務を担う一員となれるよう，私たちも応援し続けます。

資格試験研究会

本書の構成と過去問について

●本書の構成

❶必修問題：各テーマのトップを飾るにふさわしい問題，合格のためには必ずマスターしたい良問をピックアップしています。原則として問題・解説が見開き2ページに収められています。解説では，そのテーマに取り組む際のコツ，必要な知識の使い方，複数の解法の使い分け，といった事柄に言及しながら，効率的な問題の解き方をじっくり説明していきます。

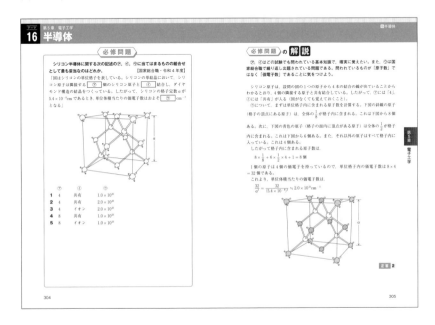

❷POINT：覚えておきたい重要事項を，図表などを駆使してまとめています。知識を問われるタイプのテーマでは，知識を体系的に紹介することで覚えやすくしています。問題を解く前の知識整理に，あるいは試験直前の確認に，活用しましょう。

❸実戦問題：各テーマの内容をスムーズに理解できるよう，バランスよく問題を選び，詳しく解説しています。

❹演習問題：知識を問われるタイプのテーマでは，5肢択一式の過去問に取り組むよりも，一問一答の問題で知識を定着させていくことが有効な場合があるので，取り組んでみてください。

❺索引：巻末には，POINT等に掲載している重要語句を集めた用語索引がついています。用語の意味や定義の確認，理解度のチェックなどに使ってください。

●本書で取り扱う試験の名称表記について

本書に掲載した問題の末尾には，試験名の略称および出題年度を記載しています。

①**国家総合職，国家Ⅰ種**：国家公務員採用総合職試験，
　　　　　　　　　　　　　国家公務員採用Ⅰ種試験（平成23年度まで）
②**国家一般職，国家Ⅱ種**：国家公務員採用一般職試験［大卒程度試験］，
　　　　　　　　　　　　　国家公務員採用Ⅱ種試験（平成23年度まで）
③**地方上級**：地方公務員採用上級試験（都道府県・政令指定都市・特別区）

●本書に収録されている「過去問」について

①国家公務員試験の問題は，人事院により公表された問題を掲載しています。地方
上級の問題は，受験生から得た情報をもとに実務教育出版が独自に編集し，復元
したものです。

②問題の論点を保ちつつ問い方を変えた，年度の経過により変化した実状に適合さ
せた，などの理由で，問題を一部改題している場合があります。また，人事院な
どにより公表された問題も，用字用語の統一を行っています。

電気・電子・デジタルの出題内容と学習のポイント

●電気・電子・デジタルの出題内容

　公務員試験における「電気・電子・デジタル」の出題内容についてまとめます。教養（基礎能力）試験については事務系職種などと共通なので省略し，ここでは専門試験（択一式）における出題分野を整理します。なお，令和4年度試験より，総合職試験にデジタル区分が新設されたほか，一般職試験（大卒程度試験）の「電気・電子・情報」区分が「デジタル・電気・電子」区分に変更されました。

　本書では，図中の色で示した出題分野を取り扱います。

国家一般職［大卒］デジタル・電気・電子区分

　区分の変更に伴い，工学に関する基礎等の必須解答36問に加えて，情報系と電気・電子系から分野を選べるようになりました。

工学に関する基礎（数学・物理）	情報・通信工学（理論）	電磁気学・電気回路・電気計測・制御・電気機器・電力工学	情報工学（プログラミング）	電子工学・電子回路	解答数40問
20問	8問	8問	4問	4問	

（36問必須解答 ／ いずれかを選択し4問解答）

地方上級

　自治体によってパターンが分かれています。

①一般的なパターン

　試験区分の名称は「電気」や「電気職」で，下図のように40問が出題されて全問に回答するというのが一般的です。

工学に関する基礎（数学・物理）	電磁気学・電気回路	電気計測・制御	電気機器・電力工学	電子工学	情報・通信工学	解答数40問
10問	10問	4問	6問	6問	4問	

　一部の自治体では出題数が少なくなっています。**奈良県**は上図の40問中30問を選択して解答します。**神戸市**は上図のうち「工学に関する基礎（数学・物理）」が出題されません。

　試験区分の名称が異なっていても出題分野が共通することがあります。**京都府**「電気・電子・情報工学」や**愛媛県**「電気・電子」がそれに該当します。また，「電気」のほかに「電子」区分が設けられることがあり，その際の出題分野はほとんどの場合で上図と同じです。

　埼玉県「設備」は申込時に電気系と機械系のいずれかを選択しますが，電気系の場合は上図と同じです。**相模原市**「設備」は給排水・空調等の設備に関する専門業務に従事するもので，出題内容は電気のものとは異なります。

　なお，**東京都**や**大阪府**，**特別区**のように，択一式の専門試験を課さず，記述式のみの自治体もあります。

②区分の名称に「情報」を含む場合

　「電気」区分とは出題分野が異なります。

　和歌山県「情報職」の出題分野は，数学・物理，情報・通信工学，情報基礎理論，

通信・ネットワーク，システム開発・運用，情報セキュリティ等。千葉市「事務（情報）」の出題分野は，基礎理論，コンピュータシステム，技術要素等。それに対して，愛媛県「行政事務（情報）」は法律や経済を含み，事務系区分に近いタイプです。

国家総合職工学区分

この試験区分は「主として計測，制御，電気，電子，通信，機械，航空，土木，建築，材料工学，原子力工学及び造船工学に関する知識，技術又はその他の能力を必要とする業務に従事することを職務とする官職」について募集するものです。電気・電子分野の専攻者だけを対象にするものではありません。

そのため，工学に関する基礎20問が必須解答であるほかは，広範な分野の27科目（各5問）のうち，4〜6科目（20〜30問）を選択し，その中から20問を選んで解答します（合わせて40問解答）。

電気・電子の専攻者は，下図の5科目の中から選択することになります。そのほかに「技術論［技術の歴史，技術と社会との関連等］」「情報基礎」などを選択することも可能です。

20問必須解答		4〜6科目を選び，その中から20問に解答					
工学に関する基礎（数学・物理）20問	電気工学 5問	電磁気学 5問	計測工学・制御工学 5問	電子工学 5問	通信工学 5問	その他22科目（各5問）	解答数40問

国家総合職デジタル区分

情報系の問題に特化した区分であり，必須問題20問と，選択必須問題（17問から10問以上を選ぶ），選択問題（選択必須問題と合わせて20問になるようにする）合計40問解答します。選択問題には，線形代数，解析，確率・統計，数学モデル，オペレーションズ・リサーチ，経営工学（経営数学・生産管理・品質管理），制御工学，電磁気学，電気工学，電子工学，通信工学の7科目があります。

20問必須解答			選択必須問題と選択問題で合計20問解答					
			選択必須問題（17問中10問以上解答）				選択問題	
基礎数学 10問	情報基礎 7問	情報と社会 3問	計算機科学 3問	情報工学（ハードウェア）5問	情報工学（ソフトウェア）5問	情報技術 4問	7科目（各2〜8問）	解答数40問

市役所試験

各市役所で毎年募集されるわけではなく，欠員に応じて「電気」区分が募集されます。

出題科目は地方上級試験の図とほぼ同様となっています。地方上級試験より少ない30問が出題され，全問必須解答という形式が多くなっています。

なお，受験資格には注意が必要です。年齢制限に加えて，関連する専門課程の修了（卒業）や，電気主任技術者など関連資格の取得を要件とする市役所もあります。このように専攻や資格を要件とする市役所は，専門試験を課さない場合もあります。

※以上の記述は令和4年度試験の受験案内に基づいています。

公務員試験　技術系　新スーパー過去問ゼミ

電気・電子・デジタル

カバー・本文デザイン／小谷野まさを　　書名ロゴ／早瀬芳文

第1章

電磁気学

電界・電位・クーロンの法則

《 **必修問題** 》

誘電率 ε の誘電体の中に正の電荷 q を置いたところ，そこから 1 m 離れた A 点と 2 m 離れた B 点の電位差が 6 V だった。正電荷 q の大きさを求めよ。

ただし，$\dfrac{1}{4\pi\varepsilon} = 2 \times 10^9 \, \text{N} \cdot \text{m}^2/\text{C}^2$ とする。　【地方上級・平成24年度】

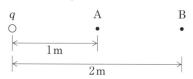

1 $2 \times 10^{-9} \text{C}$

2 $3 \times 10^{-9} \text{C}$

3 $4 \times 10^{-9} \text{C}$

4 $6 \times 10^{-9} \text{C}$

5 $8 \times 10^{-9} \text{C}$

必修問題 の 解説

　点電荷のつくる電位の公式を確認しておこう。「無限遠点が基準」という点は，本問では差をとるため意識しなくてよい。本問では，特に P.14 の必修問題との違いを意識してほしい。電位は「エネルギー（あるいは高さ）」に相当する量なので方向がない（スカラー量）。したがって，公式をただ加えたり引いたりすればよい。一方，電界は「力」に相当する量なので方向があり，向きを考えて足し引きしないといけない（ベクトル量）。今回は電位なのでただ加えるだけになる。

　点電荷 $q\,(>0)$ から距離 r 離れた位置における電位 V は, 無限遠点を基準として,

$$V = \frac{1}{4\pi\varepsilon}\frac{q}{r}$$

で計算できる。ただし，ε は場の誘電率である。

　これを使って，2点AとBの電位の差をとると，

$$V = \frac{1}{4\pi\varepsilon}\frac{q}{1} - \frac{1}{4\pi\varepsilon}\frac{q}{2} = \frac{1}{4\pi\varepsilon}\frac{q}{2} = 6\mathrm{V}$$

　設問で与えられた数値を代入すると，

$$2\times10^9\times\frac{q}{2} = 1\times10^9\times q = 6$$

となるので，

$$q = 6\times10^{-9}\mathrm{C}$$

正答 **4**

図のように，真空中の xy 平面上の点 $(-l, 0)$ に電荷 $-q$，点 $(l, 0)$ に電荷 $+q$ の点電荷が置かれているとする $(0 < l,\ 0 < q)$。このとき，x 軸上の点 $(a, 0)$ $(0 < a < l)$ における電界の大きさおよび y 軸上の点 $(0, b)$ $(0 < b)$ における電界の大きさの組合せとして最も妥当なのはどれか。

ただし，真空の誘電率を ε_0 とする。 【国家総合職・平成30年度】

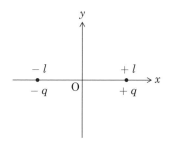

	点 $(a, 0)$	点 $(0, b)$
1	$\dfrac{q}{2\pi\varepsilon_0} \dfrac{l+a}{l^2-a^2}$	$\dfrac{q}{2\pi\varepsilon_0} \dfrac{l}{b^2+l^2}$
2	$\dfrac{q}{2\pi\varepsilon_0} \dfrac{l+a}{l^2-a^2}$	$\dfrac{q}{2\pi\varepsilon_0} \dfrac{b+l}{b^2+l^2}$
3	$\dfrac{q}{2\pi\varepsilon_0} \dfrac{l^2+a^2}{(l^2-a^2)^2}$	$\dfrac{q}{2\pi\varepsilon_0} \dfrac{l}{(b^2+l^2)^{\frac{3}{2}}}$
4	$\dfrac{q}{2\pi\varepsilon_0} \dfrac{l^2+a^2}{(l^2-a^2)^2}$	$\dfrac{q}{2\pi\varepsilon_0} \dfrac{b+l}{(b^2+l^2)^{\frac{3}{2}}}$
5	$\dfrac{q}{\pi\varepsilon_0} \dfrac{al}{(l^2-a^2)^2}$	$\dfrac{q}{2\pi\varepsilon_0} \dfrac{b}{(b^2+l^2)^{\frac{3}{2}}}$

必修問題 の 解説

　P.12 の必修問題との違いを意識してほしい。電界は，正の電荷から出ていく方向に，負の電荷には向かっていく方向に入っていく。この2つを合成する場合には，ベクトル和として計算していく。

　本問は国家総合職の問題であるが，地方上級を目指す場合にも解法❶で対応できるように用意したい。なお，国家総合職を目指す場合で，より複雑な問題まで対応するときには，解法❷も用意するとよい。一見複雑であるが，機械的に公式に代入するだけで解くことができる。

解法❶　電界の向きを考えてベクトルを合成する

点 $(a, 0)$ について

　$+q$ のつくる電界の大きさを E_+，$-q$ のつくる電界の大きさを E_- とする。

　下図からわかるとおり，$+q$ が付く電界 E_+ も $-q$ がつくる電界 E_- も同じように負の方向を向いている。

　したがって，クーロンの法則でそれぞれの大きさを計算して，足し合わせればよい。よって，求める電界 E_1 の大きさは，

$$E_1 = E_+ + E_-$$

$$= \frac{q}{4\pi\varepsilon_0(l-a)^2} + \frac{q}{4\pi\varepsilon_0(l+a)^2}$$

$$= \frac{q\{(l+a)^2 + (l-a)^2\}}{4\pi\varepsilon_0(l-a)^2(l+a)^2}$$

$$= \frac{2q(l^2+a^2)}{4\pi\varepsilon_0\{(l-a)(l+a)\}^2}$$

$$= \frac{q}{2\pi\varepsilon_0}\frac{l^2+a^2}{(l^2-a^2)^2}$$

$$\Longleftarrow +q \text{ がつくる電界}$$
$$\longleftarrow -q \text{ がつくる電界}$$

点 $(0, b)$ について

　同じく $+q$ のつくる電界の大きさを E_+，$-q$ のつくる電界の大きさを E_- とする。

　次図からわかるとおり，2つの電荷のつくる電界は上下対称である。したがって，求める電界は x 軸の負の方向に向いている。2つの電界は，電荷の大きさも距離も等しいので，同じ大きさである。したがって，片方の x 成分の大きさを2倍すれば，

全体の電界の大きさが求められる。

まず，E_-の大きさを求めると，クーロンの法則より，

$$E_- = \frac{q}{4\pi\varepsilon_0(l^2 + b^2)}$$

図中の直角三角形について，

$$\cos\theta = \frac{l}{\sqrt{l^2 + b^2}}$$

したがって，

$$E_-\cos\theta = \frac{q}{4\pi\varepsilon_0(l^2 + b^2)} \times \frac{l}{\sqrt{l^2 + b^2}}$$

$$= \frac{ql}{4\pi\varepsilon_0(l^2 + b^2)^{\frac{3}{2}}}$$

E_+についてもまったく同じ値になるので，電界全体の大きさをE_2とすると，

$$E_2 = 2E_-\cos\theta$$

$$= \frac{q}{2\pi\varepsilon_0}\frac{l}{(l^2 + b^2)^{\frac{3}{2}}}$$

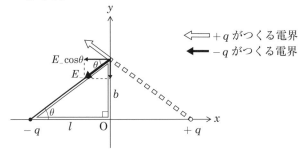

⇐ $+q$ がつくる電界
← $-q$ がつくる電界

解法❷ 位置ベクトルを求めて公式に代入する

こちらは発展的な解法なので，点 $(0,\ b)$ のみ示す。負の点電荷の置かれた場所を始点，電界を求めたい点を終点としたベクトルを$\boldsymbol{r}_-$，正の点電荷についても同様に$\boldsymbol{r}_+$とする。また，負の点電荷のつくる電界を$\boldsymbol{E}_-$，正の点電荷のつくる電界を$\boldsymbol{E}_+$，求める電界を$\boldsymbol{E}$とする。

次の図を参考にして，

$$\boldsymbol{r}_- = \begin{pmatrix} l \\ b \end{pmatrix}$$

$$\boldsymbol{r}_+ = \begin{pmatrix} -l \\ b \end{pmatrix}$$

となるので，クーロンの公式（ベクトルの公式）にそのまま代入すると，

$$\boldsymbol{E}_- = \frac{-q}{4\pi\varepsilon_0|\boldsymbol{r}_-|^3}\boldsymbol{r}_- = \frac{-q}{4\pi\varepsilon_0(l^2 + b^2)^{\frac{3}{2}}}\begin{pmatrix} l \\ b \end{pmatrix}$$

$$E_+ = \frac{q}{4\pi\varepsilon_0|\boldsymbol{r}_+|^3}\,\boldsymbol{r}_+ = \frac{q}{4\pi\varepsilon_0(l^2+b^2)^{\frac{3}{2}}}\begin{pmatrix} -l \\ b \end{pmatrix}$$

したがって，

$$\begin{aligned}
\boldsymbol{E} &= \boldsymbol{E}_- + \boldsymbol{E}_+ \\
&= \frac{1}{4\pi\varepsilon_0(l^2+b^2)^{\frac{3}{2}}}\begin{pmatrix} -ql-ql \\ -qb+qb \end{pmatrix} \\
&= \frac{1}{4\pi\varepsilon_0(l^2+b^2)^{\frac{3}{2}}}\begin{pmatrix} -2ql \\ 0 \end{pmatrix} \\
&= \frac{ql}{2\pi\varepsilon_0(l^2+b^2)^{\frac{3}{2}}}\begin{pmatrix} -1 \\ 0 \end{pmatrix}
\end{aligned}$$

これより，求める大きさは，

$$E = |\boldsymbol{E}| = \frac{q}{2\pi\varepsilon_0}\frac{l}{(l^2+b^2)^{\frac{3}{2}}}$$

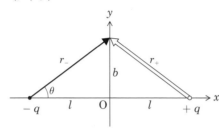

正答 **3**

真空中において図のように無限に広い接地された導体平板があり、導体平板から距離 a の点 A には電荷量 Q の点電荷がある。点 A から導体平板に下ろした垂線が導体平板と交わる点を O とする。このとき、点 O から距離 r にある導体平板上の点 P における電界の大きさとして最も妥当なのはどれか。

ただし、真空の誘電率を ε_0 とする。　　　　【国家総合職・平成26年度】

1　$\dfrac{Q}{2\pi\varepsilon_0(a^2+r^2)}$

2　$\dfrac{Qa}{2\pi\varepsilon_0(a^2+r^2)^{\frac{3}{2}}}$

3　$\dfrac{Qr}{2\pi\varepsilon_0(a^2+r^2)^{\frac{3}{2}}}$

4　$\dfrac{Qa}{4\pi\varepsilon_0(a^2+r^2)^{\frac{3}{2}}}$

5　$\dfrac{Qr}{4\pi\varepsilon_0(a^2+r^2)^{\frac{3}{2}}}$

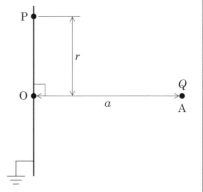

必修問題 の 解説

　点電荷と導体を組み合わせた問題では、電気影像法を使うことが多い。電気影像法は、仮想の電荷（影像電荷）を使って問題と同じ状況をつくる方法であるが、どのような仮想電荷を置くのかは問題によって決まっている。パターンも少ないので覚えておきたい。なお、本問の後半は P.14 の必修問題とまったく同じである。同問題の解法❶を見直しておこう。

手順❶　導体板を取り除き、代わりに影像電荷を置いて同じ状況をつくる

　左次図が問題の状況であるが、導体板の位置で、電位 V が $V=0$ となっていることに注意する。

　ここで、同じ状況を、導体板を置くことなくつくり出すことを考える。右次図では、導体板を取り去って（破線位置が導体板のあった位置）、代わりに、導体板に関してAと線対称の位置に、電荷 $-Q$ を置く。この場合、導体板の位置では、2つの電荷からの距離が等しいため、2つの電荷のつくる電位は同じ大きさで向きが逆になるため、合計すれば0となる。つまり、破線位置で電位が $V=0$ となっている。

　左下と右下は、導体の位置より右側ではまったく同じ状況になっている（それをつくっている原因が導体なのか点電荷なのかが異なっているが）。そこで、考えや

すい右図で考える。

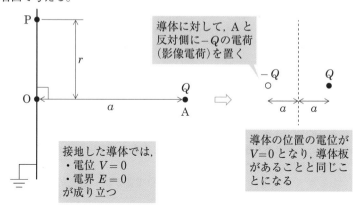

導体に対して，A と
反対側に $-Q$ の電荷
（影像電荷）を置く

$-Q$ Q

接地した導体では，
・電位 $V=0$
・電界 $E=0$
が成り立つ

導体の位置の電位が
$V=0$ となり，導体板
があることと同じこ
とになる

手順❷　2つの点電荷がPにつくる電界の強さを求める

（この問題は，P.14 の必修問題と文字が異なるだけでまったく同じである。詳し
くは同問題を参照すること。解法❶を使う）

　設問では，$Q>0$ とは書かれていないが，そのように仮定しても電界の大きさは
変わらない。

　点 P の位置は $+Q$ と $-Q$ の両方の位置から等しい位置なので，それぞれがつく
る電界の強さは等しく，これを E とする。このとき，それぞれの電界がつくる電界（の
ベクトル）は下図のようになる。図のように角度 θ を置く。クーロンの法則より，

$$E = \frac{Q}{4\pi\varepsilon_0(a^2+r^2)^2}$$

　この電界 E の導体に垂直な成分（右図
の横方向）は，

$$E\cos\theta = \frac{Q}{4\pi\varepsilon_0(a^2+r^2)^2} \times \frac{a}{\sqrt{a^2+r^2}}$$

$$= \frac{Qa}{4\pi\varepsilon_0(a^2+r^2)^{\frac{3}{2}}}$$

　求める電界は，$+Q$ と $-Q$ がつくる電
界を合成したものなので，

$$2E\cos\theta = \frac{Qa}{2\pi\varepsilon_0(a^2+r^2)^{\frac{3}{2}}}$$

$E_-\cos\theta$　P

E

r

θ

$-Q$ a O a Q

⇐ Q がつくる電界
← $-Q$ がつくる電界

参考

　なお，本問の状況で，点電荷 Q が受ける力の大きさ F は，この点電荷と影像電
荷 $-Q$ の間のクーロン力として，

$$F = \frac{1}{4\pi\varepsilon_0}\frac{Q^2}{(2a)^2} = \frac{Q^2}{16\pi\varepsilon_0 a^2}$$

となる。

正答 **2**

このテーマの内容は，工学に関する基礎の範囲内である。より基礎的な内容を学習したい場合には，まず『公務員試験　技術系　新スーパー過去問ゼミ　工学に関する基礎（数学・物理）』（実務教育出版）の該当部分に取り組むこと。

重要ポイント 1 　電界と電位

ある点Aに点電荷 q を置いたとき，点電荷が受ける力を F とすると，

$$F = qE$$

となるとき，E を（点Aの）電界（電場）と呼ぶ。電界はいわば単位電荷当たりの力であるので，**ベクトル量であり，大きさと方向を持つ**。したがって，2つ以上の電界を合成する場合には**ベクトル和**をとる。

一方，ある点Aに点電荷 q を置いたとき，点電荷が持つ電気的なエネルギーを U_A とすると，

$$U_A = qV_A$$

となるとき，V_A を（点Aの）電位と呼ぶ。電位はいわば単位電荷当たりのエネルギーであるので，**スカラー量であり，大きさしかない**。したがって，2つ以上の電位を合成する場合には**ただ足し引きすればよい**。

また，点Bの電位を V_B とするとき，

$$V = V_B - V_A$$

をAB間の電位差（または**Aから見たBの電位**）という。

重要ポイント 2 　クーロンの法則

2つの点電荷 q，q' が真空中で距離 r だけ離れているとき，2つの点電荷の間には次式で表される力 F が加わる。

$$F = \frac{1}{4\pi\varepsilon_0} \frac{qq'}{r^2}$$

ただし，$\dfrac{1}{4\pi\varepsilon_0}$ は定数であり，特に ε_0 は真空の誘電率である。

力の向きは，2つの電荷の符号が同じときは斥け合う方向，異なる場合には引き付け合う方向となる。これを**クーロンの法則**という。

また，これは言い換えれば，点電荷 q が距離 r の位置に，

$$E = \frac{1}{4\pi\varepsilon_0} \frac{q}{r^2}$$

の電界 E をつくり，この電界から点電荷 q' が力を受けたとみることができる。このとき，正の電荷ならば点電荷から離れる向きに，負の電荷ならば，点電荷に近づく向きに電界ができることになる（次図）。

このとき，無限遠点を基準（電位0）とする電位 V は，

$$V = \frac{q}{4\pi\varepsilon_0 r}$$

で求められる。

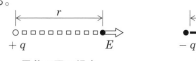 

電荷が正の場合　　　　**電荷が負の場合**

なお，クーロンの法則は，ベクトルでも次のように書くことができる。

$$\boldsymbol{E} = \frac{1}{4\pi\varepsilon_0} \frac{q}{r^3} \boldsymbol{r}$$

ここで太字はベクトル量を表し，$\boldsymbol{r}$ は点電荷を始点，電界の位置を終点とするベクトルである。この場合，電荷が正でも負でも電荷の方向を意識する必要はない（q の正負を正しくとれば方向に反映される）。国家総合職を受験する場合に，複雑な問題を単純に公式に代入するだけで解こうとする場合に有用である。

重要ポイント 3 ▶ 電気影像法

　点電荷の置かれている場所と，それを囲む電界が同じならば，点電荷の周囲の電界も同じになる。

　そこで，点電荷をうまく配置することによって，求めたい電界と同じ状況をつくり出し，点電荷の問題として解こうとするのが，電気影像法である。

　主に点電荷と導体の置かれている状況で，電界を求めるのに使われる。

　実際には使われる場面は限られているため，公務員試験では，よく出てくる場合を覚えておくことになる。

　たとえば，左下図のように，原点を中心として半径 a の導体球と，原点から距離 d だけ離れた点 P に点電荷 Q がある場は，導体球を右下図の影像電荷に置き換えて考える（実戦問題 No.1 で簡単に導出しているが，結論を覚えてもよい）。

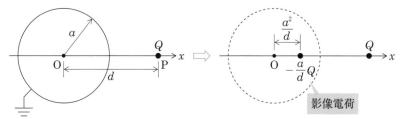

影像電荷

地方上級，国家一般職［大卒］では必修問題で扱った平板の問題を覚えておくとよい。

No.1 図のように，真空中において，xy 平面上の点 $(-d, 0)$ と点 $(7d, 0)$ に，それぞれ電荷量が $-3Q$ および Q の点電荷がある。このとき，無限遠を基準として，電位が 0 となる xy 平面上の等電位線を示す式として，最も妥当なのは次のうちではどれか。　【国家総合職・令和 4 年度】

1　$x = 5d$

2　$x = (11 + 4\sqrt{3})\,d$

3　$(x - 3d)^2 + y^2 = 25d^2$

4　$(x - 8d)^2 + y^2 = 9d^2$

5　$(x - 11d)^2 + y^2 = 48d^2$

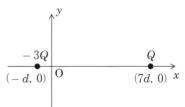

No.2 図のように，x 軸上の点 $x = -a$，0，a に電気量 Q_1，Q_2，Q_3 の点電荷が置かれている。このとき，各点電荷に働くクーロン力がつりあうための条件として最も妥当なのはどれか。　【国家 II 種・平成23年度】

1　$Q_1 = -6Q_2 = Q_3$

2　$Q_1 = -4Q_2 = Q_3$

3　$Q_1 = -2Q_2 = Q_3$

4　$Q_1 = 2Q_2 = Q_3$

5　$Q_1 = 4Q_2 = Q_3$

No.3 xy 座標平面の原点に正の電荷 $+Q$ を置いた。また，正の電荷 $+q$ を点 $(1, 0)$ に，負の電荷 $-q$ を $(0, 1)$ に置き，これに加えて正の電荷 $+2q$ を点 (x, y) に置いたところ，原点に置いた電荷 $+Q$ に働く力が 0 となった。点 (x, y) として正しいのはどれか。　【地方上級・平成26年度】

1　$\left(-\dfrac{1}{\sqrt[4]{2}},\ \dfrac{1}{\sqrt[4]{2}}\right)$

2　$\left(\dfrac{1}{\sqrt[4]{2}},\ -\dfrac{1}{\sqrt[4]{2}}\right)$

3　$\left(-\dfrac{1}{\sqrt[4]{2}},\ -\dfrac{1}{\sqrt[4]{2}}\right)$

4　$\left(-\dfrac{1}{\sqrt{2}},\ -\dfrac{1}{\sqrt{2}}\right)$

5　$\left(-\dfrac{1}{\sqrt{2}},\ \dfrac{1}{\sqrt{2}}\right)$

No.4 図のように，真空中に間隔 d，幅 l の平行平板電極があり，これに電圧 V が印加され，電極間に一様な電界が生じている。電気量 $-e$，質量 m の電子を速さ v で電極と平行に入射させたところ，電子は電極間を通過して飛び出した。電子が電極間へ入射する方向と電子が電極間から飛び出す方向とのなす角を θ とするとき，$\tan\theta$ として最も妥当なのはどれか。

ただし，電界は電極間にのみ存在するものとし，入射した電子は電極には衝突しないものとする。また，紙面に垂直な方向の成分および重力の影響は考えないものとする。

なお，電極間を飛び出した後の電子の速度の電極と平行な成分を v_x，電極に垂直な成分を v_y とすると，$\tan\theta = \dfrac{v_y}{v_x}$ と表される。　【国家一般職・平成26年度】

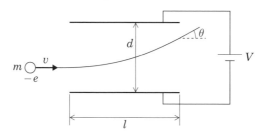

1 $\dfrac{eV}{mv^2}$

2 $\dfrac{eVd^2}{l^2mv^2}$

3 $\dfrac{eVd}{lmv^2}$

4 $\dfrac{eVl^2}{d^2mv^2}$

5 $\dfrac{eVl}{dmv^2}$

No.5 半径 a の導体の輪に線密度 λ の電荷が一様に分布している。この導体の中心から輪の載る平面に垂直に距離 z だけ離れた点 A における電界の強さはいくらか。

ただし，誘電率を ε_0 とする。 【地方上級・平成24年度】

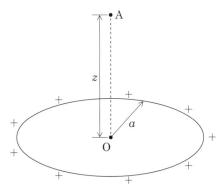

1 $\dfrac{\lambda}{2\varepsilon_0\,(z^2+a^2)}$

2 $\dfrac{a\lambda}{2\varepsilon_0\sqrt{z^2+a^2}}$

3 $\dfrac{a\lambda z}{2\varepsilon_0\sqrt{z^2+a^2}}$

4 $\dfrac{a\lambda}{2\varepsilon_0\,(z^2+a^2)^{\frac{2}{3}}}$

5 $\dfrac{a\lambda z}{2\varepsilon_0\,(z^2+a^2)^{\frac{3}{2}}}$

No.6 図Ⅰのように，接地された無限に広い導体平板から距離 d $(d>0)$ の点 P に電荷量 Q の点電荷があるとき，影像法（鏡像法）によれば，導体平板を挟んで反対側の点 P′ に電荷量 $-Q$ の仮想的な点電荷（影像電荷）を配置することで任意の点の電界の大きさを求めることができる。

ここで，図Ⅱのように xyz 座標系にそれぞれ $x=0\,(y\geqq0)$，$y=0\,(x\geqq0)$ の互いに直交する2枚の半無限の導体平板があり，$(2a,\ 3a,\ 0)\,(a>0)$ の点 R に電荷量 Q の点電荷があるとき，3つの仮想的な点電荷（影像電荷）を配置することで任意の点の電界の大きさを求めることができる。このとき，$(2a,\ 0,\ 0)$ の点 S における電界の大きさとして最も妥当なのはどれか。

ただし，2枚の導体平板と点電荷は真空中にあり，導体平板はいずれも接地されている。また，真空の誘電率を ε_0 とする。

【国家総合職・令和3年度】

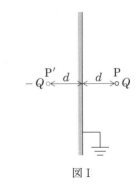

図Ⅰ

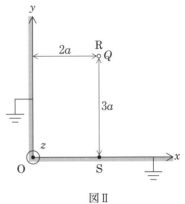

図Ⅱ

1 $\dfrac{16}{225}\dfrac{Q}{\pi\varepsilon_0 a^2}$

2 $\dfrac{32}{225}\dfrac{Q}{\pi\varepsilon_0 a^2}$

3 $\dfrac{49}{1125}\dfrac{Q}{\pi\varepsilon_0 a^2}$

4 $\dfrac{76}{1125}\dfrac{Q}{\pi\varepsilon_0 a^2}$

5 $\dfrac{98}{1125}\dfrac{Q}{\pi\varepsilon_0 a^2}$

　点電荷のまわりにできる電位の式を覚えることと，電位の計算では，向きを考えずに足し引きすることを覚えておきたい。

　点 (x, y) と電荷 Q の距離 r_+ は，三平方の定理から，

$$r_+ = \sqrt{(x - 7d)^2 + y^2} \quad (\varepsilon_0 は真空の誘電率)$$

で計算できるので，無限遠点を基準とする電位 V_+ は，

$$V_+ = \frac{Q}{4\pi\varepsilon_0 r_+}$$

$$= \frac{Q}{4\pi\varepsilon_0 \sqrt{(x - 7d)^2 + y^2}}$$

次に，点 (x, y) と電荷 $-3Q$ の距離 r_- は，三平方の定理から，

$$r_- = \sqrt{(x + d)^2 + y^2}$$

で計算できるので，無限遠点を基準とする電位 V_- は，

$$V_- = \frac{-3Q}{4\pi\varepsilon_0 r_-}$$

$$= \frac{-3Q}{4\pi\varepsilon_0 \sqrt{(x + d)^2 + y^2}}$$

この 2 つの点電荷がつくる電位 V は，これを加えればよいので，

$$V = V_+ + V_-$$

$$= \frac{Q}{4\pi\varepsilon_0 \sqrt{(x - 7d)^2 + y^2}} - \frac{3Q}{4\pi\varepsilon_0 \sqrt{(x + d)^2 + y^2}} = 0$$

これを変形して整理すればよい。第 2 項を右辺に移項して 2 乗して，

$$\frac{Q^2}{4^2\pi^2\varepsilon_0^2 \{(x - 7d)^2 + y^2\}} = \frac{9Q^2}{4^2\pi^2\varepsilon_0^2 \{(x + d)^2 + y^2\}}$$

$$\therefore \quad (x + d)^2 + y^2 = 9\{(x - 7d)^2 + y^2\}$$

展開して，

$$x^2 + 2dx + d^2 + y^2 = 9x^2 - 126dx + 441d^2 + 9y^2$$

$$\therefore \quad x^2 - 16dx + 55d^2 + y^2 = (x - 8d)^2 + y^2 - 9d^2 = 0$$

よって，

$$(x - 8d)^2 + y^2 = 9d^2$$

以上より，正答は **4** となる。

補足

　本問の結果は電気影像法に応用できる。重要ポイントで取り上げた問題について導出してみる（詳細な計算を省略するので，必要な人は実際に計算してみること）。

　影像電荷 q $(|q| \neq Q)$ を，点 $(r, 0, 0)$ に置いたとする。このときの電位が 0 となる等電位面が導体球と一致すればよい。電位について，

$$\frac{q}{4\pi\varepsilon_0\sqrt{(x-r)^2+y^2+z^2}}+\frac{Q}{4\pi\varepsilon_0\sqrt{(x-d)^2+y^2+z^2}}=0$$

（上の式が成立するためには q と Q の符号が異なることを確認して）左辺第2項を移項して2乗して整理すると，

$$q^2(x^2-2dx+d^2+y^2+z^2)=Q^2(x^2-2rx+r^2+y^2+z^2)$$

$$\therefore\quad x^2+y^2+z^2-\frac{2(dq^2-rQ^2)}{q^2-Q^2}x=\frac{r^2Q^2-d^2q^2}{q^2-Q^2}$$

これが，球面 $x^2+y^2+z^2=a^2$ と一致すればよいので，

$$\begin{cases} dq^2=rQ^2 \\ \dfrac{r^2Q^2-d^2q^2}{q^2-Q^2}=a^2 \end{cases}$$

上の式から $q^2=\dfrac{r}{d}Q^2$ を求めて下の式に代入し，整理すると，$r=\dfrac{a^2}{d}$ が求

まり，上の式に代入すれば，$q=-\dfrac{a}{d}Q$ となる。

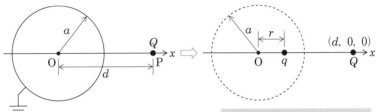

x 軸に直交して y, z 軸をとる

　点電荷のクーロンの法則の演習問題である。図を描いて符号を見抜いてほしい。

　仮にすべての電荷が正だとして計算する。

　まず Q_1 についての力のつりあいを考える。Q_1 と Q_2 の間の力の大きさを F_{12}，Q_1 と Q_3 の間の力の大きさを F_{13} とすると，左下図を参考にして，クーロンの法則を考えると，

$$F_{12} + F_{13} = \frac{Q_1 Q_2}{4\pi\varepsilon_0 a^2} + \frac{Q_1 Q_3}{4\pi\varepsilon_0 (2a)^2} = 0$$

$$\therefore \quad Q_3 = -4Q_2$$

なお，ε_0 は真空の誘電率である。

　まず Q_2 についての力のつりあいを考える。Q_2 と Q_3 の間の力の大きさを F_{23} とすると，左下図を参考にして，クーロンの法則を考えると，

$$F_{12} = F_{23}$$

$$\therefore \quad \frac{Q_1 Q_2}{4\pi\varepsilon_0 a^2} = \frac{Q_1 Q_3}{4\pi\varepsilon_0 a^2}$$

これを整理して $Q_1 = Q_3$ となる。以上をまとめると，$Q_1 = -4Q_2 = Q_3$ となり，正答は**2**である。

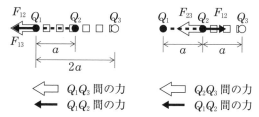

　なお，図から先に Q_2 と Q_3 が異符号で，Q_1 と Q_3 が同符号であることがわかる。

No.3 の解説　クーロンの法則

→問題は P.22

点電荷のクーロンの法則の演習問題である。ここでも図を描いて考える。

まず$+q$と$-q$のクーロン力の合力を求める。それぞれのクーロン力は，電荷の大きさと原点までの距離が等しいので，同じ大きさとなり，それをFとすると，

$$F = \frac{qQ}{4\pi\varepsilon_0}$$

となる。下図からその合力は$\sqrt{2}F$である。下図を見ると，正の点電荷を使って$+Q$に働く力を0にするためには，直線$y = -x$上の$x < 0$の位置に置けばよいとわかる。そこで，点電荷$+2q$を置く場所と原点との距離をrとすると，クーロンの法則から，

$$\frac{2qQ}{4\pi\varepsilon_0 r^2} = \sqrt{2}F = \frac{qQ}{2\sqrt{2}\pi\varepsilon_0}$$
$$\therefore \quad r = \sqrt[4]{2}$$

と求められる。したがって，求める座標は，$\left(-\dfrac{r}{\sqrt{2}}, \dfrac{r}{\sqrt{2}}\right) = \left(-\dfrac{1}{\sqrt[4]{2}}, \dfrac{1}{\sqrt[4]{2}}\right)$となり，正答は **1** である。ただし，計算では$\sqrt{2} = \sqrt[4]{4}$に気をつけること。

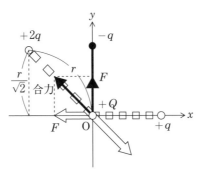

⇦ 正の電荷（$+q$, $2q$）との間の力
← 負の電荷（$-q$）との間の力

電界に関する有名問題で，過去には国家総合職でも出題されている。まずは運動方程式を立てる。

電極間には下向きに電界 E が発生している。これにより電子には電界と逆向きに力 $F = eE$ が加わって運動する。

まずは，電界の大きさを求める。電極間の内部では電界は一様と考えてよい（平行平板コンデンサの性質）ので，電極間の電圧が V であることから，

$$V = Ed$$

$$\therefore \quad E = \frac{V}{d}$$

次に，電極と平行な方向には力がなく，速さ v の等速運動なので，電極を通過するのにかかる時間を t とすると，

$$l = vt$$

$$\therefore \quad t = \frac{l}{v}$$

次に，電極に垂直な方向には，運動方程式から，加速度を a_y とすると，

$$ma_y = eE = \frac{eV}{d}$$

$$\therefore \quad a_y = \frac{eV}{dm}$$

となる等加速度運動をする。したがって，

$$v_y = a_y t = \frac{eVl}{dmv}$$

$v_x = v$ に注意して，

$$\tan\theta = \frac{v_y}{v_x} = \frac{eVl}{dmv^2}$$

以上より，正答は**5**となる。

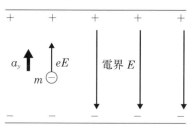

力を図示していることに注意（設問と異なり，速さは図示していない）

No.5 の解説 輪の電荷とクーロンの法則

→問題は P.24

過去には国家総合職にも出題のある有名問題である。特別に用意しておく問題といえる。

解法❶ クーロンの法則を考える

図の左右方向，奥行き方向に対称性があるので，電界は鉛直方向であり，電界が正の電荷から出ていく方向であることを考えると，鉛直上方向となる。これを前提に，輪の微小長さ dl（非常に微小な長さで，点電荷とみなせるものとする）の部分を取り出し，点電荷とみなして，これが点Aにつくる電界 dE の鉛直方向成分 $dE\cos\theta$ を求める（下図）。ただし，この点電荷とAの距離を r とする。

クーロンの法則より，

$$dE = \frac{1}{4\pi\varepsilon_0}\frac{\lambda dl}{r^2}$$

また，図形的に，

$$\cos\theta = \frac{z}{r}$$

となるので，

$$dE\cos\theta = \frac{1}{4\pi\varepsilon_0}\frac{\lambda z dl}{r^3}$$

これを輪全体について合計（積分）すれば，輪全体がつくる電界となるので，

$$\int dE\cos\theta = \frac{1}{4\pi\varepsilon_0}\frac{\lambda z}{r^3}\int dl = \frac{1}{4\pi\varepsilon_0}\frac{\lambda z}{r^3}\times 2\pi a = \frac{a\lambda z}{2\varepsilon_0 r^3} = \frac{a\lambda z}{2\varepsilon_0(z^2+a^2)^{\frac{3}{2}}}$$

以上より，正答は **5** となる。なお，和の微小長さ dl を積分すると輪の長さ $2\pi a$ となる。

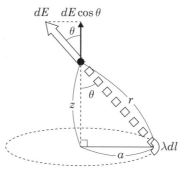

解法❷ 電位を微分する

求める電界が z 成分しかないことを前提とする。輪の電荷がAにつくる電位 V を求める。輪の電荷とAの距離はすべて r であるので，点電荷 $\lambda\times 2\pi a$ が，Aから距離 r の位置にあると考えてもよく（電位はスカラー量

で，距離のみで決まる），

$$V = \frac{\lambda \times 2\pi a}{4\pi \varepsilon_0 r} = \frac{a\lambda}{2\varepsilon_0 (z^2 + a^2)^{\frac{1}{2}}}$$
$$= \frac{a\lambda}{2\varepsilon_0}(z^2 + a^2)^{-\frac{1}{2}}$$

電位を座標成分で微分するとその成分になるので，合成関数の微分公式に注意して，

$$E_z = -\frac{\partial V}{\partial z} = -\frac{a\lambda}{2\varepsilon_0} \times \left(-\frac{1}{2}\right) \times (z^2 + a^2)^{-\frac{3}{2}} \times 2z$$
$$= \frac{a\lambda z}{2\varepsilon_0 (z^2 + a^2)^{\frac{3}{2}}}$$

No.6 の解説　電気影像法　　　　　　　　　　　　　→問題は P.25

　電気影像法の有名問題の一つで，国家総合職を受験する場合，影像電荷の置き方は覚えてもよい。

手順❶　影像電荷を置く

　設問にあるとおり，まずは点電荷を導体平面に関して対称移動させた位置に，負の影像電荷を置く。ここでは導体平面が2つあるので，それぞれについて対称の位置に1つずつ影像電荷（−Q）を置く（次の図1のA，B）。しかし，このままでは負の電荷が1つ余り，対称性が保たれない（たとえばy軸について見ると，AとRのつくる電界は対称性で打ち消すが，Bの電荷のつくる電界が残ってしまう）。

　そこで，x軸，y軸を負方向にも伸ばし，これについて，AまたはBについて対称的な位置Cに正の影像電荷を置く。これでx軸，y軸はすべて電位0となる（図1）。

手順❷　電界を計算する

　電界を図示すると図2になる。距離も電荷の大きさも同じため，RとBの電荷がSにつくる電界の大きさは等しく，これをE_1とする。同様に，AとCの電荷がSにつくる電界の大きさは等しいので，これをE_2とする。電界を合成すると，対称性から明らかにy軸方向となる。そこで，それぞれの電界のy方向成分を計算する。

$$E_1 = \frac{Q}{4\pi\varepsilon_0 (3a)^2} = \frac{Q}{36\pi\varepsilon_0 a^2}$$

図から $\cos\theta = \dfrac{3}{5}$ なので，

$$E_2\cos\theta = \frac{Q}{4\pi\varepsilon_0 (5a)^2} \times \frac{3}{5} = \frac{3Q}{500\pi\varepsilon_0 a^2}$$

したがって，求める電界は（負方向を向いているとして計算して），

$$2E_1 - 2E_2\cos\theta = 2 \times \frac{Q}{36\pi\varepsilon_0 a^2} - 2 \times \frac{3Q}{500\pi\varepsilon_0 a^2} = \frac{49Q}{1125\pi\varepsilon_0 a^2}$$

以上より，正答は**3**となる。

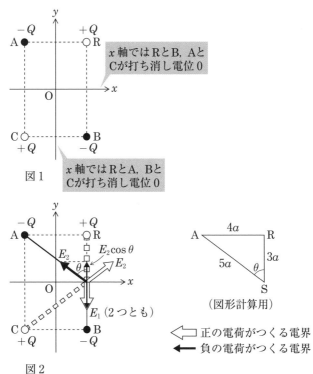

図1

図2

（図形計算用）

◁ 正の電荷がつくる電界
◀ 負の電荷がつくる電界

ガウスの法則

　図のように，半径 a の内球と，内半径，外半径がそれぞれ $3a$，$4a$ の外球からなる同心球導体が真空中にある。いま，内球に $2Q$，外球に Q の電荷を与えたとき，内球の導体の電位として最も妥当なのはどれか。

　ただし，真空の誘電率を ε_0 とし，無限遠の電位を 0 とする。

【国家総合職・平成27年度】

1 $\dfrac{17Q}{48\pi\varepsilon_0 a}$

2 $\dfrac{19Q}{48\pi\varepsilon_0 a}$

3 $\dfrac{23Q}{48\pi\varepsilon_0 a}$

4 $\dfrac{25Q}{48\pi\varepsilon_0 a}$

5 $\dfrac{41Q}{48\pi\varepsilon_0 a}$

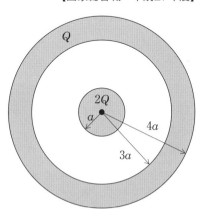

必修問題 の 解説

　ガウスの法則を使って電界を求め，さらに電位を求める流れを覚えてほしい。ガウスの法則の出題の大多数が，対称性のある有名問題を題材としている。今回の球対称の問題もそのうちの一つとしてもらいたい。ただし，電界は参考に書いたように覚えてもよい。なお，国家総合職対策用に，コンデンサの容量を用いた計算も載せておいた。

手順❶　場合分けをして，それぞれにガウスの法則を使う

　まずガウスの法則を使って，中心から距離 r の位置の電界を求める。場面に応じて分けて計算する。また，導体内部には電界はないので，導体の部分は省略する。

$a < r < 3a$ のとき

　調べる領域を半径 r の球面とする（図1の破線）。対称性から，この球面からは対称的に電界 E が出て行くと考えられる。ガウスの法則より，出て行く電束（電界と誘電率の積）は，調べる領域内の電荷に等しいので，

$$2Q = \int \varepsilon E dS = \varepsilon_0 E \int dS = \varepsilon_0 \times E \times 4\pi r^2 \qquad \therefore \quad E = \frac{Q}{2\pi\varepsilon_0 r^2}$$

$r > 4a$ のとき

同じく図2でガウスの法則を使うと，

$$3Q = \varepsilon_0 \times 4\pi r^2 \times E \qquad \therefore \quad E = \frac{3Q}{4\pi\varepsilon_0 r^2}$$

手順❷　電界を積分して電位を求める

電界を基準点から積分すれば電位となる。したがって，内側の導体球の電位 V は，

$$V = \int_{\infty}^{a} (-E)\,dr = \int_{\infty}^{4a} \frac{-3Q}{4\pi\varepsilon_0 r^2}\,dr + \int_{3a}^{a} \frac{-Q}{2\pi\varepsilon_0 r^2}\,dr$$

$$\fallingdotseq \left[\frac{3Q}{4\pi\varepsilon_0 r}\right]_{\infty}^{4a} + \left[\frac{Q}{2\pi\varepsilon_0 r}\right]_{3a}^{a} = \frac{3Q}{16\pi\varepsilon_0 a} + \left(\frac{Q}{2\pi\varepsilon_0 a} - \frac{Q}{6\pi\varepsilon_0 a}\right) = \frac{25Q}{48\pi\varepsilon_0 a}$$

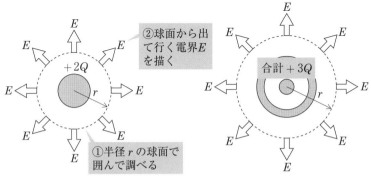

図1　$a < r < 3a$ の場合　　**図2　$r > 4a$ の場合**

参考

本問のように球対称に電荷がある場合の電界 E は，$E = \dfrac{Q_{\mathrm{in}}}{4\pi\varepsilon_0 r^2}$ となる。ただし，Q_{in} は，考えている場所よりも内側にある電荷の合計である。

ところで，$3a < r < 4a$ の導体部分では $E = 0$ なので，その内側の電荷の合計は 0 でなければいけない。そのため，導体球殻の内側には $-2Q$ の電荷があり，したがって導体球に与えた電荷が Q なので，球殻の外側に $3Q$ の電荷があることがある。

また，内半径 r_1，外半径 r_2 の球コンデンサの静電容量 C が $C = \dfrac{4\pi\varepsilon_0 r_1 r_2}{r_2 - r_1}$，半径 r の導体孤立球のコンデンサの静電容量 C' が，$C' = 4\pi\varepsilon_0 r$ で与えられることを使うと，本問は，内半径 a，外半径 $3a$ の球コンデンサ $\left(\text{容量} \dfrac{4\pi\varepsilon_0 \cdot 3a \cdot a}{3a - a} = 6\pi\varepsilon_0 a\right)$ に電荷 $2Q$ を，半径 $4r$ の孤立球コンデンサ（容量 $4\pi\varepsilon_0 \cdot 4a = 16\pi\varepsilon_0 a$）に電荷 $3Q$ を与えたと考えて，

$$V = \frac{2Q}{6\pi\varepsilon_0 a} + \frac{3Q}{16\pi\varepsilon_0 a} = \frac{25}{48\pi\varepsilon_0 a}$$

と求めることができる。

正答　4

　真空中の無限に長い直線上に，電荷が線密度 λ（$\lambda > 0$）で一様に分布している。この直線からそれぞれ距離 r_A，r_B（$r_A > r_B > 0$）だけ離れた 2 点 A，B の電位をそれぞれ V_A，V_B としたとき，点 A における電界の大きさ E と，電位差 $V_A - V_B$ の組合せとして最も妥当なのはどれか。

　ただし，真空の誘電率を ε_0 とする。

【国家総合職・令和元年度】

	E	$V_A - V_B$
1	$\dfrac{\lambda}{4\pi\varepsilon_0 r_A}$	$\dfrac{\lambda}{4\pi\varepsilon_0}\left(\dfrac{1}{r_B} - \dfrac{1}{r_A}\right)$
2	$\dfrac{\lambda}{4\pi\varepsilon_0 r_A}$	$\dfrac{\lambda}{4\pi\varepsilon_0}\ln\left(\dfrac{r_B}{r_A}\right)$
3	$\dfrac{\lambda}{2\pi\varepsilon_0 r_A}$	$\dfrac{\lambda}{2\pi\varepsilon_0}\left(\dfrac{1}{r_B} - \dfrac{1}{r_A}\right)$
4	$\dfrac{\lambda}{2\pi\varepsilon_0 r_A}$	$\dfrac{\lambda}{2\pi\varepsilon_0}\ln\left(\dfrac{r_B}{r_A}\right)$
5	$\dfrac{\lambda}{\pi\varepsilon_0 r_A}$	$\dfrac{\lambda}{\pi\varepsilon_0}\left(\dfrac{1}{r_B} - \dfrac{1}{r_A}\right)$

必修問題 の 解説

　円筒の場合のガウスの法則の演習問題である。直線導線の周囲の電界も本問と同じように求めることができる。基本的なガウスの法則の適用例として覚えておこう。

　直線から距離 r の位置の電界 E を求める。下図のように，直線を軸として，高さ1，半径 r の円柱の領域をとる。電界はこの側面から外に出る。ガウスの法則から，領域の中の電荷と外に出ていく電束 $\varepsilon_0 E$ の合計が等しいので，

$$\lambda = \varepsilon_0 E \times 2\pi r$$

$$\therefore \quad E = \frac{\lambda}{2\pi \varepsilon_0 r}$$

$r = r_A$ では $E = \dfrac{\lambda}{2\pi \varepsilon_0 r_A}$ となる。AB 間の（B を基準とする）電位差は，

$$V_{AB} = V_A - V_B = \int_{r_B}^{r_A} (-E)\, dr = \int_{r_A}^{r_B} \frac{\lambda}{2\pi \varepsilon_0 r}\, dr$$

$$= \left[\frac{\lambda}{2\pi \varepsilon_0} \ln r \right]_{r_A}^{r_B} = \frac{\lambda}{2\pi \varepsilon_0} \ln \left(\frac{r_B}{r_A} \right)$$

電荷には向きがないので
上下方向の電界はない

電界は側面から出る

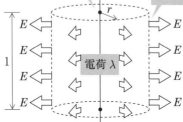

正答 **4**

重要ポイント 1 ガウスの法則

ガウスの法則は電界を求める場合に一般的に用いられるもので，次式で表される。

$$Q_{検査面内部} = \int_{検査面} \varepsilon E dS$$

左辺の Q は検査面内部の電荷の合計，右辺の E は検査面の表面の電界である。また，右辺の $D = \varepsilon E$ は電束とも呼ばれ，正確にはベクトル量である。右辺は，これを検査面の表面全体で合計したもの，正しい意味では面積分したものとなる。

ガウスの法則を解釈するならば，**ある面から正味（正と負は差し引く）で出て行く電界（電束）は，すべてその中にある電荷を出発点とする**と言い換えられる。

たとえば，電界の合計が0だったとしても，それは領域内部の電界が0という意味ではない。しかし，出て行った分が余ったのであれば，それは中の電荷が出発点となっているという意味である。

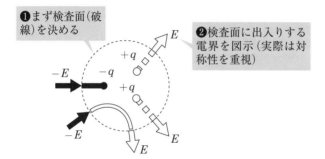

❶まず検査面（破線）を決める

❷検査面に出入りする電界を図示（実際は対称性を重視）

中にある電荷から，電界 E が出て行くイメージで，
「中の電荷の合計」＝ ε ×「出て行く電界の合計」
と式を立てる。上図では
$+q(= +q + q - q) = \varepsilon E \ (= (3E - 2E))$
（実際には電界 E は面積を掛けて合計とする）

実際にガウスの法則が使われるのは，対称性がある場合が多い。したがって使われる例と使われ方を覚えておく必要がある。手順としては次のようになる。

手順❶　検査領域（面）を決める

設問には検査面が描かれていない場合が多いため，まずは自分で検査面を決めなければいけない。

どのような場合にどのような検査面を描くかは，試験用には覚えて対処することになる。特に次の場合は覚えておく必要がある。

①球対称の場合	球面を検査面とする（P.34 の必修問題）
②軸対称（直線まわり，円筒まわり）の場合	円筒面を検査面とする（P.36 の必修問題）
③平板まわりの場合	平板の両側に出る箱形の検査面をつくる（下図） 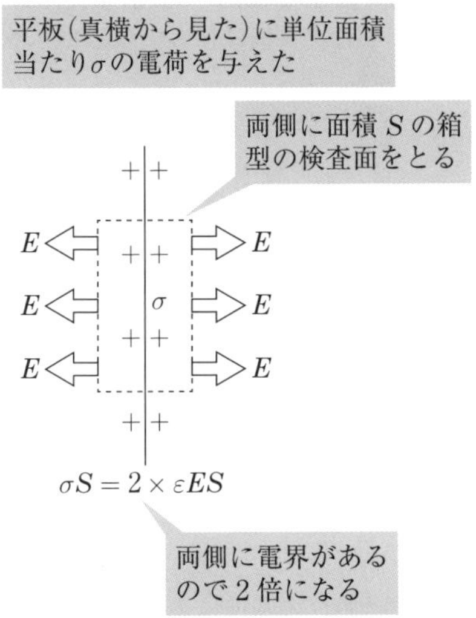 平板（真横から見た）に単位面積当たりσの電荷を与えた 両側に面積 S の箱型の検査面をとる E E E σ E E E $$\sigma S = 2 \times \varepsilon E S$$ 両側に電界があるので2倍になる
④導体表面の場合	片面が導体外部，反対側の面が導体内部にあるような検査面をつくる（下図） 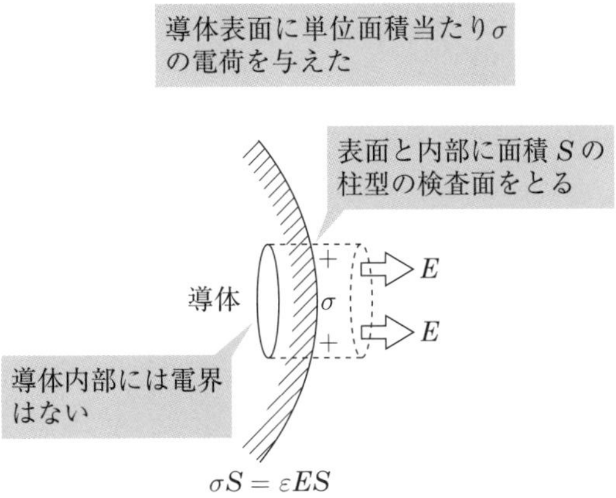 導体表面に単位面積当たりσの電荷を与えた 表面と内部に面積 S の柱型の検査面をとる 導体 σ E E 導体内部には電界はない $$\sigma S = \varepsilon E S$$

手順❷　電界を図示する

　対称性を利用して図示する（省いてもよいが，計算ミスを防ぐためにも描いておくほうがよい）。なお，検査面と電界が垂直になる（ように検査面をとる）ことに注意すること。

手順❸　出て行く電界（電束）の合計を計算する

　実際に積分を実行する例は極めて珍しく，多くの問題では，電界が一様なので，面積を S とすると，

$$\int_面 EdS = ES$$

となる。なお，検査面に入る電界は負になることにも注意すること。

手順❹　ガウスの法則を使って電界を求める

　手順❸で計算した電界の合計と，内部の電荷が等しくなることから，電界を求める。

重要ポイント **2** **電位の計算**

　電界 E がわかると，電位 V は次の式で計算できる。

$$V = \int_{基準} (-E)\, dr$$

　定積分の下限は電位の基準による。基準とは，電位を 0 とする点のことである。基準が無限遠点の場合には，基準を無限大（∞）に，基準が決まった点 B ならば，点 B の座標にとればよい。

　なお，逆に電位が場の座標の関数として与えられれば，x 方向の電界成分 E_x は，

$$E_x = -\frac{\partial V}{\partial x}$$

で計算することもできる。

重要ポイント **3** **導体**

　電流が存在しない静電界の問題では，導体は，内部に電界 E が存在せず，電位が一定となる場として扱う。結果として，導体に電荷を与えるとその電荷は電界内部にはとどまらず，表面に集まることになる。導体内部に電荷がとどまると，ガウスの法則から電界が 0 にならないからである。

　なお，導体に電荷を与えたときに，どの表面にどれだけ電荷が分布するのかは，導体内部を通る検査面に対してガウスの法則を使えば求まる場合がある（P.34 の必修問題）。

No.1 図のように，真空中に半径 a の導体球と内半径 b，外半径 c の導体球殻が同心状に置かれている。導体球に $+Q(Q>0)$ の電荷，導体球殻に $-Q$ の電荷が与えられているとき，導体球および導体球殻の中心からの距離 $r_1(a<r_1<b)$ における電界の大きさ E_1 および距離 $r_2(c<r_2)$ における電界の大きさ E_2 の組合せとして最も妥当なのはどれか。

ただし，真空の誘電率を ε_0 とする。　　　　　【国家一般職・令和元年度】

導体球
導体球殻

	E_1	E_2
1	0	0
2	0	$\dfrac{Q}{4\pi\varepsilon_0 r_2^2}$
3	$\dfrac{Q}{4\pi\varepsilon_0 r_1^2}$	0
4	$\dfrac{Q}{4\pi\varepsilon_0 r_1^2}$	$\dfrac{Q}{4\pi\varepsilon_0 r_2^2}$
5	$\dfrac{Q}{2\pi\varepsilon_0 r_1^2}$	$\dfrac{Q}{2\pi\varepsilon_0 r_2^2}$

No.2 半径 a の球体の内部に体積電荷密度 ρ で一様に電荷が分布している。この球体の内部における，中心からの距離 $r(r \leqq a)$ の位置での電界の強さはどのように表されるか。

ただし，この球体の誘電率を ε とする。　　　　　【地方上級・平成22年度】

1 $\dfrac{r^3\rho}{3\varepsilon}$

2 $\dfrac{r^2\rho}{3\varepsilon}$

3 $\dfrac{r\rho}{3\varepsilon}$

4 $\dfrac{\rho}{3\pi\varepsilon r}$

5 $\dfrac{\rho}{3\pi\varepsilon r^2}$

No.3 図のように，断面の半径 a の無限に長い円柱の内部に正の電荷が一様に分布している。このとき，円柱の中心軸から距離 r における電界の大きさ E を定性的に表したものとして最も妥当なのはどれか。

【国家一般職・平成25年度】

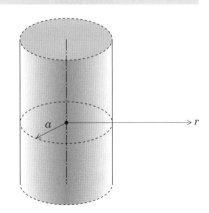

1

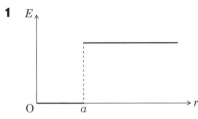

2

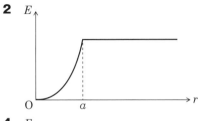

3

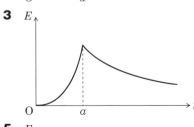

4

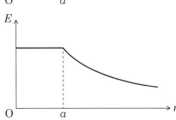

5

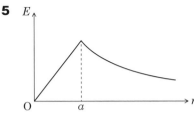

No.1 の解説　球対称の場合のガウスの法則

→問題は P.42

球対称の場合の電界の演習問題である。公式を確認しておこう。

球対称に電荷が与えられているので，電界は，

$$E = \frac{Q_{in}}{4\pi\varepsilon_0 r^2}$$

となる。ただし，Q_{in} は，考えている場所よりも内側にある電荷の合計である。

E_1 について，$a < r_1 < b$ の場合，半径 r_1 の球の検査面を考えると，その内側には電荷 $+Q$ があるので，

$$E_1 = \frac{Q}{4\pi\varepsilon_0 r_1^2}$$

E_2 について，$c < r_2$ の場合，半径 r_2 の球の検査面を考えると，その内側の電荷の合計は $+Q - Q = 0$ となる。したがって，$E_2 = 0$ となり，正答は **3** である。

No.2 の解説　球対称の場合のガウスの法則

→問題は P.42

球対称の場合の電界の有名問題である。ここでも実戦問題 No.1 と同じ公式を使っておく。なお，本問には直接関係ないが，$r > a$ の場合もできるようにしておくこと。

$$E = \frac{Q_{in}}{4\pi\varepsilon r^2}$$

の公式を使う。図を参考に半径 $r(\leqq a)$ の球の内側に含まれる電荷を求めると，電荷は，電荷密度に体積を掛ければ求まるので，

$$Q_{in} = \rho \times \frac{4}{3}\pi r^3$$

したがって，

$$E = \frac{1}{4\pi\varepsilon r^2} \times \frac{4}{3}\pi r^3 \rho = \frac{r\rho}{3\varepsilon}$$

以上より，正答は **3** となる。

参考

$r > a$ の場合，半径 r の球の中に電荷がすべて入るので，

$$E = \frac{1}{4\pi\varepsilon r^2} \times \frac{4}{3}\pi a^3 \rho = \frac{\rho a^3}{3\varepsilon r^2}$$

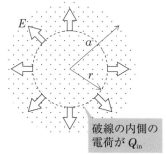

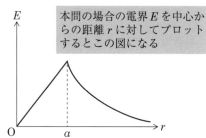

本問の場合の電界 E を中心からの距離 r に対してプロットするとこの図になる

破線の内側の電荷が Q_{in}

No.3 の解説   軸対称の場合のガウスの法則

→問題は P.43

軸対称の場合の演習問題である。場合分けをしてガウスの法則を立てていく。

単位体積当たりの電荷を ρ，誘電率を ε_0 とし，検査面として，高さ1，底面の半径が r の円筒面をとる。軸対称なので，上下面から出入りする電界はない。

場合❶　$0 \leqq r \leqq a$ の場合

検査面の内部全体に一様に電荷があり，その合計は $\rho \times \pi r^2$ となるので，ガウスの法則より，電界が側面から出て行くことを考えて，

$$\rho\pi r^2 = \varepsilon_0 \times E \times 2\pi r$$

$$\therefore \quad E = \frac{\rho}{2\varepsilon_0}r$$

場合❷　$r > a$ の場合

電荷は半径 a の位置まで存在するので，

$$\rho\pi a^2 = \varepsilon_0 \times E \times 2\pi r$$

$$E = \frac{\rho a^2}{2\varepsilon_0 r}$$

以上をグラフにすると正答は **5** になる。

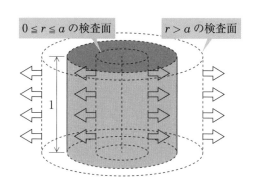

$0 \leqq r \leqq a$ の検査面　　　$r > a$ の検査面

正答　No.1＝3　No.2＝3　No.3＝5

3 コンデンサ

テーマ 3 | 第1章 電磁気学

必修問題

　極板面積 S，極板間隔 d の平行平板コンデンサがある。このコンデンサの極板間に，図Ⅰのように，誘電率 ε_1 と ε_2 の誘電体（それぞれ面積 $\dfrac{S}{2}$，厚さ d）を挿入したときの静電容量 C_{I} と，図Ⅱのように，誘電率 ε_1 と ε_2 の誘電体（それぞれ面積 S，厚さ $\dfrac{d}{2}$）を挿入したときの静電容量 C_{II} の組合せとして最も妥当なのはどれか。

　ただし，端効果は無視できるものとする。　【国家一般職・令和2年度】

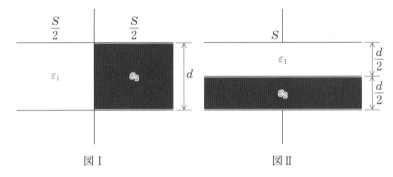

図Ⅰ　　　　　　　　　　　　図Ⅱ

	C_{I}	C_{II}
1	$\dfrac{S(\varepsilon_1+\varepsilon_2)}{2d}$	$\dfrac{S(\varepsilon_1+\varepsilon_2)}{2d\varepsilon_1\varepsilon_2}$
2	$\dfrac{S(\varepsilon_1+\varepsilon_2)}{2d}$	$\dfrac{2S\varepsilon_1\varepsilon_2}{d(\varepsilon_1+\varepsilon_2)}$
3	$\dfrac{2S(\varepsilon_1+\varepsilon_2)}{d\varepsilon_1\varepsilon_2}$	$\dfrac{2S\varepsilon_1\varepsilon_2}{d(\varepsilon_1+\varepsilon_2)}$
4	$\dfrac{2S(\varepsilon_1+\varepsilon_2)}{d\varepsilon_1\varepsilon_2}$	$\dfrac{2S(\varepsilon_1+\varepsilon_2)}{d}$
5	$\dfrac{S\varepsilon_1\varepsilon_2}{2d(\varepsilon_1+\varepsilon_2)}$	$\dfrac{2S(\varepsilon_1+\varepsilon_2)}{d}$

46

必修問題 の 解説

　複数の誘電体の入ったコンデンサの容量計算は，直並列の関係が見抜ければ直並列の合成を，見抜けなければガウスの法則で導出する方針になる。さまざまな計算で用いられるため，コンデンサの基本計算として覚えておこう。

図Ⅰについて

　左右は並列の関係にある。平行平板コンデンサの静電容量の公式から，左側のコンデンサの容量は $\varepsilon_1 \dfrac{\frac{S}{2}}{d} = \varepsilon_1 \dfrac{S}{2d}$，右側のコンデンサの容量は $\varepsilon_2 \dfrac{\frac{S}{2}}{d} = \varepsilon_2 \dfrac{S}{2d}$ となるので，並列合成の公式より，

$$C_1 = \varepsilon_1 \frac{S}{2d} + \varepsilon_2 \frac{S}{2d} = \frac{S(\varepsilon_1 + \varepsilon_2)}{2d}$$

図Ⅱについて

　上下は直列の関係にある。上側のコンデンサの容量は $\varepsilon_1 \dfrac{S}{\frac{d}{2}} = \varepsilon_1 \dfrac{2S}{d}$，下側のコンデンサの容量は $\varepsilon_2 \dfrac{S}{\frac{d}{2}} = \varepsilon_2 \dfrac{2S}{d}$ となるので，

$$\frac{1}{C_2} = \frac{d}{2\varepsilon_1 S} + \frac{d}{2\varepsilon_2 S} = \frac{d(\varepsilon_1 + \varepsilon_2)}{2S\varepsilon_1\varepsilon_2}$$

$$\therefore \quad C_2 = \frac{2S\varepsilon_1\varepsilon_2}{d(\varepsilon_1 + \varepsilon_2)}$$

正答 2

　図のような回路に関する次の空欄ア，イ，ウに入る文字，数として正しい
のはどれか。　　　　　　　　　　　　　　　　　【地方上級・平成24年度】

「図の回路において，まずスイッチを閉じて十分時間がたちコンデンサを充
電させた。次にスイッチを開いた。この状態で比誘電率2の誘電体をコンデ
ンサに挿入した。このとき，コンデンサに蓄えられた電気量をQ，コンデン
サの極板間の電圧をVとすると，挿入する前と比べて，挿入した後は
　　ア　　は変化しないが，　　イ　　は変化するので，コンデンサの静電エネ
ルギーは　　ウ　　倍になる」

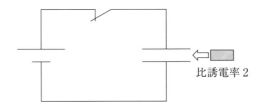

比誘電率2

　　　　　ア　　イ　　　　ウ

1　Q　　V　　$\dfrac{1}{2}$倍

2　Q　　V　　2倍

3　Q　　V　　4倍

4　V　　Q　　$\dfrac{1}{2}$倍

5　V　　Q　　2倍

〈 必修問題 〉の **解説**

　コンデンサに誘電体を挿入したり，極板間隔や面積を変化させる問題は，工学に関する基礎を含めてよく出題される。電荷が一定なのか，電圧が一定なのかの条件を読んだうえで，コンデンサの公式の変化を確認しておこう。

　誘電体を挿入することで誘電率が2倍になる。すると，平行平板コンデンサの静電容量 C の公式

$$C = \varepsilon \frac{S}{d} \quad (\varepsilon：誘電率，S：極板面積，d：極板間隔)$$

の公式から，静電容量 C が2倍になることがわかる。また，本問ではスイッチを開いているため，電荷 Q が一定に保たれている。したがって，電圧 V は，コンデンサの公式 $V = \dfrac{Q}{C}$ の公式から $\dfrac{1}{2}$ 倍に変化する。最後に，静電エネルギー U は，

$$U = \frac{1}{2}QV$$

と表されることから $\dfrac{1}{2}$ 倍になることがわかる。

　以上から，空欄アには「Q」，空欄イには「V」，空欄ウには「$\dfrac{1}{2}$ 倍」が入る。

正答 **1**

必修問題

誘電体を挿入する際の平行平板コンデンサに関する次の記述の㋐，㋑に当てはまるものの組合せとして最も妥当なのはどれか。

【国家総合職・平成24年度】

「図のように，真空中に平行平板コンデンサがあり，電源に接続されている。そのコンデンサに，電源を接続したまま，比誘電率が1よりも大きな誘電体をゆっくりと挿入してコンデンサの電極間を完全に満たす。このときのコンデンサの静電エネルギーは[㋐]。また，挿入途中の誘電体が電界から受ける力は，[㋑]向きである」

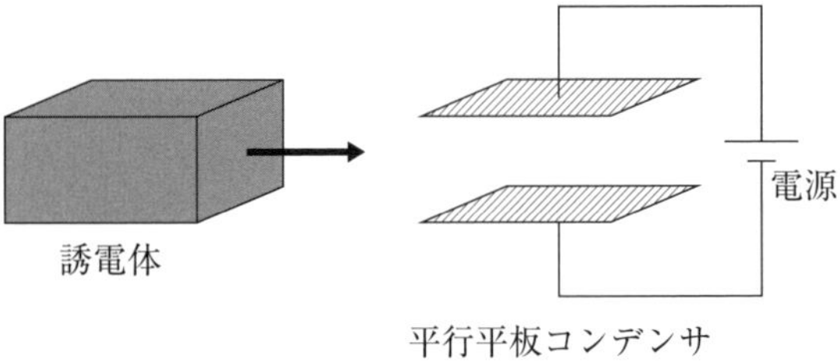

	㋐	㋑
1	挿入によって増加する	コンデンサ外に押し出される
2	挿入によって増加する	コンデンサ内に引き込まれる
3	挿入前後で変わらない	コンデンサ内に引き込まれる
4	挿入によって減少する	コンデンサ外に押し出される
5	挿入によって減少する	コンデンサ内に引き込まれる

必修問題 の **解説**

コンデンサ内に挿入された誘電体に働く力の求め方は，その場で考えることが難しいので，導出方法を覚えておきたい。また，誘電体を挿入したときの各種の量の変化については，電荷が一定なのか，電位差が一定なのかに注意して設問を読んでほしい。

電源を接続したままであるので，電圧 V は一定である。また，誘電体を挿入すると，静電容量 C は増加する。したがって，静電エネルギー U が，

$$U = \frac{1}{2}CV^2$$

と表されることから，静電エネルギーは「挿入によって増加する」。これは㋐に入る。

次に，誘電体に働く力 F_x は，電源と接続されているときには，

$$F_x = \frac{\partial U}{\partial x}$$

で表される。ただし，x は誘電体を挿入する方向の距離（コンデンサ内に挿入された距離とする）である。

挿入するほど静電エネルギーは増加するので，

$$F_x = \frac{\partial U}{\partial x} > 0$$

となる。したがって，誘電体は x の正の向きに力を受ける，つまり「コンデンサ内に引き込まれる」。これが㋑に入る。なお，これはコンデンサの静電容量が増加する方向に力が働いたことになる。

参考

真空の誘電率を ε_0，誘電体の比誘電率を ε_r，誘電体を挿入する方向の平板の長さを l，奥行きを a，極板間距離を d とする（設問の図のとおり，長方形平板とする）。このとき，

$$C = \frac{\varepsilon_0 a\{\varepsilon_r x + (l-x)\}}{d}$$

となるので，

$$U = \frac{\varepsilon_0 a V^2}{2d}\{\varepsilon_r x + (l-x)\}$$

$$\therefore \quad F_x = \frac{\partial U}{\partial x} = \frac{\varepsilon_0(\varepsilon_r - 1)aV^2}{2d} > 0$$

正答 2

このテーマの内容の一部（平行平板コンデンサ）は，工学に関する基礎の範囲内である。より基礎的な内容を学習したい場合には，まず『公務員試験　技術系　新スーパー過去問ゼミ　工学に関する基礎（数学・物理）』（実務教育出版）の該当部分に取り組むこと。

重要ポイント **1** ▶ **静電容量**

1組の導体に電荷を与えることで電位差を発生させるものをコンデンサという。このとき，電荷 Q は電位差（電圧）V に比例し，次の式が成立する。

$Q = CV$

この C を静電容量という。

静電容量を求める場合，次の手順をとる。

手順❶ 導体に1組の正負の電荷±Q を与える

設問中で言及されていなくても，正負の電荷を自分で与える。

手順❷ 電界 E を求め，導体間の電位差 V を求める

一般にはガウスの法則を使って電界を求めて，これを積分して電位差 V を計算する。この時点で V は Q に比例している。

手順❸ ❷の式の比例定数を静電容量とする

$V = \dfrac{Q}{C}$ に注意して静電容量を求める。

実際には，以下に挙げるものについては静電容量を覚えてしまったほうが早い。なお，いずれも誘電率を ε_0 としている。

平行平板コンデンサ	極板面積 S，極板間隔 d の平行平板コンデンサでは， $C = \varepsilon_0 \dfrac{S}{d}$
球コンデンサ	内側の導体の半径が a，外側の導体の半径が b の球コンデンサでは， $C = \dfrac{4\pi\varepsilon_0 ab}{b - a}$ 特に $b \to \infty$ の極限をとると，半径が a の単なる導体球も（地面を相手とみて）コンデンサとみることができ，その容量は， $C = 4\pi\varepsilon_0 a$ となる。

円筒コンデンサ	内半径 a, 外半径 b, 長さ l の円筒コンデンサでは, $$C = \dfrac{2\pi\varepsilon_0 l}{\ln\dfrac{b}{a}}$$ ※ ln は「自然対数」	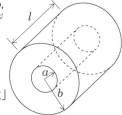

また, 静電容量は合成することもできる。

並列の場合	$C = C_1 + C_2$
直列の場合	$\dfrac{1}{C} = \dfrac{1}{C_1} + \dfrac{1}{C_2}$

重要ポイント **2** 静電エネルギー

コンデンサに蓄えられるエネルギー U は, 次の式で計算できる。

$$U = \frac{1}{2}QV = \frac{1}{2}CV^2 = \frac{Q^2}{2C}$$

どの公式を使うのかは, 設問の状況によって変化する。特に, 電源と切り離されている場合は, 電荷 Q が一定に, 電源と接続されている場合には, 電圧 V が一定になることに注意が必要である。

重要ポイント **3** 誘電体に働く力

一般に, コンデンサに挿入された誘電体に働く力の x 成分 F_x は, コンデンサに蓄えられた静電エネルギーを U とすると, 電荷が一定の場合,

$$F_x = -\frac{\partial U}{\partial x}$$

電圧が一定の場合,

$$F_x = \frac{\partial U}{\partial x}$$

で求められる。なお, x は誘電体の挿入距離である。

まとめれば, いずれの場合も,

$$|F_x| = \left|\frac{\partial U}{\partial x}\right|$$

となる。力の方向は誘電体を引き込む（容量が増加する）方向である。同様に, コンデンサに関係する力を求める場合には, 静電エネルギーを方向微分して求めることが多い。

No.1 真空中に，極板間隔 d，極板の幅 l，静電容量 C で長方形の平行平板コンデンサがある。いま，このコンデンサに，図のように厚さ $\dfrac{2}{3}d$ の直方体の導体板を極板と平行に幅方向に x まで挿入した。導体板を挿入した後のコンデンサの静電容量として最も妥当なのはどれか。

ただし，導体とコンデンサの奥行き方向の長さは同じであるとする。

【国家Ⅱ種・平成23年度】

1　$\dfrac{l + 2x}{l}C$

2　$\dfrac{l}{l + 2x}C$

3　$\dfrac{l + 2x}{2l}C$

4　$\dfrac{l + 4x}{l}C$

5　$\dfrac{l}{l + 4x}C$

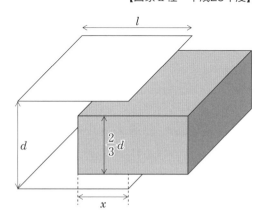

No.2 図のように，厚さ d，幅 l，奥行き b のコンデンサを充電して，電荷 Q が蓄えられた状態にした。このコンデンサを絶縁した状態で，コンデンサの間に比誘電率 2 の誘電体を幅 x の位置まで挿入したとき，誘電体が電界から受ける力の大きさとして正しいのはどれか。

ただし，真空の誘電率を ε_0 とする。

【地方上級・平成26年度】

1　$\dfrac{Q^2 d}{\varepsilon_0 b (l - x)^2}$

2　$\dfrac{Q^2 d}{2\varepsilon_0 b (l - x)^2}$

3　$\dfrac{2Q^2 d}{\varepsilon_0 b (l - x)^2}$

4　$\dfrac{Q^2 d}{\varepsilon_0 b (l + x)^2}$

5　$\dfrac{Q^2 d}{2\varepsilon_0 b (l + x)^2}$

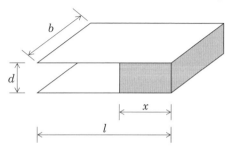

No.3 図のように，真空中に置かれた極板面積 S の平行平板コンデンサに電荷 Q が蓄えられている。このとき，極板間に生じる引力の大きさ F として最も妥当なのはどれか。

ただし，真空の誘電率を ε_0 とする。 【国家総合職・平成26年度】

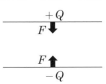

1 $\dfrac{Q^2}{4\varepsilon_0 S}$

2 $\dfrac{Q^2}{2\varepsilon_0 S}$

3 $\dfrac{Q^2}{\varepsilon_0 S}$

4 $\dfrac{Q^2}{4\pi\varepsilon_0 S}$

5 $\dfrac{Q^2}{2\pi\varepsilon_0 S}$

No.4 図のように，それぞれ半径 r_1，r_2 $(r_1 < r_2)$ の厚みの無視できる同心状の導体球殻がある。内側の球殻と外側の球殻との電位差が V であるとき，球殻の中心から距離 r $(r_1 < r < r_2)$ の点における電界の大きさとして最も妥当なのはどれか。

【国家総合職・平成29年度】

1 $\dfrac{r_1 r_2 V}{(r_2 - r_1) r^2}$

2 $\dfrac{(r_1 + r_2) r_2 V}{2(r_2 - r_1) r^2}$

3 $\dfrac{r_2^2 V}{(r_2 - r_1) r^2}$

4 $\dfrac{r_2 V}{(r_2 - r_1) r}$

5 $\dfrac{V}{r_2 - r_1}$

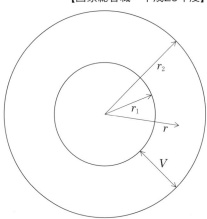

No.5 **コンデンサの静電容量に関する次の記述の㋐，㋑に当てはまるものの組合せとして最も妥当なのはどれか。** 【国家総合職・令和４年度】

「半径 a の内円筒と半径 b の外円筒からなる同軸状円筒コンデンサが真空中にある。図はこのコンデンサの中心軸に垂直な断面図である。中心軸からの距離を r と置く。両円筒間には誘電体が詰まっており，その誘電率は $a < r < c$ の領域では ε_1，$c < r < b$ の領域では ε_2 である。

このコンデンサの内円筒に，中心軸方向の長さで単位長当たり Q の電荷が一様に分布しているとき，$a < r < c$ の領域における電界の大きさは [㋐]，このコンデンサの中心軸方向の単位長当たりの静電容量は [㋑] である。

ただし，$Q > 0$，$0 < a < c < b$ であり，コンデンサの中心軸方向の長さは外円筒の半径に対して十分に長く，端効果と円筒の厚みは無視できるものとする。また，内円筒の内側（$0 \leqq r < a$ の領域）と外円筒の外側（$r > b$ の領域）は真空である」

	㋐	㋑
1	$\dfrac{Q}{4\pi\varepsilon_1 r^2}$	$\dfrac{4\pi c}{\dfrac{c-a}{\varepsilon_1 a} + \dfrac{b-c}{\varepsilon_2 b}}$
2	$\dfrac{Q}{4\pi\varepsilon_1 r^2}$	$4\pi c\left(\dfrac{\varepsilon_1 a}{c-a} + \dfrac{\varepsilon_2 b}{b-c}\right)$
3	$\dfrac{Q}{2\pi\varepsilon_1 r^2}$	$2\pi c\left(\dfrac{\varepsilon_1 a}{c-a} + \dfrac{\varepsilon_2 b}{b-c}\right)$
4	$\dfrac{Q}{2\pi\varepsilon_1 r}$	$\dfrac{2\pi}{\dfrac{1}{\varepsilon_1}\ln\dfrac{c}{a} + \dfrac{1}{\varepsilon_2}\ln\dfrac{b}{c}}$
5	$\dfrac{Q}{2\pi\varepsilon_1 r}$	$2\pi\left(\dfrac{\varepsilon_1}{\ln\dfrac{c}{a}} + \dfrac{\varepsilon_2}{\ln\dfrac{b}{c}}\right)$

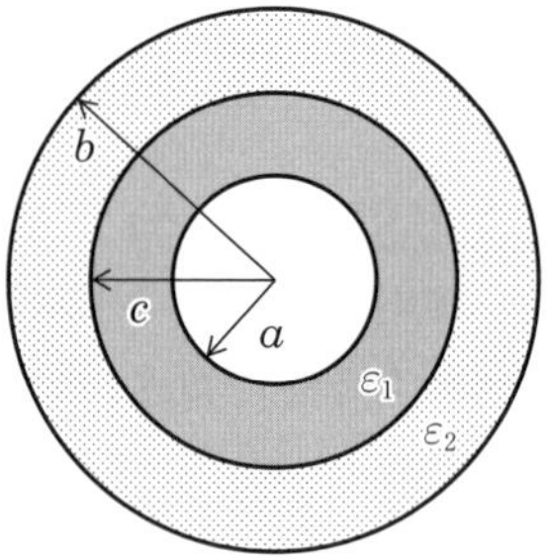

No.6 図のように，平行な2つの電極A，B間に誘電体が配置された平行平板コンデンサがある。電極A，Bの面積および誘電体の断面積はともにSであり，電極A，Bの間隔はdである。誘電体の誘電率εは，電極Aからの距離xに応じて線形に変化しており，電極Aに接する端面でε_1，電極Bに接する端面で$\varepsilon_2(\varepsilon_2 > \varepsilon_1)$となる。この平行平板コンデンサの電極Aに電荷$+Q(Q>0)$が，電極Bに電荷$-Q$が与えられたとき，電極A，B間の電位差$V_{AB}$として最も妥当なのはどれか。

ただし，端効果は無視できるものとする。　【国家総合職・令和元年度】

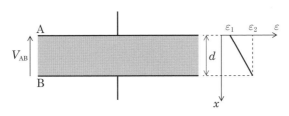

1 $\dfrac{2Qd}{S(\varepsilon_1 + \varepsilon_2)}$

2 $\dfrac{Qd}{2S}\left(\dfrac{1}{\varepsilon_1} + \dfrac{1}{\varepsilon_2}\right)$

3 $\dfrac{Qd}{3S}\left(\dfrac{2}{\varepsilon_1} + \dfrac{1}{\varepsilon_2}\right)$

4 $\dfrac{Qd}{S(\varepsilon_2 - \varepsilon_1)} \ln\left(\dfrac{\varepsilon_2}{\varepsilon_1}\right)$

5 $\dfrac{Qd(\varepsilon_2 - \varepsilon_1)}{S\varepsilon_1^{\,2}\ln\left(\dfrac{\varepsilon_2}{\varepsilon_1}\right)}$

導体板の挿入のある場合の容量の演習問題である。工学に関する基礎でも出題される内容である。手順を確認しておこう。

誘電率を ε_0, 極板面積を S とすると平行平板コンデンサの公式より，

$$C = \varepsilon_0 \frac{S}{d}$$

導体板は挿入体積が変わらないのであれば，どこに挿入しても容量は変わらない。そこで，一番右下に挿入したものとする。

そのうえで，左右にコンデンサを分けて並列合成することを考える。

左側の容量を C_1 とすると，C と比べて面積が $\frac{l-x}{l}$ 倍になったので，容量も $\frac{l-x}{l}$ 倍になる。したがって，

$$C_1 = \frac{l-x}{l} C$$

次に，右側の容量を C_2 とする。導体部分には電界がないので，実質的に極板間隔が短くなったことと同じである。したがって，C と比べて極板間隔が $\frac{1}{3}$ 倍に，面積が $\frac{x}{l}$ 倍になったことになる。容量は面積に比例し，極板間隔に反比例するので，容量は $\frac{3x}{l}$ 倍になったことと同じである。したがって，

$$C_2 = \frac{3x}{l} C$$

この2つを並列合成して，全体の容量は，

$$C_1 + C_2 = \frac{l-x}{l} C + \frac{3x}{l} C = \frac{l+2x}{l} C$$

以上より，正答は**1**となる。

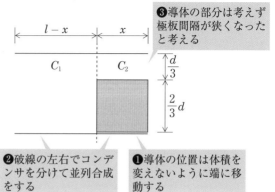

❸導体の部分は考えず極板間隔が狭くなったと考える

❷破線の左右でコンデンサを分けて並列合成をする

❶導体の位置は体積を変えないように端に移動する

No.2 の解説　誘電体に働く力

→問題は P.54

　誘電体に働く力を求める問題の手順を確認しておこう。本問では「大きさ」を求めることになっているので，力の符号にはこだわらなくてよい。

　本問の状態において，コンデンサの容量 C を計算する。誘電体のあるほうとないほうでコンデンサを分けて並列合成すると，

$$C = \varepsilon_0 \frac{b(l-x)}{d} + 2\varepsilon_0 \frac{bx}{d} = \frac{\varepsilon_0 b(l+x)}{d}$$

　絶縁されていて，電荷 Q が一定であることに注意すると，コンデンサに蓄えられている静電エネルギー U は，

$$U = \frac{Q^2}{2C} = \frac{Q^2 d}{2\varepsilon_0 b(l+x)}$$

　したがって，求める力の大きさは，電荷が一定の場合なので，

$$F_x = \left| \frac{\partial U}{\partial x} \right| = \frac{Q^2 d}{2\varepsilon_0 b(l+x)^2}$$

　以上より，正答は **5** となる。

No.3 の解説　極板に働く力

→問題は P.55

　極板間に働く力は誘電体を引き込む力と同様に計算できる。これを確認してもらいたい。また，別解も紹介する。

解法❶　静電エネルギーを微分する

　極板間隔を x とすると，このコンデンサの静電容量 C は，

$$C = \frac{\varepsilon_0 S}{x}$$

　電荷が一定なので，コンデンサの持つ静電エネルギー U は，

$$U = \frac{Q^2}{2C} = \frac{Q^2 x}{2\varepsilon_0 S}$$

　したがって，求める力 F_x は，

$$F_x = -\frac{\partial U}{\partial x} = -\frac{Q^2}{2\varepsilon_0 S}$$

　この絶対値が力の大きさであり，正答は **2** となる。

　なお，符号が負なので x を減少させる方向，つまり引力が働くことがわかる。

解法❷　電界を考える

　正の電荷 $+Q$ の受ける力を求める。この正の電荷は，負の電荷 $-Q$ がつくる電界 E から力を受ける。

　そこで次図のように，負の電荷の両側に表面積 1 の検査領域をつくってガウスの法則を立てると，両側から電界が出て行くことに注意して，

$$\frac{Q}{S} = 2 \times \varepsilon_0 E$$

$$\therefore \quad E = \frac{Q}{2\varepsilon_0 S}$$

したがって，求める力は，

$$F = QE = \frac{Q^2}{2\varepsilon_0 S}$$

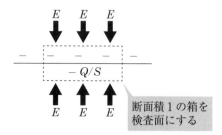

断面積 1 の箱を
検査面にする

補足

コンデンサの静電容量から，極板間の電圧 V は，

$$V = \frac{Q}{C} = \frac{Qx}{\varepsilon_0 S}$$

であり，コンデンサ内部の電界は一定なので，

$$E = \frac{V}{x} = \frac{Qx}{\varepsilon_0 S}$$

とすると，上で求めた電界の 2 倍の大きさとなる。これは，コンデンサの内部には $+Q$ がつくる電界と $-Q$ がつくる電荷の 2 つが（同じ方向に）重なっているからである。いまは $+Q$ の電荷が $-Q$ の電荷がつくる電界から受ける力を求めているので，電界はこの半分の値となっている。

No.4 の解説 球コンデンサ →問題は P.55

　球コンデンサの静電容量を利用した問題である。球コンデンサの静電容量を求めるのか，導くのかを決めて計算したい。いずれにしても内側の導体に与えられた電荷を求めることが目標となる。

　設問のコンデンサの静電容量 C は，球コンデンサの静電容量の公式より，

$$C = \frac{4\pi\varepsilon_0 r_1 r_2}{r_2 - r_1}$$

ただし，誘電率を ε_0 とした。いま，この内側の導体に電荷 $+Q$（大きさを求めるので，正の電荷を与えたと考えてよい）を与えたとすると，

$$Q = CV = \frac{4\pi\varepsilon_0 r_1 r_2 V}{r_2 - r_1}$$

したがって，ガウスの法則より，半径 r の球を検査面として考えれば，求める電界の大きさ E は，

$$E = \frac{Q}{4\pi\varepsilon_0 r^2} = \frac{r_1 r_2 V}{(r_2 - r_1) r^2}$$

以上より，正答は **1** となる。

参考

　球コンデンサの静電容量を覚えていない場合には，これを導くことになる。内側の導体に電荷 $+Q$ を与えたとすると，

$$E = \frac{Q}{4\pi\varepsilon_0 r^2}$$

これを，負の電荷のある外側から内側に向けて積分して（電位は負の電荷の導体のほうが低いため），

$$V = \int_{r_2}^{r_1} \left(-\frac{Q}{4\pi\varepsilon_0 r^2} \right) dr = \left[\frac{Q}{4\pi\varepsilon_0 r} \right]_{r_2}^{r_1} = \frac{Q}{4\pi\varepsilon_0} \left(\frac{1}{r_1} - \frac{1}{r_2} \right) = \frac{Q(r_2 - r_1)}{4\pi\varepsilon_0 r_1 r_2}$$

$$\therefore \quad Q = \frac{4\pi\varepsilon_0 r_1 r_2}{r_2 - r_1} V$$

この比例定数が静電容量である。

No.5 の解説 円筒コンデンサの静電容量 →問題は P.56

　円筒コンデンサの静電容量についての演習問題である。公式を導出するのか，覚えるのか，この問題を通して準備しておこう。

　下図のように，長さ 1，底面の円の半径 r $(a < r < c)$ の検査面をとって，ガウスの法則を立てる。この中に含まれている電荷は Q（単位長さ当たり）であり，電界 E は側面から出て行くことに気をつけて，

$$Q = \varepsilon_1 \times 2\pi r E \quad \therefore \quad E = \frac{Q}{2\pi\varepsilon_1 r}$$

これが㋐に入る。

次に，$c < r < b$ の場合には誘電率を変えて $E = \dfrac{Q}{2\pi\varepsilon_2 r}$ になる。負の電荷 $-Q$ が蓄えられている外側の円筒から内側の円筒に向けて積分して，電位差 V は，

$$V = \int(-E)\,dr = \int_b^c\left(-\frac{Q}{2\pi\varepsilon_2 r}\right)dr + \int_c^a\left(-\frac{Q}{2\pi\varepsilon_1 r}\right)dr$$
$$= \left[-\frac{Q}{2\pi\varepsilon_2}\ln r\right]_b^c + \left[-\frac{Q}{2\pi\varepsilon_1}\ln r\right]_c^a = \frac{Q}{2\pi}\left(\frac{1}{\varepsilon_2}\ln\frac{b}{c} + \frac{1}{\varepsilon_1}\ln\frac{c}{a}\right)$$

これより，

$$Q = \frac{2\pi}{\dfrac{1}{\varepsilon_2}\ln\dfrac{b}{c} + \dfrac{1}{\varepsilon_1}\ln\dfrac{c}{a}}V$$

となるので，$\dfrac{2\pi}{\dfrac{1}{\varepsilon_1}\ln\dfrac{c}{a} + \dfrac{1}{\varepsilon_2}\ln\dfrac{a}{c}}$ が静電容量となり㋑に入る。

以上より，正答は**4**となる。

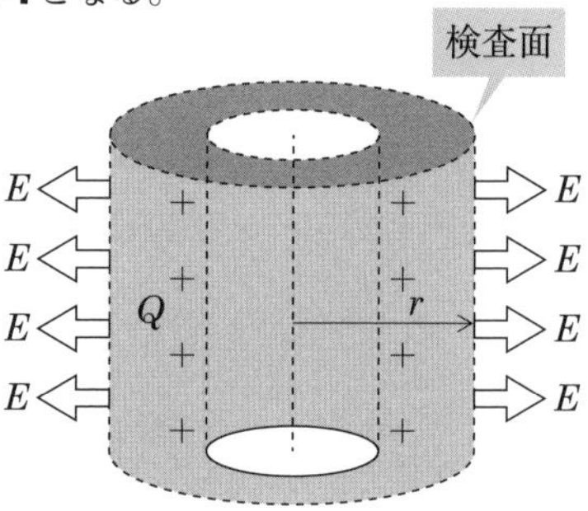

参考

内半径 r_1，外半径 r_2，長さ l の円筒コンデンサの静電容量 C は，誘電率を ε_0 として，

$$C = \frac{2\pi\varepsilon_0 l}{\ln\dfrac{r_2}{r_1}}$$

である。これを使えば，本問の静電容量は 2 つの誘電率のそれぞれについて計算して直列合成して㋑の静電容量を求めることができる。具体的には，求める静電容量を C として，

$$\frac{1}{C} = \frac{\ln\dfrac{c}{a}}{2\pi\varepsilon_1} + \frac{\ln\dfrac{b}{c}}{2\pi\varepsilon_2} = \frac{1}{2\pi}\left(\frac{1}{\varepsilon_1}\ln\frac{c}{a} + \frac{1}{\varepsilon_2}\ln\frac{b}{c}\right)$$

として逆数をとればよい。

No.6 の解説　平行平板コンデンサ

→問題は P.57

　平行平板コンデンサの静電容量の合成の方法，および平板のガウスの法則についての演習問題である。

　まず平板のまわりの電界を求める。Aの正の電荷がつくる電界とBの負の電荷がつくる電界は，図からわかるとおり，極板間では同じ向きを向いているので強め合う。

　それぞれを E_+, E_- とする。いずれも検査面を面積1の箱にとると，箱の両側から電界が出る（入る）ことに注意する。

　Aについては，単位面積当たりの電荷が $\dfrac{Q}{S}$ であることに注意して，ガウスの法則より，

$$\frac{Q}{S} = 2 \times \varepsilon E_+ \qquad \therefore \quad E_+ = \frac{Q}{2\varepsilon S}$$

同様に $E_- = \dfrac{Q}{2\varepsilon S}$ なので，コンデンサ間の電界は

$$E = E_+ + E_- = \frac{Q}{\varepsilon S}$$

ここで，問題のグラフから

$$\varepsilon = \frac{x\varepsilon_2 + (d-x)\varepsilon_1}{d}$$

となるので，

$$
\begin{aligned}
V_{\mathrm{AB}} &= \int_d^0 (-E)\,dx = \frac{Qd}{S}\int_0^d \frac{dx}{(\varepsilon_2 - \varepsilon_1)x + d\varepsilon_1} \\
&= \left[\frac{Qd}{S(\varepsilon_2 - \varepsilon_1)} \ln\{(\varepsilon_2 - \varepsilon_1)x + d\varepsilon_1\} \right]_0^d \\
&= \frac{Qd}{S(\varepsilon_2 - \varepsilon_1)} \ln\left(\frac{\varepsilon_2}{\varepsilon_1}\right)
\end{aligned}
$$

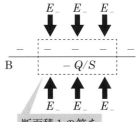

　以上より，正答は**4**となる。

補足

　このコンデンサを，x 方向に微小な厚み dx のコンデンサが直列になっていると考えると，それぞれの容量は $\dfrac{\varepsilon S}{dx}$ となる。これを直列合成したと考えると，全体の静電容量 C について，

$$\frac{1}{C} = \int_0^d \frac{dx}{\varepsilon S}$$

となる。これは上の解答の積分と同じことになる。

正答　No.1=1　No.2=5　No.3=2　No.4=1　No.5=4　No.6=4

アンペールの法則・フレミングの法則

必 修 問 題

　図のように，半径 a の無限に長い円柱導体と，内半径 b，外半径 c の無限に長い円筒導体とが中心軸が一致するように配置されている。それぞれの導体に，断面に一様で同じ大きさ I の定常電流が互いに逆向きで軸方向に流れている。このとき，中心軸から距離 r の位置における磁界の大きさ H を定性的に表したものとして最も妥当なのはどれか。

【国家総合職・平成24年度】

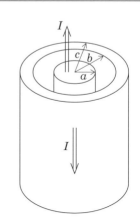

1
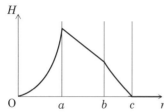

2
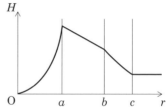

3
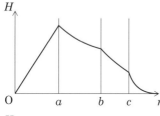

4
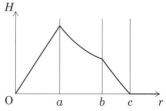

5
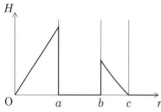

必修問題 の 解説

　アンペールの法則を利用した問題は出題のパターンが限られている。典型問題の本問で解き方を覚えておこう。

　右図において，ループに沿って磁界 H を線積分すると，H は一定なので，

$$\oint \boldsymbol{H} \cdot d\boldsymbol{l} = H \times 2\pi r$$

となる。アンペールの法則によると，これはループ内部の電流に等しい。

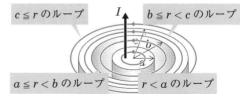

$c \leqq r$ のループ　　$b \leqq r < c$ のループ

$a \leqq r < b$ のループ　　$r < a$ のループ

$0 \leqq r < a$ のとき

　電流が一様（電流密度が一定）の場合，電流は面積に比例する。半径 a の円断面全体で I なので，半径 r の内部を通る電流は $I \times \dfrac{\pi r^2}{\pi a^2} = \dfrac{Ir^2}{a^2}$ となる。したがって，アンペールの法則より，

$$2\pi rH = \frac{Ir^2}{a^2} \quad \therefore \quad H = \frac{I}{2\pi a^2}r$$

となる。これは選択肢**3**，**4**，**5**のグラフである。

$a \leqq r < b$ のとき

　半径 r の内部には電流 I が流れているので，アンペールの法則より，

$$2\pi rH = I \quad \therefore \quad H = \frac{I}{2\pi r}$$

　ここまでで**3**，**4**に絞られる（実際にはここで先に $r > c$ を考えて**4**を選ぶ）。

$b \leqq r < c$ のとき

　外側の導体の全体の面積は $\pi(c^2 - b^2)$，そのうち半径 r の内側に含まれる部分は $\pi(r^2 - b^2)$ である。したがって，外側の導体を流れる電流のうち，半径 r の円内に流れるものの大きさは $I \times \dfrac{\pi(r^2 - b^2)}{\pi(c^2 - b^2)} = \dfrac{I(r^2 - b^2)}{c^2 - b^2}$ となる。ところで，$r < a$ にも電流が流れているので，合計で上向きの電流は，$I - \dfrac{I(r^2 - b^2)}{c^2 - b^2} = I\dfrac{c^2 - r^2}{c^2 - b^2}$ となる。

　これより，アンペールの法則より，

$$2\pi rH = I\frac{c^2 - r^2}{c^2 - b^2} \quad \therefore \quad H = \frac{I}{2\pi(c^2 - b^2)}\left(\frac{c^2}{r} - r\right)$$

　これは $r = c$ で $H = 0$ となるので，**4**が正答だとわかる。

$c < r$ のとき

　半径 r の内側を流れる電流は上向きと下向きそれぞれ I なので，合計では 0 となる。したがって $H = 0$ となる。

正答 **4**

　図Ⅰ，Ⅱ，Ⅲのように，真空中において 1 本の細い導線に大きさ I の電流が流れているとき，点 $P_Ⅰ$，$P_Ⅱ$，$P_Ⅲ$ における磁束密度の大きさ $B_Ⅰ$，$B_Ⅱ$，$B_Ⅲ$ の大小関係として最も妥当なのはどれか。

　ただし，導線の直線部分は十分に長く，曲線部分は円形であり，導線は同一平面上にあるものとする。また，点 $P_Ⅰ$ と導線との距離は a であり，点 $P_Ⅱ$，$P_Ⅲ$ は導線の曲線部分がなす半径 a の円の中心とする。

【国家一般職・平成30年度】

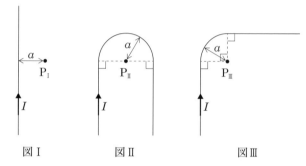

|図Ⅰ|図Ⅱ|図Ⅲ|

1　$B_Ⅰ > B_Ⅱ > B_Ⅲ$

2　$B_Ⅰ > B_Ⅲ > B_Ⅱ$

3　$B_Ⅱ > B_Ⅲ > B_Ⅰ$

4　$B_Ⅲ > B_Ⅰ > B_Ⅱ$

5　$B_Ⅲ > B_Ⅱ > B_Ⅰ$

〈**必修問題**〉の **解説**

磁界の公式は，対称性がある場合，分けて使うことができる。公式の使い方を確認しておこう。

B_{I}について

透磁率を μ_0 とする。無限直線まわりの磁界の公式（アンペールの法則）より，

$$B_{\mathrm{I}} = \frac{\mu_0 I}{2\pi a}$$

B_{II}について

無限半直線が2つと，半円1つに分けて計算する（下図）。いずれも P_{II} には手前から奥に向かう方向に磁界をつくるため，全体としては単純に合計すればよい。

無限半直線が2つあると無限直線となるため，無限半直線1つでは，無限直線まわりの磁界の半分の $H = \dfrac{I}{4\pi a}$ となる。これが2つある。また，半円が2つで円となるので，半円の電流が中心につくる磁界は，円電流の中心の磁界の半分となる。以上から，

$$B_{\mathrm{II}} = 2 \times \frac{\mu_0 I}{4\pi a} + \frac{1}{2} \times \frac{\mu_0 I}{2a} = \mu_0 I\left(\frac{1}{2\pi a} + \frac{1}{4a}\right)$$

B_{III}について

無限半直線が2つと，円弧に分けて計算する。いずれも P_{III} には手前から奥に向かう方向に磁界をつくるため，全体としては単純に合計すればよい（2つの無限半直線の方向が異なるが，P_{III} につくる磁界の方向が同じことは，右ねじの法則で確認すること）。円弧4つで円になることに注意して，

$$B_{\mathrm{III}} = 2 \times \frac{\mu_0 I}{4\pi a} + \frac{1}{4} \times \frac{\mu_0 I}{2a} = \mu_0 I\left(\frac{1}{2\pi a} + \frac{1}{8a}\right)$$

以上から，$B_{\mathrm{II}} > B_{\mathrm{III}} > B_{\mathrm{I}}$ となる。

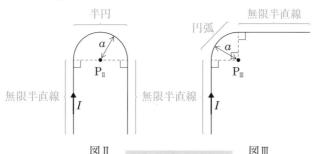

図Ⅱ　図Ⅲ

図Ⅱも図Ⅲも3つの部分に分けて考える

正答 3

必修問題

　図のように，真空中に，無限に長い導線と，導線から距離 l だけ離れた一辺の長さが a の正方形の回路がある。図の矢印の向きに，導線に大きさ I_1，正方形の回路に大きさ I_2 の電流を流したとき，導線と正方形の回路間に作用する力として最も妥当なのはどれか。

　ただし，真空中の透磁率を μ_0 とし，導線と正方形の回路は同一平面上にあり，正方形の各辺は導線と平行または垂直であるものとする。また，導線と回路導体の太さは無視できるものとする。　【国家一般職・令和 3 年度】

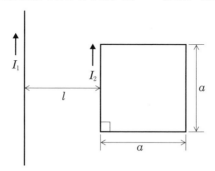

1　大きさ $\dfrac{\mu_0 I_1 I_2 a^2}{2\pi l(l+a)}$ の引力

2　大きさ $\dfrac{\mu_0 I_1 I_2 a^2}{2\pi l(l+a)}$ の斥力

3　大きさ $\dfrac{\mu_0 I_1 I_2 a(2l+a)}{2\pi l(l+a)}$ の引力

4　大きさ $\dfrac{\mu_0 I_1 I_2 a(2l+a)}{2\pi l(l+a)}$ の斥力

5　大きさ $\dfrac{\mu_0 I_1 I_2 a}{\pi l}$ の引力

必修問題 の 解説

　フレミングの法則を利用した典型問題である。アンペールの法則からフレミングの法則を使う流れを覚えてもらいたい。なお，国家総合職をねらう場合には F_3 の計算方法もおさえておくとよい。

　コイル（正方形回路）が直線電流 I_1 から受ける力を求める。なお，直線電流がコイルから受ける力は，求める力と逆向きで同じ大きさとなる。

　直線電流 I_1 がコイルの位置につくる磁界の方向は右ねじの法則より，手前から奥の方向である。したがって，コイルの各辺が受ける力の方向はフレミングの左手の法則より下図のようになる。

　このうち F_3 については，向きが異なるのみで大きさが同じなので互いに打ち消し合う。そこで，F_1 と F_2 を求める。まず，アンペールの法則より，直線電流 I_1 から距離 r の位置の磁束密度の大きさは，

$$B(r) = \frac{\mu_0 I_1}{2\pi r}$$

である。

　したがって，

$$F_1 = I_2 B(l)a = \frac{\mu_0 I_1 I_2 a}{2\pi l}, \qquad F_2 = I_2 B(l+a)a = \frac{\mu_0 I_1 I_2 a}{2\pi(l+a)}$$

これより，求める全体の力は，

$$F_1 - F_2 = \frac{\mu_0 I_1 I_2 a}{2\pi l} - \frac{\mu_0 I_1 I_2 a}{2\pi(l+a)} = \frac{\mu_0 I_1 I_2 a(l+a-l)}{2\pi l(l+a)} = \frac{\mu_0 I_1 I_2 a^2}{2\pi l(l+a)}$$

で引力となる。

補足

　平行な直線電流間に働く力は，電流が同じ向きなら引力，逆向きなら斥力になる。これを知っていると，本問では引力になることが容易にわかる（正方形回路のうち，最も直線電流に近い電流が受ける力を考えればよい）。

　また，F_3 の大きさを求める場合には，位置 r の位置にある微小な長さ dr の位置の受ける力 dF をフレミングの法則で求めて，

$$dF = I_2 B(r)dr = \frac{\mu_0 I_1 I_2}{2\pi r}dr$$

これを積分して，力の合計を求めて，

$$F_3 = \int_l^{l+a} \frac{\mu_0 I_1 I_2}{2\pi r}dr = \frac{\mu_0 I_1 I_2}{2\pi}\ln\left(\frac{l+a}{l}\right)$$

ln は自然対数である。

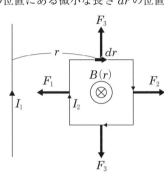

正答 1

ⓅOINT

　このテーマの内容のうち，ベクトル積とビオ・サバールの法則を除いた部分は工学に関する基礎の範囲内である。より基礎的な内容を学習したい場合には，まず『公務員試験　技術系　新スーパー過去問ゼミ　工学に関する基礎（数学・物理）』（実務教育出版）の該当部分に取り組むこと。

重要ポイント 1 ▶ アンペールの法則

　あるループに沿って磁界 H を線積分（周回積分）すると，ループ内の電流の総和に等しくなる。これをアンペールの法則という。ただし，方向は右ねじの法則に従う。

$$\oint H \cdot dl = I$$

　式中で l は，ループに沿う微小線素である。

　ただし，実際には，積分を行うのではなく，磁界が一定になるようにループを決めて計算をする。この場合，ループの長さを l とすると，

$$\oint H \cdot dl = Hl = I$$

となる。ただし，磁界はループと同じ方向成分である（ループを磁界に直交するようにとるときもあり，このときは積分は，内積をとっているので 0 となる）。

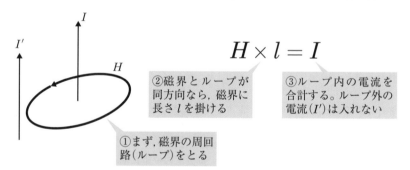

重要ポイント 2 ▶ 覚えるべき磁界の例

⑴無限直線電流のまわりの磁界

　無限に続く直線電流 I のまわりには，電流を右ねじの法則に従う向きに円形に回る磁界ができ，その大きさは，

$$H = \frac{I}{2\pi r}$$

となる。これは，アンペールの法則で $l = 2\pi r$ とすると直ちに求まる。

　なお，直線電流の延長線上の点にできる磁界は 0 となる。これはビオ・サバール

70

の法則から導かれる。

⑵円電流の中心にできる磁界

半径 r の円電流 I の中心にできる磁界の大きさ H は，

$$H = \frac{I}{2r}$$

となる。なお，向きは図を参照のこと。これはビオ・サバールの法則から導かれるが，円電流の一部の円弧しかない場合には，磁界は円弧の長さに比例する。つまり，半円の場合には上式の $\frac{1}{2}$ の磁界ができると考えてよい（これもビオ・サバールの法則）。

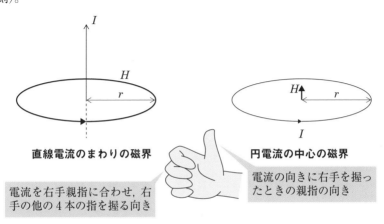

直線電流のまわりの磁界

電流を右手親指に合わせ，右手の他の4本の指を握る向き

円電流の中心の磁界

電流の向きに右手を握ったときの親指の向き

··········

重要ポイント 3 **ベクトル積（外積）**

これ以降の公式ではベクトル積が登場する。ここで簡単にまとめておく。なお，この部分は『公務員試験　技術系　新スーパー過去問ゼミ　工学に関する基礎（数学・物理）』も参考にすること。

2つのベクトル a, b に対して，次の3つの性質を持つベクトル c を考える。

性質①	a, b の両方に直交する
性質②	a, b, c の順にフレミングの左手の法則の「電磁力」の順になる
性質③	大きさについて，$|c| = |a||b|\sin\theta$。ただし，θ は a, b のなす角度である

この c を a, b のベクトル積（外積）といい，

$c = a \times b$

と表す（具体的な成分での計算は『公務員試験　技術系　新スーパー過去問ゼミ　工学に関する基礎（数学・物理）』P.44 を参照すること）。

以降，ベクトル積の表記が出てきた場合，

- 大きさは，a，b が直交している場合（直交していない場合は，片方を分けて直交成分だけとる），$|a||b|$（単純な掛け算）
- 向きはフレミングの左手の法則を中指から a, b の順にとったときの親指の方向

と読み替えてよい。

....

重要ポイント 4 ▶ ビオ・サバールの法則

電流を微小電流ベクトル dI に分けたときに，この微小電流ベクトルが，電流位置を原点として位置ベクトル r の位置につくる磁束密度 dB は，

$$dB = \frac{\mu}{4\pi} \frac{dI \times r}{r^3}$$

となる。ただし，透磁率は μ である。また，磁束密度 B と磁界 H の間には，

$$B = \mu H$$

の関係がある。

これは，点電荷 q がつくる電界の公式（クーロンの法則をベクトル表示したもの）と対比させるとよい。このとき，$\frac{1}{\varepsilon} \to \mu$ と誘電率と透磁率が逆数の形で対応することに注意する。

実際に磁界を求める場合には，求めたい成分をとって積分する。

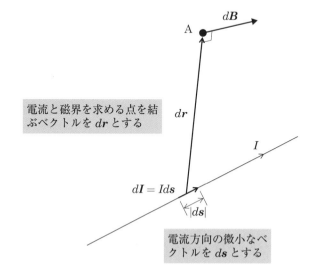

電流と磁界を求める点を結ぶベクトルを dr とする

dr

I

$dI = Ids$

$|ds|$

電流方向の微小なベクトルを ds とする

重要ポイント **5** ▶ **フレミングの左手の法則**

電流 I と磁束密度 B が直交するとき，電流の長さ l の部分は，磁界から

$$F = IBl$$

の大きさの力を受ける。また，このときの力の方向は，いわゆる「フレミングの左手」の方向になる（下図：左手中指，人差し指，親指の順に「電磁力」の向きになる）。電流と磁束密度が直交しない場合は，片方を分けて直交成分をとる。

ベクトル積を使うと，電流の単位長さが受ける力 $\boldsymbol{f}$ が，

$$\boldsymbol{f} = \boldsymbol{I} \times \boldsymbol{B}$$

となる。

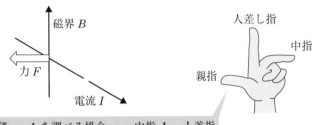

外積 $\boldsymbol{a} \times \boldsymbol{b}$ を調べる場合，$\boldsymbol{a} =$ 中指，$\boldsymbol{b} =$ 人差指とすると，$\boldsymbol{a} \times \boldsymbol{b} =$ 親指の方向となる

重要ポイント **6** ▶ **ローレンツ力**

電荷 q が，磁束密度 B の中を，磁束密度 B に直交に速さ v で移動しているとき，電荷 q は，

$$F = qvB$$

となる大きさの力 F を受ける。これをローレンツ力という。方向はフレミングの左手の法則を利用して求められる。電荷が正のときは**速度方向**を中指（電流に相当），**磁界**を人差し指としたときの親指方向がローレンツ力の方向である。電荷が負のときは速度方向を逆向きにする。

これをベクトル積で表し，さらに電界 $\boldsymbol{E}$ から受ける力も加えると，電荷が受ける力 $\boldsymbol{F}$ は，

$$\boldsymbol{F} = q(\boldsymbol{v} \times \boldsymbol{B}) + q\boldsymbol{E}$$

で表される。

なお，フレミングの左手の法則で求められる力もローレンツ力の一種である。

図のように，同一平面上に半径 $3a$，$2a$，a の円形導線 A，B，C が，中心 O を共有して配置されている。円形導線 A，B には，それぞれ反時計回りに大きさ I の電流が流れており，円形導線 C には，時計回りに大きさ I_c の電流が流れている。中心 O における磁界の大きさが 0 であるとき，I_c として最も妥当なのはどれか。 【国家一般職・令和 2 年度】

1 $\dfrac{I}{2}$

2 $\dfrac{2I}{3}$

3 $\dfrac{5I}{6}$

4 $\dfrac{4I}{3}$

5 $\dfrac{5I}{3}$

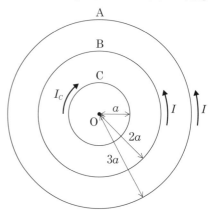

No.2 図のように，真空中に，半径 $2a$ の円形断面を有する無限に長い円柱状の導体と，半径 a の円形断面を有する無限に長い円柱状の導体とが，互いに側面で接するように平行に配置されている。2 つの導体には，導体の各中心軸 O_1，O_2 に沿って同じ向きに，電流密度 i の一様な電流が流れている。この電流により生じる，図の点 P での磁束密度の大きさとして最も妥当なのはどれか。

ただし，真空の透磁率を μ_0 とし，導体内部の透磁率は真空の透磁率に等しいとする。 【国家総合職・平成 30 年度】

1 0

2 $\dfrac{1}{4}\mu_0 ai$

3 $\dfrac{1}{3}\mu_0 ai$

4 $\dfrac{1}{2}\mu_0 ai$

5 $\mu_0 ai$

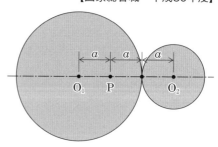

No.3 図のように，紙面上の平面に対して垂直に間隔 r で３つの無限に長い平行直線電流 I_1，I_2，I_3 が真空中に存在する。I_1 は紙面の表から裏，I_2，I_3 は裏から表に向かう方向に流れており，大きさは $|I_1| = I$，$|I_2| = |I_3| = \dfrac{1}{2}I$ であるとき，I_1 に作用する単位長さ当たりの力の大きさと向きの組合せとして最も妥当なのはどれか。

ただし，真空の透磁率を μ_0 とする。 【国家総合職・平成27年度】

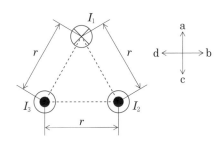

	大きさ	向き
1	$\sqrt{3}\,\pi r \mu_0 I^2$	a
2	$\sqrt{3}\,\pi r \mu_0 I^2$	c
3	$\sqrt{3}\,\pi r \mu_0 I^2$	d
4	$\dfrac{\sqrt{3}\,\mu_0 I^2}{4\pi r}$	a
5	$\dfrac{\sqrt{3}\,\mu_0 I^2}{4\pi r}$	c

電流と磁界に関する次の文章中のア，イにおいて，アはa，b，c，イはa，bから正しいものを選んだのはどれか。 【地方上級・平成24年度】

「平面上で正三角形をなす3点A，B，Cのそれぞれに，平面を垂直に貫く導線があり，図Iのグラフで表される対称三相電流が流れている。図IIは時刻$t = 0$における電流を表しており，Aには平面の裏から表に向かって，BとCには平面の表から裏に向かって電流が流れている。このとき，A，B，Cの3点から等しい距離にある点Pの磁界の向きはア{a．①，b．②，c．③}である。また，時間の経過とともに点Pの磁界はイ{a．X，b．Y}の向きに回転する」

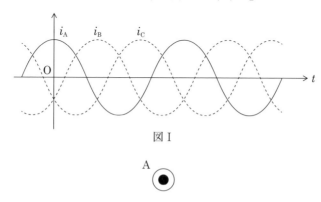

図I

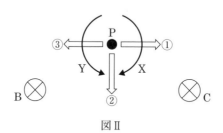

図II

	ア	イ
1	a	a
2	a	b
3	b	a
4	c	a
5	c	b

4 アンペールの法則・フレミングの法則

第1章 電磁気学

No.5 図において xy 平面の裏から表の方向に磁束密度 B の一様な磁界がかけられている。ある瞬間，原点 O にいた電子（電気量 $-e$）が x 軸の正方向に向かって速さ v で運動していた。

この電子がこの後描く軌跡は円であるが，その半径 r と軌跡として正しいのはどれか。

ただし，電子の質量を m とする。　　　　　　　　【地方上級・平成26年度】

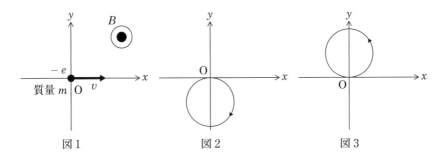

図1　　　　　　図2　　　　　　図3

	r	軌跡
1	$\dfrac{mv}{eB}$	図2
2	$\dfrac{mv}{eB}$	図3
3	$\dfrac{vB}{me}$	図2
4	$\dfrac{vB}{me}$	図3
5	$\dfrac{veB}{m}$	図3

磁界に関する次の記述の㋐，㋑に当てはまるものの組合せとして最も妥当なのはどれか。 【国家総合職・平成25年度】

「図のように，半径 a の円形導線に電流 I が流れている。点 O は，円形導線の中心軸上で，円形導線の中心から距離 b 離れた位置にある。このとき，導線の線要素 $\mathrm{d}l$ による点 O における磁界の強さ $\mathrm{d}H$ は，ビオ・サバールの法則より ㋐ と表される。また，円形導線全体による点 O における磁界の強さ H は，線要素 $\mathrm{d}l$ を導線上で周回積分して得られ， ㋑ と表される」

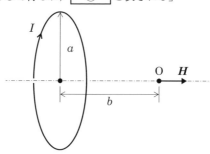

	㋐	㋑
1	$\dfrac{I\mathrm{d}l}{4\pi\,(a^2+b^2)}$	$\dfrac{aI}{2\,(a^2+b^2)}$
2	$\dfrac{I\mathrm{d}l}{4\pi a^2}$	$\dfrac{abI}{2\,(a^2+b^2)^{\frac{3}{2}}}$
3	$\dfrac{I\mathrm{d}l}{4\pi\,(a^2+b^2)}$	$\dfrac{a^2 I}{2\,(a^2+b^2)^{\frac{3}{2}}}$
4	$\dfrac{I\mathrm{d}l}{4\pi a^2}$	$\dfrac{aI}{2\,(a^2+b^2)}$
5	$\dfrac{I\mathrm{d}l}{4\pi\,(a^2+b^2)}$	$\dfrac{abI}{2\,(a^2+b^2)^{\frac{3}{2}}}$

実戦問題の**解説**

No.1 の解説 円電流の中心の磁界 →問題は P.74

円電流の中心の磁界の公式を覚えておこう。

紙面奥から手前方向の磁界を正とすると, 円電流が中心につくる磁界の公式より,

$$-\frac{I_C}{2a} + \frac{I}{2 \cdot 2a} + \frac{I}{2 \cdot 3a} = -\frac{I_C}{2a} + \frac{5I}{12a} = 0$$

$$\therefore \quad I_C = \frac{5I}{6}$$

以上より, 正答は**3**となる。

No.2 の解説 アンペールの法則 →問題は P.74

電流は別個に考えて, その結果を重ね合わせてもよい。本問はこのタイプの典型問題である。

電流の方向を仮に紙面奥から手前とする。導線 O_1 を流れる電流のつくる磁束密度を考える。O_1 を中心として半径 a のループを考える。アンペールの法則から, O_1 のつくる磁束密度の大きさ B_1 は,

$$B_1 = \frac{\mu_0 \times i \times \pi a^2}{2\pi a} = \frac{\mu_0 ia}{2}$$

次に O_2 を流れる電流のつくる磁束密度 B_2 を考える。同じく O_2 を中心として半径 $2a$ のループを考えると,

$$B_2 = \frac{\mu_0 \times i \times \pi a^2}{2\pi \cdot 2a} = \frac{\mu_0 ia}{4}$$

下図から, 方向が逆なので, 全体の磁束密度 B は,

$$B = \frac{\mu_0 ia}{2} - \frac{\mu_0 ia}{4} = \frac{1}{4}\mu_0 ia$$

以上より, 正答は**2**となる。

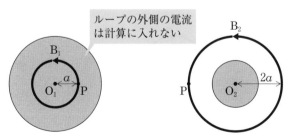

ループの外側の電流は計算に入れない

　アンペールの法則とフレミングの左手の法則を使った基本問題である。解法❶は素直な解き方であるが，方向だけなら解法❷は早くて確実に解くことができる。うまく使い分けてほしい。

解法❶　磁界を求めてから力を求める

　まずは，I_2, I_3 が I_1 の位置につくる磁界の大きさと方向を求める。アンペールの法則より，磁束密度の大きさはいずれも $\dfrac{\mu_0 \dfrac{I}{2}}{2\pi r} = \dfrac{\mu_0 I}{4\pi r}$ となる。方向は（右ねじの法則で）下図のとおりである。

　したがって，これをベクトル和として合成した磁束密度 B は，

$$B = 2 \times \frac{\sqrt{3}}{2} \times \frac{\mu_0 I}{4\pi r} = \frac{\sqrt{3}\,\mu_0 I}{4\pi r}$$

　したがって，フレミングの法則から，求める力の大きさ F は，

$$F = I_1 B \times 1 = \frac{\sqrt{3}\,\mu_0 I^2}{4\pi r}$$

で，方向は a となる。

　以上より，正答は**4**となる。

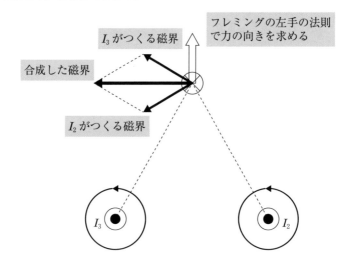

フレミングの左手の法則で力の向きを求める

I_3 がつくる磁界

合成した磁界

I_2 がつくる磁界

I_3　　I_2

解法❷　力を合成する（向きについてのみ）

　2本の平行な電流の間に働く力は，電流の向きが逆方向なら，互いに斥け合う向きとなる（下図）。したがって，この力を合成すると，向きはaとなる。

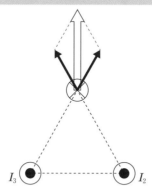

逆向きの電流が斥け合うことから
力の向きを直接求めてもよい

I_3　　　　　　　I_2

No.4 の解説　アンペールの法則

→問題は P.76

　アンペールの法則の応用問題である。磁界もベクトル量であることに気をつけて合成したい。また，電界にも似たような問題があったことを思い出そう。

　i_A，i_B，i_C のつくる磁界をそれぞれ H_A，H_B，H_C とする。$t=0$ を考える。この瞬間のそれぞれの磁界の方向は左次図である。ここで，H_B と H_C を合成すると①の方向になる。したがって，全体としても①の方向になる。これより，アはaである。

　次に，少し時間の進んだときを考える。H_B が小さくなり，H_C が大きくなる。そこで，H_C を，H_B と同じ大きさの成分 H_{C1} と残りの H_{C2} に分けて H_A，H_B，H_{C1} を合成すると，①の方向になり，さらに H_{C2} が余っているので，これを合成すると，Y の向きに回転することがわかる。したがってイはbである。

　なお，アの結果から，i_A が正で最大値のとき，全体の磁界は，結局 H_A と同じ向きになる。これを考えると，i_B が正で最大のときはそのときの H_B の向き（ただし，アで考えた向きとは $i_B > 0$ なので逆になる），i_C が正で最大のときはそのときの H_C の向きになる。

　以上より，正答は**2**となる。

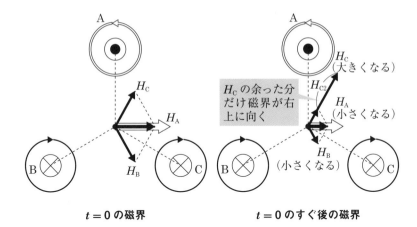

$t = 0$ の磁界　　　　　　　　$t = 0$ のすぐ後の磁界

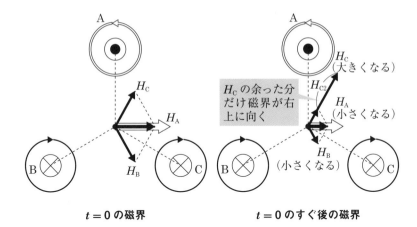 内ラベル：A、H_C、H_A、H_B、B、C、H_C（大きくなる）、H_{C2}、H_A（小さくなる）、H_B（小さくなる）、H_C の余った分だけ磁界が右上に向く

No.5 の解説　ローレンツ力　　　　　　　　　　　　　　　　　　　→問題は P.77

　　ローレンツ力の関連する基本問題である。運動する電荷が負なので，力の
向きには注意が必要である。

　　電子が受けるローレンツ力と遠心力がつりあって等速円運動をするので，

$$evB = \frac{mv^2}{r}$$

$$\therefore \quad r = \frac{mv}{eB}$$

　　電子の動く向きと**逆**向きを電流の向きとしてフレミングの左手の法則を考
えると，原点では y 軸正方向に電子が力を受けていることがわかる。したがっ
て，軌跡は図3となる。

　　以上より，正答は **2** となる。

No.6 の解説 ビオ・サバールの法則

→問題は P.78

ビオ・サバールの法則を使った有名問題で，計算方法を覚えておきたい。同様の問題は地方上級でも出題されている。

ビオ・サバールの法則によると，左下図で

$$d\boldsymbol{H} = \frac{1}{4\pi}\frac{Id\boldsymbol{l}\times\boldsymbol{r}}{r^3}$$

となる。ただし，三平方の定理から $a^2+b^2=r^2$ である。㋐を求めるために，この大きさを計算すると，

$$dH = \frac{Idl}{4\pi r^2} = \frac{Idl}{4\pi(a^2+b^2)}$$

となる。これが㋐に入る。

磁界は全体としては，軸方向となる。そこで $d\boldsymbol{H}$ の軸方向成分を計算すると，図のように角度 θ をとって，

$$dH\cos\theta = \frac{Idl}{4\pi(a^2+b^2)}\times\frac{a}{\sqrt{a^2+b^2}} = \frac{aIdl}{4\pi(a^2+b^2)^{\frac{3}{2}}}$$

これを円周全体について積分する。

$$H = \oint\frac{aIdl}{4\pi(a^2+b^2)^{\frac{3}{2}}} = \frac{aI}{4\pi(a^2+b^2)^{\frac{3}{2}}}\oint dl = \frac{aI}{4\pi(a^2+b^2)^{\frac{3}{2}}}\times 2\pi a$$

$$= \frac{a^2I}{2(a^2+b^2)^{\frac{3}{2}}}$$

ただし，線要素を円周に沿って積分すると，円周の長さになることを利用した。

以上より，正答は**3**となる。

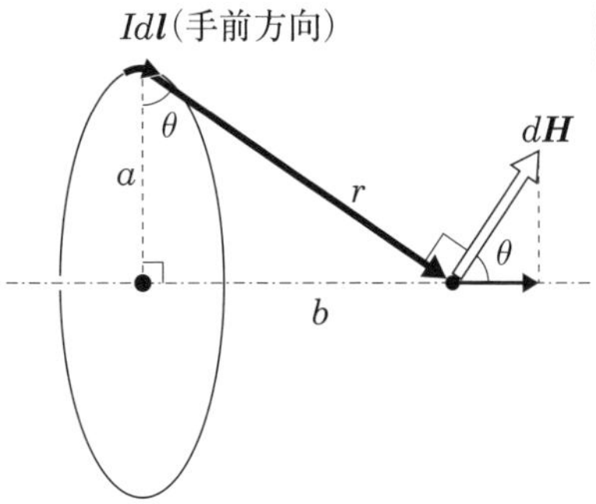

Idl(手前方向)
θ
a
r
dH
θ
b

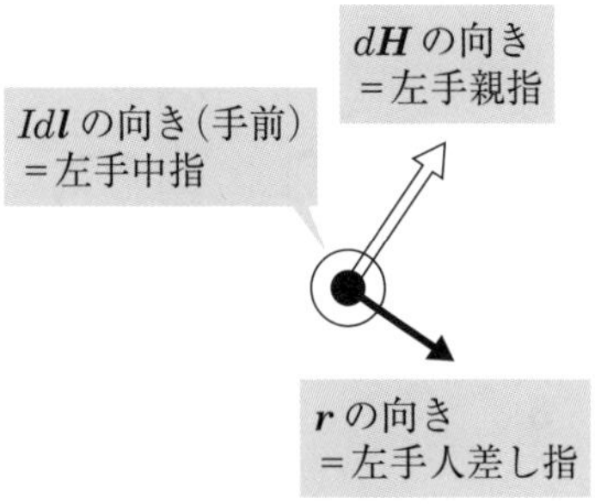

dHの向き
=左手親指
Idlの向き(手前)
=左手中指
rの向き
=左手人差し指
Idl×rの向き
(フレミングの左手)

正答 No.1=3　No.2=2　No.3=4　No.4=2　No.5=2　No.6=3

必修問題

　図のように，金属板の少し離れたすぐ上の位置に棒磁石を N 極を下にして置く。この状態から棒磁石を ⇦ の方向に動かすと，棒磁石が近づく場所では下向きの磁界が増加し，遠ざかる場所では下向きの磁界が減少する。このとき，金属板に誘導された電流の向きを模式的に表したものとして正しいのはどれか。

【地方上級・平成24年度】

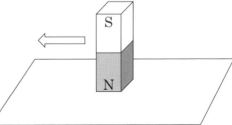

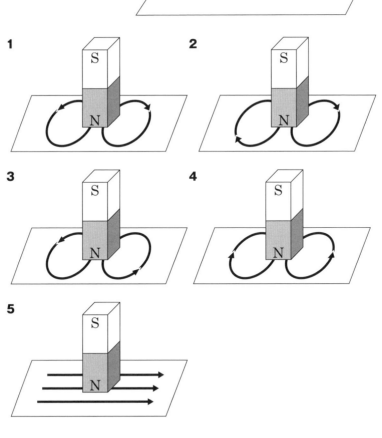

必修問題 の 解説

　レンツの法則の演習問題である。電流の動きを磁石の向きに直すことが大切で，この場合には円電流の中心の磁界を考える。

解法❶　レンツの法則を考える

　設問の図のN極が左向きに移動している。つまり，図の磁石の左側では，N極から下向きに出る磁界が増加し，逆に磁石の右側では，下向きの磁界が減少する。

　この変化を妨げるため，図の左側では上向きの磁界が，右側では下向きの磁界が発生する。円電流のつくる磁界の向きを考えると，電流の向きは選択肢**1**になる（左下図参照）。

解法❷　動きを妨げると考える

　金属板の磁界の変化は，金属板に対して，磁石が動くことによって発生する。言い換えれば，金属板と磁石の相対的な動きがなければ，金属板の磁界も変化しない。つまり，金属板が磁石と一緒に図の左側に動くように力が働く。

　この場合，発生する合力は全体としては磁界が一番強い磁石の真下に発生する力で代表させてよい。

　すると，**2**，**3**は磁石の真下には電流がなく（打ち消す），**1**は手前方向，**4**は奥方向，**5**は右方向に電流が流れている。金属板には磁石によって下向きの磁界が発生しているので，フレミングの左手の法則を使うと，金属板（電流）に左向きの力が発生するのは**1**である（右下図参照）。

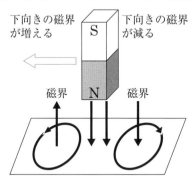

円電流のつくる磁界として円電流のつくる磁界の向きを決める

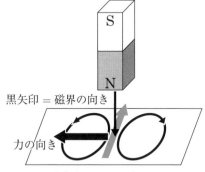

フレミングの左手の法則で，導体板が左向きに力を受けるものを選ぶ

正答　**1**

図のように，一様な磁界中で，辺の長さ a，b，巻数 N の長方形コイルが，長さ a の 2 つの辺の中点を通る軸を回転軸として，角速度 ω で回転している。このコイルに発生する誘導起電力の最大値 V に関する記述として最も妥当なのはどれか。

ただし，回転軸は磁界の方向と垂直であるものとする。

【国家一般職・平成24年度】

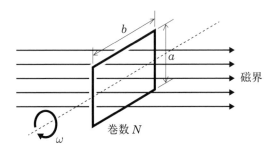

1 a のみを 2 倍にしたとき，V は $\dfrac{1}{2}$ 倍になる。

2 b のみを 2 倍にしたとき，V は 2 倍になる。

3 ω のみを 2 倍にしたとき，V は変化しない。

4 ω のみを 2 倍にしたとき，V は 4 倍になる。

5 N のみを 2 倍にしたとき，V は $\dfrac{1}{2}$ 倍になる。

〈 **必 修 問 題** 〉の **解 説**

　回転による電磁誘導の基本問題で，結果を覚えてしまってもよい。今回は長方形であるが，それ以外の場合には電圧は面積に比例する。

　磁界がコイルから ωt だけ傾いているとすると，コイルを通る磁束 Φ は，
　　$\Phi = Bab \cos(\omega t)$ 　（B を磁束密度とする）
となる。

　したがって，ファラデーの法則から，

$$V(t) = -N\frac{d\Phi}{dt} = NBab\omega \sin(\omega t)$$

　大きさを考えると，$V = NBab\omega$ である。これをもとに選択肢を見ると，**2**のみが正しい。

正答 **2**

　図のように，真空中に，十分に長い直線状の導線と，導線と平行な辺を持つ一辺の長さが L の正方形のコイルが同一平面内に存在する。導線とコイルの辺のうち最も近い辺との距離が d であるとき，両者間の相互インダクタンスとして最も妥当なのはどれか。

　ただし，真空の透磁率を μ_0 とし，導線とコイル導体の太さは無視できるものとする。　　　　　　　　　　　　　　　【国家総合職・令和元年度】

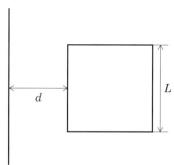

1 $\dfrac{\mu_0 L}{2\pi} \ln \dfrac{d+L}{d}$

2 $\dfrac{L}{2\pi\mu_0} \ln \dfrac{d+L}{d}$

3 $\dfrac{L}{\pi\mu_0} \ln \dfrac{d+L}{d}$

4 $\pi\mu_0 L^2 (L + 2d)$

5 $\dfrac{\pi L^2}{\mu_0} (L + 2d)$

必修問題 の 解説

　インダクタンスを求める問題は非常によく出ている。決まった形の問題は覚えてしまってもよいが，本問の場合には定義から計算するのがよいだろう。また，本問を通して，磁界が一様でない場合の磁束の計算方法も練習しておこう。

　直線導線を流れる電流を I としたとき，この電流が正方形コイル内につくる磁束を Φ とすると，コイルが1巻なので，求める相互インダクタンス M は，

$$\Phi = MI$$

$$\therefore \quad M = \frac{\Phi}{I}$$

となる。

　そこで，まずは下図のように，直線導線から距離 r の位置にある微小幅 dr の位置につくられる磁束 $d\Phi$ を求めると，幅が微小なので，この領域では磁束密度が一定とみなして，アンペールの法則より，

$$d\Phi = \frac{\mu_0 I}{2\pi r} \times L dr$$

となる。

　これをコイルの存在範囲である $d \leqq r \leqq d + L$ で積分すると，

$$\Phi = \int_d^{d+L} \frac{\mu_0 I L}{2\pi r} \, dr = \frac{\mu_0 I L}{2\pi} \int_d^{d+L} \frac{dr}{r} = \frac{\mu_0 I L}{2\pi} \left[\ln r \right]_d^{d+L}$$

$$= \frac{\mu_0 I L}{2\pi} \ln \frac{d+L}{d}$$

これより，

$$M = \frac{\Phi}{I} = \frac{\mu_0 L}{2\pi} \ln \frac{d+L}{d}$$

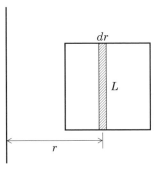

補足

　磁束 Φ が巻数 N のコイルを通っている場合，$N\Phi$ を磁束鎖交数（単位は〔Wb〕）という。この場合，インダクタンスは磁束鎖交数を電流で割ったものになる。

正答 1

　このテーマの内容のうち，レンツの法則，ファラデーの法則は工学に関する基礎の範囲内である。より基礎的な内容を学習したい場合には，まず『公務員試験　技術系　新スーパー過去問ゼミ　工学に関する基礎（数学・物理）』（実務教育出版）の該当部分に取り組むこと。

重要ポイント 1 ▶ 電磁誘導とレンツの法則

　磁界が変化することによって，起電力が発生することを電磁誘導という。

　このとき，「磁束の変化を妨げる向きに起電力は発生する」。これを**レンツの法則**という。

重要ポイント 2 ▶ ファラデーの法則

　具体的な起電力の大きさを計算するためには，ファラデーの法則を使う。電流が流れる閉回路を想定したときに，その閉回路の誘導起電力を V とする。また，巻数を N とする。

　このとき，閉回路の磁束 Φ を

$$\Phi = \int B dS$$

で計算すると，誘導起電力は次の式で与えられる。

$$V = -N\frac{d\Phi}{dt}$$

　これをファラデーの法則という。

　磁束については，磁束密度が一定の場合には，単純に面積を掛けて $\Phi = BS$ としてよい。一定でない場合には，磁束密度を一定とみなせる微小区間をとって積分する（P.88 の必修問題を参照のこと）。ただし，磁束密度 B は回路のある平面に垂直でなければならない。垂直でない場合には，垂直な成分をとること。

　なお，式中の「−」は，実際に問題を解く場合，問題で指定された正の向きによっては，付ける場合も付けない場合も出てくる。そのため，問題によってレンツの法則でその向きを確認して決めたり，あるいは大きさだけでよいなら，絶対値を付けて計算してもよい。

　特に，磁束密度 B が一定の場合に導体が移動する問題の場合，閉回路部分の面積を S とすると，ファラデーの法則は，

$$V = -NB\frac{dS}{dt}$$

となる。この $\frac{dS}{dt}$ は導体が通過した面積速度となる。こちらの公式を利用して，導体の通過面積速度を求める問題も多い。

第1章

電磁気学

インダクタンスの計算と具体例

磁束の変化 $\left(\dfrac{d\Phi}{dt}\right)$ の原因が，電流の変化 $\left(\dfrac{dI}{dt}\right)$ の場合には，ファラデーの法則から，誘導起電力は $\dfrac{dI}{dt}$ に比例することになる。この比例定数をインダクタンスという。

特に，考えている閉回路を流れる電流自体が原因の場合には，これを L と書いて自己インダクタンスという。つまり，

$$V = -L\frac{dI}{dt}$$

となる（符号はここでは付けたが，交流回路の問題では**電圧降下**を正とするため，付ける必要がない）。また，ほかの部分を流れる電流の変化が原因の場合には，これを M と書いて相互インダクタンスという。

実際に求める場合には，次の手順となる。インダクタンスには，ファラデーの法則の巻数 N が含まれることに注意する。

手順①	アンペールの法則などで，磁束密度 B を計算し，さらに磁束 Φ, 磁束鎖交数 $N\Phi$ を計算する。電流が与えられていない場合は，電流を自分で決めて計算する
手順②	磁束鎖交数を電流で割ってインダクタンスとする

自己インダクタンスの計算では
コイル自身を通る磁束鎖交数を
計算する

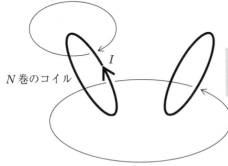

N 巻のコイル

I

相互インダクタンスの計算では
相手側のコイルを通る磁束鎖交
数を計算する

特に次の2つの場合には，結果を覚えておいてもよい。

(1)環状ソレノイドの自己インダクタンス

断面積 S，巻数 N，長さ l，透磁率 μ の環状ソレノイドの自己インダクタンス L は次の式で表される。

$$L = \frac{\mu S N^2}{l}$$

(2)十分に長い直線ソレノイドの自己インダクタンス

断面積 S，巻数 N，長さ l，透磁率 μ の十分に長い直線ソレノイドの自己インダクタンス L は次の式で表される。

$$L = \frac{\mu S N^2}{l}$$

なお，この場合には，「単位長さ当たりの巻数 $n = \dfrac{N}{l}$」が使われる場合もあるので注意すること。単位長さ当たりの巻数を使うと，

$$L = \mu S n^2 l$$

となる。

実戦問題

No.1 図のように，磁束密度 B の一様な磁界中で，面積 S，巻数 N，抵抗値 R のコイルを，磁界と垂直な軸周りに角速度 ω で回転させる。コイル面の法線と磁界のなす角度が θ であるとき，コイルに流れる電流の大きさとして最も妥当なのはどれか。

ただし，コイルのインダクタンスは十分小さく無視できるものとする。

【国家総合職・平成25年度】

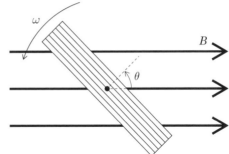

1   $\dfrac{NSB\omega \sin\theta}{R}$

2   $\dfrac{NSB\omega \sin\theta}{4\pi^2 R}$

3   $\dfrac{NSB\omega \cos\theta}{R}$

4   $\dfrac{NSB\omega \cos\theta}{2\pi R}$

5   $\dfrac{NSB\omega \cos\theta}{4\pi^2 R}$

No.2 図のように，磁束密度 B の一様な磁界中で，細い金属棒が磁界に垂直な平面内を一定の角速度 ω で図の矢印に示す向きに回転している。金属棒の回転中心 O から一端 M までの距離を a，回転中心 O から他端 N までの距離を b とし，磁界の向きは紙面の裏から表の向きとする。このとき，金属棒の一端 M を基準とした他端 N の電位として最も妥当なのはどれか。 【国家総合職・平成30年度】

1   $\dfrac{1}{8}\omega B(b^2 - a^2)$

2   $\dfrac{1}{2}\omega B(b^2 - a^2)$

3   $\dfrac{1}{2}\omega B(a^2 + b^2)$

4   $\omega B(b^2 - a^2)$

5   $\omega B(a^2 + b^2)$

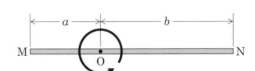

No.3 図のように R の抵抗を持つ矩形コイルが xy 平面内にある。磁束密度
$$B_x = 0, \quad B_y = 0, \quad B_z = B_0 \sin(\omega t - \phi x)$$
の磁界を加えるとき，このコイルに流れる電流 i として最も妥当なのはどれか。

ただし，コイル導体の太さは無視できるとし，電流および磁界は図に示す向きを正とする。

【国家総合職・平成28年度】

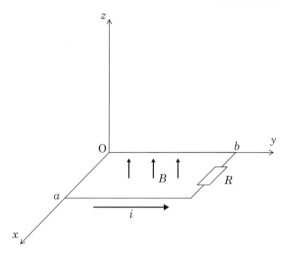

1 $\dfrac{\omega}{R\phi} b B_0$

2 $\dfrac{\omega}{R\phi} b B_0 \sin(\omega t - \phi a)$

3 $\dfrac{\omega}{R\phi} b B_0 \cos(\omega t - \phi a)$

4 $\dfrac{\omega}{R\phi} b B_0 \{\sin(\omega t - \phi a) - \sin \omega t\}$

5 $\dfrac{\omega}{R\phi} b B_0 \{\cos(\omega t - \phi a) - \cos \omega t\}$

No.4 図のような断面積が S の環状磁性体に巻かれた2つのコイルがある。それぞれのコイルの巻数を N_1 と N_2 とするとき，両者の間の相互インダクタンス M に関する記述として最も妥当なのはどれか。

ただし，磁束は磁性体の外部に漏れないものとする。

【国家一般職・平成29年度】

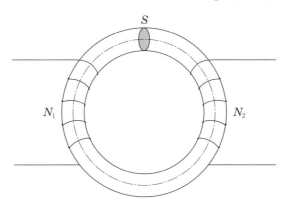

1 N_1 のみを2倍にしたとき，M は4倍になる。

2 N_1 のみを4倍にしたとき，M は2倍になる。

3 N_1 を2倍，N_2 を2倍にしたとき，M は4倍になる。

4 S を2倍にしたとき，M は4倍になる。

5 S を4倍にしたとき，M は2倍になる。

No.5 図のように，真空中に置かれた磁気回路において，巻数 100 のコイルに 10A の電流を通電した。通電時の空隙中の磁束密度 B はおよそいくらか。

ただし，鉄片の磁気抵抗は空隙の磁気抵抗に比べて十分に小さく無視できるとし，漏れ磁束はないものとする。また，真空の透磁率を $\mu_0 = 4\pi \times 10^{-7} H/m$ とする。

【国家総合職・平成27年度】

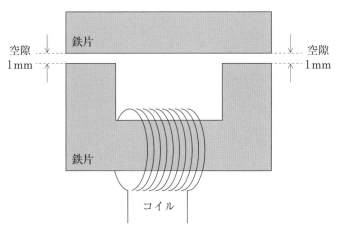

- **1** 0.31 T
- **2** 0.63 T
- **3** 0.95 T
- **4** 1.27 T
- **5** 1.59 T

実戦問題 の 解説

No.1 の解説　コイルが回転する場合の電磁誘導

→問題は P.93

必修問題にも類題のある問題で，磁束密度のコイルに垂直な成分を計算することを覚えておこう。なお，結果を覚えてもよい。

図の瞬間の磁束密度のコイルに垂直な成分は $B\cos\theta$ である。なお $\theta=\omega t$ としてもよく，この場合は $B\cos(\omega t)$ となる。

そこで，このコイル垂直に貫く磁束 Φ は，$\Phi=BS\cos(\omega t)$ となるので，ファラデーの法則より，

$$V=-N\frac{d\Phi}{dt}=NBS\omega\sin(\omega t)=NBS\omega\sin\theta$$

となる。

よってオームの法則から，求める電流は，

$$I=\frac{V}{R}=\frac{NSB\omega\sin\theta}{R}$$

以上より，正答は**1**となる。

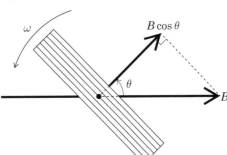

No.2 の解説　導体棒が回転する場合の電磁誘導

→問題は P.93

有名な問題なので解き方を覚えておきたい。ラジアン角の扇形の面積の公式が必要となる。

解法❶　面積速度を考える

O に対する M の電位を求める。導体 OM が1秒間に通過した面積 $\frac{dS}{dt}$ を求める。一般に，半径 r，中心角 θ〔rad〕の扇形の面積 S が $S=\frac{1}{2}r^2\theta$ で表されることから，本問では，1秒間に ω〔rad〕だけ導体が回転するので，

$$\frac{dS}{dt}=\frac{1}{2}a^2\omega$$

したがって，ファラデーの法則より，OM 間の電位差 V_{M} は，

$$V_{\mathrm{M}}=\frac{d\Phi}{dt}=B\frac{dS}{dt}=\frac{1}{2}Ba^2\omega$$

ON 間の電位差 V_{N} も同様にして

$$V_{\mathrm{N}}=\frac{1}{2}Bb^2\omega$$

なので，求める M を基準とした N の電位 V は，

$$V = V_{\text{N}} - V_{\text{M}} = \frac{1}{2}\omega B(b^2 - a^2)$$

なお，本問では電位の高低について無頓着に解いたが，左下図のように扇形の回路があると想定すれば，回路内の紙面手前向きの磁束が減少しているため，右ねじの法則から，中心 O から M（N も同様）に向けて起電力が発生するため，O から見ると，M の電位も N の電位も高いことがわかる（したがって，M に対する N の電位は引き算となる）。

解法❷　ローレンツ力を計算する

仮に金属棒の中心 O から距離 r の位置に，電気量 $q > 0$ の電荷があったと想定すると，この電荷は，金属棒が回転することで磁界と垂直に速さ $v = r\omega$ で運動していることになる（等速円運動の公式）。したがって，ローレンツ力の公式から，この電荷には，

$$F = q \times r\omega B = q\omega Br$$

の力が働いていることになるが，O から M まで進む間に，この力によって，電荷は

$$W = \int_0^a F dr = q\omega B \int_0^a r dr = \frac{1}{2} q\omega Ba^2$$

の仕事を受けることになる。ここで電位の定義 $W = qV$ を考えれば，O に対する M の電位が

$$V_{\text{M}} = \frac{1}{2}\omega Ba^2$$

であることがわかる。

同様に，$V_{\text{N}} = \frac{1}{2}\omega Bb^2$ なので，M に対する N の電位は，

$$V = \frac{1}{2}\omega B(b^2 - a^2)$$

である。以上より，正答は **2** となる。

扇形の面積が減る＝手前向きの磁束が減るので，これを増やそうとする

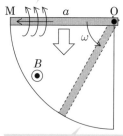

仮にこの導線があると考える

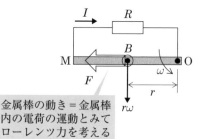

金属棒の動き＝金属棒内の電荷の運動とみてローレンツ力を考える

No.3 の解説　ファラデーの法則 　　　　　　　　　　　→問題は P.94

　積分による磁束の計算とファラデーの法則の演習問題である。どの文字で積分，微分しているのか注意してほしい。

　x 座標を固定し，この位置に幅 dx の面積 bdx の微小な長方形を考えると，この部分では磁束密度は一定と考えることができるので，磁束 $d\Phi$ は，

$$d\Phi = B_0 \sin(\omega t - \phi x) \times bdx$$

これを積分して，コイル内の磁束 Φ は，

$$\Phi = \int_0^a B_0 \sin(\omega t - \phi x)\,bdx = \left[\frac{bB_0}{\phi}\cos(\omega t - \phi x)\right]_0^a$$

$$= \frac{bB_0}{\phi}\{\cos(\omega t - \phi a) - \cos(\omega t)\}$$

ファラデーの法則より，

$$V = -\frac{d\Phi}{dt} = \frac{\omega}{\phi}bB_0\{-\sin\omega t + \sin(\omega t - \phi a)\}$$

オームの法則から，求める電流は，

$$i = \frac{V}{R} = \frac{\omega}{R\phi}bB_0\{-\sin\omega t + \sin(\omega t - \phi a)\}$$

以上より，正答は **4** となる。

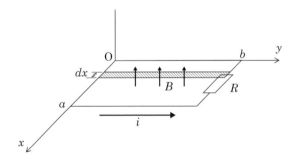

相互インダクタンスに関する基本問題である。ここでは相互インダクタンスを導いていくが，最終的な結果を公式として覚えておくほうが早い。どちらの方法で対処するのかは考えておこう。

N_1 巻のコイルに電流 I を流したと考える。このとき，設問の図の一点鎖線に沿ってアンペールの法則を考えると，一点鎖線の円の内側には，N_1 巻のコイルの1巻1巻に電流 I が流れているので，

$B \times l = \mu \times N_1 I$ （B：磁束密度，μ：透磁率，l：一点鎖線の円の長さ）

となる。なお，N_2 巻のコイルには電流を流していないことに注意する。

したがって，磁束 Φ は，

$$\Phi = BS = \frac{\mu N_1 S}{l} I$$

これより，図の右側の N_2 巻のコイルを貫く磁束鎖交数は，

$$N_2 \Phi = \frac{\mu N_1 N_2 S}{l} I$$

よって，相互インダクタンス M は，

$$M = \frac{N_2 \Phi}{I} = \frac{\mu N_1 N_2 S}{l}$$

となる。

ここで選択肢を検討すると，**3**のみが正しい。

なお，N_1 巻のコイルしかない場合の自己インダクタンス L_1 は，同様に考えて，

$$L_1 = \frac{\mu N_1^2 S}{l}$$

となる。

磁気回路の問題は国家総合職で主に出題される。電気回路にたとえて解くところがポイントになる。ここでまとめておくため，必要な人は確認して覚えておきたい。

アンペールの法則によると，N 巻のコイルによって磁界のループが発生する場合，

$NI = H \times l$ （H：磁界，l：ループの長さ，I：電流）

が成立する。このうち磁界を磁束 Φ で書き直すと，

$$H = \frac{1}{\mu S} \Phi$$ （S：断面積）

なので，

$$NI = \frac{1}{\mu}\frac{l}{S}\Phi$$

となる。

この式を,「起磁力 NI によって,回路に磁束 Φ が発生した(流れた)」と読むと,あたかも「起電力 V によって,回路に電流 I が流れた」電気回路の問題と対応させることができる。

このとき,次の対応関係が成り立つ。

電気回路		磁気回路	
起電力	V	起磁力	NI
電流	I	磁束	Φ
電気抵抗	$R = \rho\dfrac{l}{S}$	磁気抵抗	$R_m = \dfrac{1}{\mu}\dfrac{l}{S}$

表中の ρ は抵抗率で,透磁率はこの逆数になることに注意する。

これを踏まえて問題を解く。本問の磁気抵抗は,「鉄片」「空隙」「鉄片」「空隙」「鉄片」の順番に直列に並ぶことになるが,鉄片部分の磁気抵抗は無視できるので,2か所の空隙をまとめて(直列合計して)計算する。

起磁力は

$$V_m = 100 \times 10 = 1000\,\mathrm{A}$$

磁気抵抗は,

$$R_m = \frac{1}{\mu_0}\frac{l}{S} = \frac{1}{4\pi \times 10^{-7}} \times \frac{2 \times 10^{-3}}{S} = \frac{10^4}{2\pi S} \quad (S:断面積)$$

したがって,磁束について,

$$\Phi = \frac{V_m}{R_m} = \frac{1000 \times 2\pi S}{10^4}$$

これより,求める磁束密度 B は,

$$B = \frac{\Phi}{S} = \frac{1000 \times 2\pi}{10^4} \fallingdotseq 0.63\,\mathrm{T}$$

以上より,正答は**2**となる。

正答 No.1=1 No.2=2 No.3=4 No.4=3 No.5=2

必修問題

　電磁気学に関する次の文章中の空欄ア，イに当てはまるものとして正しいのはどれか。　【地方上級・平成26年度】

「以下の(1)〜(4)の式はマクスウェルの方程式と呼ばれている。これらの式のうち，電磁誘導の式（ファラデーの法則）を表しているのは　ア　である。また，磁場に関するガウスの法則を表しているのは　イ　である。

　ただし，式中において，H は磁界，B は磁束密度，E は電界，D は電束，ρ は電荷密度，j は電流密度を表す」

$$\nabla \cdot B = 0 \qquad \cdots\cdots(1)$$

$$\nabla \times E + \frac{\partial B}{\partial t} = 0 \qquad \cdots\cdots(2)$$

$$\nabla \cdot D = \rho \qquad \cdots\cdots(3)$$

$$\nabla \times H - \frac{\partial D}{\partial t} = j \qquad \cdots\cdots(4)$$

	ア	イ
1	(1)	(3)
2	(2)	(1)
3	(2)	(4)
4	(4)	(2)
5	(4)	(3)

必修問題 の 解説

　マクスウェルの方程式の意味を問う問題である。国家一般職［大卒］での出題はあまりないが，地方上級では問われることがあるため，式の形や意味は覚えておきたい。

　(1)の式の左辺の $\nabla \cdot \boldsymbol{B}$ は，ある点から出て行く磁界の量を意味している。一方で，右辺はそれが0であることを意味する。これは電界のガウスの法則と対比させると，磁界には「磁荷」が存在しないことを意味している。

　(2)の式は，

$$\nabla \times \boldsymbol{E} = -\frac{\partial \boldsymbol{B}}{\partial t}$$

と変形するとわかりやすい。この場合，左辺はループ状の電界を表し，右辺は，それが磁界の変化（と逆方向）になることを表している。電界があれば，電荷はこれによって動かされ起電力が発生する。これはファラデーの法則を表している。

　(3)の式の左辺の $\nabla \cdot \boldsymbol{D} = \varepsilon \nabla \cdot \boldsymbol{E}$ は，ある点から出て行く電束の量を意味している。一方で右辺はそれがその点の電荷（密度）に等しいことを意味している。これは電界に関するガウスの法則である。

　(4)は，

$$\nabla \times \boldsymbol{H} = \boldsymbol{j} + \frac{\partial \boldsymbol{D}}{\partial t}$$

と変形するとわかりやすい。すると左式は，ある点のループ状の磁界を示している。右辺第1項は，それがその点を通る電流に等しいとするもので，ここまでだとアンペールの法則を表すことになる。これに付け加わる右辺第2項は，変位電流と呼ばれるものである（対して第1項は「伝導電流」と呼ばれる）。つまり，電界の時間変化も電流とみなすことができるというものである。

　以上から，ファラデーの法則を表すのは(2)，磁場のガウスの法則を表すのは(1)である。

正答 **2**

重要ポイント 1 ▶ マクスウェルの方程式

電磁気学に関する諸定理を整理してまとめられたのがマクスウェルの方程式である。

(1)**ファラデーの法則**

$$\nabla \times \boldsymbol{E} = -\frac{\partial \boldsymbol{B}}{\partial t}$$

(2)**アンペールの法則**

$$\nabla \times \boldsymbol{H} = \boldsymbol{j} + \frac{\partial \boldsymbol{D}}{\partial t}$$

(3)**ガウスの法則**

$$\nabla \cdot \boldsymbol{D} = \rho$$

(4)**磁荷の不存在（磁界のガウスの法則）**

$$\nabla \cdot \boldsymbol{B} = 0$$

ただし，$\boldsymbol{H}$ は磁界，$\boldsymbol{B}$ は磁束密度，$\boldsymbol{E}$ は電界，$\boldsymbol{D}$ は電束，ρ は電荷密度，$\boldsymbol{j}$ は電流密度を表す（この式の詳しい意味は，P.102 の必修問題の解説を参照）。

なお，$\nabla \cdot \boldsymbol{E}$ は $\mathrm{div}\boldsymbol{E}$，$\nabla \times \boldsymbol{E}$ は $\mathrm{rot}\boldsymbol{E}$ と表現される場合もある。

重要ポイント 2 ▶ 電磁波

マクスウェル方程式からは，電磁波の式を導くことができる。ここでは，その性質についてまとめておく。なお，国家総合職の記述対策などで必要な人は，教科書を参考に，簡単な場合について導出できるようにしておいてほしい。

- 電磁波の速度は $c = \dfrac{1}{\sqrt{\varepsilon\mu}}$ で，光の速度 c に一致する。なお，ε は誘電率，μ は透磁率である。
- 電界の振幅を $|E|$, 磁界の振幅を $|H|$ とすると，$\left|\dfrac{E}{H}\right| = \sqrt{\dfrac{\mu}{\varepsilon}}$ となる。なお，$\varepsilon|E|^2 = \mu|H|^2$ と電界，磁界を左辺右辺に分けて覚えてもよい。
- 電界の振幅方向を左手中指，磁界の振幅方向を左手人差し指にとったとき，左手親指方向が電磁波の進行方向である（フレミングの左手の法則と同じ）。

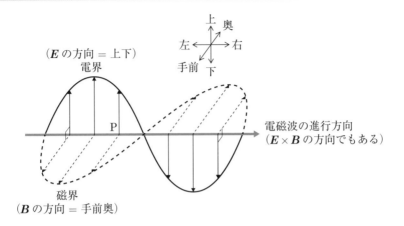

重要ポイント ③ ▶ ポインティングベクトル

電磁波において，電界を E，磁界を H とするとき，

$$S = E \times H$$

で定義されるベクトル S をポインティングベクトルという。ポインティングベクトルの方向は電磁波の進行方向に一致し，その大きさは，電磁波によって運ばれるエネルギー密度を表す。

補足

誤りの選択肢として，**ベクトルポテンシャル**もよく出題される。磁束密度 B に対し，

$$B = \nabla \times A$$

となる A をベクトルポテンシャルという。また，真空中に，閉回路 C 上を流れる線電流 I から距離 r だけ離れた場所に形成されるベクトルポテンシャル A は，

$$A = \frac{\mu_0}{4\pi} \int_C \frac{I}{r} dl$$

で表される。ただし，Idl は微小電流要素である。こちらについては択一式試験ではその意味については問われることはほとんどない。記述式試験を考える場合のみ教科書などで意味をまとめておくこと（本書の範囲を超える）。

No.1 **電磁波に関する次の記述の㋐，㋑に当てはまるものの組合せとして最も妥当なのはどれか。** 【国家総合職・平成25年度】

「電束密度 D，電界 E，磁束密度 B，磁界 H は，定常電流と電荷の存在を無視すると，Maxwell の方程式より

$$\operatorname{div} D = 0$$

$$\operatorname{rot} E = -\frac{\partial B}{\partial t}$$

$$\operatorname{div} B = 0$$

$$\operatorname{rot} H = \frac{\partial D}{\partial t}$$

と表される。ここで，媒質の誘電率と透磁率を，それぞれ ε，μ とすると，媒質中を進む電磁波の伝搬速度は $\boxed{\quad ㋐ \quad}$ と表されるので，媒質の屈折率 n は，真空の誘電率 ε_0 と透磁率 μ_0 を用いて $\boxed{\quad ㋑ \quad}$ と表される」

	㋐	㋑
1	$\dfrac{1}{\sqrt{\varepsilon\mu}}$	$\sqrt{\dfrac{\varepsilon_0\mu_0}{\varepsilon\mu}}$
2	$\dfrac{1}{\sqrt{\varepsilon\mu}}$	$\dfrac{\varepsilon\mu}{\varepsilon_0\mu_0}$
3	$\dfrac{1}{\sqrt{\varepsilon\mu}}$	$\sqrt{\dfrac{\varepsilon\mu}{\varepsilon_0\mu_0}}$
4	$\sqrt{\varepsilon\mu}$	$\sqrt{\dfrac{\varepsilon_0\mu_0}{\varepsilon\mu}}$
5	$\sqrt{\varepsilon\mu}$	$\dfrac{\varepsilon\mu}{\varepsilon_0\mu_0}$

No.2 電磁界に関する次の記述の㋐, ㋑, ㋒に当てはまるものの組合せとして最も妥当なのはどれか。【国家総合職・平成29年度】

「電界 E と磁界 H の外積 $E \times H$ を ㋐ と呼ぶ。抵抗率 ρ の均一な材質でできた半径 r の十分に長い円柱導体に, 電流 I が円柱の中心軸方向に均一に流れているとする。円柱導体の側面部において ㋐ の向きは円柱側面に対して垂直 ㋑ となり, その大きさは ㋒ となる」

	㋐	㋑	㋒
1	ベクトルポテンシャル	外向き	$\dfrac{\rho I^2}{\pi r^2}$
2	ベクトルポテンシャル	内向き	$\dfrac{\rho I^2}{2\pi^2 r^3}$
3	ベクトルポテンシャル	外向き	$\dfrac{\rho I^2}{2\pi^2 r^3}$
4	ポインティングベクトル	外向き	$\dfrac{\rho I^2}{\pi r^2}$
5	ポインティングベクトル	内向き	$\dfrac{\rho I^2}{2\pi^2 r^3}$

実戦問題の解説

No.1 の解説 電磁波

→問題は P.106

電磁波の速度に関する問題で，与えられたマクスウェル方程式から導くこともできるが，本試験では覚えてしまうのがよいだろう。

電磁波の速さは，$c = \dfrac{1}{\sqrt{\varepsilon\mu}}$ と表されるので，これが㋐に入る。また，屈折率は，真空中の速さ $c_0 = \dfrac{1}{\sqrt{\varepsilon_0\mu_0}}$ の媒質中の速さ c に対する比で表される（屈折率が大きくなるほど，媒質中の速度は遅くなる）。よって，

$$n = \frac{c_0}{c} = \sqrt{\frac{\varepsilon\mu}{\varepsilon_0\mu_0}}$$

これが㋑に入る。

以上より，正答は**3**となる。

No.2 の解説 ポインティングベクトル

→問題は P.107

ポインティングベクトルは国家総合職でまれに出題がある。応用問題は出ないので，簡単に内容をおさえておこう。

$\boldsymbol{E} \times \boldsymbol{H}$ は「ポインティングベクトル」と呼ばれている。これが㋐に入る。

電流が流れているということは，電流の方向に電界があり，その力で電荷が流れているということなので，$\boldsymbol{E}$ の方向は電流の方向になる。また，電流が流れていれば，磁界が発生し，その方向は右ねじの法則でわかる。これが $\boldsymbol{H}$ の方向である。このベクトル積（外積）の方向は，フレミングの左手の法則の要領で（次図），円柱の内側方向となる。したがって，㋑には「内向き」が入る。

最後にポインティングベクトルの大きさを求める。本問では，電界と磁界は直交しているので，単純に

$$|\boldsymbol{E} \times \boldsymbol{H}| = EH \quad (E：電界の大きさ，H：磁界の大きさ)$$

で計算してよい。まず，電界については，電流方向に長さ1の部分をとれば，$V = Ed$ の公式の $d = 1$ としたことと同じになるので，電圧 V から E が求まる。抵抗率が ρ なので，長さ1，断面積 πr^2 となることから抵抗 R は，

$$R = \rho\frac{1}{\pi r^2}$$

となるので，オームの法則から，

$$V = RI = \frac{\rho I}{\pi r^2} = E \times 1 = E$$

一方，磁界は，アンペールの法則から，

$$H = \frac{I}{2\pi r}$$

なので,

$$EH = \frac{\rho I}{\pi r^2} \times \frac{I}{2\pi r} = \frac{\rho I^2}{2\pi^2 r^3}$$

以上より, 正答は**5**となる。

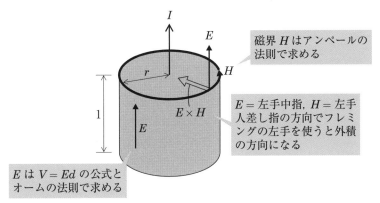

磁界 H はアンペールの
法則で求める

E ＝ 左手中指, H ＝ 左手
人差し指の方向でフレミ
ングの左手を使うと外積
の方向になる

E は $V = Ed$ の公式と
オームの法則で求める

正答 No.1＝3　No.2＝5

第2章

電気回路

必修問題

図のような回路において，電流 I の大きさはおよそいくらか。

【国家一般職・令和元年度】

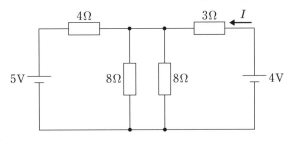

1　0.1A

2　0.2A

3　0.3A

4　0.4A

5　0.5A

〈**必修問題**〉の **解説**

　直流回路の問題は，基本的にはキルヒホッフの法則を立てて計算すれば解くことができる。それだけでは工学に関する基礎と変わらないため，出題上何らかの工夫を盛り込む場合がある。キルヒホッフの法則の手順を身につけるという大前提のもとで，どんな工夫があるのか，問題演習を通じてつかんでほしい。

　図で2つ並んでいる 8Ω の抵抗はどちらも同じ電圧である（導線でつながれた部分は等電位なので，2つの抵抗は同じ電位から同じ電位のところを結んでいる）。そこで，この2つを流れる電流はまったく同じになる。

　これを踏まえて，下図のように 4Ω を流れる電流を I' と置く。このとき，左右から $I + I'$ の電流が集まって，2つの 8Ω の抵抗に電流が流れるので，それぞれの抵抗には $\dfrac{I + I'}{2}$ の電流が流れる（キルヒホッフの第1法則）。

　図中のループ❶について，キルヒホッフの法則を立てて，

$$5 = 4I' + 8 \times \frac{I + I'}{2} = 4I + 8I' \quad \cdots\cdots ①$$

ループ❷について，キルヒホッフの法則を立てて，

$$4 = 3I + 8 \times \frac{I + I'}{2} = 7I + 4I' \quad \cdots\cdots ②$$

以上を解く。②×2 − ①より，

$$3 = 10I$$
$$\therefore \quad I = 0.3\mathrm{A}$$

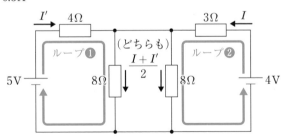

補足

　同じ電位の場所を結んでいる抵抗は並列の関係にある。したがって，この問題でも，8Ω の2つの抵抗を並列合成して 4Ω の1つの抵抗に直して計算してもよい。また，縦続行列やミルマンの定理を使った解法もある。

正答 **3**

図のような回路において，電流 I の大きさはいくらか。

【国家一般職・平成26年度】

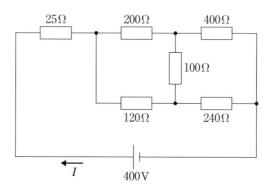

1 0.80 A

2 1.0 A

3 1.2 A

4 1.4 A

5 1.6 A

必修問題 の 解説

　ホイートストンブリッジの平衡条件の公式を使う演習問題である。本問はわかりやすいが，ブリッジ部分が巧妙に隠される場合もある。抵抗の数が多く対称性のある回路の場合には，疑って回路を見ることも大切である。

　左下図の青破線部分はホイートストンブリッジの形をしている。そこで，対角線位置にある抵抗の積を計算すると，

$$200 \times 240 = 400 \times 120$$

となっているので，平衡条件を満たしている。したがって，中央の 100Ω の抵抗には電流は流れない。

　そこで，この抵抗を取り除いた右下図の回路で考える。全体の合成抵抗 R を計算すると，

$$R = 25 + \cfrac{1}{\cfrac{1}{200 + 400} + \cfrac{1}{120 + 240}} = 25 + \cfrac{1}{\cfrac{1}{600} + \cfrac{1}{360}}$$

$$= 25 + \frac{1800}{3 + 5} = 250\,\Omega$$

よって，オームの法則より，

$$I = \frac{400}{R} = \frac{400}{250} = 1.6\,\mathrm{A}$$

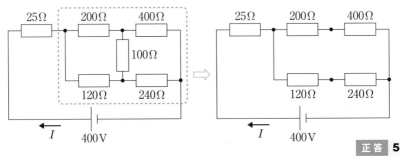

正答 **5**

このテーマの内容は，工学に関する基礎の範囲内である。より基礎的な内容を学習したい場合には，まず『公務員試験 技術系新スーパー過去問ゼミ 工学に関する基礎（数学・物理）』（実務教育出版）の該当部分に取り組むこと。

重要ポイント 1 キルヒホッフの法則と直流回路

回路を解く場合の基本は次の2つのキルヒホッフの法則になる。

第1法則（電流則）	ある点に入る電流の和は0になる。あるいは，ある点に入る電流の合計と出る電流の合計は等しくなる
第2法則（電圧則）	回路を周回する場合に，起電力の和と電圧降下の和は等しくなる（本書では，第2法則は単に「キルヒホッフの法則」と記述している）

重要ポイント 2 合成公式

複数の抵抗を同じ働きをする1つの抵抗に直す公式が**合成公式**である。これには次の2つがある。

⑴**並列**

R_1，R_2の抵抗を並列に接続すると，全体の抵抗は，次の式で表される。

$$\frac{1}{R} = \frac{1}{R_1} + \frac{1}{R_2}$$

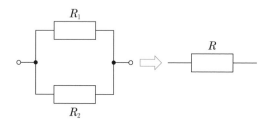

⑵**直列**

R_1，R_2の抵抗を直列に接続すると，全体の抵抗は，次の式で表される。

$$R = R_1 + R_2$$

重要ポイント 3　ホイートストンブリッジの平衡条件

　図のような5つの抵抗でできた回路を**ホイートストンブリッジ**という。AB 間に電圧を加えたときに，R_5 に電流が流れないとき，次の式が成り立つ。

$$R_1 R_4 = R_2 R_3$$

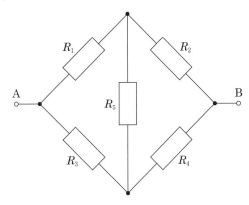

重要ポイント 4　ミルマンの定理

　図の回路において，電圧 V は次の式で計算できる。

$$V = \frac{\dfrac{E_1}{R_1} + \dfrac{E_2}{R_2} + \dfrac{E_3}{R_3}}{\dfrac{1}{R_1} + \dfrac{1}{R_2} + \dfrac{1}{R_3}}$$

電源，抵抗が増減しても同様で，電源がない場合には $E_i = 0$ とすること。

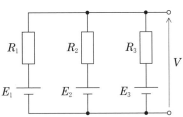

No.1 図の回路において，抵抗 R の値と，図中の電源電圧 V の値を求めよ。

【地方上級・平成26年度】

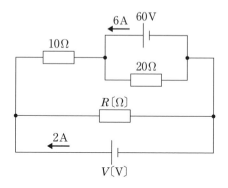

	R	V
1	6Ω	$20V$
2	6Ω	$30V$
3	6Ω	$40V$
4	3Ω	$20V$
5	3Ω	$30V$

No.2 図の直流回路において，$V_3 = \dfrac{E}{2}$，$I_2 = \dfrac{I}{3}$ となるとき，R_1 と R_2 の値を

求めよ。

【地方上級・平成24年度】

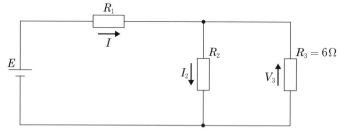

	R_1	R_2
1	2Ω	3Ω
2	4Ω	12Ω
3	9Ω	3Ω
4	9Ω	12Ω
5	36Ω	12Ω

No.3 図のような回路において，電流 I はいくらか。

【国家一般職・平成25年度】

1 4A
2 5A
3 6A
4 8A
5 10A

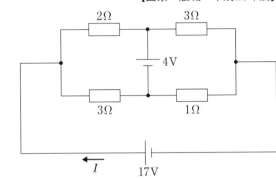

No.4 図のような，直流電圧源 V，抵抗線 XY および直流電流計 A により構成される回路で，端子 a に流れる電流 I〔A〕の $\frac{1}{3}$ が直流電流計 A に流れた。端子 b と抵抗線 XY との接続点を P とすると，XP 間の抵抗線の抵抗値として最も妥当なのはどれか。

ただし，直流電流計 A の内部抵抗の値は 6Ω，XY 間の抵抗線の抵抗値は 12Ω とする。

【国家一般職・平成29年度】

1 2Ω
2 3Ω
3 4Ω
4 6Ω
5 8Ω

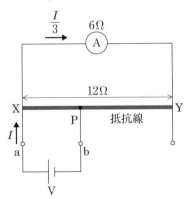

図のような回路において，電流 I の大きさとして最も妥当なのはどれか。

【国家一般職・令和 2 年度】

1 $\dfrac{E}{5R}$

2 $\dfrac{E}{4R}$

3 $\dfrac{E}{3R}$

4 $\dfrac{E}{2R}$

5 $\dfrac{E}{R}$

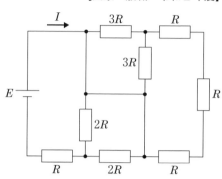

No.6 図のような回路において，電流 I はいくらか。

【国家総合職・平成24年度】

1 2A

2 3A

3 4A

4 5A

5 6A

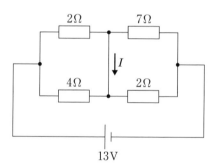

No.7 図のような回路において，抵抗値 r の抵抗に流れる電流 I の大きさが最小となる r として最も妥当なのはどれか。

ただし，$R_1 > r$ かつ $R_1 > R_2$ とする。

【国家総合職・令和 2 年度】

1 $\dfrac{R_1}{4}$

2 $\dfrac{R_1}{2}$

3 $\dfrac{R_2}{4}$

4 $\dfrac{R_2}{2}$

5 R_2

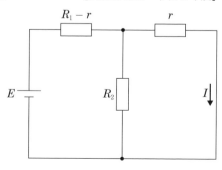

No.8 図のような抵抗値が R の抵抗を 12 個組み合わせた回路に，電圧 V の電池を接続したとき，流れる電流 I の大きさとして最も妥当なのはどれか。

1 $\dfrac{V}{3R}$

2 $\dfrac{3V}{5R}$

3 $\dfrac{2V}{3R}$

4 $\dfrac{3V}{2R}$

5 $\dfrac{5V}{2R}$

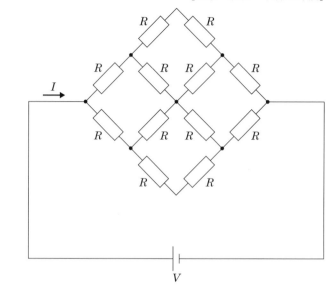

No.9 図のような回路において，スイッチ S を開いた状態と閉じた状態とで直流電流計 A に流れる電流は変わらなかった。直流電流計 A の内部抵抗はおよそいくらか。

【国家一般職・平成30年度】

1 2Ω

2 5Ω

3 10Ω

4 25Ω

5 36Ω

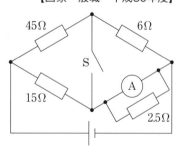

No.1 の解説　キルヒホッフの法則

→問題は P.118

　地方上級の回路は，与える条件が少し複雑なものが多い。簡単に求まる部分がないかどうか考えてみよう。

　まず，60V の電源に 20Ω の抵抗が接続されているので（ここを回るループを考えたとしてもよい），20Ω の抵抗に加わる電圧は 60V である。したがって，下図において $I_1 = 3A$ となる。そこで，10Ω を通る電流 I_2 はキルヒホッフ第 1 法則より（10Ω の抵抗のすぐ右の接合点を考える）$I_2 = 6 - 3 = 3A$ となる。

　そこで，次に下図のループ❶についてキルヒホッフの法則を考えて，

$$60 = 10 \times 3 + V$$

$$\therefore \quad V = 30$$

接合点 P についてキルヒホッフ第 1 法則を考えると，

$$I_3 = I_2 + 2 = 5A$$

したがって，ループ❷についてキルヒホッフの法則を立てると，

$$30 = R \times 5$$

$$\therefore \quad R = 6\Omega$$

以上より，正答は **2** となる。

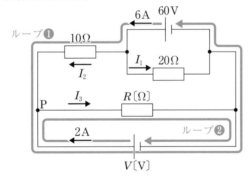

No.2 の解説 キルヒホッフの法則 →問題は P.118

与えられた条件を整理して解く必要がある。ここでは並列の場合に電流と抵抗が反比例することを覚えておきたい。

抵抗 R_3 を流れる電流を I_3 とすると，キルヒホッフの第1法則から $I_3 = I - I_2 = \dfrac{2}{3}I$ である。

並列な抵抗に流れる電流は，抵抗の値に反比例するので，

$$R_2 : R_3 = \frac{1}{I_2} : \frac{1}{I_3} = 2 : 1$$

$$\therefore \quad R_2 = 2R_3 = 12\Omega$$

次に，抵抗 R_3 についてオームの法則を立てると，

$$6 \times \frac{2}{3}I = 4I = \frac{E}{2}$$

$$\therefore \quad I = \frac{E}{8}$$

電源 E，抵抗 R_1，抵抗 R_3 と回るループについてキルヒホッフの法則を立てると，

$$E = R_1 I + \frac{E}{2} = \frac{E}{8}R_1 + \frac{E}{2}$$

$$\therefore \quad R_1 = 4\Omega$$

以上より，正答は **2** となる。

No.3 の解説 キルヒホッフの法則 →問題は P.119

直流回路の問題はキルヒホッフの法則で解くことができるが，試験では短時間で正確に計算しなければいけない。そのために，出てくる連立方程式もできる限り単純になるように文字を置いておきたい。本問は，未知の電流が多くなる場合の演習問題である。

下図のように電流を I_1, I_2, I_3 と置く。このとき，残りの抵抗を流れる電流も下図のように求めることができる（キルヒホッフの第1法則。たとえば，2Ω の抵抗を流れる I_1 のうち I_3 が 4V に流れるので，残りの $I_1 - I_3$ が 3Ω に流れると考える）。

続いてキルヒホッフの法則を立てる。ループ❶について（図では電源部分は省略している），

$$17 = 2I_1 + 3(I_1 - I_3) = 5I_1 - 3I_3 \quad \cdots\cdots①$$

ループ❷について，

$$17 = 2I_1 + 4 + 1 \times (I_2 + I_3) = 2I_1 + I_2 + I_3 + 4 \quad \cdots\cdots②$$

ループ❸について，

$$17 = 3I_2 + 1 \times (I_2 + I_3) = 4I_2 + I_3 \quad \cdots \cdots \text{③}$$

以上の連立方程式を解く。

式①から,

$$I_1 = \frac{17}{5} + \frac{3}{5}I_3$$

式③から,

$$I_2 = \frac{17}{4} - \frac{I_3}{4}$$

以上を式②に代入して,

$$17 = \frac{34}{5} + \frac{6}{5}I_3 + \frac{17}{4} - \frac{I_3}{4} + I_3 + 4 = \frac{301}{20} + \frac{39}{20}I_3$$

$$\therefore \quad I_3 = 1\text{A}$$

これより,$I_1 = 4\text{A}$,$I_2 = 4\text{A}$ なので,キルヒホッフの第1法則より

$$I = I_1 + I_2 = 8\text{A}$$

以上より,正答は**4**である。

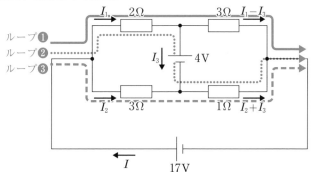

No.4 の解説　電位差計

→問題は P.119

　電位差計を題材とした有名問題である。電気計測で出題される可能性もある。出題の形式に惑わされずにキルヒホッフの法則を立ててほしい。

解法❶　キルヒホッフの法則を立てる

　XPとPYを抵抗線だけ見れば直列なので,XPを x 〔Ω〕とすると,YPは $12 - x$ 〔Ω〕である。

　また,キルヒホッフの第1法則より,XPを流れる電流は $\frac{2}{3}I$ となる(次図)。

　まず,V → X → P → Vと回る経路についてキルヒホッフの法則を立てると,電源電圧を V として,

$$V = x \times \frac{2}{3}I = \frac{2}{3}xI$$

V → X →電流計→ Y → P → V と回る経路についてキルヒホッフの法則を立てると，

$$V = 6 \times \frac{I}{3} + (12 - x) \times \frac{I}{3} = \frac{18 - x}{3}I$$

以上の2式より，

$$\frac{2}{3}x = \frac{18 - x}{3}$$

$$\therefore \quad x = 6\Omega$$

以上より，正答は**4**となる。

解法❷　並列の関係を考える

XPの部分とX→電流計→Y→Pの部分は並列の関係にある。したがって，抵抗について解法❶と同じように置くと，並列の場合には，抵抗の比は電流の逆比なので，

$$x : (6 + 12 - x) = \frac{1}{\frac{2}{3}I} : \frac{1}{\frac{I}{3}} = 1 : 2$$

$$\therefore \quad 18 - x = 2x$$

これを解いて $x = 6\Omega$

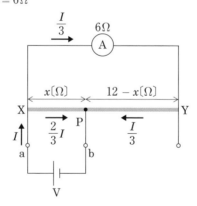

　ひねりのある回路の問題である。等電位の2点を結ぶ意味を考えてみよう。

　左下図の青実線は導線のみでつながっていて，等電位である。この青実線より右側に接続されている抵抗は，電源なしに等電位の場所を結んでいるため，電流は流れない（オームの法則で $V = 0$ になっていると考える）。したがって，青実線よりも右側の抵抗はすべて取り除いて考えてよい。すると，右下図の回路になる（青実線が左右で対応する）。

　右下の回路では2つの $2R$ の抵抗は並列になっているので，全部の合成抵抗は，

$$\cfrac{1}{\cfrac{1}{2R} + \cfrac{1}{2R}} + R = 2R$$

　したがって，求める電流は，オームの法則より，

$$I = \frac{E}{2R}$$

　以上より，正答は**4**となる。

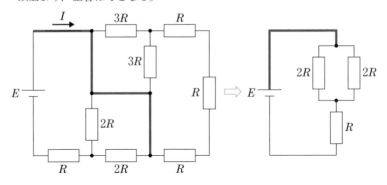

　やや計算量の多い回路の演習問題である。実戦問題 No.3 と同様にキルヒホッフの法則で押し通すこともできるが，この問題では合成抵抗を計算することもできる。

　2Ω と 4Ω の抵抗，7Ω と 2Ω の抵抗はいずれも並列であり，それが直列に接続されている。したがって，全体の合成抵抗 R は，

$$R = \cfrac{1}{\cfrac{1}{2} + \cfrac{1}{4}} + \cfrac{1}{\cfrac{1}{7} + \cfrac{1}{2}} = \frac{4}{3} + \frac{14}{9} = \frac{26}{9}$$

　したがって，13V の電源に流れる電流 I_0 は，

$$I_0 = \frac{13}{\frac{26}{9}} = 4.5\,\text{A}$$

次に，左側の 2Ω と 4Ω の抵抗について，流れる電流の比は抵抗の逆比なので（電流の記号は下図），

$$I_1 : I_2 = \frac{1}{2} : \frac{1}{4} = 2 : 1$$

$$\therefore \quad I_1 = 4.5 \times \frac{2}{2+1} = 3\,\text{A}$$

右側の 7Ω と 2Ω の抵抗について，流れる電流の比は抵抗の逆比なので

$$I_3 : I_4 = \frac{1}{7} : \frac{1}{2} = 2 : 7$$

$$\therefore \quad I_3 = 4.5 \times \frac{2}{2+7} = 1\,\text{A}$$

したがって，

$$I = I_1 - I_3 = 3 - 1 = 2\,\text{A}$$

となり，正答は**1**となる。

補足

キルヒホッフの法則を考える場合にも，最初にたとえば 2Ω と 4Ω の並列部分を考えて，$I_1 : I_2$ を求めたほうがよい。同様に $I_3 : I_4$ を求めてキルヒホッフの第1法則を考えると，下図の I_0 を使って，$I_1 = \frac{2}{3}I_0$，$I_3 = \frac{2}{9}I_0$，$I = \frac{2}{3}I_0 - \frac{2}{9}I_0 = \frac{4}{9}I_0$ と電流を1文字で表せ，あとは，回路の上部分を通るキルヒホッフの法則より，

$$13 = 2 \times \frac{2}{3}I_0 + 7 \times \frac{2}{9}I_0 = \frac{26}{9}I_0$$

$$\therefore \quad I_0 = 4.5\,\text{A}$$

と求められる。

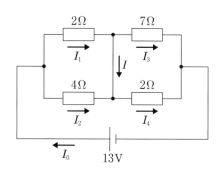

ミルマンの定理を応用した問題として取り上げた。ミルマンの定理は，その形に回路が変形できる場合には複雑な計算を省けるため非常に便利である。余裕があれば，本問をキルヒホッフの法則を使って計算して比較してみてほしい。本問のほかに，P.112 の必修問題でも利用できる。

設問の回路を下図のように書き換える。ミルマンの定理より，

$$V = \frac{\dfrac{E}{R_1 - r} + \dfrac{0}{R_2} + \dfrac{0}{r}}{\dfrac{1}{R_1 - r} + \dfrac{1}{R_2} + \dfrac{1}{r}}$$

$$= \frac{ER_2 r}{R_2 r + (R_1 - r)r + (R_1 - r)R_2}$$

$$= \frac{ER_2 r}{-r^2 + R_1 r + R_1 R_2}$$

したがって，

$$I = \frac{V}{r} = \frac{ER_2}{-r^2 + R_1 r + R_1 R_2}$$

$$= \frac{ER_2}{-\left(r - \dfrac{R_1}{2}\right)^2 + \dfrac{R_1^2}{4} + R_1 R_2}$$

電流の大きさが最小となるとき，電流の式の分母が最大となるので

$$r = \frac{R_1}{2}$$

となり，正答は**2**となる。

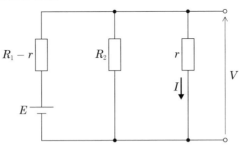

128

No.8 の解説　対称性のある回路

→問題は P.121

　対称性のある回路は，電流や等電位に注目すると直並列合成可能になる場合がある。ここでは2つの解法を示した。

解法❶　対称点の接合点を外す

　中央の接合点に出入りする電流 (I' と置く) は対称性からいずれも等しい。したがって，この接合点を外して右下図のようにしても電流は変わらないので，電位も変わらない。

　そこで右下図で考える。上下はまったく同じ回路で，これが並列に接続されている。そこで上側の抵抗を求めると，中央部分は抵抗 $2R$ が上下に並列になっていて，この部分の抵抗が R となるので，上側部分の抵抗は R が3つ直列となって $3R$ である。これが上下に並列に接続されているので，全体の抵抗は $\dfrac{3}{2}R$ となる。

　したがって，求める電流は $I = \dfrac{2V}{3R}$ となり，正答は**3**となる。

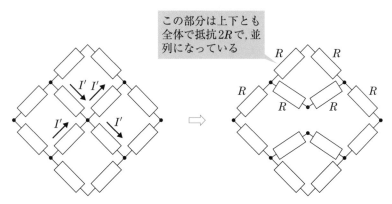

この部分は上下とも全体で抵抗 $2R$ で，並列になっている

解法❷　等電位の場所を結ぶ

　下図の b，c，d については対称性から電位は等しい。電位が等しいところを導線で結んでも電流は流れず，どの抵抗も電流が変わらないなら，結んで考えてもよい。

　ところで，導線で結ぶと，ab 間の2つの抵抗，bc 間の4つの抵抗，cd 間の4つの抵抗，de 間の2つの抵抗はそれぞれ電位が等しい場所を結んでいるので並列の関係にある。したがって，それぞれの抵抗は，左から順に $\dfrac{R}{2}$，$\dfrac{R}{4}$，$\dfrac{R}{4}$，$\dfrac{R}{2}$ となる。これを直列合成して，全体の抵抗は，

$$\frac{R}{2} + \frac{R}{4} + \frac{R}{4} + \frac{R}{2} = \frac{3}{2}R$$

となるので，求める電流は $I = \dfrac{2V}{3R}$ となる。

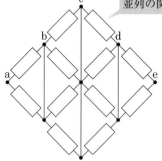

cd 間には 4 つの抵抗があり，
同じ電位差を結んでいるので
並列の関係

No.9 の解説　ホイートストンブリッジ
→問題は P.121

　本問ではホイートストンブリッジは見つけやすいが，設問中の表現にひねりが加えられている。ときどき見られる設問形式なので，覚えておきたい。

　スイッチを開いても閉じても電流計の値が変わらなかったということは，スイッチを閉じてもスイッチに電流が流れなかったことを意味する（補足を参照のこと）。したがって，このブリッジ回路は平衡条件を満たしている。電流計の内部抵抗 r と 2.5Ω の抵抗を並列合成した全体の抵抗値を R とすると，ホイートストンブリッジの平衡条件より，

$$45 \times R = 15 \times 6$$
$$\therefore \quad R = 2\Omega$$

したがって，求める内部抵抗 r は，

$$\frac{1}{r} + \frac{1}{2.5} = \frac{1}{2}$$

$$r = \frac{1}{\dfrac{1}{2} - \dfrac{1}{2.5}} = \frac{10}{5-4} = 10\Omega$$

以上より，正答は**3**となる。

補足

　電流計を流れる電流が変わらないなら，並列につないだ 2.5Ω を流れる電流も変わらない（電圧が変わらないため）。したがって，電源→ 15Ω →電流計→電源と回るループを考えれば，電源電圧と電流計の電圧が変わらないのだから，15Ω を通る電流もスイッチを切っても入れても変わらない。ゆえに，スイッチを通る電流は変わらない(スイッチを切ってしまえば電流は流れず，入れても電流はまったく変わらないので)。

正答	No.1＝**2**　No.2＝**2**　No.3＝**4**　No.4＝**4**　No.5＝**4**　No.6＝**1**　No.7＝**2**　No.8＝**3**　No.9＝**3**

図 1 の 9 個の抵抗はいずれも 27Ω である。これと等価な回路を図 2 のように作ったとき，抵抗 *R* は何 Ω か。　　　　【地方上級・平成 26 年度】

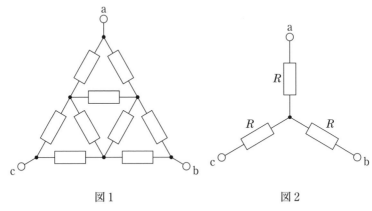

図 1　　　　　　　　　図 2

1　15Ω

2　12Ω

3　9Ω

4　6Ω

5　3Ω

必修問題 の 解説

△-Y変換を使う計算問題で，端的に公式を知っているかどうかが問われている。公式は複雑だが，最低でも本問のように抵抗値が等しい場合の結果については覚えておきたい。

△-Y変換の公式

$$r_1 = \frac{R_{12}R_{31}}{R_{12} + R_{23} + R_{31}}$$

の右辺の3つの抵抗をいずれも等しくRとすると，

$$r_1 = \frac{R^2}{R + R + R} = \frac{R}{3}$$

となる。つまり，抵抗値の等しい△結合をY結合に変えると，抵抗値は$\frac{1}{3}$になる。

これを利用して，下図の順番で変換していく。

手順❶	端の3か所の△をYにする。このとき，抵抗値は$\frac{27}{3} = 9\Omega$となる
手順❷	中央の六角形部分を2つずつ直列結合する。抵抗値は$9 \times 2 = 18\Omega$となる
手順❸	中央の△をYにする。このとき抵抗値は$\frac{18}{3} = 6\Omega$となる
手順❹	3か所それぞれ直列結合すると，$R = 6 + 9 = 15\Omega$となる

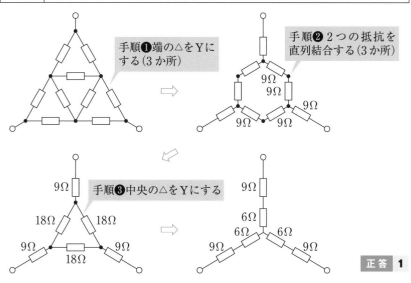

手順❶端の△をYにする（3か所）

手順❷2つの抵抗を直列結合する（3か所）

手順❸中央の△をYにする

正答 1

133

必 修 問 題

図のような直流回路において，電流 I_R の大きさとして最も妥当なのはどれか。

ただし，電流は図の矢印に示す向きを正とし，電池の内部抵抗は無視できるものとする。　　　　　　　　　　　　　　　　　　　　　【国家総合職・令和 3 年度】

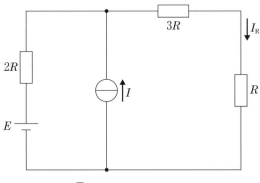

◯ は理想電流源を示す

1 $\dfrac{1}{3}\left(I + \dfrac{E}{R}\right)$ **2** $\dfrac{1}{3}\left(I + \dfrac{E}{2R}\right)$ **3** $\dfrac{2}{3}\left(I + \dfrac{E}{R}\right)$

4 $\dfrac{2}{3}\left(I + \dfrac{E}{2R}\right)$ **5** $\dfrac{1}{2}\left(I + \dfrac{2E}{R}\right)$

必 修 問 題 の 解 説

　さまざまな解法が考えられる回路の演習問題である。キルヒホッフの法則でも易しいが，いろいろな定理を試してみることで，理解を深めていこう。

　以下の解法では，いずれも右側の抵抗 $3R$ と R は合成して $4R$ とする。

解法❶　重ね合わせの理を使う

　電流源を開放して電圧源のみを考える。このとき $4R$ を通る電流を I_{R1} とすると，回路の全抵抗が $6R$ なので $I_{R1} = \dfrac{E}{6R}$ となる。

　次に，電圧源を短絡して電流源のみを考える。このとき $4R$ を通る電流を I_{R2} とし，$2R$ を通る電流を I_{L2} とする。2 つの抵抗は並列の関係で，並列の場合には電流は抵抗の逆比に比例するので，

$$I_{R2} : I_{L2} = \frac{1}{4R} : \frac{1}{2R} = 1 : 2$$

$$\therefore \quad I_{R2} = \frac{I}{3}$$

したがって，求める電流は，

$$I = I_{R1} + I_{R2} = \frac{E}{6R} + \frac{I}{3} = \frac{1}{3}\left(I + \frac{E}{2R}\right)$$

電流源を開放した場合

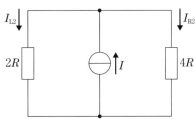

電圧源を短絡した場合

解法❷　電圧源，電流源の変換公式を使う

電圧源とそれに直列に接続された抵抗 $2R$ を，電流源 $\dfrac{E}{2R}$ と並列に接続された抵抗 $2R$ に変換する。2つの電流源はいずれも回路の同じ点から同じ点に電流を流しているので，まとめて考えてよい。

$2R$ を流れる電流を I_L とすると，解法❶と同じく，

$$I_R : I_L = \frac{1}{4R} : \frac{1}{2R} = 1 : 2 \qquad \therefore \quad I_R = \frac{1}{3}\left(I + \frac{E}{2R}\right)$$

解法❸　キルヒホッフの法則を使う

下図のように電流を置く。$2R$ を流れる電流は，I_R のうち I が電流源から合流した残りと考える。電圧源から外側を回るループについてキルヒホッフの法則を立てると，

$$E = 2R(I_R - I) + 4RI_R$$
$$= 6I_RR - 2IR$$

$$\therefore \quad I_R = \frac{I}{3} + \frac{E}{6R} = \frac{1}{3}\left(I + \frac{E}{2R}\right)$$

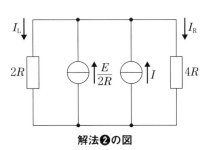

解法❷の図

補足

キルヒホッフの第2法則を立てる場合，電流源の電圧を求めたいなどの特別な意図がない限り，電流源は通らないのを原則としておくとよい。

正答 2

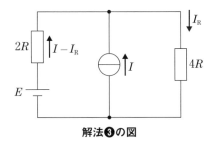

解法❸の図

図1の回路と図2の回路が ab から見て等価となるとき，電圧 V_0〔V〕と抵抗 R_0〔Ω〕を求めよ。　　　　　　　【地方上級・平成26年度】

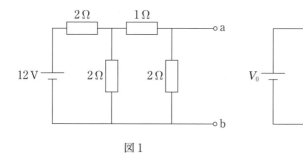

図1　　　　　　　　　　　　　図2

	V_0	R_0
1	3	1
2	3	1.6
3	3	3.2
4	4	1
5	4	3.2

必修問題 の 解説

「テブナンの定理の等価回路を作りなさい」という問題である。テブナンの定理は国家総合職では択一式，記述式を問わず頻出であるが，地方上級でも本問のような形で出題されている。それぞれの手順で何をしているのかを理解しておきたい。なお，手順はどちらから計算しても構わない。

手順❶ V_0 を求める

ab 間の電圧を求めればよい。そこで，1Ω と 2Ω の抵抗を合成して 3Ω とする。並列部分の電流は抵抗の逆比になるので，下図のように電流を決める（キルヒホッフの第 1 法則を使った）。

矢印のループに沿ってキルヒホッフの法則を立てると，

$$12 = 2 \times 5I + 3 \times 2I = 16I$$

$$\therefore \quad I = 0.75\,\mathrm{A}$$

したがって

$$V_0 = (0.75 \times 2) \times 2 = 3\,\mathrm{V}$$

手順❷ R_0 を求める

電源を取り外して，ab から見た合成抵抗を求める。右下図で 2Ω の抵抗の位置をずらした。この回路は，左の 2 つの 2Ω は並列で合成すると 1Ω となり，それと 1Ω の抵抗が直列で 2Ω になり，さらに 2Ω の抵抗が並列につながるため，

$$R_0 = 1\Omega$$

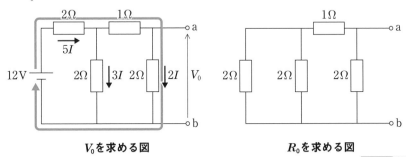

V_0 を求める図　　　　　　　　　R_0 を求める図

正答 **1**

重要ポイント 1 **重ね合わせの理**

複数の電源がある場合，これらの電源を一つ一つ個別に計算して，求まった電流を（向きも考慮して）全部加えれば，もとの回路の電流が求まる。これを重ね合わせの理という。

1つの電源を考えるときに，他の電源については，

電圧源	電圧源のあるところを導線で結ぶ（短絡したという）
電流源	電流源のあるところの導線を切断する（開放したという）

とする。

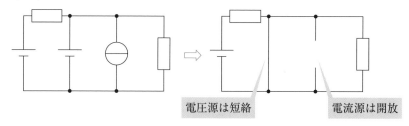

電圧源は短絡　　　　　電流源は開放

重要ポイント 2 **電流源 − 電圧源の変換**

電圧源 E とそれに直列に接続された抵抗 R は，電流源 $I = \dfrac{E}{R}$ とそれに並列に接続された抵抗に変えることができる。

これを電流源-電圧源の変換という。なお，変換した部分については，電流の値はもとの回路とは変わってしまうため，求めたい場所は変換してはいけない。

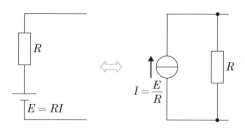

重要ポイント **3** **Δ−Y 変換**

Δ 結合された抵抗を Y 結合に変えたり，逆に Y 結合された抵抗を Δ 結合に変えることができる。これを Δ−Y 変換という。

なお，出題としてはすべての抵抗値が等しい場合が多く，この場合には $r = \dfrac{R}{3}$ （r は Y 結合された抵抗，R は Δ 結合された抵抗）となる。

$$r_A = \frac{R_{AB}R_{CA}}{R_{AB} + R_{BC} + R_{CA}}$$

$$R_{AB} = \frac{r_A r_B + r_B r_C + r_C r_A}{r_C}$$

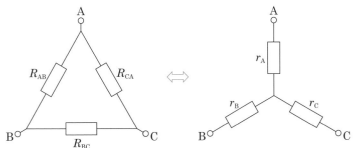

重要ポイント **4** **電力最大化の定理**

下図において，可変抵抗 R における消費電力が最大となる場合 $R = r$ となる。これを電力最大化の定理という。なお，テブナンの定理を使えば，回路は下図の形に変換できることが多い。

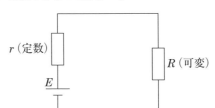

交流電源で，r の代わりにインピーダンス $Z_0 = r + jX$ がある場合は，可変抵抗の部分のインピーダンスが $Z = R - jX$ のとき，Z の有効電力が最大となる

　重ね合わせの理が成立する回路では，回路を，開放された2つの端子から見て，電圧源Vとそれに直列に接続された内部抵抗rに書き換えることができる。これをテブナンの等価回路の定理という。

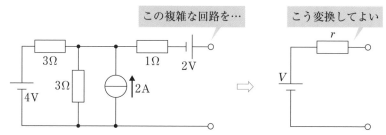

　この定理を使って抵抗を流れる電流Iを求めたい場合，一度，求めたい抵抗を取り外して端子に直してから等価回路をつくればよい。右下図において，

$$I = \frac{V}{r+R}$$

となる。

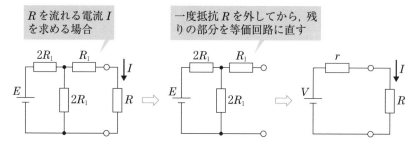

　このとき，Vとrは次のように求める。

(1) Vを求める場合

　端子間に加わる電圧を求める。ただし，端子間には何も接続しない（開放する）。

(2) rを求める場合

　回路内の電源をすべて取り除き（取り除き方は，重ね合わせの理と同じ），ab から見た全抵抗を求める（「ab から見た」の意味がわからない場合には，ab 間に電源があると考えて全抵抗を求めよ）。

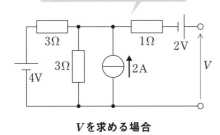

端子間電圧を，キルヒホッフの法則などで求める（たとえば 7V になったとする）

*V*を求める場合

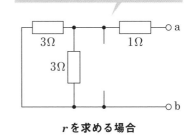

電圧源は導線でつなぎ，電流源は切断（開放）して，端子から見た合成抵抗を求める（下の例は 2.5Ω）

*r*を求める場合

回路を置き換え ⇩

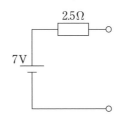

　なお，回路を電流源とこれに並列に接続された内部抵抗に変換することもできる（ノートンの定理）。これは，テブナンの定理に電流源 - 電圧源の変換を施せば容易にわかる。

第2章　電気回路

141

No.1 図のような回路において，抵抗値が 2.0Ω の抵抗に流れる電流の大きさはいくらか。

【国家総合職・平成26年度】

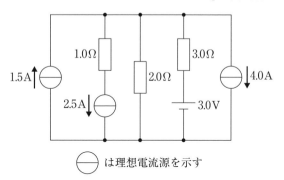

は理想電流源を示す

1 2.0A

2 2.4A

3 3.0A

4 3.8A

5 5.0A

No.2 図のような回路において，抵抗値 R_5 の抵抗に流れる電流 I はおよそい くらか。

ただし，抵抗値 $R_1 = 10\,\Omega$, $R_2 = 30\,\Omega$, $R_3 = 40\,\Omega$, $R_4 = 10\,\Omega$, $R_5 = 9.5\,\Omega$, 電圧 $E_1 = 50\,\text{V}$, $E_2 = 10\,\text{V}$ とする。 【国家 I 種・平成23年度】

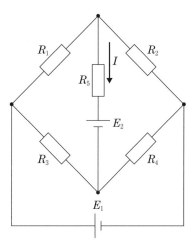

1 0.5A

2 0.7A

3 1.0A

4 1.5A

5 1.8A

No.3 図のような回路において，出力端子 ab から最大の電力を取り出すために，出力端子 ab に接続すべき抵抗 R の抵抗値と，そのときの抵抗 R で消費される電力 P の組合せとして最も妥当なのはどれか。

ただし，2つの直流電圧源はいずれも理想的なものとする。

【国家総合職・平成28年度】

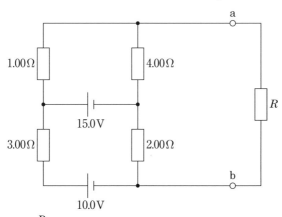

	R	P
1	2.00Ω	12.5 W
2	2.00Ω	25.0 W
3	2.00Ω	50.0 W
4	6.00Ω	13.5 W
5	6.00Ω	27.0 W

No.4 **回路の抵抗に関する次の記述の㋐，㋑に当てはまるものの組合せとして最も妥当なのはどれか。** 【国家総合職・平成25年度】

「図Ⅰのように，3つの抵抗から構成される回路がある。図Ⅱ中の抵抗 R の抵抗値を［　㋐　］Ωとすれば，図Ⅱの回路は図Ⅰの回路と等価になる。また，図Ⅲの回路の端子AB間の抵抗値はおよそ［　㋑　］Ωとなる」

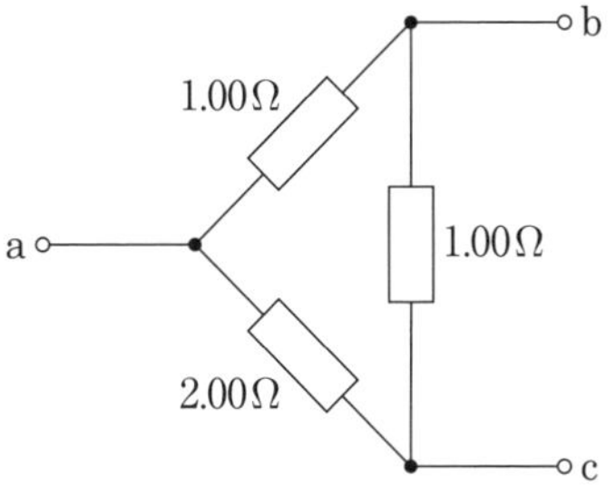

図Ⅰ

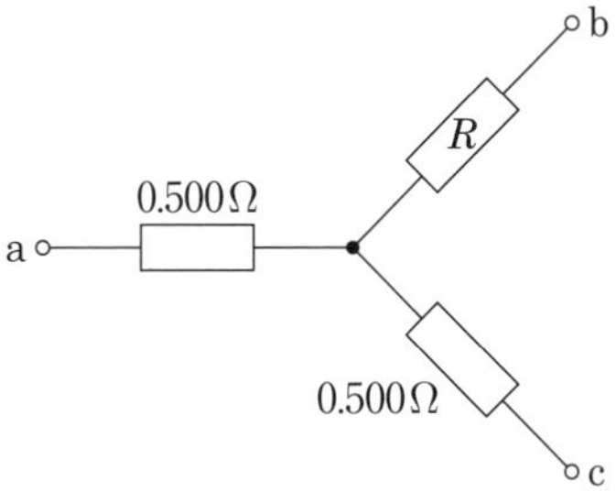

図Ⅱ

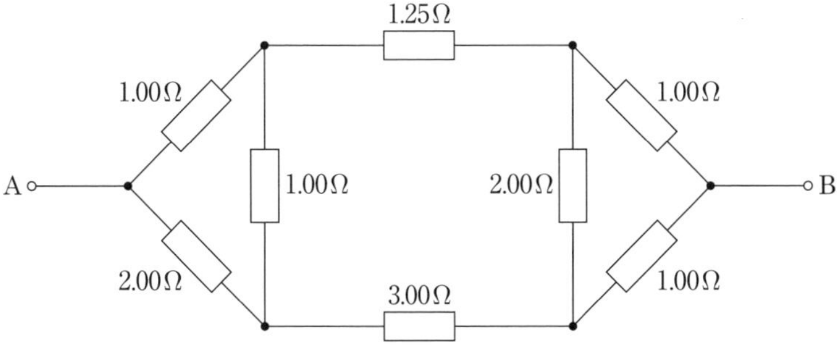

図Ⅲ

	㋐	㋑
1	0.250	2.08
2	0.250	3.55
3	0.400	2.30
4	0.400	4.16
5	0.750	3.79

No.1 の解説　電流源 – 電圧源の変換

→問題は P.142

　電流源 – 電圧源の変換の演習問題である。また，並列の場合の電流の計算にも慣れておこう。

　左下図の青破線で囲まれた3.0Vの電圧源(とその上の3.0Ωの抵抗)を $\dfrac{3.0}{3.0}$ ＝1.0Aの電流源とそれに並列に接続した3.0Ωの抵抗に変換する(電流の方向は電圧源が電流を流そうとする方向になる)。

　次に，4つの電流源を，上から下に $-1.5 + 2.5 - 1.0 + 4.0 = 4.0$A の1つの電流源にまとめ，2.0Ωを流れる電流を I，3.0Ωを流れる電流を I' とすると，並列の場合には，電流は抵抗の逆数に比例するので，

$$I : I' = \frac{1}{2} : \frac{1}{3} = 3 : 2$$

$$\therefore \quad I = 4.0 \times \frac{3}{3 + 2} = 2.4\text{A}$$

　以上より，正答は**2**となる。

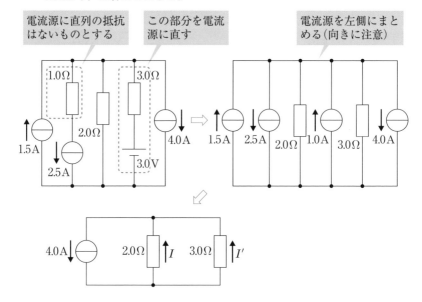

No.2 の解説　テブナンの定理

→問題は P.143

　ホイートストンブリッジの平衡でないタイプの電流は，テブナンの定理を使って解くことができる。本問はその典型例である。

　テブナンの定理を使う。そのために，求める電流 I が流れる抵抗 R_5 と E を取り除き，この部分を端子 a，b とした（次ページ左図）。この状態で等価回路に直す。

手順❶　テブナンの等価回路の V を求める

　左下図の V（ab 間の端子電圧）を求める。次ページ左図のように点 c，d を置き，点 d を接地した。以下，点 x の電位を V_x（接地した点 d を 0V とする），点 xy 間の電位差を V_{xy} とする。接地したので $V_d = 0V$，電源があるので $V_c = 50V$ である。R_1 と R_2 に流れる電流は等しく I_1 なので，

$$V_{ac} : V_{da} = R_1 I_1 : R_2 I_1 = R_1 : R_2 = 1 : 3$$

　したがって，a の電位は，

$$V_a = V_d + V_{da} = 0 + 50 \times \frac{3}{1+3} = 37.5V$$

　同様に，R_3，R_4 に流れる電流は等しく I_2 なので，

$$V_{bc} : V_{db} = R_3 I_2 : R_4 I_2 = R_3 : R_4 = 4 : 1$$

　したがって，b の電位は，

$$V_b = V_d + V_{db} = 0 + 50 \times \frac{3}{4+1} = 10V$$

　よって，

$$V = V_a - V_b = 27.5V$$

となる。

手順❷　テブナンの等価回路の r を求める

　電源を取り払い，端子 a を起点として回路を書き直すと下図のようになる。この場合，R_1 と R_2，R_3 と R_4 がそれぞれ並列となるので，

$$r = \frac{1}{\dfrac{1}{10} + \dfrac{1}{30}} + \frac{1}{\dfrac{1}{40} + \dfrac{1}{10}} = \frac{30}{4} + \frac{40}{5} = 15.5\Omega$$

手順❸　電流を計算する

　等価回路は次ページ右図のようになるので，求める電流 I は，

$$I = \frac{27.5 - 10}{15.5 + 9.5} = 0.7A$$

以上より，正答は**2**となる。

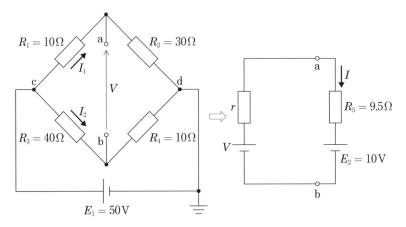

V を求めるための回路

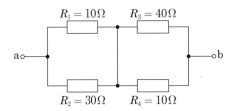

r を求めるための回路

→問題は P.144

No.3 の解説　電力最大化の定理

電力最大化の定理とテブナンの定理を組み合わせた問題であるとともに，テブナンの定理の演習問題となっている。本問では特に電流の向きに注意しよう。

テブナンの定理を使って回路を書き直す。

手順❶　テブナンの等価回路の V を求める

次ページの図のように電流 I_1, I_2 を置く。ループ❶についてキルヒホッフの法則を立てると，

$$10 = 3I_1 + 15 + 2I_1$$
$$\therefore \quad I_1 = -1\mathrm{A}$$

ループ❷についてキルヒホッフの法則を立てると，

$$15 = I_2 + 4I_2$$
$$\therefore \quad I_2 = 3\mathrm{A}$$

したがって，

$$V = 2I_1 + 4I_2 = -2 + 12 = 10\mathrm{V}$$

手順❷　テブナンの等価回路の r を求める

次ページの図のようになるので，上の2つの抵抗，下の2つの抵抗がそれぞれ並列なので，全体を合成すると，

$$r = \frac{1}{\frac{1}{1} + \frac{1}{4}} + \frac{1}{\frac{1}{3} + \frac{1}{2}} = 0.8 + 1.2 = 2.0\Omega$$

手順❸　等価回路の計算をする

次ページの図のような等価回路となる。電力最大化の定理より，可変抵抗における電力が最大となるのは，$R = r = 2\Omega$ となるときである。

このとき，2つの抵抗は等しいため，1つの抵抗に加わる電圧は電源電圧の半分の5Vとなる。したがって求める電力 P は，

$$P = \frac{5^2}{2} = 12.5\mathrm{W}$$

以上より，正答は**1**となる。

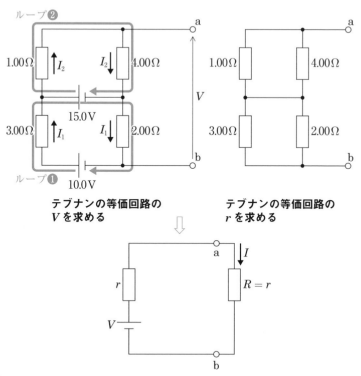

テブナンの等価回路の
V を求める

テブナンの等価回路の
r を求める

補足

等価回路において，電力最大化の定理を使わないと，回路を流れる電流が

$I = \dfrac{10}{2 + R}$ となるので，

$$P = I^2 R = \frac{100R}{R^2 + 4R + 4} = \frac{100}{R + 4 + \dfrac{4}{R}}$$

となる。ここで，相加平均・相乗平均の関係を考える。これは，

$$\frac{a + b}{2} \geqq \sqrt{ab}$$

となるもので，等号成立は $a = b$ となる。本問では，

$$\frac{R + \dfrac{4}{R}}{2} \geqq \sqrt{4} = 2$$

で，等号成立は $R = \dfrac{4}{R}$，つまり，$R = 2\Omega$ となる。

No.4 の解説 Δ-Y 変換
→問題は P.145

Δ-Y 変換の計算練習である。公式が複雑なので，確実に覚えておきたい。

㋐について

Δ-Y 変換の公式より，

$$R = \frac{1.00 \times 1.00}{1.00 + 1.00 + 2.00} = 0.25\,\Omega$$

㋑について

図Ⅰの形は図Ⅲの左右にあるので，2.00Ωの位置に注意して図Ⅱの形に直すと，下図のようになる。これを合成すればよい。

分岐部分の上側が 0.25 + 1.25 + 0.50 = 2.00Ω，下側が 0.50 + 3.00 + 0.50 = 4.00Ω なので，これを並列合成したうえで残りを直列合成して，求める抵抗は，

$$0.50 + \cfrac{1}{\cfrac{1}{2.00} + \cfrac{1}{4.00}} + 0.25 ≒ 0.50 + 1.33 + 0.25 = 2.08\,\Omega$$

以上より，正答は **1** となる。

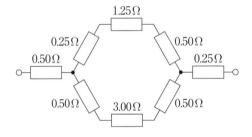

交流回路

必修問題

図のように，角周波数 ω の交流電源，抵抗値 R の抵抗，インダクタンス L のコイル，静電容量 C のコンデンサからなる LCR 回路がある。この回路に関する次の記述の㋐，㋑に当てはまるものの組合せとして最も妥当なのはどれか。

ただし，ω，L，R，C はすべて 1 とする。

【国家Ⅰ種・平成20年度】

「交流電源からみた回路の合成インピーダンスは，[㋐]であり，定常状態での電源電流 i は，[㋑]で与えられる」

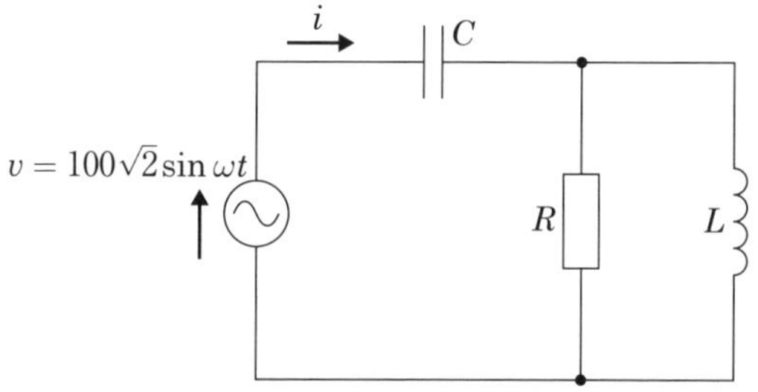

	㋐	㋑
1	容量性	$200\sin\left(t+\dfrac{\pi}{4}\right)$
2	容量性	$200\sin\left(t-\dfrac{\pi}{4}\right)$
3	容量性	$100\sqrt{2}\sin\left(t+\dfrac{\pi}{4}\right)$
4	誘導性	$200\sin\left(t+\dfrac{\pi}{4}\right)$
5	誘導性	$100\sqrt{2}\sin\left(t-\dfrac{\pi}{4}\right)$

必修問題 の 解説

交流回路の基本問題である。インピーダンスを複素数に直して合成をねらいたい。

与えられた値を代入して，電源，インピーダンスを複素数に直すと下図のようになる。インピーダンスを合成する。抵抗とコイルを並列合成し，その後にコンデンサを直列合成する。合成インピーダンスを Z とすると，

$$Z = \frac{1}{j} + \cfrac{1}{\cfrac{1}{1} + \cfrac{1}{j}} = -j + \frac{1}{1-j} = -j + \frac{1+j}{(1-j)(1+j)}$$

$$= -j + \frac{1+j}{2} = \frac{1-j}{2}$$

インピーダンスの虚数部分が負なので，合成インピーダンスは「容量性」であり，これが㋐に入る（「容量性」はインピーダンスの虚数部分が負でコンデンサに近く，「誘導性」はインピーダンスの虚数部分が正でコイルに近いと覚えておくとよい）。

なお，計算の途中で $\frac{1}{j} = \frac{j}{j^2} = -j$ を使っている。

したがって，

$$I = \frac{V}{Z} = \frac{200\sqrt{2}}{1-j} = \frac{200\sqrt{2}(1+j)}{(1-j)(1+j)}$$

$$= 100\sqrt{2}(1+j) = 200e^{j\frac{\pi}{4}}$$

よって，電流の大きさは200，位相が $\frac{\pi}{4}$ なので，瞬時値に直すと，

$$i(t) = 200\sin\left(t + \frac{\pi}{4}\right)$$

なお，複素数から大きさ，位相を取り出す計算は右下図を参考にすること。

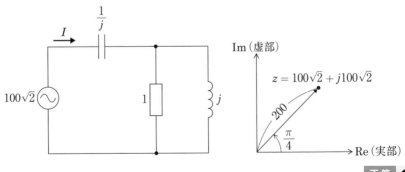

正答 **1**

153

必修問題

単相交流回路に関する次の記述の㋐，㋑，㋒に当てはまるものの組合せとして最も妥当なのはどれか。 【国家総合職・平成29年度】

「図のように，単相 100V の交流電源に抵抗値 4.0Ω の抵抗とリアクタンス 3.0Ω のコイルが接続されている。このとき，電源から供給される有効電力は [㋐] W，無効電力は [㋑] Var，力率は [㋒] である」

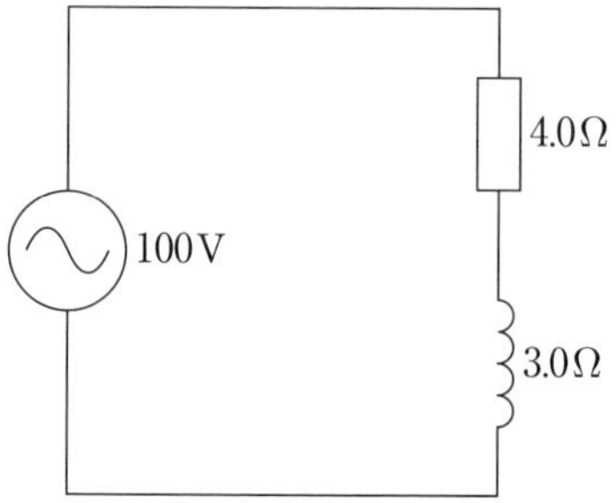

	㋐	㋑	㋒
1	8.2×10^2	6.1×10^2	0.75
2	8.2×10^2	6.1×10^2	0.80
3	1.2×10^3	1.6×10^3	0.75
4	1.6×10^3	1.2×10^3	0.75
5	1.6×10^3	1.2×10^3	0.80

必修問題 の 解説

交流の電力の計算では，有効電力，無効電力，複素電力など直流と違ってさまざまな概念が出てくる。本問のような入門的問題で公式を確認しておこう。なお，交流の問題では，P.152 の必修問題のようにあえて瞬時値（時間の関数）を与えている場合以外は，実効値で値も与えられていると考えてよい。本問の 100V も実効値である。

複素電力 $\bar{P}$ を計算する。複素インピーダンス Z は，

$$Z = 4 + 3j$$

なので，

$$I = \frac{100}{Z} = \frac{100}{4 + 3j} = \frac{100(4 - 3j)}{(4 + 3j)(4 - 3j)} = 4(4 - 3j)$$

したがって，複素電力は，

$$\bar{P} = V\bar{I} = 100 \times 4(4 + 3j) = 1600 + 1200j$$

したがって，㋐の有効電力は $P = 1600 = 1.6 \times 10^3$W，㋑の無効電力は $Q = 1200$ $= 1.2 \times 10^3$Var，㋒の力率 $\cos\theta$ は，皮相電力 S が，

$$S = |\bar{P}| = 400|4 + 3j| = 400\sqrt{4^2 + 3^2} = 2000\,\text{VA}$$

と計算できることから，

$$\cos\theta = \frac{P}{S} = \frac{1600}{2000} = 0.80$$

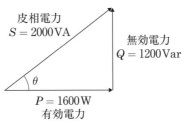

皮相電力
$S = 2000\,\text{VA}$

無効電力
$Q = 1200\,\text{Var}$

θ

$P = 1600\,\text{W}$
有効電力

正答 **5**

　図のような抵抗値 R の抵抗，インダクタンス L のコイル，静電容量 C の
コンデンサが接続された回路に，角周波数 ω の正弦波交流電圧を加えたと
ころ，正弦波交流電圧と同相の電流 I が流れた。このとき，角周波数 ω と
して最も妥当なのはどれか。　　　　　　　　【国家一般職・平成28年度】

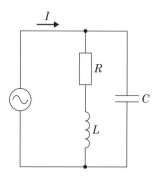

1 $\dfrac{1}{\sqrt{LC}}$

2 $\dfrac{1}{\sqrt{(L+C)R}}$

3 $\sqrt{\dfrac{1+R}{LC}}$

4 $\sqrt{\dfrac{1-LCR}{LC}}$

5 $\sqrt{\dfrac{L-CR^2}{L^2C}}$

必修問題 の 解説

　インピーダンスが実数になる計算は頻出問題である。方針は立てやすいが計算が煩雑になる傾向があるため，効率よく計算する方法を考えてみよう。

　合成インピーダンス Z を計算する。まず，回路のそれぞれのインピーダンスを計算すると，下図のようになる。
　したがって，

$$Z = \cfrac{1}{\cfrac{1}{R+j\omega L}+j\omega C} = \frac{R+j\omega L}{1+j\omega C(R+j\omega L)} = \frac{R+j\omega L}{1-\omega^2 CL+j\omega CR}$$

　電源電圧と電流が同相ということは，この合成インピーダンスが実数になるということである（複素数を掛け算すると，複素数の位相分だけ複素数は回転する。したがって，回転しないということは，実数を掛けたことになる）。

　この複素数が実数になる条件は，重要ポイント②から，

$$\frac{R}{1-\omega^2 CL} = \frac{\omega L}{\omega CR} = \frac{L}{CR}$$

　分母を払うと，

$$CR^2 = L - \omega^2 CL^2$$
$$\therefore \quad \omega = \sqrt{\frac{L-CR^2}{L^2 C}}$$

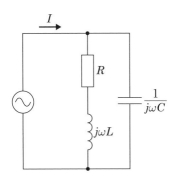

正答 **5**

157

······

重要ポイント **1** **複素平面と複素数**

　交流回路を扱うときには，複素数の計算が必要になる。そこで，必要最低限の知識をここで整理しておこう。

　方程式 $z^2 = -1$ の解の片方を $z = j$ と置くとき，j を虚数単位という。そして，a, b を実数として

　　$z = a + jb$

と表される数を複素数という。特に，a は実部，b は虚部と呼ばれ，$b = 0$ の場合の z を実数，$a = 0$ の場合の z を純虚数という。

　複素数は基本的には，

　　$j^2 = -1$

という点を除いては，普通の文字式と同じように扱ってよい。複素数 $z = a + jb$ の実部と虚部をそれぞれ成分とする点 (a, b) を座標に示したものを複素平面という。複素平面上で，以下の量が定義される。

r	動径，原点からの距離のこと
θ	偏角（位相），x 軸正方向と動径のなす角度のこと

　これらを使うと，複素数 z は以下のように表すことができる。

　　$z = a + jb = r(\cos\theta + j\sin\theta) = re^{j\theta}$

最後の等号はオイラーの定理 $(e^{j\theta} = \cos\theta + j\sin\theta)$ を表している。

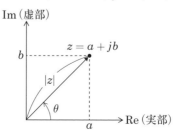

　複素数の計算のうち和と積は，複素平面上の点の変換（移動）と次のように関連する。

> ・複素数の和は，複素平面上でのベクトルの和の計算になる
> ・複素数の積は，動径は積，偏角が和となる→ z に偏角 θ の複素数を掛けると，z の偏角が θ だけ増加→回転移動する

　また，複素数 $z = a + jb$ に対して，虚数部の符号を変えた $\bar{z} = a - jb$ を共役複素数という。これに関する次の計算は慣れておいてほしい。

$$\frac{1}{j} = \frac{j}{j^2} = -j$$

$$\frac{1}{z} = \frac{1}{a+jb} = \frac{a-jb}{(a+jb)(a-jb)} = \frac{a-jb}{a^2+b^2} = \frac{\bar{z}}{r^2}$$

補足

　本書では，$e^{j\theta}$ や複素数の性質を使った計算については，必要のない限り積極的には使わない。国家総合職や特別区の記述問題では，複素数の性質を利用する問題もあるため，別に用意しておきたい。

重要ポイント **2** ▶ 交流回路のフェーザ解法

　電源電圧が $V = V_0 \sin(\omega t) = V_0 \sin(2\pi f t)$ の形で変動する電源を正弦波交流電源といい，これを用いた回路を正弦波交流回路という。正弦波交流回路に使われる基本的な素子として，次の3種類が挙げられる。

⑴**抵抗　R**

　電流 V と次式の関係（オームの法則）がある。

$$V = IR$$

⑵**コイル　L**

　インダクタンス L のコイルは，電流 V と次式の関係がある。

$$V = L\frac{dI}{dt}$$

⑶**コンデンサ（キャパシタ）　C**

　容量 C のコンデンサは，電圧 V と次式の関係がある。

$$V = \frac{1}{C}\int I dt$$

　正弦波交流回路では，電流や電圧はすべて，

$$f(t) = F_0 \sin(\omega t + \theta)$$

の形をしている。したがって，電流や電圧を求めるということは，その大きさ F_0 と角度（位相）θ を求めることにほかならない。

　そこで，その簡単な方法として複素数を利用する方法がある。（電源の電圧を位相の基準とする場合）交流電源 $V = V_0 \sin(\omega t)$ を大きさ V_0 の（直流）電源に置き換え，さらに次表の「複素インピーダンス」の欄に従って，複素数のインピーダンスに変換した回路を考える。このとき，コイルもコンデンサも，抵抗値が複素数の抵抗として扱うことができるため，事実上，直流回路と同じ計算で解くことができる。

　そして，求まった複素数から，同様に大きさと角度を取り出せば，実際の電流や電圧を求めることができる。

素子	電気記号	V-I関係	位相差	複素インピーダンス
抵抗	R	$V = IR$	位相はずれない	R
コイル	L	$V = L\dfrac{dI}{dt}$	V が I より $\pi/2$ 進む	$j\omega L$
コンデンサ	C	$V = \dfrac{1}{C}\displaystyle\int I dt$	V が I より $\pi/2$ 遅れる	$\dfrac{1}{j\omega C}$

　実際の計算では，直流の場合のように，キルヒホッフの法則から連立方程式を組んで解くことは多くない（まれにある）。むしろ直並列合成を考えることが多い。

　なお，複素インピーダンス Z について，

$$Z = R + jX$$

と書けるとき，X を**リアクタンス**という。また，インピーダンス Z の逆数 $Y = \dfrac{1}{Z}$ をアドミタンスという。

　また，ときどき，インピーダンスが実数となる条件を求める場合がある（たとえば，「電流と電圧が同相」「力率が 1.0」といった表現がされる）。一般に，A, B, C, D が実数のとき次の事実が成立する。

$$Z = \frac{A + jB}{C + jD} \text{ が実数 } r \iff r = \frac{A}{C} = \frac{B}{D}$$

また，このとき $Z = \dfrac{A}{C} = \dfrac{B}{D}$ となる。なお，純虚数となる条件は，

$$Z = \frac{A + jB}{C + jD} = j\frac{B - jA}{C + jD}$$

として，分数部分が実数となればよい。

重要ポイント 3 ▶ 交流回路のベクトル解法

交流回路では電流,電圧をベクトルで表すこともできる。ベクトル図そのものは,どこを基準にとるかによって変わるが,

- キルヒホッフの法則は,ベクトルの形でそのまま成り立つ
- 複素平面と同じ法則でベクトルが回転する(j を掛けると $90°$ 回転し,$-j$ を掛けたり j で割ったりすると,$-90°$ 回転する)

たとえば,LR 回路(左図)および LCR の直列回路(右図)の場合,電流を基準にとると(電流はどこも等しい)以下のようになる。

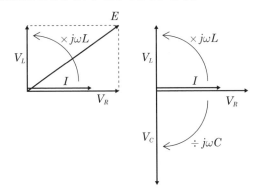

電流や電圧,インピーダンスは通常その大きさを問題としているが,それぞれがベクトルであることを明示したい場合,ドットを付けて $\dot{V}$, $\dot{I}$, $\dot{Z}$ のように表す。

重要ポイント 4 ▶ 交流の電力

交流回路でもその瞬間の電力は電圧と電流の積で計算できるが,これも時間とともに変動し,ときには負となることもある(負荷から電源に電力が戻されていることになる)。そこで,交流回路では電力を1周期にわたって平均して考えることが多い。

電圧の瞬時値が $v(t) = V_0 \sin(\omega t)$,電流の瞬時値が $i(t) = I_0 \sin(\omega t + \theta)$ となるとき,電力(の平均値)P は,

$$P = \frac{1}{2} V_0 I_0 \cos\theta \ \text{〔W〕}$$

となる。この $\cos\theta$ を力率という。力率は小数表示のほかに,これを 100 倍した $100\cos\theta$〔%〕の形で表すこともある。また,このようにして計算された電力を有効電力という。単位は〔W〕(ワット)であるが,これについては複素電力の項目

第2章 電気回路

を参照すること。

異なる周波数や直流成分が加わる場合にはそれぞれ別個に電力を計算して合計してよい。

たとえば，瞬時値が，

$$v(t) = 5 + 2\sqrt{2}\sin \omega t + \sqrt{2}\sin 3\omega t$$
$$i(t) = 2 + \sqrt{2}\sin \omega t + 3\sqrt{2}\sin 3\omega t$$

となっている場合，有効電力 P は周波数別に，

$$P = 5 \times 2 + \frac{1}{2} \times 2\sqrt{2} \times \sqrt{2} + \frac{1}{2} \times \sqrt{2} \times 3\sqrt{2}$$
$$= 10 + 2 + 3 = 15\,\mathrm{W}$$

となる。定数の部分については，直流なので $\frac{1}{2}$ は掛けない。

ただし，上の公式では，電力の計算に対して定数 $\frac{1}{2}$ を掛ける手間が生じる。そこで，

$$V = \frac{V_0}{\sqrt{2}}$$

$$I = \frac{I_0}{\sqrt{2}}$$

と定義すると，有効電力の公式は次のようになる。

$$P = VI\cos \theta$$

この V，I を実効値という。交流回路の問題では，通常電流や電圧は実効値で計算されるため，この公式を使うことになる。瞬時値から取り出す場合には，

$$v(t) = \sqrt{2}\,V\sin(\omega t)$$
$$i(t) = \sqrt{2}\,I\sin(\omega t + \theta)$$

となる。

正弦波交流回路以外の一般の回路では，$v(t)$ の実効値 V は次の式で計算される。

$$V = \sqrt{\frac{1}{T}\int_0^T \{v(t)\}^2 dt} \quad (T：周期)$$

重要ポイント 5 ▶ 複素電力

　交流回路を複素数で計算するとき，電力はより簡単に計算される（以下，交流回路では値は特別な記載がない限り実効値で与えられている）。電圧を複素数で V，電流を複素数で I とする場合，次の式で計算される電力を複素電力 $\bar{P}$ という。

　　$\bar{P} = V\bar{I} = P + jQ$

　$\bar{I}$ は共役複素数である。右辺はこれを実数部と虚数部に分けたもので，P〔W〕が有効電力となる。一方 Q〔Var〕は無効電力となる。無効電力が大きいということは，負荷から電源に戻される電力が大きいことを意味する。また，この複素電力の大きさ，

　　$S = \sqrt{P^2 + Q^2}$〔VA〕

を皮相電力という。

　これらは物理的には同じ次元であるが，重要な量であるため，区別をするため単位を分けていることにも注意してほしい。〔Var〕（バール）は無効電力，〔VA〕（ボルトアンペア）は皮相電力に使われる。

　また，力率は，

　　$\cos\theta = \dfrac{P}{S} = \dfrac{P}{\sqrt{P^2 + Q^2}}$

で計算される。

No.1 図Ⅰのように抵抗とコイルが直列に接続された回路と，図Ⅱのように抵抗とコイルが並列に接続された回路に，同じ正弦波交流電圧を加えたところ，これらの回路のインピーダンスは等しくなった。このとき，図Ⅱ中の X はいくらか。

【国家一般職・平成25年度】

1 2
2 4
3 6
4 8
5 10

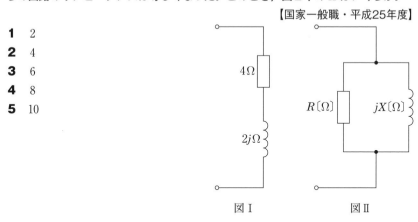

図Ⅰ　　　　　図Ⅱ

No.2 図のような抵抗値 $200\,\Omega$ の抵抗，インダクタンス $125\,\text{mH}$ のコイル，静電容量 C のコンデンサが並列接続された回路において，角周波数 $400\,\text{rad/s}$ の正弦波交流電圧を加えたところ，回路の合成インピーダンスの大きさ $|Z|$ が $200\,\Omega$ となった。このとき，C はおよそいくらか。　【国家一般職・令和3年度】

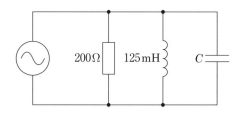

1 $25\,\mu\text{F}$
2 $50\,\mu\text{F}$
3 $100\,\mu\text{F}$
4 $500\,\mu\text{F}$
5 $1\,\text{mF}$

No.3 　図Ⅰのように，10Ωの抵抗，インダクタンス L のコイル，静電容量 C のコンデンサが並列に接続された回路に，実効値100Vの正弦波交流電圧 E を加えたところ，実効値10Aの電流 I が流れた。これらの抵抗，コイル，コンデンサを図Ⅱのように直列に接続して同じ電圧 E を加えたとき，回路に流れる電流 I' の実効値はいくらか。　　　　　　　　　　　　【国家Ⅱ種・平成23年度】

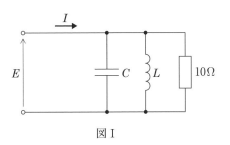

図Ⅰ

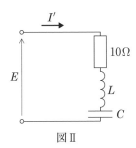

図Ⅱ

1　4A

2　6A

3　8A

4　10A

5　12A

No.4 　図抵抗 R とコイルと100Vの正弦波交流電圧源を直列に接続した図Ⅰのような回路に，2.00Aの電流が流れた。75.0Ωの抵抗をさらに直列に接続した図Ⅱのような回路には，1.00Aの電流が流れた。抵抗 R の抵抗値として最も妥当なのはどれか。　　　　　　　　　　　　【国家一般職・平成29年度】

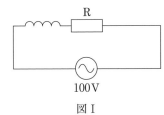

図Ⅰ

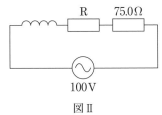

図Ⅱ

1　10.0Ω

2　12.5Ω

3　25.0Ω

4　37.5Ω

5　50.0Ω

No.5 図のような回路において，正弦波交流電源の周波数が f のとき，スイッチ S を開いて可変キャパシタの静電容量 C_v の値を C_1 にすると共振した。また，周波数が $\dfrac{f}{2}$ のとき，スイッチ S を閉じて可変キャパシタの静電容量 C_v の値を C_2 にすると共振した。このとき，静電容量 C の値として最も妥当なのはどれか。

【国家総合職・平成29年度】

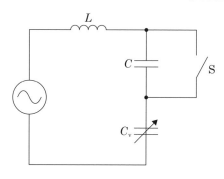

1 $\dfrac{C_1 C_2}{4C_1 - C_2}$

2 $\dfrac{C_2 - 4C_1}{4}$

3 $4C_2 - C_1$

4 $\dfrac{4C_1 C_2}{4C_2 - C_1}$

5 $\dfrac{4C_1 C_2}{C_1 - 4C_2}$

No.6 図のような交流回路において，インダクタンス L_1 のコイルに流れる電流 I_1 が電圧 E より位相が $90°$ 遅れている場合，抵抗 R_2 の抵抗値として最も妥当なのはどれか。

ただし，電圧 E の角周波数を ω とする。 【国家総合職・令和 3 年度】

1 $\dfrac{\omega L_1 L_2}{R_1}$

2 $\dfrac{\omega L_1 L_2}{R_1^{2}}$

3 $\dfrac{\omega^2 L_1 L_2}{R_1}$

4 $\dfrac{\omega^2 L_1 L_2}{R_1^{2}}$

5 $\dfrac{R_1}{\omega L_1 L_2}$

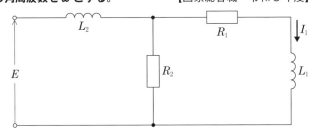

No.7 図のブリッジ回路において，検流計 G に電流が流れないときの r と L を C, R で表したのはどれか。 【地方上級・平成26年度】

	r	L
1	R	CR^2
2	R	$\sqrt{CR}$
3	R	$\sqrt{\dfrac{R}{C}}$
4	$\dfrac{1}{R}$	CR^2
5	$\dfrac{1}{R}$	$\sqrt{CR}$

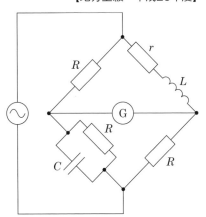

No.8 図の交流回路において，抵抗 R の電圧 $\dot{V}_R$，電流 $\dot{I}$，電源の電圧 $\dot{E}$ を，コイルの電圧 $\dot{V}_L$ を基準としたベクトル図で描いたのはどれか。

【地方上級・平成24年度】

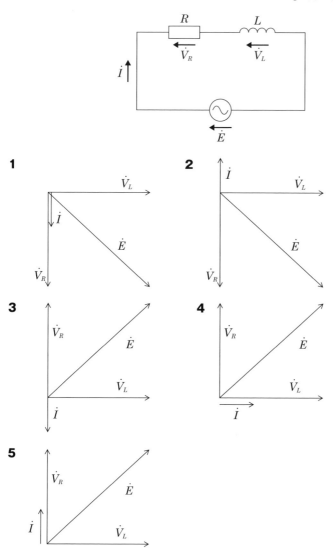

No.9 **図のような回路に関する次の記述の㋐，㋑に当てはまるものの組合せとして最も妥当なのは次のうちではどれか。**　【国家総合職・平成27年度】

「L_1，L_2，Mの間に［ ㋐ ］の関係があるとき，交流電源からみた回路のインピーダンスの絶対値は，交流電源の周波数によらず［ ㋑ ］であった。

　ただし，コイルの自己インダクタンスをそれぞれL_1，L_2，コイル間の相互インダクタンスをMとし，$L_1 \neq M$，$L_2 \neq M$とする」

	㋐	㋑
1	$L_1 + L_2 = 2M$	無限大
2	$L_1 + L_2 = 2M$	R
3	$L_1 L_2 = M^2$	無限大
4	$L_1 L_2 = 2M^2$	無限大
5	$L_1 L_2 = 2M^2$	R

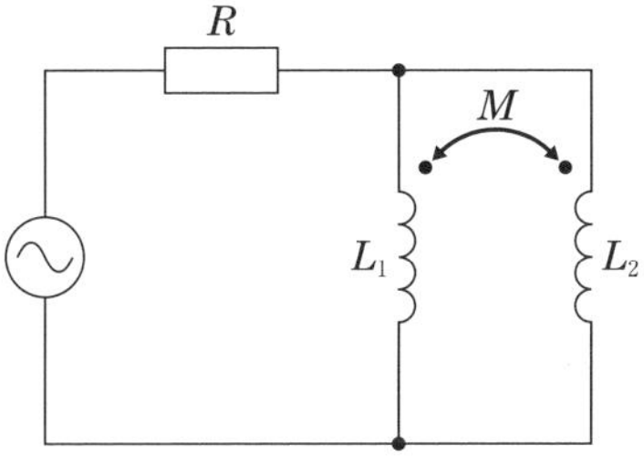

No.10 **図のように，実効値 200V の単相交流電圧源に抵抗とコイルが並列に接続されている。電圧源から供給される皮相電力は 5000VA，力率は 0.80 であった。抵抗，電圧源から供給される無効電力，コイル電流実効値の組合せとして最も妥当なのはどれか。**　【国家総合職・令和３年度】

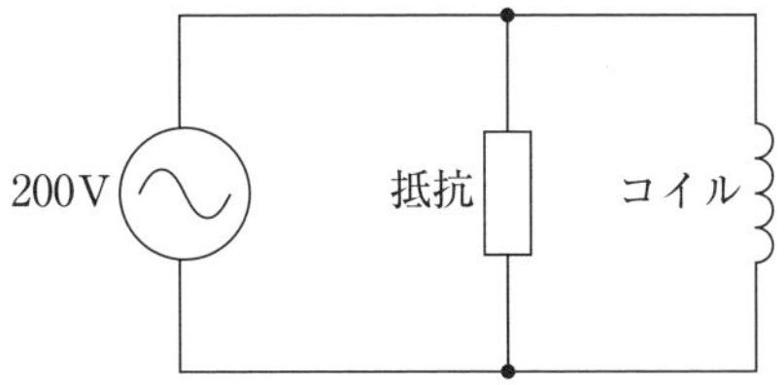

	抵抗	無効電力	コイル電流実効値
1	8.0Ω	1000Var	20A
2	8.0Ω	3000Var	15A
3	10Ω	1000Var	20A
4	10Ω	3000Var	15A
5	10Ω	3000Var	20A

→問題は P.164
No.1 の解説 インピーダンス

複素数のインピーダンスの計算に慣れるための基本問題である。複素数が等しい場合には，実部と虚部の両方を比較する必要がある。

図Ⅰの複素インピーダンスは $4 + 2j$ である。また，図Ⅱについては，

$$\frac{1}{\frac{1}{R} + \frac{1}{jX}} = \frac{jXR}{jX + R}$$

となるので，

$$\frac{jXR}{jX + R} = 4 + 2j$$

分母を払うと，

$$jXR = (4 + 2j)(jX + R) = 4R - 2X + j(2R + 4X)$$

実部，虚部がそれぞれ等しいので，

$$\begin{cases} 4R - 2X = 0 \\ XR = 2R + 4X \end{cases}$$

上の式から $X = 2R$ となり，これを下の式に代入すると，

$$2R^2 = 2R + 8R = 10R$$

$$\therefore \quad R = 5$$

これより $X = 2 \times 5 = 10$ となり，正答は**5**となる。

→問題は P.164
No.2 の解説 インピーダンス

合成インピーダンスを計算したくなる問題だが，まずは数値を落ち着いて見てみよう。過去にもこのように数値に特徴のある問題が出題されている。本問では，要するにコイル，コンデンサ部分の抵抗が無限大になっているということである。

コイルとコンデンサのみを並列合成したインピーダンスを Z_1 とする。これと 200Ω の抵抗を合成したら合成インピーダンスの大きさが 200Ω になった，つまり，電流の大きさが変わらないということなので，$Z_1 \to \infty$ でなければならない。

したがって，コイルとコンデンサを並列合成して，

$$\frac{1}{Z_1} = \frac{1}{j \cdot 400 \cdot 0.125} + j \cdot 400 \cdot C$$

$$= j\left(-\frac{1}{50} + 4 \times 10^2 C\right) = 0$$

$$\therefore \quad C = \frac{10^{-2}}{200} = 5 \times 10^{-5} = 50\mu\text{F}$$

以上より，正答は**2**となる。

補足

　この問題は並列なので，インピーダンスの逆数であるアドミタンスを考えると考えやすい。抵抗部分のアドミタンスは $\dfrac{1}{200}$〔S〕（ジーメンス），合成アドミタンスの大きさは，合成インピーダンスの逆数で $\dfrac{1}{200}$〔S〕とならなければいけない。アドミタンスの合成は単純に足し算なので，コイルとコンデンサを合成したアドミタンスを jY（純虚数になる）と置けば，

　　$|200 + jY| = 200$

となるので $Y = 0$ は当然となる。ただし，この後の計算は解説と同じである。

No.3 の解説　インピーダンス

→問題は P.165

　実戦問題 No.2 と同様の問題で，数値の特殊性に気づいてほしい。

　図Ⅰについて，100V で 10A 流れたということは，抵抗以外に電流が流れていないということである。

　したがって，コンデンサとコイルの並列部分の合成インピーダンスは無限大である。つまり，合成インピーダンスの逆数が 0 となるので，角振動数を ω として，

$$j\omega C + \frac{1}{j\omega L} = j\left(\omega C - \frac{1}{\omega L}\right) = j\frac{\omega^2 CL - 1}{\omega L} = 0$$

　　$\therefore \quad \omega^2 CL = 1$

　このとき，図Ⅱのように，コイルとコンデンサを直列合成した合成インピーダンスを Z' とすると，

$$Z' = j\omega L + \frac{1}{j\omega C} = j\frac{\omega^2 CL - 1}{\omega C} = 0$$

　したがって，図Ⅱのコイルとコンデンサの部分のインピーダンスが 0 となったので，流れる電流は $I' = 10\mathrm{A}$ となり，正答は **4** である。

本問では電流の大きさだけが問題となっている。この場合には，インピーダンスの大きさだけを問題にしてよい。

コイルのリアクタンスを X とする。図Ⅰのインピーダンス $Z = R + jX$ の大きさは，

$$|Z| = \sqrt{R^2 + X^2}$$

となるので，与えられた電圧と電流について，

$$100 = 2.00 \times \sqrt{R^2 + X^2}$$

$$\therefore \quad R^2 + X^2 = 50^2 \quad \cdots\cdots ①$$

次に図Ⅱのインピーダンス $Z' = R + 75 + jX$ の大きさについて同様に，

$$100 = 1.00 \times \sqrt{(R + 75)^2 + X^2}$$

$$\therefore \quad (R + 75)^2 + X^2 = 100^2 \quad \cdots\cdots ②$$

②−①を計算して，

$$150R + 75^2 = 100^2 - 50^2 = (100 + 50) \times (100 - 50) = 7500$$

$$\therefore \quad R = \frac{7500 - 75 \times 75}{150} = \frac{75(100 - 75)}{150}$$

$$= 12.5\Omega$$

以上より，正答は **2** となる。

No.5 の解説 共振

→問題は P.166

共振現象の理解と計算についての演習問題である。共振とは，電流が最大になることをいうが，この場合は抵抗がないため，インピーダンスが 0 となることを指すと考えてよい。

$2\pi f = \omega$ と置く。周波数が f のとき，全体のインピーダンス Z は，

$$Z = j\omega L + \frac{1}{j\omega C} + \frac{1}{j\omega C_1} = j\left(\omega L - \frac{1}{\omega C} - \frac{1}{\omega C_1}\right)$$

共振すなわち電流が最大のときにはインピーダンス（の大きさ）は最小となるが，この場合は 0 となる。したがって，

$$\omega L = \frac{1}{\omega C} + \frac{1}{\omega C_1} \quad \cdots\cdots ①$$

次に周波数が $\frac{f}{2}$ になると，角周波数は $\frac{\omega}{2}$ になる。また，スイッチ S を閉じるとコンデンサ C の電圧は常に 0 となるため，電流が流れない。そこで，このコンデンサはないものと考えてよい。これを踏まえて，周波数が $\frac{f}{2}$ のときの全体のインピーダンス Z' は，

$$Z' = j\frac{\omega L}{2} + \frac{1}{j\frac{\omega}{2}C_2} = j\left(\frac{\omega L}{2} - \frac{2}{\omega C_2}\right)$$

共振のときには，

$$\frac{\omega L}{2} = \frac{2}{\omega C_2}$$

$$\therefore \quad \omega L = \frac{4}{\omega C_2} \quad \cdots\cdots ②$$

①，②より，

$$\frac{1}{\omega C} + \frac{1}{\omega C_1} = \frac{4}{\omega C_2}$$

$$\therefore \quad \frac{1}{C} = \frac{4}{C_2} - \frac{1}{C_1} = \frac{4C_1 - C_2}{C_1 C_2}$$

これより，

$$C = \frac{C_1 C_2}{4C_1 - C_2}$$

以上より，正答は **1** となる。

計算量が多く解きにくい問題である。ここでは工夫して計算をする。

I_1 が電圧 E より $90°$ 遅れているので，$I_1 = -jb$ と置いて，電源を求める。このとき，R_2 に流れる電流を図の下向きに I_2 とすると，

$$I_2 = \frac{R_1 + j\omega L_1}{R_2} \times (-jb) = \frac{\omega L_1}{R_2}b - j\frac{R_1}{R_2}b$$

したがって，コイル L_2 には，電流 $(I_1 + I_2)$ が流れることから，キルヒホッフの法則より，

$$E = j\omega L_2(I_1 + I_2) + R_2 I_2$$
$$= j\omega L_2\left(-jb + \frac{\omega L_1}{R_2}b - j\frac{R_1}{R_2}b\right) + \omega L_1 b - jR_1 b$$
$$= \omega(L_1 + L_2)b + \frac{\omega L_2 R_1}{R_2}b + j\left(\frac{\omega^2 L_1 L_2}{R_2} - R_1\right)b$$

これが実数になるためには，虚部が 0 となればよいので，

$$\frac{\omega^2 L_1 L_2}{R_2} - R_1 = 0$$

$$\therefore \quad R_2 = \frac{\omega^2 L_1 L_2}{R_1}$$

以上より，正答は**3**となる。

補足

正答の選択肢**3**以外はすべて選択肢の次元は抵抗にならない。このような場合，$\omega L_1 = wL_2 = R_1 = R$ を代入して確かめると選択肢を絞ることができる。たとえば，**1**は，

$$\frac{\omega L_1 L_2}{R_1} = \frac{R \times \dfrac{R}{\omega}}{R} = \frac{R}{\omega}$$

となり，R にならない（単位がおかしいことになる）。

No.7 の解説　ブリッジ回路
→問題は P.167

ホイートストンブリッジの平衡条件は交流でもそのまま成り立つ。ただし，方程式を解く場合には，複素数であることを利用する必要がある。

ホイートストンブリッジの平衡条件から，

$$(r + j\omega L) \times \cfrac{1}{\cfrac{1}{R} + j\omega C} = R^2$$

左辺の分数の分母を払うと，

$$r + j\omega L = \left(\frac{1}{R} + j\omega C\right) \times R^2 = R + j\omega CR^2$$

実数部が等しい条件から $r = R$，虚数部が等しい条件から $L = CR^2$ となり，正答は **1** となる。

No.8 の解説　ベクトル表記
→問題は P.168

交流においては，電流と電圧をベクトルで表すことも少なくない。ここではその基本知識を確認しておこう。

$$\dot{V}_R = R\dot{I}$$

なので，$\dot{I}$ と $\dot{V}_R$ は平行になる。これを満たしているのは選択肢 **1** と **5** のみである。

次に，$\dot{V}_L = j\omega L\dot{I}$ なので，$\dot{I}$ は $\dot{V}_L$ に 90° 遅れている（j を掛けて 90° 進ませると $\dot{V}_L$ に平行になる）。これを表しているのは **1** と **3** で，以上から正答は **1** となる。

なお，キルヒホッフの法則，

$$\dot{E} = \dot{V}_R + \dot{V}_L$$

はすべての選択肢で満たされている。

第2章

電気回路

相互インダクタンスを考慮する問題の出題数は多くない。等価回路の扱いを知っていることが大切で，ここでその知識を学んでほしい。

この回路は下図の等価回路に直すことができる（これに関しては補足を参照すること）。

この等価回路の合成インピーダンスを Z とすると，

$$Z = R + j\omega M + \cfrac{1}{\cfrac{1}{j\omega(L_1 - M)} + \cfrac{1}{j\omega(L_2 - M)}}$$

$$= R + j\omega M + \frac{j\omega(L_1 - M)(L_2 - M)}{L_1 + L_2 - 2M}$$

これは $L_1 + L_2 = 2M$ のときに無限大になるので，㋐には「$L_1 + L_2 = 2M$」，㋑には「無限大」が入り，正答は **1** となる。

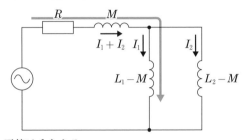

以上より，正答は **1** となる。

補足

相互インダクタンスを持つコイルの場合，本問のように，相互インダクタンス M のコイルを合流部分に接続し，代わりに自己インダクタンスの値を M だけ減らす（その結果，インダクタンスの値が負になることもある）。

たとえば，M，$L_1 - M$ と通る経路（上図の青実線）について電圧降下を計算すると，

$$M\frac{d(I_1 + I_2)}{dt} + (L_1 - M)\frac{dI_1}{dt} = L_1\frac{dI_1}{dt} + M\frac{dI_2}{dt}$$

となり，自己誘導と相互誘導だけが表れている。

なお，コイルに付いた点は極性を表し，本問と異なり，逆の位置に点が打たれている場合には，相互誘導の電圧降下の符号が本問と逆となり，結果的に相互インダクタンスを $-M$ として本問と同様の等価回路を考えることになる。

No.10 の解説 電力 →問題は P.169

電力計算の基本問題である。公式を確認しておこう。

抵抗とコイルが並列に接続されている。この場合,有効電力は抵抗で消費され,コイルの電力はすべて無効電力になる。有効電力 P は,皮相電力と力率から,

$$P = 5000 \times 0.80 = 4000 \,[\text{W}]$$

となる。また,電力の公式より,抵抗を R,電圧を V とすると,

$$P = \frac{V^2}{R}$$

$$\therefore \quad R = \frac{V^2}{P} = \frac{200^2}{4000} = 10\,\Omega$$

次に,力率を $\cos\theta$ とすると,

$$\sin\theta = \sqrt{1 - \cos^2\theta} = 0.60$$

したがって,無効電力 Q は,

$$Q = 5000 \times 0.60 = 3000\,\text{Var}$$

このことから,コイルに流れる電流の実効値を I_L とすると,

$$I_L = \frac{Q}{V} = \frac{3000}{200} = 15\,\text{A}$$

以上より,正答は **4** となる。

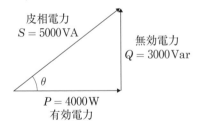

皮相電力
$S = 5000\,\text{VA}$

無効電力
$Q = 3000\,\text{Var}$

θ

$P = 4000\,\text{W}$
有効電力

補足

　インピーダンスのうち,実数部分(抵抗分)が有効電力を,虚数部分(リアクタンス分)が無効電力をつくることを覚えておくと,本問の場合,有効応力がすべて抵抗で消費されていることがすぐにわかる。

テーマ 10 四端子回路

必修問題

四端子回路に関する次の記述の㋐，㋑，㋒に当てはまるものの組合せとして最も妥当なのはどれか。　【国家総合職・平成25年度】

「四端子回路において，入力電圧 V_i，入力電流 I_i，出力電圧 V_o，出力電流 I_o の関係を下記のように表したときの係数行列 $\begin{pmatrix} A & B \\ C & D \end{pmatrix}$ を縦続行列と呼ぶ。

$$\begin{pmatrix} V_i \\ I_i \end{pmatrix} = \begin{pmatrix} A & B \\ C & D \end{pmatrix} \begin{pmatrix} V_o \\ I_o \end{pmatrix}$$

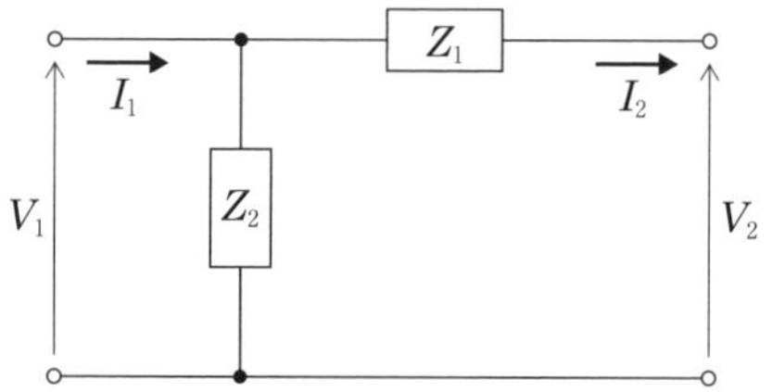

図Ⅰ

ここで，図Ⅰの四端子回路の縦続行列を求めると，[㋐]となる。図Ⅱの四端子回路は，図Ⅰの四端子回路を２つ縦続接続したものである。このため，図Ⅱの四端子回路の縦続行列は，図Ⅰの四端子回路の縦続行列の２つの[㋑]に等しく，図Ⅱの四端子回路の縦続行列の D を求めると，[㋒]となる」

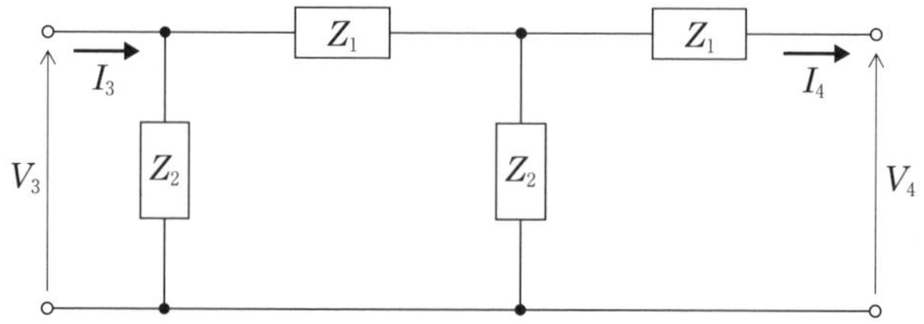

図Ⅱ

	㋐	㋑	㋒
1	$\begin{pmatrix} 1+\dfrac{Z_1}{Z_2} & Z_1 \\ \dfrac{1}{Z_2} & 1 \end{pmatrix}$	和	2

	㋐	㋑	㋒
2	$\begin{pmatrix} 1+\frac{Z_1}{Z_2} & Z_1 \\ \frac{1}{Z_2} & 1 \end{pmatrix}$	積	$1+\frac{Z_1}{Z_2}$
3	$\begin{pmatrix} 1 & Z_1 \\ \frac{1}{Z_2} & 1+\frac{Z_1}{Z_2} \end{pmatrix}$	和	$2\left(1+\frac{Z_1}{Z_2}\right)$
4	$\begin{pmatrix} 1 & Z_1 \\ \frac{1}{Z_2} & 1+\frac{Z_1}{Z_2} \end{pmatrix}$	積	$\frac{Z_1}{Z_2}+\left(1+\frac{Z_1}{Z_2}\right)^2$
5	$\begin{pmatrix} 1+\frac{Z_2}{Z_1} & Z_2 \\ \frac{1}{Z_1} & 1 \end{pmatrix}$	和	2

必修問題の解説

縦続行列の基本問題である。設問に定義が書かれているが，定義から計算するのではなく，必要な公式を覚えて対処したい。

図Ⅰの回路は，縦続行列の公式（重要ポイント[2]参照）より，

$$\begin{pmatrix} 1 & 0 \\ \frac{1}{Z_2} & 1 \end{pmatrix}\begin{pmatrix} 1 & Z_1 \\ 0 & 1 \end{pmatrix}=\begin{pmatrix} 1 & Z_1 \\ \frac{1}{Z_2} & 1+\frac{Z_1}{Z_2} \end{pmatrix}$$

となる。これが㋐に入る。

一方，図Ⅱのように縦続された場合，縦続行列は「積」で計算されるので，これが㋑に入る。

したがって，図Ⅱの回路は，図Ⅰを2つ縦続接続しているので，㋐の行列を2乗すればよい。つまり，

$$\begin{pmatrix} 1 & Z_1 \\ \frac{1}{Z_2} & 1+\frac{Z_1}{Z_2} \end{pmatrix}\begin{pmatrix} 1 & Z_1 \\ \frac{1}{Z_2} & 1+\frac{Z_1}{Z_2} \end{pmatrix}=\begin{pmatrix} 1+\frac{Z_1}{Z_2} & 2Z_1+\frac{Z_1^2}{Z_2} \\ \frac{2}{Z_2}+\frac{Z_1}{Z_2^2} & \frac{Z_1}{Z_2}+\left(1+\frac{Z_1}{Z_2}\right)^2 \end{pmatrix}$$

よって，㋒には $\frac{Z_1}{Z_2}+\left(1+\frac{Z_1}{Z_2}\right)^2$ が入る。

正答 4

四端子回路に関する以下の記述の㋐～㋓に当てはまるものの組合せとして最も妥当なのはどれか。　　　　　　　【国家一般職・平成27年度】

「図のような四端子回路において，電圧 V_1，V_2 および電流 I_1，I_2 を図の向きにとったとき，縦続行列は，

$$\begin{bmatrix} V_1 \\ I_1 \end{bmatrix} = \begin{bmatrix} A & B \\ C & D \end{bmatrix}\begin{bmatrix} V_2 \\ I_2 \end{bmatrix}$$

で定義される。

　縦続行列の各要素の物理的意義を考えると，A は出力端子を開放したときの ㋐ との比であり，D は出力端子を短絡したときの ㋑ との比である。同様に，B は出力端子を短絡したときの V_1 と I_2 との比であり，C は出力端子を開放したときの I_1 と V_2 との比である。したがって，B は ㋒ の次元を持ち，C は ㋓ の次元を持つ」

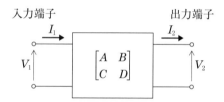

入力端子　　　　　　　　　　　　　出力端子

	㋐	㋑	㋒	㋓
1	V_1 と I_2	I_1 と V_2	アドミタンス	インピーダンス
2	V_1 と I_2	I_1 と V_2	インピーダンス	アドミタンス
3	I_1 と V_2	V_1 と I_2	インピーダンス	アドミタンス
4	V_1 と V_2	I_1 と I_2	アドミタンス	インピーダンス
5	V_1 と V_2	I_1 と I_2	インピーダンス	アドミタンス

必修問題の解説

縦続行列の各成分の求め方についての問題である。縦続行列は公式から計算する場合が多いが，縦続行列以外の場合には本問の手法を使って計算することが多い。なお，『公務員試験 技術系新スーパー過去問ゼミ 工学に関する基礎（数学・物理）』（実務教育出版）の1次変換も見ておくとよい。

$$\begin{pmatrix} V_1 \\ I_1 \end{pmatrix} = \begin{pmatrix} A & B \\ C & D \end{pmatrix} \begin{pmatrix} V_2 \\ 0 \end{pmatrix} = \begin{pmatrix} AV_2 \\ CV_2 \end{pmatrix}$$

となるので，$I_2 = 0$ のときに $A = \dfrac{V_1}{V_2}$，$C = \dfrac{I_1}{V_2}$ となる。$I_2 = 0$ となるのは，出力端子をまったく接続しなかった，つまり開放したときで，A はこのときの「V_1 と V_2」の比となる。これが[ア]に入る。また，$C = \dfrac{I_1}{V_2}$ の次元は抵抗の逆数であるので，「アドミタンス」の次元となり，これが[エ]に入る。

また，

$$\begin{pmatrix} V_1 \\ I_1 \end{pmatrix} = \begin{pmatrix} A & B \\ C & D \end{pmatrix} \begin{pmatrix} 0 \\ I_2 \end{pmatrix} = \begin{pmatrix} BI_2 \\ DI_2 \end{pmatrix}$$

となるので，$V_2 = 0$ のときに $B = \dfrac{V_1}{I_2}$，$D = \dfrac{I_1}{I_2}$ となる。$V_2 = 0$ となるのは，出力端子を導線でつないだ，つまり短絡した場合で，D はこのときの「I_1 と I_2」の比になっているので，これが[イ]に入る。また，B の単位は抵抗と同じなので，「インピーダンス」の次元となり，これが[ウ]に入る。

正答 5

重要ポイント 1 四端子回路と成分の求め方

電源，抵抗，コイル，コンデンサといった素子（線形素子）しか出てこない場合，回路についてのキルヒホッフの法則を立てると，それは線形の連立方程式となる。線形の連立方程式は行列を使って表すことができる。このような形で，行列で回路を表すことを考える。

そこで，下図のように，入力側と出力側の電圧，電流をとった場合，次のような行列のまとめ方が考えられる。

入力端子　　　　　　　　　出力端子

(1)**アドミタンス行列（Y 行列）**

$$\begin{pmatrix} I_1 \\ I_2 \end{pmatrix} = \begin{pmatrix} y_{11} & y_{12} \\ y_{21} & y_{22} \end{pmatrix} \begin{pmatrix} V_1 \\ V_2 \end{pmatrix}$$

（抵抗，コイル，コンデンサしかない回路では $y_{12} = y_{21}$ となる）

(2)**インピーダンス行列（Z 行列）**

$$\begin{pmatrix} V_1 \\ V_2 \end{pmatrix} = \begin{pmatrix} z_{11} & z_{12} \\ z_{21} & z_{22} \end{pmatrix} \begin{pmatrix} I_1 \\ I_2 \end{pmatrix}$$

（抵抗，コイル，コンデンサしかない回路では $z_{12} = z_{21}$ となる）

(3)**縦続行列（F 行列）**

$$\begin{pmatrix} V_1 \\ I_1 \end{pmatrix} = \begin{pmatrix} A & B \\ C & D \end{pmatrix} \begin{pmatrix} V_2 \\ -I_2 \end{pmatrix}$$

（$-I_2$ と負号が付いているのは，向きが逆であることを意味する。また，抵抗，コイル，コンデンサしかない回路では $|AD - BC| = 1$ となる）これらの成分を求める場合には，次のように，出力側に $\begin{pmatrix} 1 \\ 0 \end{pmatrix}$ と $\begin{pmatrix} 0 \\ 1 \end{pmatrix}$ を代入して電流，電圧を求めていく。この場合に $I = 0$ は開放（端子を接続しない），$V = 0$ は短絡（導線でつなぐ）である。

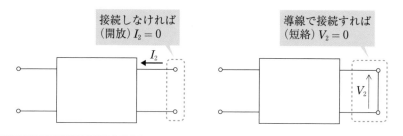

接続しなければ（開放）$I_2 = 0$

導線で接続すれば（短絡）$V_2 = 0$

重要ポイント 2 縦続行列

四端子回路の中でよく出題されているのが縦続行列である。下の回路において，

$$\begin{pmatrix} V_1 \\ I_1 \end{pmatrix} = \begin{pmatrix} A & B \\ C & D \end{pmatrix} \begin{pmatrix} V_2 \\ I_2 \end{pmatrix}$$

となる行列を縦続行列という。

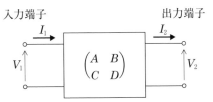

入力端子　　　　　　　出力端子

縦続行列では，以下のように，2つの四端子回路を縦続接続した場合について，全体をまとめると，個々の縦続行列の積で縦続行列が計算できる。

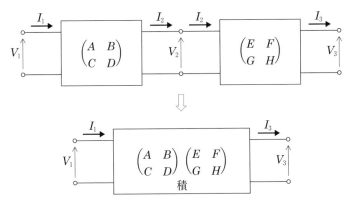

実際上の例では，

$$\begin{pmatrix} V_1 \\ I_1 \end{pmatrix} = \begin{pmatrix} A & B \\ C & D \end{pmatrix}\begin{pmatrix} V_2 \\ I_2 \end{pmatrix}, \quad \begin{pmatrix} V_2 \\ I_2 \end{pmatrix} = \begin{pmatrix} E & F \\ G & H \end{pmatrix}\begin{pmatrix} V_3 \\ I_3 \end{pmatrix}$$

となることから，

$$\begin{pmatrix} V_1 \\ I_1 \end{pmatrix} = \begin{pmatrix} A & B \\ C & D \end{pmatrix}\begin{pmatrix} V_2 \\ I_2 \end{pmatrix} = \begin{pmatrix} A & B \\ C & D \end{pmatrix}\begin{pmatrix} E & F \\ G & H \end{pmatrix}\begin{pmatrix} V_3 \\ I_3 \end{pmatrix}$$

となる。

特によく現れる次の2つの縦続行列を覚えておくと，非常に便利である。

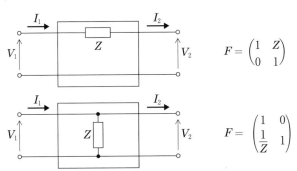

$$F = \begin{pmatrix} 1 & Z \\ 0 & 1 \end{pmatrix}$$

$$F = \begin{pmatrix} 1 & 0 \\ \dfrac{1}{Z} & 1 \end{pmatrix}$$

No.1 図 I のような四端子回路において，電圧 V_1，V_2 および電流 I_1，I_2 を図の向きにとったとき，それらの関係式は縦続行列 $\begin{bmatrix} A & B \\ C & D \end{bmatrix}$ を用いて，

$$\begin{bmatrix} V_1 \\ I_1 \end{bmatrix} = \begin{bmatrix} A & B \\ C & D \end{bmatrix} \begin{bmatrix} V_2 \\ I_2 \end{bmatrix}$$

で表される。

このとき，図 II のような四端子回路の縦続行列 $\begin{bmatrix} A & B \\ C & D \end{bmatrix}$ として最も妥当なのはどれか。

【国家一般職・令和元年度】

1 $\begin{bmatrix} 1 & 2Z \\ \dfrac{1}{Z} & 3 \end{bmatrix}$

2 $\begin{bmatrix} 3 & 2Z \\ \dfrac{1}{Z} & 1 \end{bmatrix}$

3 $\begin{bmatrix} 3 & 2Z \\ \dfrac{1}{Z} & \dfrac{3}{2} \end{bmatrix}$

4 $\begin{bmatrix} 1 & Z \\ \dfrac{1}{2Z} & \dfrac{3}{2} \end{bmatrix}$

5 $\begin{bmatrix} \dfrac{3}{2} & Z \\ \dfrac{1}{2Z} & 1 \end{bmatrix}$

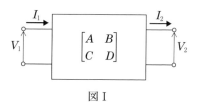

図 I

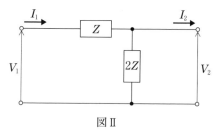

図 II

No.2 図 I の回路は，基本行列を用いて，

$$\begin{pmatrix} V_1 \\ I_1 \end{pmatrix} = \begin{pmatrix} 5 & 4 \\ 1 & 2 \end{pmatrix} \begin{pmatrix} V_2 \\ I_2 \end{pmatrix}$$

と表される。ここで，図 II のように，端子 2-2′ 間にインピーダンス R の抵抗を接続したところ，端子 1-1′ から見た回路全体のインピーダンスも R になった。R の値はいくらか。　　　　　　　　　　　　　【地方上級・平成24年度】

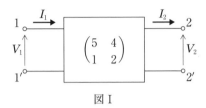

図 I

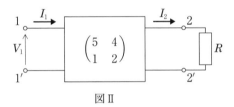

図 II

1 2Ω

2 3Ω

3 4Ω

4 5Ω

5 6Ω

第2章

電気回路

No.3　四端子回路に関する次の記述の㋐，㋑に当てはまるものの組合せとして最も妥当なのはどれか。ただし，j は虚数単位とする。

【国家総合職・平成29年度】

「図Ⅰに示す四端子回路において，入力電圧 V_{in}〔V〕，入力電流 I_{in}〔A〕，出力電圧 V_{out}〔V〕，出力電流 I_{out}〔A〕の関係を下記のように表したときの係数行列 $\begin{pmatrix} A & B \\ C & D \end{pmatrix}$ を，縦続行列（F 行列）と呼ぶ。

$$\begin{pmatrix} V_{\text{in}} \\ I_{\text{in}} \end{pmatrix} = \begin{pmatrix} A & B \\ C & D \end{pmatrix} \begin{pmatrix} V_{\text{out}} \\ I_{\text{out}} \end{pmatrix}$$

図Ⅱは，静電容量 C_1〔F〕のキャパシタと縦続行列が $\begin{pmatrix} \frac{1}{2} & 0 \\ 0 & 2 \end{pmatrix}$ である回路を縦続に接続した回路である。ただし，角周波数 ω は 1rad/s とする。

この回路の縦続行列は [㋐] となる。また，図Ⅲの π 形回路が，図Ⅱの回路と等価であるとき，インピーダンス Z_1 は [㋑]〔Ω〕となる」

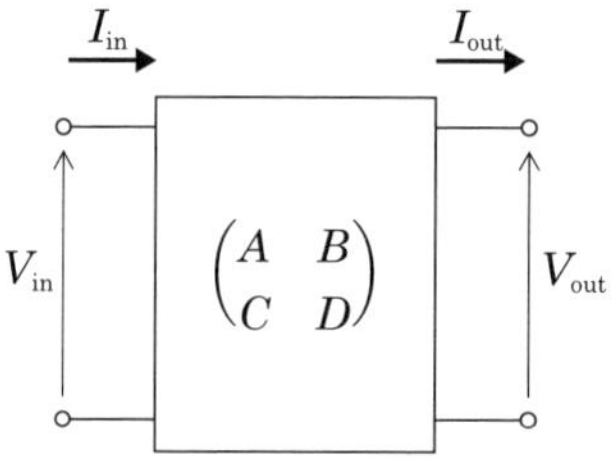

図Ⅰ

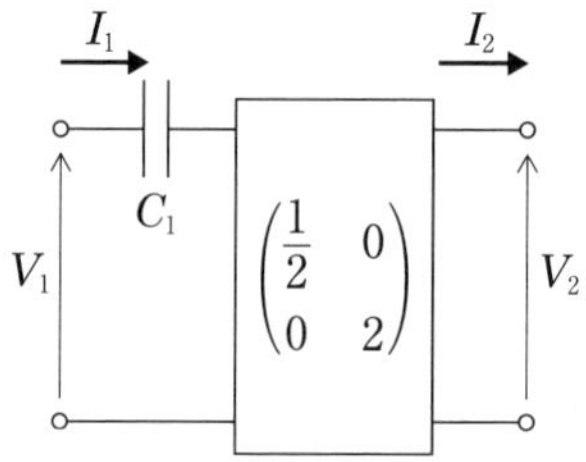

図Ⅱ

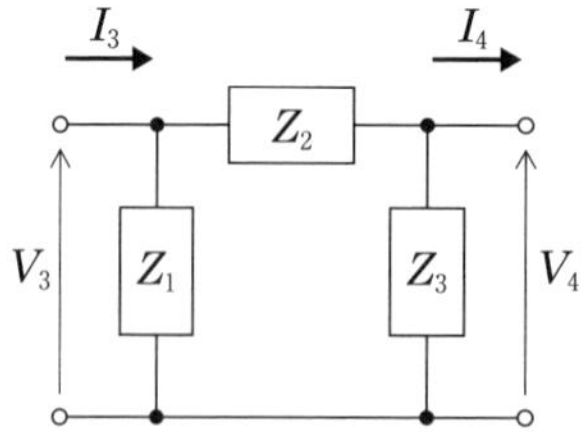

図Ⅲ

	㋐	㋑
1	$\begin{pmatrix} \dfrac{1}{2} & \dfrac{1}{2jC_1} \\ 0 & 2 \end{pmatrix}$	$\dfrac{j}{C_1}$
2	$\begin{pmatrix} \dfrac{1}{2} & \dfrac{1}{2jC_1} \\ 0 & 2 \end{pmatrix}$	$\dfrac{1}{2jC_1}$
3	$\begin{pmatrix} \dfrac{1}{2} & \dfrac{1}{2jC_1} \\ 0 & 2 \end{pmatrix}$	$\dfrac{1}{jC_1}$
4	$\begin{pmatrix} \dfrac{1}{2} & \dfrac{2}{jC_1} \\ 0 & 2 \end{pmatrix}$	$\dfrac{2}{jC_1}$
5	$\begin{pmatrix} \dfrac{1}{2} & \dfrac{2}{jC_1} \\ 0 & 2 \end{pmatrix}$	$\dfrac{4j}{C_1}$

図の回路において，入力電圧 V_1，入力電流 I_1，出力電圧 V_2，出力電流 I_2 を図のようにとったとき，これらの関係は次のように表され，この行列はアドミタンス行列と呼ばれている。

$$\begin{pmatrix} I_1 \\ I_2 \end{pmatrix} = \begin{pmatrix} Y_{11} & Y_{12} \\ Y_{21} & Y_{22} \end{pmatrix} \begin{pmatrix} V_1 \\ V_2 \end{pmatrix}$$

アドミタンス行列の成分である Y_{11}，Y_{12}，Y_{21}，Y_{22} として正しいのはどれか。

【地方上級・平成26年度】

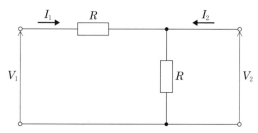

	Y_{11}	Y_{12}	Y_{21}	Y_{22}
1	$\dfrac{1}{R}$	$\dfrac{1}{R}$	$\dfrac{1}{R}$	$\dfrac{1}{R}$
2	$\dfrac{1}{R}$	$-\dfrac{1}{R}$	$-\dfrac{1}{R}$	$\dfrac{1}{R}$
3	$\dfrac{1}{R}$	$-\dfrac{1}{R}$	$-\dfrac{1}{R}$	$\dfrac{2}{R}$
4	$\dfrac{2}{R}$	$\dfrac{1}{R}$	$\dfrac{1}{R}$	$\dfrac{2}{R}$
5	$\dfrac{2}{R}$	$-\dfrac{1}{R}$	$-\dfrac{1}{R}$	$\dfrac{1}{R}$

No.5 四端子回路に関する次の記述の㋐，㋑，㋒に当てはまるものの組合せとして最も妥当なのはどれか。 【国家総合職・平成26年度】

「図Ⅰのように，入力電圧 V_1，入力電流 I_1，出力電圧 V_2，出力電流 I_2 を定義すると，これらを用いてインピーダンス行列 $\begin{pmatrix} Z_{11} & Z_{12} \\ Z_{21} & Z_{22} \end{pmatrix}$ は次のように表される。

$$\begin{pmatrix} V_1 \\ V_2 \end{pmatrix} = \begin{pmatrix} Z_{11} & Z_{12} \\ Z_{21} & Z_{22} \end{pmatrix} \begin{pmatrix} I_1 \\ I_2 \end{pmatrix}$$

図Ⅱに示すT形回路のインピーダンス行列の要素 Z_{11} を Z_{T1}，Z_{T2}，Z_{T3} のうち必要なものを用いて表すと [㋐] となる。また，図Ⅲに示す π 形回路のインピーダンス行列の要素 Z_{11} を $Z_{\pi1}$，$Z_{\pi2}$，$Z_{\pi3}$ を用いて表すと [㋑] となる。T形回路と π 形回路が等価であるとき，Z_{T1} を $Z_{\pi1}$，$Z_{\pi2}$，$Z_{\pi3}$ を用いて表すと [㋒] となる」

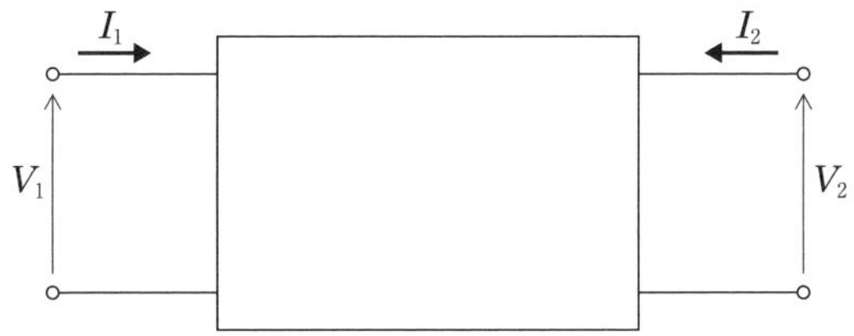

図Ⅰ

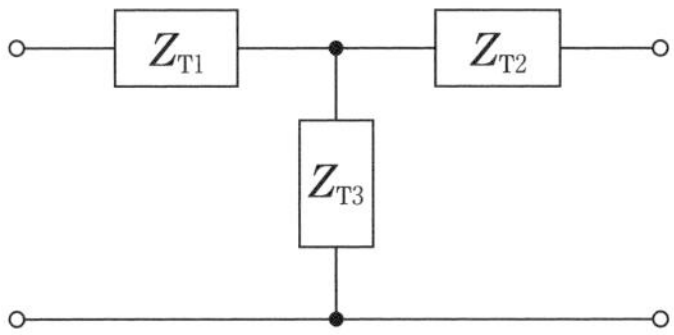

図Ⅱ

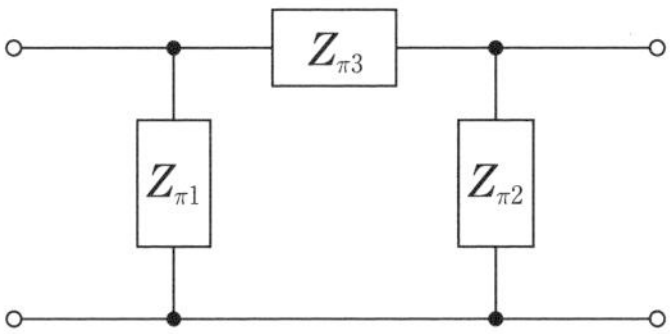

図Ⅲ

	㋐	㋑	㋒
1	$Z_{T1}+Z_{T2}$	$\dfrac{Z_{\pi3}(Z_{\pi1}+Z_{\pi2})}{Z_{\pi1}+Z_{\pi2}+Z_{\pi3}}$	$\dfrac{Z_{\pi1}Z_{\pi2}}{Z_{\pi1}+Z_{\pi2}+Z_{\pi3}}$
2	$Z_{T1}+Z_{T2}$	$\dfrac{Z_{\pi1}(Z_{\pi2}+Z_{\pi3})}{Z_{\pi1}+Z_{\pi2}+Z_{\pi3}}$	$\dfrac{Z_{\pi1}Z_{\pi3}}{Z_{\pi1}+Z_{\pi2}+Z_{\pi3}}$
3	$Z_{T1}+Z_{T3}$	$\dfrac{Z_{\pi3}(Z_{\pi1}+Z_{\pi2})}{Z_{\pi1}+Z_{\pi2}+Z_{\pi3}}$	$\dfrac{Z_{\pi1}Z_{\pi2}}{Z_{\pi1}+Z_{\pi2}+Z_{\pi3}}$
4	$Z_{T1}+Z_{T3}$	$\dfrac{Z_{\pi1}(Z_{\pi2}+Z_{\pi3})}{Z_{\pi1}+Z_{\pi2}+Z_{\pi3}}$	$\dfrac{Z_{\pi1}Z_{\pi3}}{Z_{\pi1}+Z_{\pi2}+Z_{\pi3}}$
5	$Z_{T2}+Z_{T3}$	$\dfrac{Z_{\pi2}(Z_{\pi1}+Z_{\pi3})}{Z_{\pi1}+Z_{\pi2}+Z_{\pi3}}$	$\dfrac{Z_{\pi2}Z_{\pi3}}{Z_{\pi1}+Z_{\pi2}+Z_{\pi3}}$

縦続行列の基本問題である。重要ポイント②に掲載した公式をしっかり覚えておこう。

下図において回路１の部分を表す縦続行列は，

$$\begin{pmatrix} 1 & Z \\ 0 & 1 \end{pmatrix}$$

回路２の部分の縦続行列は，

$$\begin{pmatrix} 1 & 0 \\ \dfrac{1}{2Z} & 1 \end{pmatrix}$$

これらを縦続接続した全体についての縦続行列は，これを掛け算して，

$$\begin{pmatrix} 1 & Z \\ 0 & 1 \end{pmatrix} \begin{pmatrix} 1 & 0 \\ \dfrac{1}{2Z} & 1 \end{pmatrix} = \begin{pmatrix} \dfrac{3}{2} & Z \\ \dfrac{1}{2Z} & 1 \end{pmatrix}$$

以上より，正答は **5** である。

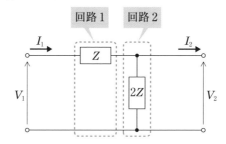

　縦続行列の応用問題である。端子に素子を接続することをどう表すか。また，設問の表現にも注意したい。

　端子 2-$2'$ にインピーダンス R の抵抗を接続した場合，$V_2 = RI_2$ となる。これを与えられた式に代入すると，

$$\begin{pmatrix} V_1 \\ I_1 \end{pmatrix} = \begin{pmatrix} 5 & 4 \\ 1 & 2 \end{pmatrix} \begin{pmatrix} RI_2 \\ I_2 \end{pmatrix} = \begin{pmatrix} (5R+4)I_2 \\ (R+2)I_2 \end{pmatrix}$$

次に，端子 1-$1'$ からみた回路全体のインピーダンスが R であるというのは，端子 1 側の電圧 V_1 と端子 1 側の電流 I_1 の比が R になるということである。したがって，

$$R = \frac{V_1}{I_1} = \frac{(5R+4)I_2}{(R+2)I_2} = \frac{5R+4}{R+2}$$

分母を払って，

$$R(R+2) = R^2 + 2R = 5R + 4$$

$$\therefore \quad R^2 - 3R - 4 = (R-4)(R+1) = 0$$

したがって，$R = 4\Omega$ であり，正答は **3** となる。

第2章

電気回路

191

　　国家総合職の縦続行列の問題は計算量が多いが, 解き方は変わらない。しっかりと計算しよう。

　　コンデンサ部分と縦続行列が与えられた部分の縦続接続なので,

$$\begin{pmatrix} 1 & \dfrac{1}{jC_1} \\ 0 & 1 \end{pmatrix}\begin{pmatrix} \dfrac{1}{2} & 0 \\ 0 & 2 \end{pmatrix} = \begin{pmatrix} \dfrac{1}{2} & \dfrac{2}{jC_1} \\ 0 & 2 \end{pmatrix}$$

この右辺の行列が㋐が入る。

　　次に図Ⅲの回路については, 下図のように分けてその積として計算すると,

$$\begin{pmatrix} 1 & 0 \\ \dfrac{1}{Z_1} & 1 \end{pmatrix}\begin{pmatrix} 1 & Z_2 \\ 0 & 1 \end{pmatrix}\begin{pmatrix} 1 & 0 \\ \dfrac{1}{Z_3} & 1 \end{pmatrix} = \begin{pmatrix} 1 & Z_2 \\ \dfrac{1}{Z_1} & 1+\dfrac{Z_2}{Z_1} \end{pmatrix}\begin{pmatrix} 1 & 0 \\ \dfrac{1}{Z_3} & 1 \end{pmatrix}$$

$$= \begin{pmatrix} 1+\dfrac{Z_2}{Z_3} & Z_2 \\ \dfrac{1}{Z_1}+\dfrac{1}{Z_3}+\dfrac{Z_2}{Z_1 Z_3} & 1+\dfrac{Z_2}{Z_1} \end{pmatrix}$$

これと㋐の解答の行列を比べる。右上成分を比較すると $Z_2 = \dfrac{2}{jC_1}$ がわかり, 右下成分を比較すると,

$$1+\frac{Z_2}{Z_1} = 2$$

$$\therefore \quad Z_1 = Z_2 = \frac{2}{jC_1}$$

以上より, 正答は**4**である。

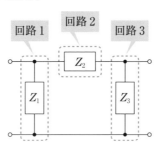

回路 1　　回路 2　　回路 3

　　アドミタンス行列の成分を計算する問題であるが, アドミタンス行列に限らず, 四端子回路の行列の成分を求める問題の方針を確認しておきたい。なお, $Y_{12} = Y_{21}$ を利用することもできる。

　　$V_1 = 1$, $V_2 = 0$ を代入すると,

$$\begin{pmatrix} I_1 \\ I_2 \end{pmatrix} = \begin{pmatrix} Y_{11} & Y_{12} \\ Y_{21} & Y_{22} \end{pmatrix} \begin{pmatrix} 1 \\ 0 \end{pmatrix} = \begin{pmatrix} Y_{11} \\ Y_{21} \end{pmatrix}$$

となる。そこで，この場合の電流を求める。この状況を図示すると下図1のようになる。ループ❶についてキルヒホッフの法則を立てると，

$$1 = RI_1 \qquad \therefore \quad I_1 = \frac{1}{R} \ (= Y_{11})$$

ループ❷についてキルヒホッフの法則を立てると，

$$0 = R(I_1 + I_2) \qquad \therefore \quad I_2 = -I_1 = -\frac{1}{R} \ (= Y_{21})$$

次に，$V_1 = 0$，$V_2 = 1$ を代入すると，

$$\begin{pmatrix} I_1 \\ I_2 \end{pmatrix} = \begin{pmatrix} Y_{11} & Y_{12} \\ Y_{21} & Y_{22} \end{pmatrix} \begin{pmatrix} 0 \\ 1 \end{pmatrix} = \begin{pmatrix} Y_{12} \\ Y_{22} \end{pmatrix}$$

この状況は下図2のようになる。ループ❸についてキルヒホッフの法則を立てると，

$$1 + RI_1 = 0 \qquad \therefore \quad I_1 = -\frac{1}{R} \ (= Y_{12})$$

ループ❹についてキルヒホッフの法則を立てると，

$$1 = R(I_1 + I_2) \qquad \therefore \quad I_2 = -I_1 + \frac{1}{R} = \frac{2}{R} \ (= Y_{22})$$

以上より，正答は**3**となる。

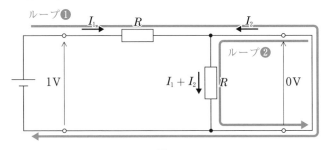

図1

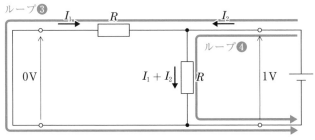

図2

No.5 の解説 インピーダンス行列

→問題は P.189

インピーダンス行列の求め方も，アドミタンス行列と同じである。ただし，ここでは対称性なども利用して，計算量を減らすようにした。

図Ⅱについて考える。与えられた式に $I_1=1$，$I_2=0$ を代入して，

$$\begin{pmatrix} V_1 \\ V_2 \end{pmatrix} = \begin{pmatrix} Z_{11} & Z_{12} \\ Z_{21} & Z_{22} \end{pmatrix} \begin{pmatrix} 1 \\ 0 \end{pmatrix} = \begin{pmatrix} Z_{11} \\ Z_{21} \end{pmatrix}$$

この状況を次図1に示す。ループ❶についてキルヒホッフの法則を立てて，

$$V_1 = Z_{T1}\times 1 + Z_{T3}\times 1 = Z_{T1}+Z_{T3}\,(=Z_{11})$$

これが[ア]に入る。

なお，ループ❷を考えると，

$$V_2 = Z_{T3}\times 1 = Z_{T3}\,(=Z_{21})$$

であり，インピーダンス行列の性質から，$Z_{12}=Z_{21}=Z_{T3}$，また，上の V_1 の式の Z_{T1} を Z_{T2} とすれば，$Z_{22}=Z_{T2}+Z_{T3}$ がわかる（対称性）。

次に図Ⅲを考える。図Ⅱと同じように $I_1=1, I_2=0$ を代入して，$V_1(=Z_{11})$ と $V_2(=Z_{21})$ を求める。次図2のように電流 I_a，I_b を置く。I_b が通る部分は2つのインピーダンスが直列になっている。これと I_a が通るところが並列であり，並列の場合の電流の比がインピーダンスの大きさの逆数の比になることから，

$$I_a : I_b = \frac{1}{Z_{\pi1}} : \frac{1}{Z_{\pi2}+Z_{\pi3}} = (Z_{\pi2}+Z_{\pi3}) : Z_{\pi1}$$

これと $I_a+I_b=1$ より，

$$I_a = \frac{Z_{\pi2}+Z_{\pi3}}{Z_{\pi1}+Z_{\pi2}+Z_{\pi3}}$$

$$I_b = \frac{Z_{\pi1}}{Z_{\pi1}+Z_{\pi2}+Z_{\pi3}}$$

したがって，V_1 は $Z_{\pi1}$ の電圧に等しいので，

$$V_1 = Z_{\pi1}I_a = \frac{Z_{\pi1}(Z_{\pi2}+Z_{\pi3})}{Z_{\pi1}+Z_{\pi2}+Z_{\pi3}}\ (=Z_{11})$$

これが[イ]に入る（選択肢からはここで正答がわかる）。

また，V_2 は $Z_{\pi2}$ に加わる電圧に等しいので，

$$V_2 = Z_{\pi2}I_b = \frac{Z_{\pi1}Z_{\pi2}}{Z_{\pi1}+Z_{\pi2}+Z_{\pi3}}\ (=Z_{21})$$

2つの回路が等価なとき，Z_{21} が等しいので，

$$Z_{T3} = \frac{Z_{\pi1}Z_{\pi2}}{Z_{\pi1}+Z_{\pi2}+Z_{\pi3}}$$

また，Z_{11} が等しいので，

$$Z_{T1} + Z_{T3} = \frac{Z_{\pi 1}(Z_{\pi 2} + Z_{\pi 3})}{Z_{\pi 1} + Z_{\pi 2} + Z_{\pi 3}}$$

$$\therefore \quad Z_{T1} = \frac{Z_{\pi 1}(Z_{\pi 2} + Z_{\pi 3})}{Z_{\pi 1} + Z_{\pi 2} + Z_{\pi 3}} - \frac{Z_{\pi 1}Z_{\pi 2}}{Z_{\pi 1} + Z_{\pi 2} + Z_{\pi 3}}$$

$$= \frac{Z_{\pi 1}Z_{\pi 3}}{Z_{\pi 1} + Z_{\pi 2} + Z_{\pi 3}}$$

以上より，正答は**4**となる。

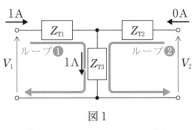

図1

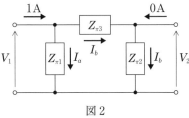

図2

第2章

電気回路

必 修 問 題

　回路の過渡現象に関する次の記述の㋐〜㋕に当てはまるものの組合せとして最も妥当なのはどれか。　　　　　　　　　【国家Ⅰ種・平成23年度】

「図のように，抵抗値 R の抵抗，インダクタンス L のコイルおよび電圧 E の直流電源がスイッチ S を介して直列に接続されている。スイッチを開いた状態から，$t=0$ でスイッチ S を閉じた直後，抵抗の両端に現れる電圧 v_R は　㋐　となり，コイルの両端に現れる電圧 v_L は　㋑　となる。この時点で回路に流れる電流の時間変化率は　㋒　で表される。十分時間が経った後，v_R は　㋓　，v_L は　㋔　となり，回路に流れる電流の大きさは　㋕　となる」

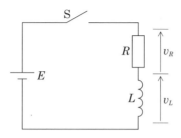

	㋐	㋑	㋒	㋓	㋔	㋕
1	0	E	$\dfrac{E}{L}$	0	E	0
2	0	E	$\dfrac{E}{L}$	E	0	$\dfrac{E}{R}$
3	E	0	0	E	0	$\dfrac{E}{R}$
4	E	0	0	0	E	$\dfrac{E}{R}$
5	E	0	$\dfrac{E}{L}$	0	E	0

必修問題の解説

過渡応答回路では初期状態と終局状態（収束状態）をおさえることが大切である。LR 回路の基本問題である本問でこの２つをおさえておこう。

理想的なコイルでは，スイッチを閉じる前後でコイルを流れる電流が一定に保たれる。

本問で，回路全体を流れる電流を I とする（I はコイルを流れる電流でもある）。最初スイッチSは開いていて，コイルを流れる電流は $I=0$ だったので，スイッチSを閉じた直後も $I=0$ である。したがって，オームの法則から，

$$v_R = RI = 0$$

これが[ア]に入る。キルヒホッフの法則から，

$$v_R + v_L = E$$

なので，$v_L = E$ となり，これが[イ]に入る。

次に，キルヒホッフの法則にオームの法則 $v_R = RI$ と $v_L = L\dfrac{dI}{dt}$ を代入すると，

$$RI + L\frac{dI}{dt} = E$$

$$\therefore \quad \frac{dI}{dt} = -\frac{R}{L}I + \frac{E}{L}$$

となる。この $\dfrac{dI}{dt}$ が電流の時間変化率であるが，スイッチを閉じた直後には $I=0$ なので，$\dfrac{dI}{dt} = \dfrac{E}{L}$ となり，これが[ウ]に入る。

次に，十分時間が経つと電流の時間変化がなくなりコイルの電磁誘導がなくなるため（導線と同視でき），$v_L = 0$ となる（これが[オ]に入る）。したがって，キルヒホッフの法則から $v_R = E$ となり，これが[エ]に入る。するとオームの法則より，このとき $I = \dfrac{E}{R}$ となり，これが[カ]に入る。

なお，十分時間が経過すると，電流の時間変化がなくなり $\dfrac{dI}{dt} = 0$ となる。これを上の式に代入して，

$$0 = -\frac{R}{L}I + \frac{E}{L}$$

$$\therefore \quad I = \frac{E}{R}$$

となる。このようにして[カ]を求めることもできる。

正答 2

　図の回路は，スイッチ S を閉じた状態で十分な時間が経過しており，定常状態にあるものとする。時刻 $t = 0$ でスイッチ S を開いた場合，電流 $i(t)$ の時間的変化の概形として最も妥当なのはどれか。

【国家一般職・平成26年度】

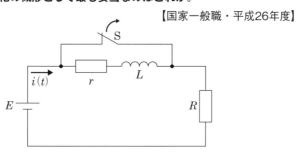

1

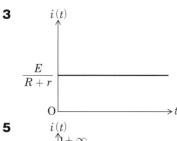

2

3

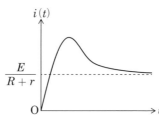

4

5

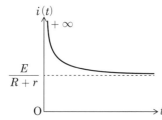

必修問題 の 解説

　過渡応答回路の変化のグラフを求める問題である。コイルがある場合，スイッチを操作する前後で一定となるのはコイルを流れる電流である。この点に気をつけよう。

　スイッチを開く前は，すべての電流は導線を通るため（抵抗が 0 だから），コイル L には電流は流れない。

　したがって，スイッチ S を開いた直後も，コイル L を流れる電流は変化なく 0 である。スイッチが開いているので，導線を通る電流もないため，$i(0) = 0$ となる。ここまでで選択肢 **2** か **4** となる。

　次に，時間が経過すると徐々に電流の変化がなくなり，やがて一定値になる。これを表すのは **2** である。なお，収束した状況では，コイルの電流は変化しないので，コイルの電圧も 0，つまりコイルは導線と同じように扱える。この場合，回路全体の抵抗は $R + r$ なので，$i(\infty) = \dfrac{E}{R + r}$ となる。

正答 2

図のような回路において，スイッチSを閉じてから，抵抗にかかる電圧とコンデンサにかかる電圧が等しくなるまでにかかる時間はおよそいくらか。

ただし，スイッチを閉じる前は，コンデンサには電荷が蓄えられていないものとする。また，$\ln 5 = 1.61$，$\ln 3 = 1.10$，$\ln 2 = 0.693$ とする。

【国家総合職・平成30年度】

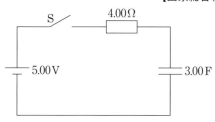

1　0.52 s

2　0.92 s

3　1.7 s

4　3.1 s

5　8.3 s

必修問題 の 解説

　CR回路の計算問題の演習である。過渡応答回路は一般的にはラプラス変換を使った解法が知られているが，択一式対策用には，関数形を覚えてしまったほうが簡単である。特に指数部分についてその場で計算するのか覚えるのか，いずれかの方法で用意しておきたい。なお，$\ln x$ は x の自然対数である。

　この回路における時定数は $\tau = CR = 12$ である。したがって，この回路の電流，電圧などは $e^{-\frac{t}{12}}$ の形の指数関数で与えられる。

　ところで，抵抗に加わる電圧とコンデンサに加わる電圧が等しいときには，どちらも電源の半分の 2.50 V になる。ここで，コンデンサの電荷 Q を考えると，電荷は最初は蓄えられておらず（$Q(0) = 0$），最終的には，

$$Q(\infty) = CV = 15\,\text{C}$$

に収束する。したがって，電荷の時間変化は，

$$Q(t) = 15\left(1 - e^{-\frac{t}{12}}\right)$$

となる。よって，コンデンサの電圧 $v_C(t)$ は，

$$v_C(t) = \frac{Q(t)}{C} = 5\left(1 - e^{-\frac{t}{12}}\right)$$

（電荷を通さず，直接この式を求めてもよい）。

　よって，求める時間は，

$$2.50 = 5\left(1 - e^{-\frac{t}{12}}\right)$$

$$\therefore \quad e^{-\frac{t}{12}} = 0.5$$

　両辺の自然対数をとると，

$$-\frac{t}{12} = \ln 0.5 = \ln \frac{1}{2} = -\ln 2$$

$$\therefore \quad t = 12\ln 2 = 12 \times 0.693 \fallingdotseq 8.3\,\text{s}$$

補足

　キルヒホッフの法則から，

$$5 = 4I + \frac{Q}{3}$$

$I = \dfrac{dQ}{dt}$ を代入して整理すると，

$$\frac{dQ}{dt} = -\frac{1}{12}Q + \frac{5}{4}$$

このときの Q の係数 $\dfrac{1}{12}$ が指数関数の中身になる。このようにして指数部分を求めてもよい。

正答 **5**

重要ポイント 1 　過渡応答回路の回路方程式

　スイッチの開閉をした直後などは，電流，電圧は時間変化をする。この時間変化を求めるのが過渡応答回路である。過渡応答回路でキルヒホッフの法則を立てる場合には，以下の微積分の入った形で式を作る。

(1)**抵抗　R**

　電流 V と次式の関係（オームの法則）がある。

$$V = IR$$

(2)**コイル　L**

　インダクタンス L のコイルは，電流 V と次式の関係がある。

$$V = L\frac{dI}{dt}$$

(3)**コンデンサ（キャパシタ）　C**

　容量 C のコンデンサは，電圧 V と次式の関係がある。

$$V = \frac{1}{C}\int Idt$$

　過渡応答回路においては，その初期状態と定常状態（収束状態）を把握することも重要である。これについては個々の項目で挙げた。

　過渡応答回路の微積分方程式を解く方法はいくつかあるが，一般的に幅広く解くことができるのはラプラス変換を利用する方法である。しかし，国家総合職の記述式試験を除いた択一式の試験では，形の単純なものの出題がほとんどである。この場合には，関数形を覚えてしまうほうが実際に速く解くことができる。

　そこで，ここでは，LR，CR，CL，CLR に分けてパターンを説明していく。なお，ラプラス変換については，制御工学の項目を参考にすること。

重要ポイント 2 　LR 回路

　図のように，コイルと抵抗でつながれた回路の場合，回路を流れる電流を $i(t)$ とすると，キルヒホッフの法則から次の式が成り立つ。

$$L\frac{di}{dt} + Ri = E \qquad \therefore \quad \frac{di}{dt} = -\frac{R}{L}i + \frac{E}{L}$$

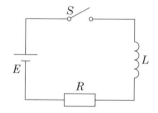

202

初期状態と定常状態（収束状態）は次のようになる。

初期状態	コイルを流れる電流 i_L が，開閉前と同じ値を保つ
定常状態	コイルの電圧が 0（導線と同視できる）

なお，定常状態で回路に流れる電流については，最初の式で $\dfrac{di}{dt} = 0$ を代入しても求めることができる。

グラフを選ぶ場合，電流や電圧は初期状態から，定常状態に（振動せずに）収束するものを選べばよい。

式が必要な場合，電流，電圧等は指数関数の形で表される。指数部分については，次のようにして覚える。

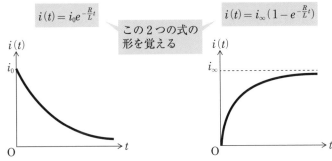

覚え方 （①，②のいずれかを覚える）

$$i(t) = i_0 e^{-\frac{R}{L}t}$$

① 時定数 $\tau = \dfrac{L}{R}$ を覚え，その逆数とする

② 微分方程式を「微分 $=$」とした係数と覚える

$$\frac{di}{dt} = -\frac{R}{L}i + \frac{E}{L}$$

そして，以下の 2 つのケース（初期値のみがある場合と，初期値 0 から一定値に収束する場合）を覚えておく。なお，i_0 が初期値，i_∞ が収束値である。

①初期値のみの場合（$i_\infty = 0$）　　　　**②収束値のみの場合（$i_0 = 0$）**

$$i(t) = i_0 e^{-\frac{R}{L}t}$$　　$$i(t) = i_\infty(1 - e^{-\frac{R}{L}t})$$

この 2 つの式の
形を覚える

初期値と収束値がともにある場合，この 2 つを足し算して
$$i(t) = i_0 e^{-\frac{R}{L}t} + i_\infty(1 - e^{-\frac{R}{L}t})$$
とする。

なお，時間の関数の表し方は CR 回路も指数部分を除いて同じことになる。

第 2 章 電気回路

CR 回路

図のように，コンデンサと抵抗でつながれた回路の場合，回路を流れる電流を $i(t)$，コンデンサに蓄えられた電荷を Q とすると，キルヒホッフの法則から次の式が成り立つ。

$$\frac{1}{C}Q + Ri = E$$

$I = \dfrac{dQ}{dt}$ となるので（電流の向きに注意），

$$\frac{1}{C}Q + R\frac{dQ}{dt} = E$$

$$\therefore \quad \frac{dQ}{dt} = -\frac{1}{CR}Q + \frac{E}{R}$$

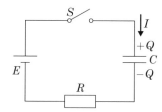

初期状態と定常状態（収束状態）は次のようになる。

初期状態	電荷 Q が与えられた電荷となる
定常状態	コンデンサの電流が 0 となる

関数形は *LR* 回路と同じになる。ただし指数部分が $e^{-\frac{t}{CR}}$ に変わる（時定数が $\tau = CR$）。

重要ポイント 4 *CL* 回路

図のように，コンデンサとコイルでつながれた回路の場合，回路を流れる電流を $i(t)$，コンデンサに蓄えられた電荷を Q とすると，キルヒホッフの法則から次の式が成り立つ。

$$\frac{1}{C}Q + L\frac{di}{dt} = 0$$

直流電源がない場合　　**直流電源がある場合**

$i = \dfrac{dQ}{dt}$ を代入して整理すると，次のようになる。

$$\frac{d^2Q}{dt^2} = -\frac{1}{CL}Q$$

これは角振動数 ω が $\omega = \dfrac{1}{\sqrt{CL}}$ となる単振動を表している。つまり，

$$Q(t) = Q'\sin\left(\frac{1}{\sqrt{CL}}t + \theta_0\right)$$

と表すことができる（電流や電圧も同じ角振動数で変化する）。最初に電荷が蓄えられていない場合には，振動の中心は $Q = 0$ となる。

振幅 Q' を求める場合には，次のエネルギーが保存されることを利用する。

$$U = \frac{1}{2}Li^2 + \frac{Q^2}{2C} = (一定)$$

右辺第1項の $\dfrac{1}{2}Li^2$ がコイルに蓄えられているエネルギーである。

さらに，上右図のように直流電源 E が入っている場合にも，同じ角振動数 $\omega = \dfrac{1}{\sqrt{CL}}$ で振動する。ただし，この場合には電荷は $Q_0 = CE$ を中心に単振動をする。また，このときのエネルギー保存則は次の形となる。

$$\frac{1}{2}L i^2 + \frac{(Q - CE)^2}{2C} = (一定)$$

　コンデンサ，コイル，抵抗がすべて直列に接続された回路において，電流を i，コンデンサの電荷を Q と置くと，

$$\frac{1}{C}Q + L\frac{di}{dt} + Ri = E$$

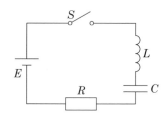

（直流電源はあってもなくてもよい）

　この式を時間で微分して $\dfrac{dQ}{dt} = i$ を代入して整理すると，

$$L\frac{d^2i}{dt^2} + R\frac{di}{dt} + \frac{1}{C}i = 0$$

となる。この微分方程式の解は，特性方程式

$$L\lambda^2 + R\lambda + \frac{1}{C} = 0$$

が実数解を持つかどうかで変わってくる。

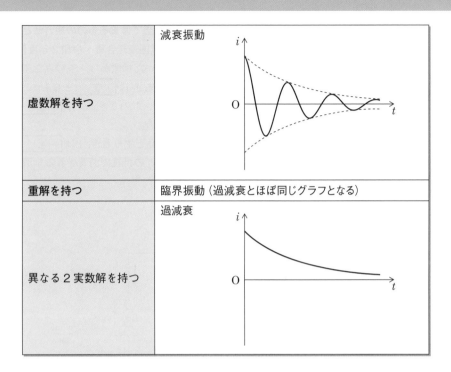

虚数解を持つ	減衰振動
重解を持つ	臨界振動（過減衰とほぼ同じグラフとなる）
異なる2実数解を持つ	過減衰

　減衰振動の場合，特性方程式の解を，
$$\lambda = -a + j\omega$$
と実数部と虚数部に分けると，
$$i(t) = Ae^{-at}\sin(\omega t + \theta_0)$$
の形となる。ただし A, θ_0 は初期状態から求まる定数である。

実戦問題

No.1 回路の過渡現象に関する次の記述の㋐～㋔に当てはまるものの組合せとして最も妥当なのはどれか。 【国家総合職・令和2年度】

「図のような回路において，スイッチS_1およびS_2が開いた状態から，S_1のみを閉じた直後，インダクタンスLのコイルの両端にかかる電圧v_Lは □㋐□ となる。このまま十分時間が経過した後，回路は定常状態となるが，このとき，v_Lは □㋑□ となり，コイルに流れる電流iの大きさは □㋒□ となる。

次に，S_1を開き，同時にS_2を閉じた。この時刻を$t=0$とするとき，iは □㋓□ で表され，その後，再び定常状態に至るまでに抵抗値R_2の抵抗で消費される全消費電力量は □㋔□ となる。

ただし，iは図の矢印に示す向きを正とする」

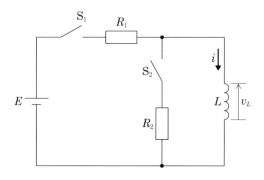

	㋐	㋑	㋒	㋓	㋔
1	E	0	$\dfrac{E}{R_1}$	$\dfrac{E}{R_1}e^{-\frac{R_2}{L}t}$	$\dfrac{L}{2}\left(\dfrac{E}{R_1}\right)^2$
2	E	0	$\dfrac{E}{R_1}$	$\dfrac{E}{R_1}e^{-\frac{R_2}{L}t}$	$L\left(\dfrac{E}{R_1}\right)^2$
3	E	0	$\dfrac{E}{R_1}$	$\dfrac{E}{R_1}e^{-\frac{L}{R_2}t}$	$\dfrac{L}{2}\left(\dfrac{E}{R_1}\right)^2$
4	0	E	0	$\dfrac{E}{R_1}e^{-\frac{L}{R_2}t}$	$\dfrac{L}{2}\left(\dfrac{E}{R_1}\right)^2$
5	0	E	0	$\dfrac{E}{R_1}e^{-\frac{L}{R_2}t}$	$L\left(\dfrac{E}{R_1}\right)^2$

No.2 図のような回路にお
いて，スイッチを閉じてから十
分時間が経過した時点を $t = 0$
として，時刻 $t = t_1$ でスイッチ
を開いた。このとき，電流 I の
グラフとして正しいのはどれ
か。【地方上級・平成24年度】

1
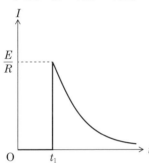

2
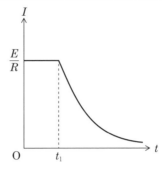

3
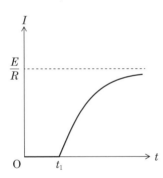

4
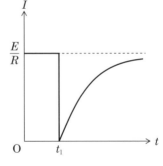

5
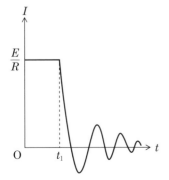

No.3 図に示す回路において，初めにスイッチを A に入れて，コイル L に流れる電流が定常状態となった後に，スイッチを A から B に瞬時に切り替えた。スイッチを切り替えてから，コイル L に流れる電流が $0\,\mathrm{A}$ となるまでにかかる時間はおよそいくらか。

ただし，$\ln 7 = 1.95$，$\ln 5 = 1.61$，$\ln 3 = 1.10$，$\ln 2 = 0.693$ とする。

【国家総合職・平成25年度】

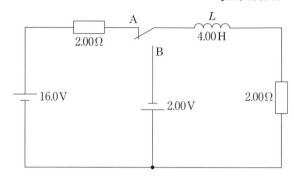

1 $1.01\,\mathrm{s}$

2 $1.10\,\mathrm{s}$

3 $1.61\,\mathrm{s}$

4 $2.52\,\mathrm{s}$

5 $3.22\,\mathrm{s}$

No.4 図のような回路において，最初にスイッチ S を開いた状態でコンデンサに電荷 Q を与えた。時刻 $t = 0$ においてスイッチ S を閉じたところ，図の矢印に示す向きに次式で表される電流 i〔mA〕が流れた。

$i = 5 \sin(250t)$

このとき，最初に与えた電荷 Q はおよそいくらか。

【国家一般職・平成30年度】

1 $10\,\mu C$
2 $15\,\mu C$
3 $20\,\mu C$
4 $25\,\mu C$
5 $30\,\mu C$

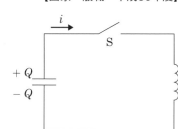

No.5 図のように，10V の直流電源，1H のコイル，1F のコンデンサからなる直列回路がある。いま，この回路のスイッチ S を閉じると電流 i，およびコンデンサの端子電圧 v_C が減衰のない正弦波振動となった。コンデンサに蓄えられる電荷の最大値として最も妥当なのはどれか。

ただし，スイッチ S を閉じる前はコンデンサに電荷が蓄えられていないものとする。

【国家 I 種・平成21年度】

1 $10\,C$
2 $10\sqrt{2}\,C$
3 $20\,C$
4 $20\sqrt{2}\,C$
5 $40\,C$

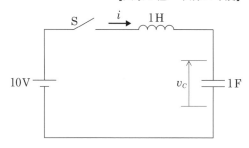

実戦問題の解説

No.1 の解説　*LR* 回路

→問題は P.208

LR 回路の基本問題で，P.196 の必修問題と似ているが，回路の形には違いがある。初期状態を丁寧に確認しておこう。

スイッチを閉じる直前には電流は流れていないので，スイッチ S_1 を閉じた直後にもコイル L には電流は流れない。したがって，抵抗 R_1 にも電流は流れないので，抵抗の電圧は 0 となる。このことと，キルヒホッフの法則から $v_L = E$ であり，これが[ア]に入る。

また，定常状態では，コイルの電流が変化しなくなるので，コイルは電磁誘導を行わず $v_L = 0$ となる（[イ]）。このとき R_1 についてのオームの法則より $i = \dfrac{E}{R_1}$ となる（[ウ]）。

次に S_1 を開いて S_2 を閉じた直後を考える。コイルを流れる電流は変化しないので $i(0) = \dfrac{E}{R_1}$ となる。時定数は $\tau = \dfrac{L}{R_2}$ なので，電流の時間変化は，

$$i(t) = \frac{E}{R_1}e^{-\frac{t}{\tau}} = \frac{E}{R_1}e^{-\frac{R_2}{L}t}$$

となる（[エ]）。このとき抵抗で消費された全消費電力量は，スイッチを開閉する前にコイルに蓄えられていたエネルギーに等しく，

$$E = \frac{1}{2}L\{i(0)\}^2 = \frac{L}{2}\left(\frac{E}{R_1}\right)^2 \quad ([オ])$$

以上より，正答は **1** である。

No.2 の解説　*CR* 回路

→問題は P.209

CR 回路のグラフを選ぶ問題では，初期状態と定常状態（収束状態）をしっかり確認してほしい。本問では，t_1 になる前も大切である。

スイッチを閉じてから十分時間が経ったときには，コンデンサには十分に電荷が蓄えられているので，コンデンサには電流が流れず，回路全体では，

$$I = \frac{E}{R}$$

の電流が流れている。

この状態でスイッチを開くと，コンデンサに蓄えられた電荷が抵抗 R に流れる。コンデンサは最初，抵抗と等しい電圧 E で充電されているため，流れる電流も $I = \dfrac{E}{R}$ であるが，電荷 Q が少なくなると電圧が $v_C = \dfrac{Q}{C}$ に従って下がっていくため，抵抗を流れる電流も減っていき，最終的には 0 となる。以上を表すのは選択肢 **2** である。

No.3 の解説 *LR* 回路

→問題は P.210

LR 回路の計算問題で，関数形を覚えておくのが簡単である。ただし，電源の向きには注意すること。

コイルを流れる電流を i とする（回路図の右方向を正とする）。スイッチを切り替える前は，コイルの電圧は $0\,\mathrm{V}$ で，$16.0\,\mathrm{V}$ の電源に直列 $4.00\,\Omega$ の抵抗が接続された形になるため，

$$i = \frac{16}{4} = 4\mathrm{A}$$

が初期状態となる。この状態でスイッチを切り替えた瞬間を $t = 0$ として，電流を時間 t の関数として表す。コイルを流れる電流はスイッチを切り替えても瞬間的には変わらないので $i(0) = 4$ となる。また，定常状態では，コイルの電圧が 0 となるので，電源 $-2.00\,\mathrm{V}$（「$-$」は $16.0\,\mathrm{V}$ の電源とは向きが逆であることを表す）に $2.00\,\Omega$ の抵抗が接続された形となるため，$i(\infty) = -1$ となる。

切り替えた後の時定数は $\tau = \dfrac{L}{R} = 2$ なので，電流の時間変化は，初期値と定常値の両方があることに注意して，

$$i(t) = 4e^{-\frac{t}{2}} - 1 \times (1 - e^{-\frac{t}{2}}) = 5e^{-\frac{t}{2}} - 1$$

$i(t) = 0$ となるとき，

$$e^{-\frac{t}{2}} = \frac{1}{5}$$

ここで両辺の自然対数をとると，

$$-\frac{t}{2} = \ln\frac{1}{5} = -\ln 5 = -1.61$$

$$\therefore \quad t = 2 \times 1.61 = 3.22\,\mathrm{s}$$

以上より，正答は **5** である。

CL 回路の公式を理解しておこう。本問を解くには，角振動数の公式，エネルギー保存則のいずれも必要となる。

電流が

$i = 5 \sin(250t)$

なので，角振動数 ω は $\omega = 250\,\mathrm{rad/s}$ となる。ここで，CL 回路の角振動数は $\omega = \dfrac{1}{\sqrt{CL}}$（$C$ はコンデンサの静電容量，L はコイルのインダクタンス）で表されるので，

$$\sqrt{CL} = \frac{1}{\omega} = 4 \times 10^{-3}$$

次にエネルギー保存則を考える。スイッチを閉じた瞬間はコイルに電流は流れておらず，また，コイルの電流が最大値の $5 \times 10^{-3}\mathrm{A}$ となるときにはコンデンサの電荷は 0 となるので，

$$\frac{Q^2}{2C} = \frac{1}{2}L \times (5 \times 10^{-3})^2$$

$$\therefore \quad Q = \sqrt{CL} \times 5 \times 10^{-3} = 20 \times 10^{-6}\mathrm{C} = 20\,\mu\mathrm{C}$$

以上より，正答は **3** となる。

直流電源の入った CL 回路で，どのような挙動をするのかを覚えていればすぐに解くことができる。

この場合の CL 回路では，電荷 Q は，

$Q = CE = 10\mathrm{C}$

を中心として単振動する（C はコンデンサの容量，E は直流電源の電圧）。最初に電荷が蓄えられていないので，単振動の振幅も $10\mathrm{C}$ となる。したがって，電荷の最大値は $10 + 10 = 20\mathrm{C}$ である。

以上より，正答は **3** となる。

正答 No.1＝**1**　No.2＝**2**　No.3＝**5**　No.4＝**3**　No.5＝**3**

第3章

計測・制御

テーマ 12 電気計測
テーマ 13 制御

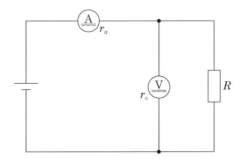

＜必修問題＞

　図のように，内部抵抗 r_a の電流計と内部抵抗 r_v の電圧計を接続したところ，電流計の読みは I，電圧計の読みは V であった。

　このとき，抵抗 R を表した式はどれか。　　　【地方上級・平成24年度】

1　$\dfrac{V}{I}$

2　$\dfrac{V}{I - \dfrac{V}{r_a}}$

3　$\dfrac{V}{I - \dfrac{V}{r_v}}$

4　$\dfrac{V}{I} - r_a$

5　$\dfrac{V}{I} - r_v$

必修問題 の 解説

　内部抵抗を考慮した抵抗の計算問題は，電気計測では頻出で，国家総合職の場合には工学に関する基礎にも出題されている。実質的には直流回路の問題と考えるとよいだろう。

　図のように電流を置く。電圧計と抵抗は並列なので，電圧計は抵抗 R の電圧を計測できている。したがって，抵抗値を計算するためには，抵抗を流れる電流 I_2 がわかればよいが，これは電流計を流れる電流 I ではない。

　並列の場合，流れる電流は抵抗の逆数に比例するので，

$$I_1 : I_2 = \frac{1}{r_v} : \frac{1}{R} = R : r_v$$

これと $I = I_1 + I_2$ より，

$$I_2 = \frac{r_v}{R + r_v} I$$

したがって，オームの法則から，

$$V = RI_2 = \frac{Rr_v}{R + r_v} I$$

$$\therefore \quad RV + r_v V = Rr_v I$$

これを解いて，

$$R = \frac{r_v V}{r_v I - V} = \frac{V}{I - \dfrac{V}{r_v}}$$

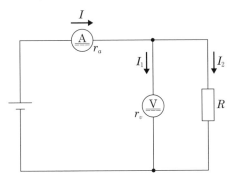

正答 3

重要ポイント **1**　**電流計と電圧計の測定範囲の拡大（倍率器，分流器）**

　電圧計や電流計は端子によってレンジ（測定範囲）が変化する。この原理について考えてみる。まず，電圧計も電流計も針の接続された部分があり，針は電流の大きさに比例して変位する。これを測定部位とし，測定限界を電流で I，電圧で V とし，この部分の内部抵抗を R とする。問題は，測定部分にこの限界を超える電流または電圧が加わる場合である。

⑴電圧計（nV の電圧が加わった場合）

　加わった電圧のうち，$(n-1)V$ の電圧を測定部位以外に加えなければならない。つまり，大きさ $(n-1)R$ の抵抗を直列に接続すればよい（この場合，目盛りは n 倍に振ることになる）。

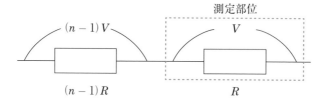

⑵電流計（nI の電流が加わった場合）

　加わった電流のうち，$(n-1)I$ の電流を測定部位に流さないようにしなければならない。つまり，大きさ $\dfrac{R}{n-1}$ の抵抗を並列に接続すればよい（この場合，目盛りは n 倍に振ることになる）。

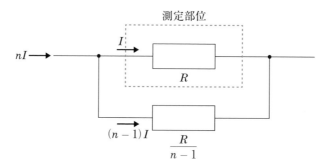

重要ポイント 2 リサージュ図形

x, y に異なる変化をする波を加え，その軌跡を図示する機械をオシロスコープという。オシロスコープの問題では，現れた軌跡からもとの波を復元する問題と，もとの波から軌跡を描く問題がある。

(1)もとの波から軌跡を描く

もとの波（適当に座標や目盛りを設定する）の点をプロットしていけばよい。

(2)軌跡からもとの波を描く

軌跡から x 座標，y 座標の動きだけをそれぞれ抜き取るときに，$x = A\sin(\omega_1 t)$，$y = B\sin(\omega_2 t + \theta)$ の場合の軌跡を**リサージュ図形**という。リサージュ図形の場合，

$$\omega_1 : \omega_2 = (右方向の壁に付く回数):(上方向の壁に付く回数)$$

で求めることができる。

ただし，ちょうど右上の角を通って往復する場合には，右方向と上方向に両方 0.5 回を加えること。ここで壁というのは，リサージュ図形が通り得る最も右側の位置（$x = A$）と最も上側の位置（$y = B$）のことである。

第3章

計測・制御

No.1 オシロスコープの水平偏向板および垂直偏向板に振幅 E_0 の正弦波電圧をそれぞれ印加すると，図のようなリサージュ図形が観測された。このとき，水平偏向板に印加した電圧 E_X と，垂直偏向板に印加した電圧 E_Y の組合せとして最も妥当なのは次のうちではどれか。

ただし，ω は定数とし，時間を t とする。　【国家一般職・平成29年度】

$$E_X \qquad\qquad E_Y$$

	E_X	E_Y
1	$E_0\sin 3\omega t$	$E_0\sin 2\omega t$
2	$E_0\sin 3\omega t$	$E_0\sin 4\omega t$
3	$E_0\sin 4\omega t$	$E_0\sin 3\omega t$
4	$E_0\sin 4\omega t$	$E_0\sin 5\omega t$
5	$E_0\sin 5\omega t$	$E_0\sin 4\omega t$

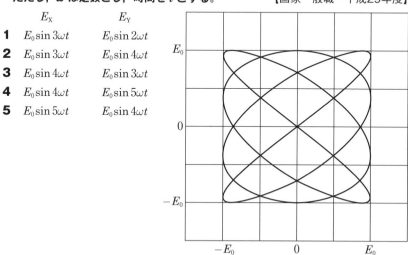

No.2 図のような回路において，各電流計がそれぞれ $|\dot{I}_1| = 3\,\mathrm{A}$，$|\dot{I}_2| = 4\,\mathrm{A}$，$|\dot{I}_3| = 5\,\mathrm{A}$ を指示するとき，負荷 $\dot{Z}_1$，$\dot{Z}_2$ でそれぞれ消費される電力 P_1，P_2 の組合せとして最も妥当なのはどれか。

ただし，各電流計は実効値を指示するものとする。　【国家Ⅱ種・平成23年度】

	P_1	P_2
1	180 W	180 W
2	180 W	90 W
3	180 W	消費されない
4	90 W	90 W
5	90 W	消費されない

$|\dot{I}_3|$　$|\dot{I}_2|$

$|\dot{I}_1|$

$\dot{Z}_2$

$\dot{Z}_1 = 20\,\Omega$

No.3 センサに関する次の記述の空欄ア～ウに当てはまる式，語として正しいのはどれか。 【地方上級・平成26年度】

「面積 S，極板間隔 l のコンデンサの静電容量 C は，距離が変われば静電容量が変化するので，変位の測定が可能であり，これは静電容量センサとして用いられる。ここで，

$$\frac{dC}{dl} = \boxed{\quad ア \quad}$$

なので，このセンサの感度は距離 l が $\boxed{\quad イ \quad}$ ほど感度が $\boxed{\quad ウ \quad}$。ただし，真空の誘電率を ε_0 とする」

	ア	イ	ウ
1	$-\dfrac{\varepsilon_0 S}{2l^2}$	大きい	高い
2	$-\dfrac{\varepsilon_0 S}{2l^2}$	小さい	低い
3	$-\dfrac{\varepsilon_0 S}{l^2}$	大きい	高い
4	$-\dfrac{\varepsilon_0 S}{l^2}$	大きい	低い
5	$-\dfrac{\varepsilon_0 S}{l^2}$	小さい	低い

第3章

計測・制御

リサージュの中では最も基本的な出題である。公式の使い方を確認しておこう。

$E_X = E_0 \sin \omega_X t$, $E_Y = E_0 \sin \omega_Y t$ と置く。下の図のように，右の壁と上の壁を図示し，それぞれをリサージュ図形が通る回数の比を求めると，

$\omega_X : \omega_Y = $（右の壁に付く回数）:（上の壁に付く回数）$= 4 : 3$

これに合うのは**3**である。

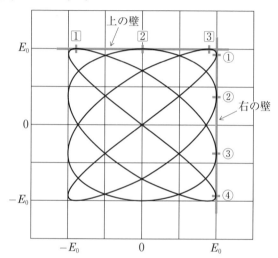

設問中のいくつかの文字に打たれた「上点（ドット）」は，ベクトルであることを意味している。交流では，キルヒホッフの法則はベクトルとして（複素数として）成立するため，この点を考慮して計算していく必要がある。また，有効電力，無効電力については，交流回路または電力工学のテーマで扱っている。設問中に特に記載はないが，単位が W であることから有効電力を求めることにも気づいてほしい。

負荷 $\dot{Z}_1$ は抵抗成分しかないため，ここでは有効電力しか消費されない。したがって，

$P_1 = |\dot{I}_1|^2 |\dot{Z}_1| = 3^2 \times 20 = 180\,\mathrm{W}$

次に，電流計の数値を見ると，

$|\dot{I}_3|^2 = |\dot{I}_1|^2 + |\dot{I}_2|^2$

と三平方の定理が成立している。つまり，$\dot{I}_1$ と $\dot{I}_2$ の位相が $90°$ ずれている。負荷は並列に接続されているため，電圧は（ベクトル的に）等しく，したがっ

て，負荷 $\dot{Z}_2$ の位相も $\dot{Z}_1$ と比べて $90°$ ずれているため，負荷 $\dot{Z}_2$ は純虚数（コイルやコンデンサ）である。コイルやコンデンサは有効電力を消費しないので，P_2 は「消費されない」となる。

　以上より，正答は**3**となる。

補足

「抵抗負荷は有効電力のみ」「理想的なコイル，コンデンサは無効電力のみ」は覚えておくのがよい。

　解説で書かれている内容について，仮に電流 $\dot{I}_1$ を実数として，$\dot{I}_1 = 3\text{A}$ と置くと，$\dot{I}_2 = \pm j4$ となるため，負荷の電圧について，

$$3 \times 20 = \pm j4 \times \dot{Z}_2$$

$$\therefore \quad \dot{Z}_2 = \mp j15$$

となり，負荷 $\dot{Z}_2$ が純虚数だと確かめられる。

No.3 の解説　コンデンサセンサ

　記述の誘導に従って計算する問題である。ここではコンデンサの公式を思い出して計算してほしい。なお，「感度が高い」とは，わずかな違いで大きく変化することを意味する。

　コンデンサの静電容量は，

$$C = \varepsilon_0 \frac{S}{l}$$

で計算できるので，

$$\frac{dC}{dl} = -\varepsilon_0 \frac{S}{l^2}$$

となり，これが空欄アに入る。

　微分係数は変化率を表し，この場合は l が変化したときの C の変化率を表している。したがって，微分係数が大きいほど変化も大きく，感度が高いことになる。よって，上の式から，l が大きければ感度は低く，l が小さければ感度が高いことになる。選択肢の中では，空欄イに「大きい」，空欄ウに「低い」が入る。

　以上より，正答は**4**である。

　No.1＝**3**　No.2＝**3**　No.3＝**4**

計測・制御

必 修 問 題

図のような回路において，電流 $i(t)$ をラプラス変換したものとして正しいのはどれか。

ただし，電圧 $v(t)$ をラプラス変換したものを $V(s)$ で表し，最初，コンデンサに電荷は蓄えられておらず，電流も流れていない（$i(0) = 0$）ものとする。
【地方上級・平成24年度】

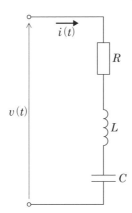

1 $\dfrac{sC}{s^2CL + sCR + 1}V(s)$

2 $\dfrac{sL}{s^2CL + sCR + 1}V(s)$

3 $\dfrac{sC}{s^2CL + sLR + 1}V(s)$

4 $\dfrac{sL}{s^2CL + sLCR + 1}V(s)$

5 $\dfrac{sC}{s^2LR + sCR + 1}V(s)$

〈必修問題〉の 解説

回路方程式をラプラス変換する問題である。ラプラス変換の基本公式を正しく覚えておくことが大切である。

キルヒホッフの法則より，

$$v(t) = Ri + L\frac{di}{dt} + \frac{1}{C}\int i(t)\,dt$$

となる。この式をラプラス変換する。$i(t)$ をラプラス変換した式は $I(s)$ とする。項別にラプラス変換すると，

$$V(s) = RI(s) + L(sI(s) - i(0)) + \frac{1}{C}\frac{I(s)}{s}$$

$$= \frac{1}{Cs}(CLs^2 + CRs + 1)I(s) - Li(0)$$

この回路では，$i(0) = 0$ となるので，

$$I(s) = \frac{sC}{s^2CL + sCR + 1}V(s)$$

正答 **1**

図のような入力を X, 出力を Y とするブロック線図における伝達関数 $\dfrac{Y}{X}$ として正しいのはどれか。　　　　　　【地方上級・平成24年度】

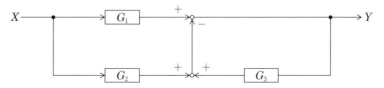

1 $\dfrac{G_1 + G_2}{1 + G_3}$

2 $\dfrac{G_1 - G_2}{1 + G_3}$

3 $\dfrac{G_2 - G_1}{1 + G_3}$

4 $\dfrac{G_1 - G_2}{1 - G_3}$

5 $\dfrac{G_2 - G_1}{1 - G_3}$

〈必修問題〉の **解説**

　ブロック線図による伝達関数の計算にはいくつかの方法がある。地方上級，国家一般職［大卒］では，ブロック線図の合成を考えるとよいのだが，国家総合職を目指す場合には，解法❷のように計算していく方法も知っておこう。

解法❶　ブロック線図を等価変換していく

　下図のように順番にブロック線図を等価変換していく。2つ目と3つ目の間では，フィードフォワード結合と，フィードバック結合の公式を使っている。

　最後は直列結合なので，求める伝達関数は，

$$\frac{Y}{X} = (G_1 - G_2) \times \frac{1}{1 + G_3} = \frac{G_1 - G_2}{1 + G_3}$$

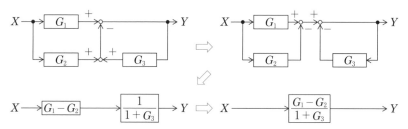

解法❷　入出力から結合点に向かって計算をしていく

　下図の結合点 A に向かって，入出力を計算する（青実線）。結合点 A から Y が出力されるので，

$$G_1 X - (G_2 X + G_3 Y) = Y$$

$$\therefore \quad \frac{Y}{X} = \frac{G_1 - G_2}{1 + G_3}$$

この結合点に向かって
入出力から計算する

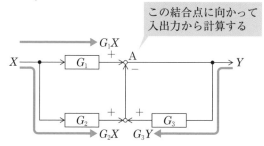

正答 2

重要ポイント **1** **ラプラス変換**

時間の関数 $f(t)$ を次の式を使って，$F(s)$ に変換することをラプラス変換という。

$$F(s) = \int_0^\infty f(t) e^{-st} dt$$

ラプラス変換することは本書では $\mathcal{L}[f(t)]$ と書くこともある。実際には，この積分を実行するのではなく，以下の表を覚えて計算することが多い（ただし，忘れた場合には上の式から計算できる）。

$f(t)$	$F(s)$	$f(t)$	$F(s)$	$f(t)$	$F(s)$
$\delta(t)$	1	e^{-at}	$\dfrac{1}{s+a}$	$\cos \omega t$	$\dfrac{s}{s^2+\omega^2}$
1	$\dfrac{1}{s}$	t	$\dfrac{1}{s^2}$	$\sin \omega t$	$\dfrac{\omega}{s^2+\omega^2}$
$f'(t)$	$sF(s) - f(0)$	t^2	$\dfrac{2}{s^3}$	$e^{-at}\cos \omega t$	$\dfrac{s+a}{(s+a)^2+\omega^2}$
$\displaystyle\int_0^t f(\tau) d\tau$	$\dfrac{F(s)}{s}$			$e^{-at}\sin \omega t$	$\dfrac{\omega}{(s+a)^2+\omega^2}$

※ $\delta(t)$ は，単位インパルス関数

上の表のうち，上の2行については覚えておくことが望ましい。

ラプラス変換された関数をもとの時間の関数に戻すときも，上の表を覚えてもとに戻す。このとき，部分分数に分けることが多いが，次の計算公式を覚えておくと便利である。

$$\frac{1}{F(s)} = \frac{A}{s+a} + \frac{B}{s+b} + \cdots$$

となるとき，

$$A = \frac{s+a}{F(s)}\bigg|_{s=-a}$$

（ただし，$F(s)$ は $(s+a)^2$ を因数に持たないものとする）。つまり，$(s+a)$ を掛けて $s = -a$ を代入すれば，部分分数に分けたときの係数を求めることができる。

微分方程式をラプラス変換してから，解の逆ラプラス変換を求めることで微分方程式を解くことができるが，もとの関数の収束値だけを求める場合には，次の最終値の定理を使うことができる。

$$f(\infty) = \lim_{s \to 0} sF(s)$$

重要ポイント 2 伝達関数

入力 $u(t)$ と出力 $v(t)$ をラプラス変換したものをそれぞれ $U(s)$, $V(s)$ としたとき，その比 $G(s)$ を伝達関数という。

$$G(s) = \frac{V(s)}{U(s)}$$

出力を実際に計算する場合には $V(s) = G(s)\,U(s)$ を逆ラプラス変換すればよいが，伝達関数からもシステムについてのさまざまな性質を知ることができる。

伝達関数を計算するためには，ブロック線図を使って計算することが多い。

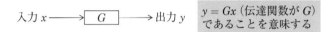

引き出し点   **結合点**

x が矢印の両方に伝わる   白点に入ってきた入力を足す（引く）

ブロック線図を使った計算には，

- 中間変数を置いて（引き出し点の場合が多い），結合点に向かって計算をして，結合点で方程式を立てる
- ブロック線図の等価変換をする

といった方法がある。ブロック線図の等価変換については次の項目を，中間変数を置いて計算する方法は実戦問題 No.4 を参照してほしい。

ブロック線図は，以下の法則に従って等価変換することができる。

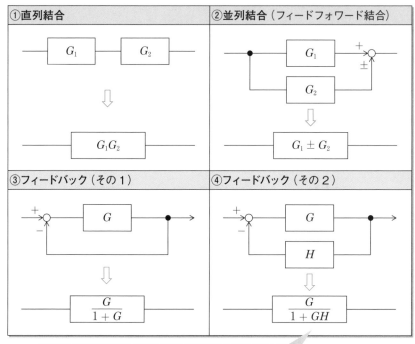

フィードバック結合は

$$\frac{入力から出力への最短経路の合計（G）}{1+ループ（フィードバック）部分の合計（GH）}$$

の形となる。また，この *GH* を一巡伝達関数という

また，実際の計算においては，上表だけでは計算できないため，以下のようにして，ブロック線図を描き直してから計算することも多い。

なお，表中の③，④で，フィードバックするときに「−」ではなく「＋」と加算する場合は，分母を③では $1 - G$，④では $1 - GH$ とする。

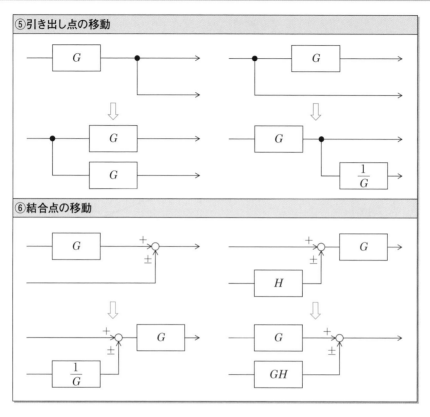

⑤引き出し点の移動

⑥結合点の移動

第3章

計測・制御

　なお，引き出し点が並んでいる場合，結合点が並んでいる場合には，その順序を交換することができる。ただし，引き出し点と結合点の順序は変えることができない。

重要ポイント **4** **ボード線図**

　伝達関数 $G(s)$ に $s = j\omega$ を代入した $G(j\omega)$ の大きさ（ゲイン）$|G(j\omega)|$ と位相 $\angle G(j\omega)$ を角周波数 ω に対してプロットしたものをボード線図という。

　ただし，大きさについては $20 \log_{10}|G(j\omega)|$ 〔dB〕（デシベル）と対数をとった形でプロットする。

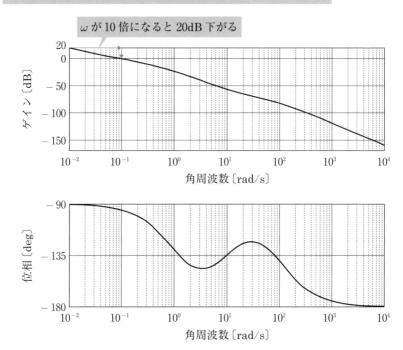

$$G(s) = \frac{s+10}{s(s+a)(s+b)} = \frac{10}{ab} \frac{\dfrac{s}{10}+1}{s\left(\dfrac{s}{a}+1\right)\left(\dfrac{s}{b}+1\right)} \ \text{のボード線図}$$

$(0 < a < 10 < b)$

折れ線近似をすると,ゲイン曲線は,$s = a$,10,b で折れる

ω が 10 倍になると 20dB 下がる

ボード線図はコンピュータなどを用いてプロットしていくが,簡易的には折れ線近似を使って作図することができる。そのためには,以下の図を覚えることになる(試験対策としては,ゲイン図を優先的に覚えるとよいだろう)。

伝達関数が 2 つの積となる場合,ボード線図では足し算となる。以下の図の(2)〜(5)の傾きの大きさはすべて等しいので,ゲイン線図で角周波数が 10 倍になったときの傾きがわかれば,分母や分子の次数がわかることになる。たとえば $G(s) = \dfrac{1}{s^2}$ のゲイン図は $\dfrac{1}{s} \times \dfrac{1}{s}$ と $\dfrac{1}{s}$ を 2 つ掛けているので,ゲイン図では,10 倍になるごとに $20 + 20 = 40\,\text{dB}$ 減っていくグラフとなる。詳しくは実戦問題 No.10 の中で見てほしい。

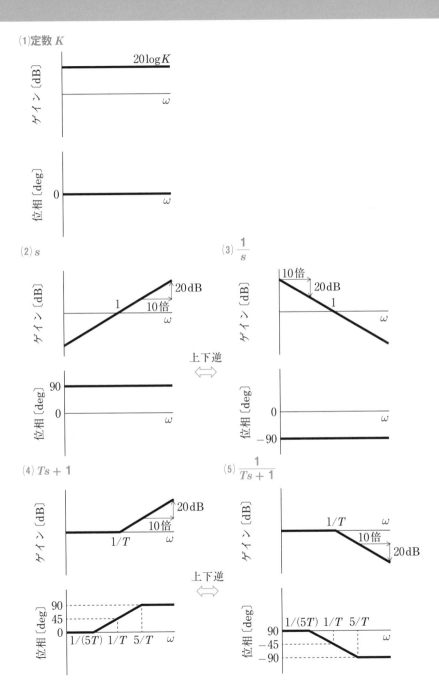

(1)定数 K

(2) s

(3) $\dfrac{1}{s}$

上下逆 ⟺

(4) $Ts + 1$

(5) $\dfrac{1}{Ts + 1}$

上下逆 ⟺

最後に, 一巡伝達関数 (伝達関数が $\dfrac{G_1}{1+G_2}$ となったときの G_2) のボード線図を使うと, システムの安定性を検討することができる。

一巡伝達関数のボード線図を描いたときに,

位相余裕	ゲイン曲線が 0 dB を横切る角周波数において, 位相曲線が $-180°$ より上にある距離
ゲイン余裕	位相曲線が 180° を横切る角周波数において, ゲイン曲線が 0 dB より下にある距離

位相余裕やゲイン余裕が負になる場合は不安定である。

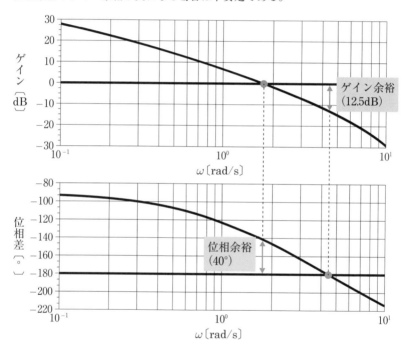

重要ポイント **5** システムの安定性の計算

伝達関数の分母が
$$G_2(s) = a_n s^n + a_{n-1} s^{n-1} + \cdots + a_2 s^2 + a_1 s + a_0$$
で表されるシステムの安定条件は，s の方程式（特性方程式という）
$$G_2(s) = a_n s^n + a_{n-1} s^{n-1} + \cdots + a_2 s^2 + a_1 s + a_0 = 0$$
の実部がすべて負になることであるが，これを確かめる方法として，ラウスの方法とフルビッツの方法がある。ここでは一例として，特性方程式が4次方程式
$$a_4 s^4 + a_3 s^3 + a_2 s^2 + a_1 s + a_0 = 0$$
の場合について計算法を示す。

⑴ラウスの方法

第1の条件として，「特性方程式の係数に0がなく，すべて同一符号」であることを確認する。そのうえで次のようにラウス行列をつくる。

手順❶　ラウス行列の最初の2行をつくる

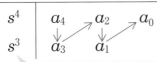

この列はなくてもよいが，計算の目安に書いた

特性方程式の係数を矢印の順番に，上から2行にわたって並べる

手順❷　次の行の左端を計算する

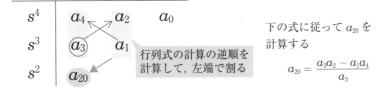

行列式の計算の逆順を計算して，左端で割る

下の式に従って a_{20} を計算する

$$a_{20} = \frac{a_3 a_2 - a_1 a_4}{a_3}$$

手順❸　1つ右側の列の計算に移る

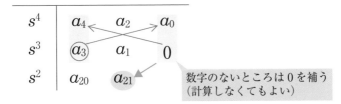

数字のないところは0を補う（計算しなくてもよい）

手順❷の計算の右側の列を1つ右にずらして，同じ計算をする（右側の列の左下に計算結果を書くことになる）

$$a_{21} = \frac{a_3 a_0 - 0 \cdot a_4}{a_3} = \frac{a_3 a_0}{a_3} = a_0$$

手順❹　右端まで来たら次の行に移る

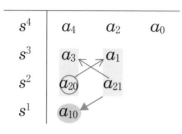

下2行を使って手順❷と同じ計算をする

$$a_{10} = \frac{a_{20} a_1 - a_{21} a_3}{a_{20}}$$

手順❺　最後の行まで計算する

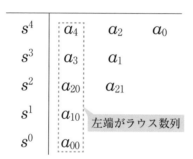

左端がラウス数列

　ラウス行列の左端のラウス数列がすべて同符号なら安定となる（符号が反転した回数が不安定な解の個数となる）。

(2)**フルビッツの方法**

(1)と同じ結果を求める方法としてフルビッツの方法がある。この場合には，次のような手順になる。

第1の条件として，「特性方程式の係数がすべて正」であることを確認する。

そのうえで，次のようにフルビッツ行列をつくり，小行列式をすべて計算する。小行列式がすべて正なら安定である。

手順❶　特性方程式の係数を並べてフルビッツ行列をつくる

$$\begin{bmatrix} a_3 & a_1 & 0 & 0 \\ a_4 & a_2 & a_0 & 0 \\ 0 & a_3 & a_1 & 0 \\ 0 & a_4 & a_2 & a_0 \end{bmatrix}$$

対角線に特性方程式の係数を順に並べてからつくるとよい（n次方程式ならa_{n-1}を左上にする）

手順❷　小行列式を計算する

$$\begin{bmatrix} a_3 & a_1 & 0 & 0 \\ a_4 & a_2 & a_0 & 0 \\ 0 & a_3 & a_1 & 0 \\ 0 & a_4 & a_2 & a_0 \end{bmatrix}$$

左上成分を含む形で正方行列の行列式をつくっていく

$$\Delta_1 = a_3, \quad \Delta_2 = \begin{vmatrix} a_3 & a_1 \\ a_4 & a_2 \end{vmatrix}, \quad \Delta_3 = \begin{vmatrix} a_3 & a_1 & 0 \\ a_4 & a_2 & a_0 \\ 0 & a_3 & a_1 \end{vmatrix}$$

※本来，

$$\Delta_4 = \begin{vmatrix} a_3 & a_1 & 0 & 0 \\ a_4 & a_2 & a_0 & 0 \\ 0 & a_3 & a_1 & 0 \\ 0 & a_4 & a_2 & a_0 \end{vmatrix} > 0$$

も必要だが，$\Delta_4 = a_0 \Delta_3$ なので，$a_0 > 0$ のときは Δ_4 は調べなくてよい。

No.1 時間 t の関数 $\sin\omega t$ （ω：定数）のラプラス変換 $\mathcal{L}[\sin\omega t]$ はどのように表されるか。

なお，$e^{\alpha t}$ （α：定数）のラプラス変換は $\mathcal{L}[e^{\alpha t}] = \dfrac{1}{s-\alpha}$ と表される。また，一般に，$e^{\pm j\theta} = \cos\theta \pm j\sin\theta$ （θ：定数）という関係が成立する。

【地方上級・平成29年度】

1 $\dfrac{\omega}{s+\omega}$

2 $\dfrac{s}{s+\omega}$

3 $\dfrac{\omega}{s^2+\omega^2}$

4 $\dfrac{s}{s^2+\omega^2}$

5 $\dfrac{\omega}{s^2+2\omega s+\omega^2}$

No.2 ある回路に流れる電流の時間変化を求めるため，ラプラス変換を用いた演算子法により回路解析を行った。電流 $i(t)$ のラプラス変換が $\dfrac{5s+2}{s^2+s}$ と求められたとき，$i(t)$ として最も妥当なのはどれか。

なお，必要に応じて右のラプラス変換表を用いてもよい。

【国家一般職・平成24年度】

$f(t)$	$F(s)$
1	$\dfrac{1}{s}$
t	$\dfrac{1}{s^2}$
$e^{\alpha t}$	$\dfrac{1}{s-\alpha}$

1 $e^{-3t}+2t$

2 $e^{-t}+2t$

3 $e^{-t}+2e^{t}$

4 $2e^{-t}-1$

5 $3e^{-t}+2$

No.3 図のような RC 回路における入力電圧 $e_i(t)$，出力電圧 $e_o(t)$ の関係を示す伝達関数 $G(s)$ およびこの回路のインパルス応答 $h(t)$ の組合せとして最も妥当なのはどれか。

ただし，$t = 0$ においてコンデンサに電荷は蓄えられていないものとする。なお，表はラプラス変換表であり，$e_i(t)$，$e_o(t)$ のラプラス変換をそれぞれ，$E_i(s)$，$E_o(s)$ とするとき，伝達関数 $G(s)$ は，$G(s) = \dfrac{E_o(s)}{E_i(s)}$ である。

【国家一般職・平成28年度】

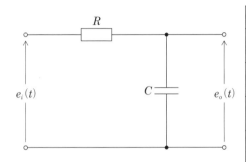

$f(t)$	$F(s)$
$\dfrac{df(t)}{dt}$	$sF(s)$ （初期条件 0）
$\displaystyle\int f(t)\,dt$	$\dfrac{F(s)}{s}$ （初期条件 0）
e^{-at}	$\dfrac{1}{s+a}$
$\dfrac{1}{a}(1 - e^{-at})$	$\dfrac{1}{s(s+a)}$

$\qquad\qquad G(s) \qquad\qquad\qquad h(t)$

1 $\quad \dfrac{1}{1+sRC} \qquad \dfrac{1}{RC}e^{-\frac{1}{RC}t}$

2 $\quad \dfrac{1}{1+sRC} \qquad \dfrac{1}{RC}(1 - e^{-\frac{1}{RC}t})$

3 $\quad \dfrac{C}{R+sC} \qquad e^{-\frac{R}{C}t}$

4 $\quad \dfrac{sC}{R+sC} \qquad \dfrac{1}{RC}e^{-\frac{1}{RC}t}$

5 $\quad \dfrac{sC}{R+sC} \qquad \dfrac{1}{RC}(1 - e^{-\frac{1}{RC}t})$

図のようなフィードバック制御系のブロック線図において，伝達関数

$\dfrac{B}{A}$ を表したものとして最も妥当なのはどれか。 【国家一般職・令和元年度】

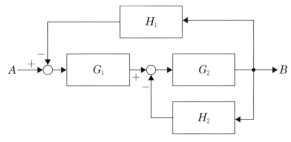

1 $\dfrac{G_1 G_2}{1 - G_1 G_2 H_1 - G_2 H_2}$

2 $\dfrac{G_1 G_2}{1 - G_1 G_2 H_1 + G_2 H_2}$

3 $\dfrac{G_1 G_2}{1 + G_1 G_2 H_1 + G_2 H_2}$

4 $\dfrac{G_1 G_2 - H_1}{1 + G_1 G_2 H_1 + G_2 H_2}$

5 $\dfrac{G_1 G_2}{1 + G_1 G_2 H_1 - G_2 H_2}$

No.5 2次系の伝達関数 $G(s) = \dfrac{Y(s)}{U(s)}$ は一般に次のように表され，ζ は減衰係数，ω_n は固有角周波数と呼ばれる。

$$G(s) = \frac{\omega_n^2}{s^2 + 2\zeta\omega_n s + \omega_n^2}$$

いま，下のようなブロック線図において，K を $\dfrac{1}{2}$ としたとき，この系の伝達関数の ζ と ω_n の値はそれぞれいくらか。　　　　　　　　　　【地方上級・平成24年度】

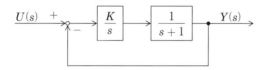

	ζ	ω_n
1	$\dfrac{\sqrt{2}}{2}$	$\dfrac{\sqrt{2}}{2}$
2	$\dfrac{\sqrt{2}}{2}$	$\sqrt{2}$
3	$\sqrt{2}$	$\dfrac{\sqrt{2}}{2}$
4	$\sqrt{2}$	1
5	2	$\sqrt{2}$

No.6 次の関数 $f(t)$ のラプラス変換として最も妥当なのはどれか。
ただし，s をラプラス演算子とする。　　　　　　　　　　【国家総合職・令和2年度】

$$f(t) = \sin^2(t)$$

1 $\dfrac{2}{s(s^2 + 4)}$

2 $\dfrac{4}{s(s^2 + 4)}$

3 $\dfrac{s^2 + 2}{s(s^2 + 4)}$

4 $\dfrac{1}{(s^2 + 1)^2}$

5 $\dfrac{s^2}{(s^2 + 1)^2}$

No.7 伝達関数が

$$\frac{1}{s^2 + 2s + 2}$$

のシステムの入力 $u(t)$ に単位ステップ信号を加えたときの出力 $y(t)$ として最も妥当なのはどれか。　【国家総合職・令和元年度】

1 $e^{-t}\sin t$

2 $1 - e^{-t}(\sin t + \cos t)$

3 $\dfrac{1}{2}e^{-t}\sin t$

4 $\dfrac{1}{2}(1 - e^{-t}\cos t)$

5 $\dfrac{1}{2}(1 - e^{-t}(\sin t + \cos t))$

No.8 伝達関数が $G(s) = \dfrac{2}{s^3 + 2s^2 + 2s + 1}$ のシステムに, 入力 $u(t) = \sin(t)$ を加えて十分時間が経過したときの出力 $y(t)$ として最も妥当なのはどれか。

【国家総合職・平成28年度】

1 $\sqrt{2}\sin\left(t - \dfrac{3\pi}{4}\right)$

2 $\sqrt{2}\sin\left(t - \dfrac{\pi}{4}\right)$

3 $\sqrt{2}\sin\left(t + \dfrac{\pi}{4}\right)$

4 $2\sin\left(t - \dfrac{3\pi}{4}\right)$

5 $2\sin\left(t - \dfrac{\pi}{4}\right)$

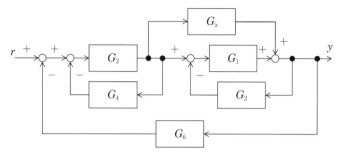

No.9 図のようなブロック線図で表されるシステムにおいて，入力 r から出力 y までの伝達関数として最も妥当なのはどれか。 【国家総合職・令和3年度】

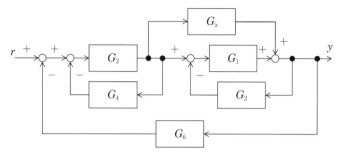

1 $$\frac{G_1G_3 + G_1G_5}{1 + G_1G_2 + G_3G_4 + G_1G_3G_6 + G_3G_5G_6 + G_1G_2G_3G_4}$$

2 $$\frac{G_1G_3 + G_3G_5}{1 + G_1G_2 + G_3G_4 + G_1G_3G_6 + G_3G_5G_6 + G_1G_2G_3G_4}$$

3 $$\frac{G_1G_3G_6 + G_3G_5G_6}{1 + G_1G_2 + G_3G_4 + G_1G_3G_6 + G_3G_5G_6 + G_1G_2G_3G_4}$$

4 $$\frac{G_1G_3G_4 + G_3G_4G_5}{1 + G_1G_2 + G_3G_4 + G_1G_2G_3G_4 + G_1G_3G_4G_6 + G_3G_4G_5G_6}$$

5 $$\frac{G_2G_3 + G_3G_5 + G_1G_2G_3G_5}{1 + G_1G_2 + G_3G_4 + G_2G_3G_6 + G_3G_5G_6 + G_1G_2G_3G_4 + G_1G_2G_3G_5G_6}$$

No.10 あるシステムのボード線図のゲイン線図において，ゲイン特性曲線が折れ線近似で図のように与えられているとき，このシステムの伝達関数として最も妥当なのは次のうちではどれか。

ただし，$0 < a < b$，$0 < c$ とする。 【国家総合職・令和元年度】

1 $c \cdot \dfrac{s + b}{s + a}$

2 $c \cdot \dfrac{bs + 1}{as + 1}$

3 $\dfrac{ac}{b} \cdot \dfrac{s + b}{s + a}$

4 $\dfrac{ac}{b} \cdot \dfrac{bs + 1}{as + 1}$

5 $\dfrac{bc}{a} \cdot \dfrac{s + a}{s + b}$

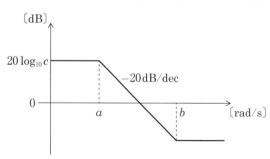

No.11 図に示す閉ループ系において，ゲイン K を 0.5 から少しずつ大きくしていくと，ある値を超えたところで出力は角周波数 ω で振動しながら発散し，系は不安定になった。このときのゲイン K と角周波数 ω の組合せとして最も妥当なのはどれか。　【国家総合職・平成28年度】

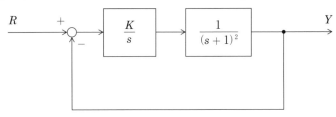

	K	ω
1	2	$\sqrt{2}\,\mathrm{rad/s}$
2	2	$1\,\mathrm{rad/s}$
3	4	$\sqrt{2}\,\mathrm{rad/s}$
4	4	$1\,\mathrm{rad/s}$
5	8	$\sqrt{2}\,\mathrm{rad/s}$

実戦問題 の 解 説

→問題は P.238

No.1 の解説 ラプラス変換

この問題は重要ポイント①の表を覚えていれば即座に解くことができる。ただ，このラプラス変換は地方上級，国家一般職［大卒］ではあまり出題がないため，用意がないかもしれない。以下の解答は，そのような場合に試験場で思い出すための方法と思って見てほしい。

与えられたラプラス変換の公式から，

$$\mathcal{L}[e^{j\omega t}] = \mathcal{L}[\cos \omega t] + j\mathcal{L}[\sin \omega t]$$

$$= \frac{1}{s - j\omega} = \frac{s + j\omega}{(s - j\omega)(s + j\omega)} = \frac{s}{s^2 + \omega^2} + j\frac{\omega}{s^2 + \omega^2}$$

この虚数部分を取れば，

$$\mathcal{L}[\sin \omega t] = \frac{\omega}{s^2 + \omega^2}$$

以上より，正答は **3** となる。

補足

与えられた公式のうち，指数関数のラプラス変換については，

$$\int_0^\infty e^{at}e^{-st}dt = \int_0^\infty e^{-(s-a)t}dt = \left[-\frac{1}{s-a}e^{-(s-a)t}\right]_0^\infty = \frac{1}{s-a}$$

と導出できる。

第3章

計測・制御

ラプラス逆変換を行う演習問題である。部分分数に分けるところについては公式を使っているが，下の補足のように計算してももちろんよい。確実に計算できる方法を選択してほしい。

与えられたラプラス変換を，

$$\frac{5s+2}{s^2+s} = \frac{5s+2}{s(s+1)} = \frac{A}{s+1} + \frac{B}{s}$$

と置く。

このとき，

$$A = \frac{5s+2}{s^2+s} \times (s+1) \bigg|_{s=-1} = \frac{5s+2}{s} \bigg|_{s=-1} = \frac{-5+2}{-1} = 3$$

$$B = \frac{5s+2}{s^2+s} \times s \bigg|_{s=0} = \frac{5s+2}{s+1} \bigg|_{s=0} = 2$$

となるので，

$$\frac{5s+2}{s^2+s} = \frac{3}{s+1} + \frac{2}{s}$$

この右辺を与えられたラプラス変換表と比べて（あるいは重要ポイント1の表と見比べて），

$$i(t) = 3e^{-t} + 2$$

以上より，正答は**5**となる。

補足

部分分数で分けるところは，文字で置いた後に通分して，

$$\frac{5s+2}{s^2+s} = \frac{A}{s+1} + \frac{B}{s} = \frac{As + B(s+1)}{s(s+1)} = \frac{(A+B)s + B}{s(s+1)}$$

この分子の係数を比較して，

$$\begin{cases} A + B = 5 \\ B = 2 \end{cases}$$

という連立方程式を解いてもよい。

No.3 の解説 単位インパルス応答
→問題は P.239

与えられた回路について微分方程式を立てて，ラプラス変換して解く問題である。ラプラス変換，逆ラプラス変換の計算では，公式を覚えるか与えられた表を利用する。

キルヒホッフの法則より，回路を流れる電流を $i(t)$ とし，そのラプラス変換を $I(s)$ とする。ただし，R を左から右に流れる向きを正とする。

$$e_i(t) = Ri + \frac{1}{C}\int i(t)\,dt$$

$$e_o(t) = \frac{1}{C}\int i(t)\,dt$$

これをラプラス変換すると，

$$E_i(s) = RI(s) + \frac{I}{sC} = \left(R + \frac{1}{sC}\right)I(s)$$

$$E_o(s) = \frac{1}{sC}I(s)$$

したがって，

$$G(s) = \frac{E_o}{E_i} = \frac{\dfrac{1}{sC}}{R + \dfrac{1}{sC}} = \frac{1}{1 + sRC}$$

次に単位インパルス応答を求める。入力に単位インパルス関数に対するラプラス変換である $E_i(s) = 1$ を代入すると，

$$E_o(s) = \frac{1}{1 + sRC} = \frac{1}{RC} \times \frac{1}{s + \dfrac{1}{RC}}$$

これをラプラス逆変換して，

$$h(t) = \frac{1}{RC}\mathcal{L}^{-1}\left[\frac{1}{s + \dfrac{1}{RC}}\right] = \frac{1}{RC}e^{-\frac{1}{RC}t}$$

以上より，正答は **1** である。

補足

単位インパルス関数とは，重要ポイント①の表中の $\delta(t)$ のことである。具体的には一瞬だけ（積分値の）大きさが1の電圧パルスを加えた場合の電圧を計算することになる。ただ，加えた電圧は一瞬で，その後すぐに0になるため，CR 回路における応答もいずれ0に収束する。

ブロック線図をまとめる問題で，等価変換をしていく方法，中間変数を置いて計算する方法が考えられる。どちらでもできるようにしておこう。

解法❶　ブロック線図を等価変換していく

左下図のように，B の手前の引き出し点をずらして，2 つのフィードバック結合と直列結合に分ける。下図のように順に計算していく。

右下までまとめて最後にフィードバック結合をすると，

$$\frac{B}{A} = \frac{\dfrac{G_1 G_2}{1 + G_2 H_2}}{1 + \dfrac{G_1 G_2 H_1}{1 + G_2 H_2}} = \frac{G_1 G_2}{1 + G_2 H_2 + G_1 G_2 H_1}$$

以上より，正答は **3** である。

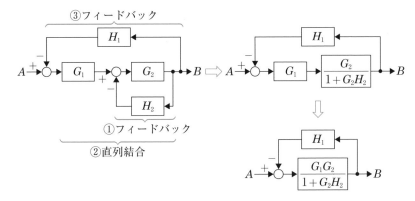

解法❷　中間変数を置いて計算をする

図 1 のように，結合点（白丸）に P，Q と名前を付ける。さらに結合点 P の直後の値を z（中間変数）と置く。図 1 の青破線のように入出力および中間変数から計算をしていき，結合点で方程式を立てる。

結合点 P について，

$$A - H_1 B = z$$

結合点 Q について，

$$G_1 z - H_2 B = \frac{B}{G_2}$$

下の式に G_2 を掛けて，上の式から z を消去すると，

$$G_1 G_2 (A - H_1 B) - G_2 H_2 B = B$$

$$\therefore \quad \frac{B}{A} = \frac{G_1 G_2}{1 + G_2 H_2 + G_1 G_2 H_1}$$

補足

一般に伝達関数 G は，

$$G = \frac{\text{入力から出力への最短経路の合計}}{1 + \text{ループ（フィードバック）部分の合計}}$$

の形となる。図2を参考に，本問の答え $\dfrac{G_1 G_2}{1 + G_2 H_2 + G_1 G_2 H_1}$ がこの形になっ

ていることを確認してみること（青破線部分を掛けると分子の $G_1 G_2$ に，ルー
プ部分を掛けた $G_2 H_2$ と $G_1 G_2 H_2$ が分母に来ている）。なお，このようなわか
りやすい形に必ずなっているわけではないので，これだけで計算しようとは
せず，見直しの一つと思っておくこと。

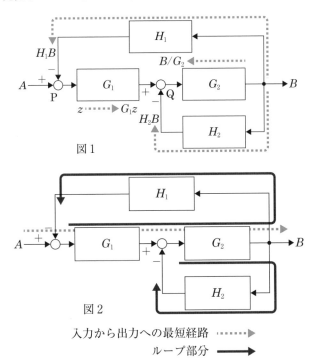

図1

図2

入力から出力への最短経路　┄┄┄▶

ループ部分　━━━▶

No.5 の解説　2次系

設問中にいろいろな用語が登場するが，要するにフィードバック結合の計算ができればよい。ただし，与えられた公式の s^2 の係数が 1 になっていることに注意したい。

フィードバック結合の計算より，

$$G(s) = \frac{\dfrac{1}{2s(s+1)}}{1 + \dfrac{1}{2s(s+1)}} = \frac{1}{2s^2 + 2s + 1} = \frac{\dfrac{1}{2}}{s^2 + s + \dfrac{1}{2}}$$

$$= \frac{\omega_n^{\,2}}{s^2 + 2\zeta\omega_n s + \omega_n^{\,2}}$$

この分子を見比べて，

$$\omega_n^{\,2} = \frac{1}{2}$$

$$\therefore \quad \omega_n = \frac{1}{\sqrt{2}} = \frac{\sqrt{2}}{2}$$

次に，分母の s の係数を見比べて，

$$2\zeta\omega_n = 1$$

$$\therefore \quad \zeta = \frac{1}{2\omega_n} = \frac{1}{\sqrt{2}} = \frac{\sqrt{2}}{2}$$

以上より，正答は**1**である。

No.6 の解説　ラプラス変換

ラプラス変換の基本的な公式は覚えておく必要があるが，本問の関数そのものは覚えていないだろう。そのため一工夫が必要になる。

半角公式より，

$$f(t) = \sin^2(t) = \frac{1}{2} - \frac{1}{2}\cos 2t$$

これをラプラス変換して，

$$\mathcal{L}[f(t)] = \frac{1}{2s} - \frac{s}{2(s^2 + 2^2)} = \frac{4}{2s(s^2 + 4)} = \frac{2}{s(s^2 + 4)}$$

以上より，正答は**1**である。

No.7 の解説　単位ステップ応答　　　　　　　　　　　　→問題は P.242

逆ラプラス変換の計算問題である。本問では選択肢からわかるとおり，三角関数が入ってくる。

入力のラプラス変換を $F_i(s)$，出力のラプラス変換を $F_o(s)$，伝達関数を $G(s)$ と置くと，

$$\frac{F_o(s)}{F_i(s)} = G(s)$$

ここで単位ステップ関数のラプラス変換は $\frac{1}{s}$ なので，

$$F_o(s) = G(s)F_i(s) = \frac{1}{s(s^2 + 2s + 2)}$$

ここで，

$$\frac{1}{s(s^2 + 2s + 2)} = \frac{A}{s} + \frac{Bs + C}{s^2 + 2s + 2}$$

と置く。

$$A = \left.\frac{1}{s(s^2 + 2s + 2)} \times s\right|_{s=0} = \left.\frac{1}{s^2 + 2s + 2}\right|_{s=0} = \frac{1}{2}$$

これを踏まえて，

$$\frac{1}{2s} + \frac{Bs + C}{s^2 + 2s + 2} = \frac{s^2 + 2s + 2 + 2Bs^2 + 2Cs}{2s(s^2 + 2s + 2)}$$

$$= \frac{(1 + 2B)s^2 + 2(1 + C)s + 2}{2s(s^2 + 2s + 2)} = \frac{2}{2s(s^2 + 2s + 2)}$$

最後の等式が成立するために $B = -\frac{1}{2}$，$C = -1$ となる。したがって，

$$F_o(s) = \frac{1}{2s} - \frac{s + 2}{2(s^2 + 2s + 2)}$$

$$= \frac{1}{2s} - \frac{1}{2}\left(\frac{s + 1}{(s + 1)^2 + 1} + \frac{1}{(s + 1)^2 + 1}\right)$$

ここで重要ポイント①のラプラス変換の表から，ラプラス逆変換をすると，

$$f(t) = \frac{1}{2} - \frac{1}{2}e^{-t}(\cos t + \sin t)$$

以上より，正答は**5**である。

補足

本試験では，出力のラプラス変換がわかった時点で，選択肢をラプラス変換しても早い。

No.8 の解説 強制振動応答 →問題は P.242

　この問題で素直に逆ラプラス変換を行うと，計算が膨大な量となる。解説中の公式を覚えておくのがよいだろう。

　一般に，伝達関数が $G(s)$ の線形で安定なシステムに $u(t) = \sin(\omega t)$ を入力した場合に時間が十分経過したときの出力を $y(t) = A \sin(\omega t + \theta)$ とした場合，

$$A = |G(j\omega)|, \quad \theta = \angle G(j\omega)$$

となる。$\angle$ はその複素数の位相を表す。

　本問では $\omega = 1$ であり，

$$G(j) = \frac{2}{j^3 + 2j^2 + 2j + 1} = \frac{2}{-1 + j} = \frac{2(-1 - j)}{(-1 + j)(-1 - j)} = -1 - j$$

となるので，$|G(j)| = \sqrt{(-1)^2 + (-1)^2} = \sqrt{2}$，$\angle G(j) = -\dfrac{3}{4}\pi$ となる。

　したがって，求める出力は，

$$y(t) = \sqrt{2} \sin\left(t - \frac{3}{4}\pi\right)$$

以上より，正答は **1** である。

No.9 の解説 ブロック線図 →問題は P.243

　かなり複雑なブロック線図の計算問題である。このくらい複雑になると，合成を考えるよりも，中間変数を置いて計算したほうが方針が一貫して速いと思われる。なお，選択肢を利用した方法はこの問題でも有効である。確実に解けるわけではないが知っておいてもよいだろう。なお，ここでは解法を別にしたが，たとえば，最後に示した合成について，一部分のみ合成した後に中間変数を置いて解くということもできる。

　結合点が4つあるが，このうち左の2つはまとめてAとし，残りを左からB，Cとする。また，結合点Bの左の引き出し点の値を x，結合点Bの後の値を z とする（中間変数）。次図の青実線のように計算していくことに注意して，結合点Aについて，

$$r - G_6 y - G_4 x = \frac{x}{G_3}$$

$$\therefore \quad G_3 r = (1 + G_3 G_4) x + G_3 G_6 y$$

結合点Bについて，

$$x - G_2 y = z$$

結合点Cについて，

$$G_1 z + G_5 x = y$$

以上の式から x，z を消去する。結合点Bの式を結合点Cの式に代入して

z を消去すると，

$$G_1(x - G_2 y) + G_5 x = y$$

$$\therefore \quad x = \frac{1 + G_1 G_2}{G_1 + G_5} y \quad \cdots\cdots①$$

これを結合点 A から得られた式に代入すると，

$$G_3 r = (1 + G_3 G_4) \times \frac{1 + G_1 G_2}{G_1 + G_5} y + G_3 G_6 y$$

$$= \frac{(1 + G_3 G_4)(1 + G_1 G_2) + (G_1 + G_5) G_3 G_6}{G_1 + G_5} y$$

これを変形して，

$$\frac{y}{r} = \frac{G_1 G_3 + G_3 G_5}{1 + G_1 G_2 + G_3 G_4 + G_1 G_3 G_6 + G_3 G_5 G_6 + G_1 G_2 G_3 G_4}$$

以上より，正答は **2** である。

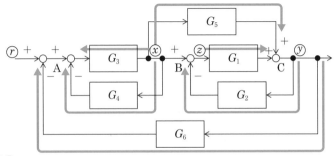

補足❶

この問題でも，

$$G = \frac{\text{入力から出力への最短経路の合計}}{1 + \text{ループ（フィードバック）部分の合計}}$$

の形になる。下図と正答の選択肢を照らし合わせて確かめてほしい。ただし，この方法が常に使えるわけではないので注意してもらいたい。

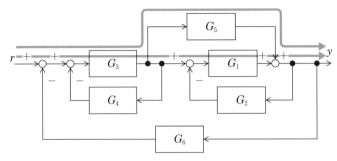

入力から出力への最短経路 ⟶

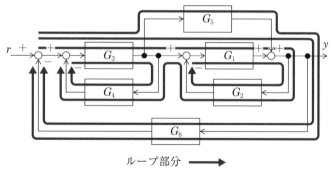

ループ部分 ⟶

　ブロック線図の等価変換を試みてみる。これは発展的事項なので，簡単な説明にとどめる。まずは与えられたブロック線図のうち，1か所の引き出し点を入れ替えておく。これを3つに分けておく。次の2つはフィードバックですぐにわかる。

$$H_1 = \frac{G_3}{1 + G_3 G_4}$$

$$H_3 = \frac{H_1 H_2}{1 + H_1 H_2 G_6}$$

　H_2 の計算は，右下図のように，引き出し点を2つの入力に変えて，さらに便宜上片方を x' とする（x は解説と同じ中間変数で，最後に $x' = x$ とする）。線形のシステムでは，入力は別個に計算して，最後に重ね合わせてよい。

x から y に対する伝達関数は，フィードバックの公式より $\dfrac{G_1}{1 + G_1 G_2}$，x' から y に対する伝達関数は，図のように変形して $\dfrac{G_5}{1 + G_1 G_2}$ となる。

　以上を重ね合わせて，

$$y = \frac{G_1}{1 + G_1 G_2} x + \frac{G_5}{1 + G_1 G_2} x'$$

$$= \frac{G_1 + G_5}{1 + G_1 G_2} x \quad (x = x')$$

これは解説中の①式に相当する。つまり $H_2 = \dfrac{G_1 + G_5}{1 + G_1 G_2}$ となる。

以上の H_1，H_2 を H_3 の式に代入すれば正答になる。

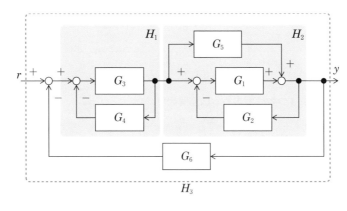

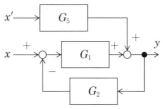

x' に対する伝達関数の計算 ⬇

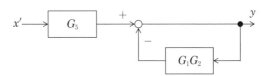

No.10 の解説　ボード線図の折れ線近似　→問題は P.243

　ボード線図の折れ線近似に関する問題である。必要な知識は重要ポイント
4 に示したが，実際にどのように計算をするのかを見てほしい。
　設問中の − 20dB/dec は，「角周波数が 10 倍になると 20dB 減少する」
という傾きを表している。つまり $\omega = a$ で下方向に「10 倍になると 20dB」
に傾きで折れ曲がっているので，$\dfrac{1}{\dfrac{s}{a} + 1}$ が伝達関数に掛けられていること
になる。
　また，$\omega = 0$ からは定数 $20\log_{10}c$ のゲインが出ているので，伝達関数に定
数 c が掛けられていることもわかる。
　最後に $\omega = b$ でゲイン曲線が折れ曲がり，以降は定数となっているが，こ

れは $\dfrac{1}{\dfrac{s}{a}+1}$ を打ち消すような上向きの折れ線が $\omega = b$ から加わることを意

味しており，それは $\dfrac{s}{b}+1$ に相当する。

以上 3 つの積が求める伝達関数で，

$$c \times \dfrac{1}{\dfrac{s}{a}+1} \times \left(\dfrac{s}{b}+1\right) = \dfrac{ac}{b} \cdot \dfrac{s+b}{s+a}$$

以上より，正答は **3** である。

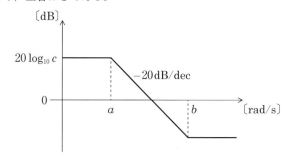

3 つのゲイン曲線を重ね合わせる

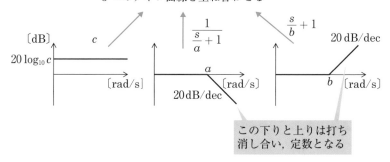

No.11 の解説 安定性

→問題は P.244

安定性の計算方法の問題である。この問題は安定限界を計算すればよいため，解法❶が非常に便利である。ただし，安定の範囲を調べる場合には使えないため，ラウスの方法かフルビッツの方法を用意する必要がある。どちらも同じなので，好きなほうを用意しておくとよいだろう。

解法❶　安定限界の値を直接計算する

まず特性方程式を求める。この系の伝達関数は，

$$\frac{\dfrac{K}{s}\dfrac{1}{(s+1)^2}}{1+\dfrac{K}{s}\dfrac{1}{(s+1)^2}} = \frac{K}{s(s+1)^2 + K} = \frac{K}{s^3 + 2s^2 + s + K}$$

となるので，特性方程式は，

$$s^3 + 2s^2 + s + K = 0$$

安定の条件は，この解の実部がすべて負になること，つまり $s = -a + j\omega$ $(a > 0)$ になることであるが，逆に不安定になるのは実部が正の解を持つこと，つまり $s = a + j\omega$ の解を持つことであるので，その境界は純虚数の解を持つことである。そこで，$s = j\omega$ を特性方程式に代入すると，

$$(j\omega)^3 + 2(j\omega)^2 + j\omega + K = K - 2\omega^2 + j(\omega - \omega^3) = 0$$

実数部も虚数部も 0 となるので，$\omega = 1(\omega > 0)$，$K = 2$ となる。

以上より，正答は**2**である。

解法❷　ラウスの方法を使う

特性方程式

$$s^3 + 2s^2 + s + K = 0$$

の係数が正となるために $K > 0$ が必要である（本問では $K = 0.5$ から大きくするのでこの条件は満たしている）。ラウス表を作ると次のようになる。

s^3	1	1
s^2	2	K
s^1	$\dfrac{2-K}{2}$	
s^0	K	

したがって，この左端の列の数列（ラウス数列）がすべて正となるためには $K > 0$，$\dfrac{2-K}{2} > 0$ が必要で $0 < K < 2$ となる。K は 0.5 から大きくしているので，安定限界は $K = 2$ となる。このとき，

$$s^3 + 2s^2 + s + 2 = s^2(s+2) + s + 2 = (s+2)(s^2+1) = 0$$

となるので，純虚数解の $s = j = j\omega$ と見比べて $\omega = 1\,\mathrm{rad/s}$ となる（虚数部が正の解を見比べれば十分である）。

解法❸　フルビッツの方法を使う

フルビッツ行列を作ると次のようになる。

$$\begin{vmatrix} 2 & K & 0 \\ 1 & 1 & 0 \\ 0 & 2 & K \end{vmatrix}$$

小行列については次のようになる。

$$\Delta_1 = 2 > 0$$

$$\Delta_2 = \begin{vmatrix} 2 & K \\ 1 & 1 \end{vmatrix} = 2 - K > 0$$

$$\Delta_3 = \begin{vmatrix} 2 & K & 0 \\ 1 & 1 & 0 \\ 0 & 2 & K \end{vmatrix} = 2K - K^2 > 0$$

したがって $0 < K < 2$ が安定条件で，その限界は $K = 2$ である（以下はラウスの方法と同じ）。なお，特性方程式の係数がすべて正（$K > 0$）を確かめていれば，Δ_3 は計算しなくてもよい。

補足

特性方程式の解 $s = a + jb$ の虚数部分が角振動数 ω を表すことについては，特性方程式のシステムの解が $v(t) = e^{st}$ となることを表しているとイメージすれば，オイラーの定理により

$$v(t) = e^{(a+jb)t} = e^{at}e^{jbt} = e^{at}\{\cos(bt) + j\sin(bt)\}$$

となることから理解できる。また，実数部が負になると安定であることもイメージできるだろう。

第4章

電力・機器

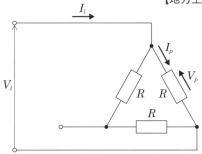

図のような抵抗がすべて等しい対称三相回路の線電圧を V_l とするとき，相電圧 V_p，相電流 I_p，線電流 I_l として正しいのはどれか。

【地方上級・平成24年度】

	V_p	I_p	I_l
1	V_l	$\dfrac{V_l}{R}$	$\dfrac{3V_l}{R}$
2	V_l	$\dfrac{V_l}{R}$	$\dfrac{\sqrt{3}V_l}{R}$
3	$\dfrac{V_l}{\sqrt{3}}$	$\dfrac{V_l}{\sqrt{3}R}$	$\dfrac{\sqrt{3}V_l}{R}$
4	$\dfrac{V_l}{\sqrt{3}}$	$\dfrac{V_l}{\sqrt{3}R}$	$\dfrac{3V_l}{R}$
5	$\sqrt{3}V_l$	$\dfrac{\sqrt{3}V_l}{R}$	$\dfrac{3V_l}{R}$

必 修 問 題 の 解 説

　送電などで前提となっている三相交流回路の基本公式に関する問題である。線間電圧と相電圧の区別，$\Delta-Y$ 変換などよく使われる公式を確認しておこう。

　左下図のようなループを通れば，キルヒホッフの法則より，$V_p = V_l$ がわかる。したがって，オームの法則より $I_p = \dfrac{V_l}{R}$ となる。最後に線電流については，相電流の $\sqrt{3}$ 倍となるので，その大きさは，

$$I_l = \frac{\sqrt{3}V_l}{R}$$

となる。

なお，公式を覚えずに解く場合，線電流を求めるときには，線電流はY-Y結線に直して求めると求めやすい。問題の回路の負荷側をΔ-Y変換すると下図のようになる。中性線（中性点を結んだ仮の導線）を通る青実線のループについてキルヒホッフの法則を考えると，

$$I_l = \frac{\dfrac{V_l}{\sqrt{3}}}{\dfrac{R}{3}} = \frac{\sqrt{3}V_l}{R}$$

となる。

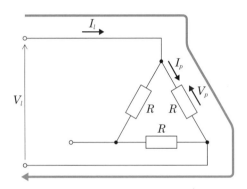

相電圧を求めるときのループ

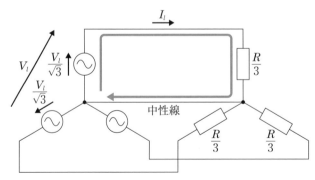

線電流を求めるときのループ

補足

線電流をキルヒホッフの法則から計算する方法は，実戦問題 No.5 を確認すること。

正答 **2**

　図1は三相1回線送電線の1相分の等価回路である。送電端の相電圧を $\dot{E}_s$，受電端の相電圧を $\dot{E}_r$ とし，送電線や変圧器などのリアクタンスの和を X とする。この回路の電圧と電流のベクトル図が図2のように与えられるとき，次の文章中の空欄ア～ウに当てはまる式として正しいのはどれか。

　ただし，$\dot{I}$ を線路電流として，送電端の相電圧の実効値を E_s，受電端の相電圧の実効値を E_r，線路電流の実効値を I とする。

【地方上級・平成26年度】

「図1の回路において，受電端での有効電力 P を求めると，有効電力は

$$P = E_r I \boxed{\quad ア \quad}$$

と表される。

　ここで，図2のベクトル図を参考にすると，

$$E_s \sin\alpha = h = \boxed{\quad イ \quad}$$

となるので，

$$P = \boxed{\quad ウ \quad}$$

と求められる」

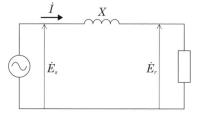

図1

	ア	イ	ウ
1	$\cos\alpha$	$XI\cos\alpha$	$\dfrac{E_r E_s}{X}\sin\alpha$
2	$\cos\alpha$	$XI\cos\beta$	$\dfrac{E_r E_s}{X}\cos\beta$
3	$\cos\beta$	$XI\cos\alpha$	$\dfrac{E_r E_s}{X}\sin\alpha$
4	$\cos\beta$	$XI\cos\beta$	$\dfrac{E_r E_s}{X}\cos\beta$
5	$\cos\beta$	$XI\cos\beta$	$\dfrac{E_r E_s}{X}\sin\alpha$

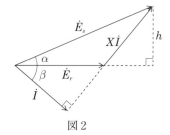

図2

〈必修問題〉の 解説

　送電工学ではよく出てくる有効電力の公式であるが，国家一般職［大卒］での電力工学の出題が極めて少ないことから，公務員試験だけを勉強しているとなじみが薄いかもしれない。過去には国家総合職でも繰り返し出題されている問題で，地方上級と国家総合職を受験する人は確認しておきたい。

　図2において，β は受電電圧 $\dot{E_r}$ と電流 $\dot{I}$ の位相差を表しており，これが力率角である（交流回路の電力の公式で使われている力率角が電圧と電流の比になっていることを確認すること。なお，受電電圧と送電電圧の位相差である α は相差角と呼ばれる）。

　したがって，

　　$P = E_r I \cos\beta$

となり，空欄アには $\cos\beta$ が入る。

　次に，図2において（下図の）斜線と打点の三角形の相似の関係から，この β は下図の位置の角度でもあるので，斜線の三角形について，

　　$E_s \sin\alpha = h = XI\cos\beta$

となる。この式の右辺が空欄イに入る。

　この式から，

　　$\cos\beta = \dfrac{E_s}{XI}\sin\alpha$

が成り立つので，これを最初の有効電力の式（空欄アのある式）に代入すると，

　　$P = E_r I \cos\beta = E_r I \times \dfrac{E_s}{XI}\sin\alpha = \dfrac{E_r E_s}{X}\sin\alpha$

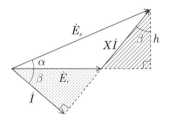

必修問題

電圧降下に関する次の記述の㋐，㋑に当てはまるものの組合せとして最も妥当なのはどれか。

ただし，遅れの無効電力を正とする。 【国家総合職・平成28年度】

「送電端電圧を $\dot{V}_1$，受電端電圧を $\dot{V}_2$ とし，線路電流を $\dot{I}$，受電端電圧に対する線路電流の位相差を θ，線路インピーダンスを $\dot{Z} = R + jX$ とする。送電端電圧に対する受電端電圧の電圧降下 $\Delta V = |\dot{V}_1| - |\dot{V}_2|$ は，送電端電圧と受電端電圧の位相差が小さい場合には図の $\Delta V'$ と近似でき，線路電流の大きさ $I = |\dot{I}|$ などを用いて $\Delta V'$ を表すと [㋐] となる。また，受電端の有効電力を P，無効電力を Q とし，これらを用いて $\Delta V'$ を表すと [㋑] となる」

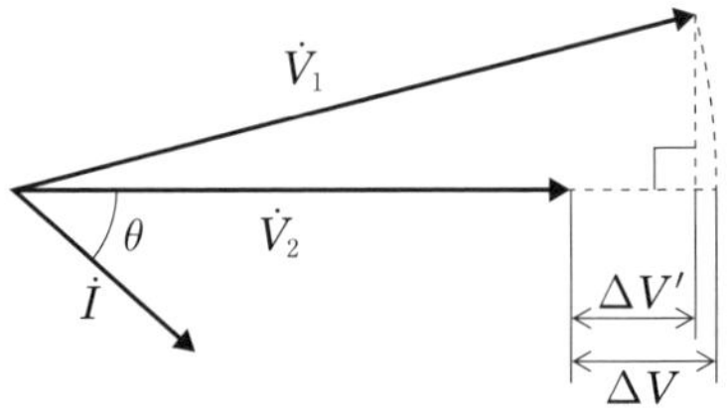

	㋐	㋑
1	$I(R\sin\theta + X\cos\theta)$	$\dfrac{1}{\lvert\dot{V}_2\rvert}(PR + QX)$
2	$I(R\cos\theta + X\sin\theta)$	$\dfrac{1}{\lvert\dot{V}_2\rvert}(PR + QX)$
3	$I(R\cos\theta + X\sin\theta)$	$\dfrac{1}{\lvert\dot{V}_2\rvert}(PX + QR)$
4	$I\sqrt{R^2 + X^2}$	$\dfrac{1}{\lvert\dot{V}_2\rvert}(PX + QR)$
5	$I\sqrt{R^2 + X^2}$	$\dfrac{1}{\lvert\dot{V}_2\rvert}(PR - QX)$

〈必修問題〉の 解説

この問題も送電工学でよく出てくる公式で，国家総合職では繰り返し出題がある。地方上級も電力工学の出題数が多いため，結果を覚えるか導出するのか決めて用意しておきたい。

キルヒホッフの法則より，受電端と送電端の間に線路インピーダンスがあるので，

$$\dot{V}_1 = \dot{V}_2 + \dot{I}\dot{Z}$$

が成り立つ。これをベクトル図に直して，与えられた図に記入したい。ここで，ベクトルの和は，ベクトルをつなげることにほかならないので，$\dot{V}_2$ に $\dot{I}\dot{Z}$ をつなげることを考える。そこで

$$\dot{I}\dot{Z} = \dot{I}(R + jX) = R\dot{I} + jX\dot{I}$$

と変形すると，$R\dot{I}$ の部分はベクトル $\dot{I}$ を実数倍しただけなので，電流と同じ方向に（大きさ分）伸びたベクトルとなり，$jX\dot{I}$ は j が掛かっているため（その複素数の意味から）$\dot{I}$ を反時計回りに 90° 回転させた方向のベクトルであることを意味する。これを図示すると，下のようになる。

この図から，

$$\Delta V = I(R\cos\theta + X\sin\theta)$$

とわかる。これが[ア]に入る。

次に θ は受電端電圧と線路電流の間の位相角なので，受電端の力率角と同じである。したがって，

$$P = I|\dot{V}_2|\cos\theta,\quad Q = I|\dot{V}_2|\sin\theta$$

となる。変形すると，

$$\cos\theta = \frac{P}{I|\dot{V}_2|},\quad \sin\theta = \frac{Q}{I|\dot{V}_2|}$$

これを[ア]の式に代入すると，

$$\Delta V = \frac{1}{|\dot{V}_2|}(PR + QX)$$

これが[イ]に入る。

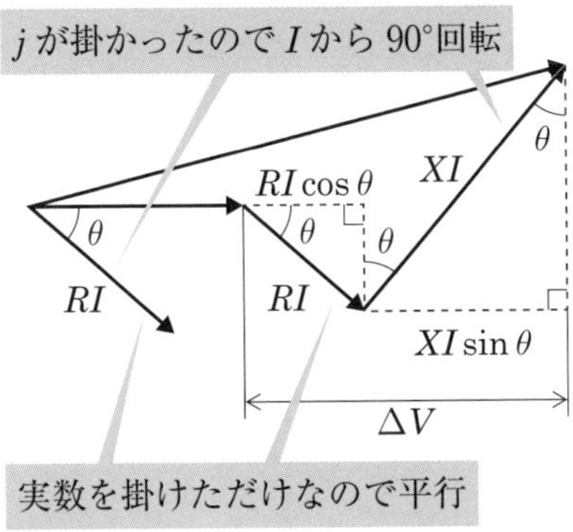

j が掛かったので I から 90°回転
$RI\cos\theta$
XI
θ
RI
$XI\sin\theta$
ΔV
実数を掛けただけなので平行

補足

[ア]式は公式として覚えてしまってよい。

正答 2

重要ポイント 1 ▶ 対称三相交流

3つの同じ電源を位相を $\frac{2}{3}\pi$ ずらしてつくられた電源を三相交流という。3相に接続された負荷が等しいものを特に対称三相交流回路といい、択一式試験ではこの対称のものだけが出題されている。

三相交流回路には接続方法がいくつかあるが、計算においては、Δ–Δ結線か、Y–Y結線に直す。これ以外の場合には、下図のように電源を変換するか、負荷を変換する。Y–Y結線に直す場合には、下図の中性線を引いてキルヒホッフの法則を立てる（中性線を通る電流は 0 となる）。

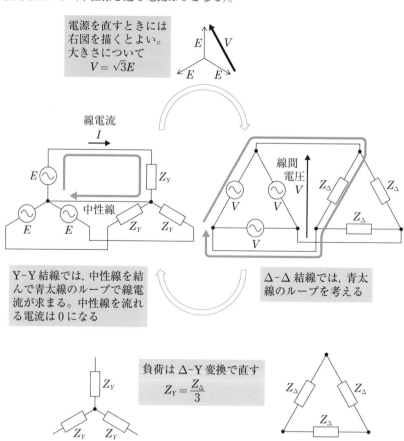

電源を直すときには
右図を描くとよい。
大きさについて
$V = \sqrt{3}E$

線電流 I

線間電圧 V

中性線

Y–Y結線では、中性線を結んで青太線のループで線電流が求まる。中性線を流れる電流は 0 になる

Δ–Δ結線では、青太線のループを考える

負荷は Δ–Y 変換で直す
$$Z_Y = \frac{Z_\Delta}{3}$$

　対称三相交流の2線間の電圧（線間電圧 V）と，線電流 I を使うと，負荷が全体で受けられる（有効）電力 P は次の式で与えられる。

　　$P = \sqrt{3}\,VI\cos\theta$ 　（$\cos\theta$：力率）

　このほか，対称三相交流回路で使われる公式はいくつかあるが，必修問題，実戦問題に掲載したのでそちらを参照してもらいたい。これらの計算公式については，国家総合職では頻繁に問われるが，国家一般職［大卒］，地方上級では出題頻度は高くない。

No.1 原子力発電に関する以下の文章のうち，正しいのはどれか。

【地方上級・平成24年度】

1 軽水形原子炉で使われる燃料棒の中には，高濃度の場合90％以上のウラン235が含まれている。

2 軽水形原子炉の熱効率は50％を超えている。

3 使用済みの燃料棒は低レベルの放射性廃棄物として扱われる。

4 原子力発電所は火力発電所と比べると蒸気温度が低い。

5 原子力発電では，発電時に硫黄酸化物や窒素酸化物は発生しないが，二酸化炭素は発生する。

No.2 地中送電方式と架空送電方式に関する以下のア～オの文章のうち，架空送電方式の特徴が2つある。それを組み合わせたのはどれか。

【地方上級・平成24年度】

　ア　用地代にもよるが，建設費が高い。

　イ　故障箇所が発見しやすく保守しやすい。

　ウ　全体的に隠ぺい化されており，感電災害が少ない。

　エ　都市の景観に悪影響を及ぼしたり，交通の障害になる場合がある。

　オ　対地静電容量が大きく，フェランチ効果が起こりやすい。

1　ア，エ

2　イ，ウ

3　イ，エ

4　ウ，オ

5　エ，オ

No.3 送電に関する次の記述の㋐，㋑，㋒に当てはまるものの組合せとして最も妥当なのはどれか。 【国家Ⅱ種・平成23年度】

- ㋐ は，電線を支持物から絶縁するために用いられるものであり，懸垂 ㋐ は，電圧に応じて適当な個数を連結して用いられる。

- ㋑ は，電線の位置を入れ替えることで，各線のインダクタンスおよび静電容量をそれぞれ相等しくして，電磁的不平衡を防ぐ。

- 送電線に高電圧が加わり，電線の周囲に対する電線表面の電位の傾きがある程度以上になると，空気の絶縁耐力が破られて電線表面に局部放電が発生し， ㋒ を生ずる。

	㋐	㋑	㋒
1	がいし	ねん架	コロナ損
2	がいし	架空地線	コロナ損
3	アークホーン	ねん架	コロナ損
4	アークホーン	ねん架	シース損
5	アークホーン	架空地線	シース損

第4章

電力・機器

図で示される避雷器に関する次の文章中の空欄ア〜エに当てはまるものとして正しいのはどれか。 　　　　　　　　　　　　【地方上級・平成24年度】

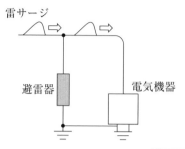

- 避雷器には，加わる電圧が大きくなると抵抗値が ア なるという性質がある。
- 避雷器に加わる電圧が小さいうちは抵抗値は極めて イ 。
- 避雷器に加わる電圧 V と電流 I のグラフは ウ のようになる。
- 避雷器の抵抗値が大きく変わる電圧は，避雷器が接続されている電気機器が壊れるよりも エ なるようにする。

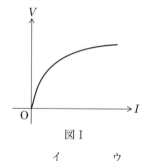

図Ⅰ

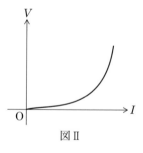

図Ⅱ

	ア	イ	ウ	エ
1	大きく	大きい	図Ⅰ	大きく
2	大きく	小さい	図Ⅰ	大きく
3	大きく	小さい	図Ⅱ	小さく
4	小さく	大きい	図Ⅰ	小さく
5	小さく	大きい	図Ⅱ	大きく

No.5 三相交流に関する次の記述の㋐，㋑に当てはまるものの組合せとして最も妥当なのはどれか。【国家一般職・令和元年度】

「図のように，抵抗値 R の抵抗が Δ 結線された平衡三相負荷に線間電圧 E_{ab}，E_{bc}，E_{ca} を印加した。$E_{ab} = E_m \sin \omega t$ と表すとき，a から b へ流れる相電流 I_{ab} は $\dfrac{E_m}{R} \sin \omega t$ と表される。同様に，c から a へ流れる相電流 I_{ca} は $\boxed{\quad ㋐ \quad}$ と表される。キルヒホッフの第1法則より，$I_a = I_{ab} - I_{ca}$ であるから，線電流 I_a は $\boxed{\quad ㋑ \quad}$ となる」

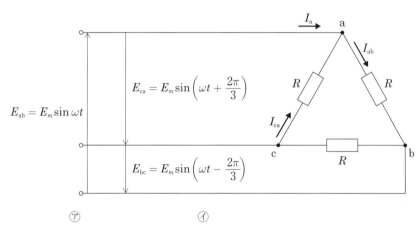

$$E_{ab} = E_m \sin \omega t$$

$$E_{ca} = E_m \sin \left(\omega t + \frac{2\pi}{3} \right)$$

$$E_{bc} = E_m \sin \left(\omega t - \frac{2\pi}{3} \right)$$

	㋐	㋑
1	$\dfrac{E_m}{R} \sin \omega t$	0
2	$\dfrac{E_m}{R} \sin \omega t$	$\dfrac{2E_m}{R} \sin \omega t$
3	$\dfrac{E_m}{R} \sin \left(\omega t + \dfrac{2\pi}{3} \right)$	$\dfrac{\sqrt{3} E_m}{R} \sin \omega t$
4	$\dfrac{E_m}{R} \sin \left(\omega t + \dfrac{2\pi}{3} \right)$	$\dfrac{\sqrt{3} E_m}{R} \sin \left(\omega t - \dfrac{\pi}{6} \right)$
5	$\dfrac{E_m}{R} \sin \left(\omega t + \dfrac{2\pi}{3} \right)$	$\dfrac{2E_m}{R} \sin \left(\omega t - \dfrac{\pi}{6} \right)$

三相交流に関する次の記述の㋐～㋓に当てはまるものの組合せとして最も妥当なのはどれか。 【国家総合職・令和元年度】

「図のように，対称三相交流電源に平衡三相負荷が接続されている。

ただし，交流電源の角周波数を ω，負荷インピーダンス Z の大きさを $|Z|$，力率角を θ とする。

交流電源の a 相の相電圧実効値 V は線間電圧実効値 V_{ab} に対して ㋐ 倍である。また，a，b，c 相の位相はそれぞれ ㋑ ずつずれている。一相当たりの負荷の瞬時電力は ㋒ となるため，三相の瞬時電力は a，b，c 相の瞬時電力の合計である ㋓ となる」

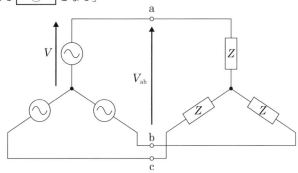

	㋐	㋑	㋒	㋓
1	$\dfrac{1}{\sqrt{3}}$	$\dfrac{\pi}{3}$	$\dfrac{V^2}{|Z|}\sin\omega t \cdot \sin(\omega t - \theta)$	$\dfrac{3V^2}{2|Z|}\cos\theta$
2	$\dfrac{1}{\sqrt{3}}$	$\dfrac{2\pi}{3}$	$\dfrac{2V^2}{|Z|}\sin\omega t \cdot \sin(\omega t - \theta)$	$\dfrac{3V^2}{|Z|}\cos\theta$
3	$\dfrac{1}{\sqrt{3}}$	$\dfrac{2\pi}{3}$	$\dfrac{V^2}{|Z|}\sin\omega t \cdot \sin(\omega t - \theta)$	$\dfrac{3V^2}{2|Z|}\cos\theta$
4	$\dfrac{1}{\sqrt{2}}$	$\dfrac{\pi}{3}$	$\dfrac{2V^2}{|Z|}\sin\omega t \cdot \sin(\omega t - \theta)$	$\dfrac{3V^2}{|Z|}\cos\theta$
5	$\dfrac{1}{\sqrt{2}}$	$\dfrac{2\pi}{3}$	$\dfrac{V^2}{|Z|}\sin\omega t \cdot \sin(\omega t - \theta)$	$\dfrac{3V^2}{2|Z|}\cos\theta$

No.7 **配電線に関する次の記述の㋐，㋑，㋒に当てはまるものの組合せとして最も妥当なのはどれか。** 【国家総合職・令和2年度】

「図のような単相2線式の交流配電線において，配電線（往復2線）の抵抗が0.2Ω，リアクタンスが0.2Ωであり，負荷の両端の電圧が100V，消費電力が2000W，遅れ力率が0.8である。この条件のとき，配電線の抵抗による電圧降下は［㋐］，リアクタンスによる電圧降下は［㋐］であるから，電源電圧は約［㋑］である。また，配電線の電力損失は［㋒］である」

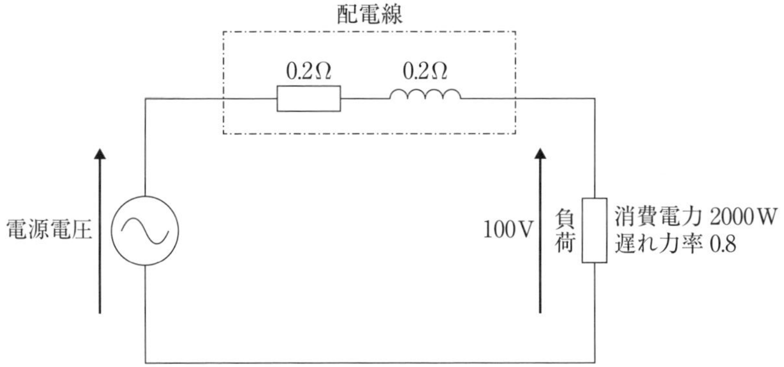

	㋐	㋑	㋒
1	4V	104V	80W
2	4V	108V	100W
3	5V	105V	125W
4	5V	107V	125W
5	5V	110V	100W

図のように，Y 結線された実効値 E の対称三相交流電源からインピーダンス jX の線路を通して △ 結線された抵抗 R の負荷に電力が供給されている。このとき，負荷側で消費されている電力として最も妥当なのはどれか。

【国家総合職・平成30年度】

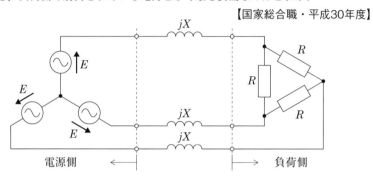

1 $\dfrac{3RE^2}{R^2 + X^2}$

2 $\dfrac{RE^2}{3\left\{\left(\dfrac{R}{3}\right)^2 + X^2\right\}}$

3 $\dfrac{RE^2}{\left(\dfrac{R}{3}\right)^2 + X^2}$

4 $\dfrac{3RE^2}{(3R)^2 + X^2}$

5 $\dfrac{9RE^2}{(3R)^2 + X^2}$

No.9 図のような単相2線式，三相3線式，三相4線式の3種類の電気方式について，それぞれ線間電圧の実効値を V，線路電流の実効値を I，力率を $\cos\varphi$ とするとき，電線1条当たりの送電電力の比として最も妥当なのはどれか。

ただし，三相4線式の中性線には他の線と同じ電線を使用しており，また三相式では各相および線間の負荷は平衡しているものとする。

【国家Ⅰ種・平成23年度】

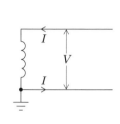 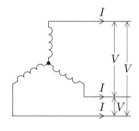 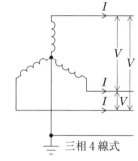

単相2線式　　　　　三相3線式　　　　　　三相4線式

	単相2線式	:	三相3線式	:	三相4線式
1	1.00	:	$1.15\cos\varphi$	:	$0.87\cos\varphi$
2	1.00	:	$2.00\cos\varphi$	:	$1.50\cos\varphi$
3	1.00	:	1.15	:	0.87
4	1.00	:	1.15	:	1.41
5	1.00	:	2.00	:	1.50

図は三相 1 回線送電線の 1 相分の等価回路である。ここで，$\dot{E}_s$ および $\dot{E}_r$ は送電端および受電端の相電圧，X は線路リアクタンスである。$\dot{E}_s$ と $\dot{E}_r$ の相差角が δ のとき，受電端での 3 相分の有効電力 P および無効電力 Q の組合せとして最も妥当なのはどれか。

ただし，$\dot{E}_s$，$\dot{E}_r$ の実効値を E_s，E_r とし，遅れ無効電力を正とする。

【国家総合職・平成24年度】

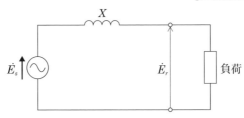

	P	Q
1	$\dfrac{3E_rE_s}{X}\sin\delta$	$\dfrac{3E_s}{X}(E_s\sin\delta - E_r)$
2	$\dfrac{3E_rE_s}{X}\sin\delta$	$\dfrac{3E_r}{X}(E_s\sin\delta - E_r)$
3	$\dfrac{3E_rE_s}{X}\sin\delta$	$\dfrac{3E_r}{X}(E_s\cos\delta - E_r)$
4	$\dfrac{3E_rE_s}{X}\cos\delta$	$\dfrac{3E_s}{X}(E_s\sin\delta - E_r)$
5	$\dfrac{3E_rE_s}{X}\cos\delta$	$\dfrac{3E_r}{X}(E_s\cos\delta - E_r)$

図のように，有効電力 60 kW，遅れ力率 60%の負荷に電力用コンデンサを設置し，合成力率を遅れ力率 80%に改善した。このときに要する電力用コンデンサの容量はいくらか。

【国家 I 種・平成21年度】

1　35 kvar
2　40 kvar
3　45 kvar
4　50 kvar
5　55 kvar

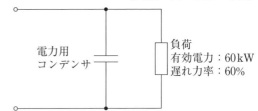

実戦問題 の 解説

No.1 の解説 原子力発電

→問題は P.268

近年，国家一般職［大卒］では電力工学での細かい知識問題の出題数が極めて少なく，学習不足になりがちである。基本事項を中心に見直しておこう。

原子力発電所はウラン 235 が核分裂をするときに発生する熱（質量欠損現象）を利用して，水を蒸気に変えて発電をする。使う材料に軽水を使う軽水形，重水を使う重水型および高速増殖炉などがあるが，主流は軽水形である。また，この軽水形でも，加圧水型（PWR）と沸騰水型（BWR）がある。

1 ✕ 天然ウランにはウラン 235 が 0.7％程度しか含まれていないため，これを濃縮して燃料棒にする。ただし，その場合でもウラン 235 の含有量は 3％程度である。これは低濃縮ウランと呼ばれる。

2 ✕ 軽水形原子炉の熱効率は 33％程度であり，50％は超えない。一方，大型火力発電所では熱効率は 40％程度である。

3 ✕ 使用済み核燃料は高レベルの放射性廃棄物となり，再処理される。

4 ◎ 原子力発電所で発生する蒸気は，燃料の制約などにより，温度，圧力が低く，蒸気条件は火力発電所よりも悪い。つまり，同じ体積の蒸気から得られるエネルギー量は少ない。

5 ✕ 原子力発電所は，ウランの核分裂を利用して熱を取り出しているため，発電時には二酸化炭素は発生しない。

No.2 の解説 送電方式

→問題は P.268

地方上級の電力工学では知識問題も出題されているが，再現された問題数が少なく，国家一般職［大卒］でも出題がほとんどないうえ，範囲が広いため，対策は非常に難しい。ただし，出題される問題のレベルは基本的である。その難易度を確認してほしい。

送電方式には，地中にケーブルを埋設する地中送電方式と電柱を使って空中に送電線を架設する架空送電方式がある。

これらを比較した場合に地中送電方式の長所として，「送電線の露出が少ないため，感電災害が少ない」「埋設線となっているため，景観に影響を与えず交通障害も通常時は起こさない」「雷，風水害などの自然災害の影響を受けにくい」といったことが挙げられる。

一方，短所としては，「建設費が高くなりやすい」「故障箇所が発見しにくい」「対地静電容量が大きくフェランチ効果が起きやすい」といったことが挙げられる。

なお，フェランチ効果とは，送電線に進み位相の電流が流れることで，送電端電圧より受電端電圧が上昇することをいう。

以上から，文章のうち，架空送電方式に関するものはイ，エ，地中送電方式に関するものがア，ウ，オとなり，正答は**3**となる。

No.3 の解説　送電の知識

→問題は P.269

送電の用語問題である。レベル感を確認して一つ一つ覚えておきたい。

㋐：「がいし」が入る。がいしは記述にあるとおり，電線を支持物から絶縁するためのものである。一方，アークホーンは，フラッシオーバ（落雷によりがいしの絶縁が破壊されること）を防ぐものである。

㋑：「ねん架」が入る。一方，架空地線は架空送電線を落雷の直撃や誘導雷の影響から守るために，送電線の上部に設ける金属線である。

㋒：「コロナ損」が入る。なお，シース損とは，導線を被覆する金属（金属シース）に電流が誘導されることで発生する損失のことである。

以上より，正答は**1**となる。

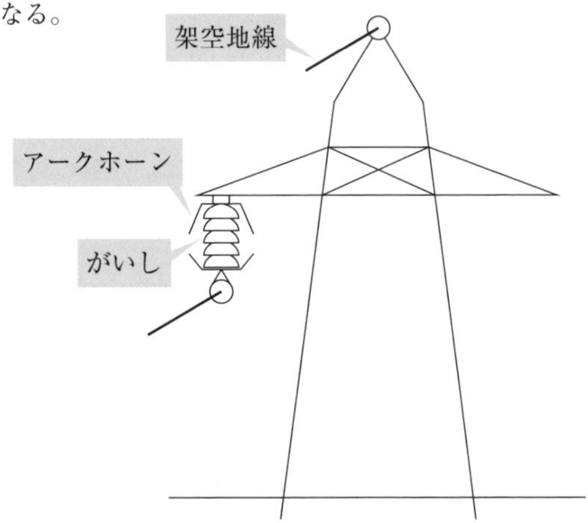

No.4 の解説　避雷器

→問題は P.270

避雷器の基礎知識の問題である。知っているかどうかの問題ではあるが，避雷器の目的を考えれば判断できるところもあるので，確認してほしい。

避雷器は，電力系統を雷を代表とする過電圧から保護するために設置される。つまり，電圧が過大な場合に流れる電流を機器に流さずに放電する機能があるので，加わる電圧が大きくなるほど抵抗値は小さくなる。よって空欄アには「小さく」が入る。一方，過電圧が加わっていないときには，流れる電流に影響を与えないため，抵抗値は大きくなる。よって空欄イには「大きい」が入る。

以上をグラフにすると図Ｉになるので，空欄ウには「図Ｉ」が入る。

最後に，抵抗値が変わる電圧を超えると，過大な電流が機器に流れず機器が保護される。そのため，抵抗値が大きく変わる電圧は，機器が壊れる電圧よりも小さくしなければならない。したがって，空欄エには「小さく」が入る。

以上より，正答は**4**となる。

No.5 の解説　三相交流

→問題は P.271

三相交流の線電流の導出の問題で，実際にはある程度覚えていってもよい。
E_{ca} - c - a と回るループについてキルヒホッフの法則を立てると，

$$I_{ca} = \frac{E_m}{R}\sin\left(\omega t + \frac{2\pi}{3}\right)$$

これが[ア]に入る。
したがって，キルヒホッフの法則より，

$$I_a = I_{ab} - I_{ca} = \frac{E_m}{R}\left\{\sin\omega t - \sin\left(\omega t + \frac{2\pi}{3}\right)\right\}$$

ここで，三角関数の和積公式，

$$\sin\alpha + \sin\beta = 2\cos\frac{\alpha+\beta}{2}\sin\frac{\alpha-\beta}{2}$$

を使って｛　｝部分を計算すると，

$$I_a = \frac{E_m}{R}\left\{\sin\omega t - \sin\left(\omega t + \frac{2\pi}{3}\right)\right\} = \frac{2E_m}{R}\cos\left(\omega t + \frac{\pi}{3}\right)\sin\left(-\frac{\pi}{3}\right)$$

$$= -\frac{\sqrt{3}E_m}{R}\cos\left(\omega t + \frac{\pi}{3}\right)$$

ここで，$\cos\left(\theta + \frac{\pi}{2}\right) = -\sin\theta$ と $\frac{\pi}{3} = \frac{\pi}{2} - \frac{\pi}{6}$ より，

$$I_a = -\frac{\sqrt{3}E_m}{R}\cos\left(\omega t + \frac{\pi}{3}\right) = -\frac{\sqrt{3}E_m}{R}\cos\left(\omega t + \frac{\pi}{2} - \frac{\pi}{6}\right)$$

$$= \frac{\sqrt{3}E_m}{R}\sin\left(\omega t - \frac{\pi}{6}\right)$$

これが[イ]に入り，正答は**4**となる。
なお，実際には加法定理を使って，

$$\sin\omega t - \sin\left(\omega t + \frac{2\pi}{3}\right) = \sin\omega t - \sin\omega t\cos\frac{2\pi}{3} + \cos\omega t\sin\frac{2\pi}{3}$$

$$= \frac{3}{2}\sin\omega t + \frac{\sqrt{3}}{2}\cos\omega t$$

として，選択肢も同様に加法定理を使って計算し，正しい選択肢を選ぶほうが早い。

また，$\dot{I}_{ab}$ と $\dot{I}_{ca}$ を始点をそろえて図示して，ベクトルの差として $\dot{I}_a = \dot{I}_{ab} - \dot{I}_{ca}$ を図示して，その大きさと角度を求めることもできる。

三相交流の基本公式を確認しておきたい（㋐，㋑）。以下，解説では現実的な正答の導き方を採用し，記述順の解答は補足に掲載した。

電源において，相電圧は線間電圧の $\dfrac{1}{\sqrt{3}}$ 倍である（㋐）。また，a, b, c の位相は，1周期で 2π の位相を3等分しているので $\dfrac{2}{3}\pi$ ずつずれている（㋑）。

次に，全体の電力については，線間電圧（本問では V_{ab}）と線電流 I を使って，
$$P = \sqrt{3}\,V_{ab}I\cos\theta$$

ここで，$V_{ab} = \sqrt{3}V$（㋐）と，1相について $I = \dfrac{V}{|Z|}$ より，

$$P = \sqrt{3}\times\sqrt{3}V\times\frac{V}{|Z|}\cos\theta = \frac{3V^2}{|Z|}\cos\theta \quad（㋒）$$

ここまでで正答は **2** とわかる。

補足

残りについて考える。力率角はここでは相電圧 V と線電流 I の位相差なので，相電圧の瞬時電圧が $V(t) = \sqrt{2}V\sin\omega t$ ならば，線電流の瞬時電流は $I(t) = \sqrt{2}I\sin(\omega t - \theta)$ となる（力率角は遅れを正とする）。したがって，$I = \dfrac{V}{|Z|}$ と併せて瞬時電力 $P(t)$ は，

$$P(t) = \sqrt{2}V\sin\omega t\times\sqrt{2}\times\frac{V}{|Z|}\sin(\omega t - \theta) = \frac{2V^2}{|Z|}\sin\omega t\sin(\omega t - \theta)$$

これが㋒である。

最後に㋓を確認する。以下の手順を丁寧に本試験の短い時間内で終えるのは困難である。必要な数学的な公式のうち一部は事実として利用している。

㋒はある相の瞬時電力であるが，他の2相は位相が $\dfrac{2}{3}\pi$ ずれている。

まず，次のことを確認する。一般に，
$$\cos\alpha + \cos\left(\alpha + \frac{2}{3}\pi\right) + \cos\left(\alpha + \frac{4}{3}\pi\right) = 0$$

これは，複素数について成り立つ関係式，
$$1 + e^{j\frac{2}{3}\pi} + e^{j\frac{4}{3}\pi} = 0$$
の実数部から得られる（この関係式は複素平面に図示すれば容易にわかる）。

そこで，瞬時電力の式のうち，三角関数部分について，積和公式から
$$\sin\alpha\sin(\alpha - \theta) = \frac{1}{2}(\cos\theta - \cos(2\alpha - \theta))$$

この α の部分に $\omega t,\ \omega t + \dfrac{2}{3}\pi,\ \omega t + \dfrac{4}{3}\pi$ を代入して合計すれば $\cos(2\alpha - \theta)$

の部分の和は最初に挙げた cos の公式より 0 になる。残る $\cos\theta$ については 3 相分合計するので，瞬時電力の合計は，

$$\frac{2V^2}{|Z|} \times 3 \times \frac{1}{2}\cos\theta = \frac{3V^2}{|Z|}\cos\theta$$

これが㊴に入る。

No.7 の解説　単相2線式 →問題は P.273

P.264 の必修問題で説明した電圧降下の公式を利用する問題である。電圧降下の公式では電流の大きさが必要となるが，有効電力分だけではなく，無効電力分も考えることを忘れないようにしたい。

電流の大きさ I を求める。負荷の消費電力（単位からわかるとおり有効電力分）が 2000W なので，力率を $\cos\theta$ とすると，

$$VI\cos\theta = 2000$$

$$\therefore \quad I = \frac{2000}{V\cos\theta} = \frac{2000}{100 \times 0.8} = 25\text{A}$$

したがって，送電線の抵抗が 0.2Ω なので，送電線の抵抗分による電圧降下は $25 \times 0.2 = 5\text{V}$ となり，リアクタンス分も大きさが同じので 5V となる（㋐）。

次に，電圧降下の公式

$$\Delta V = I(R\cos\theta + X\sin\theta)$$

に代入する。$\sin\theta = \sqrt{1-\cos^2\theta} = 0.6$ と $R = X = 0.2\Omega$ から，

$$\Delta V = 25 \times (0.2 \times 0.8 + 0.2 \times 0.6) = 7\text{V}$$

したがって，求める電源電圧は $100 + 7 = 107\text{V}$（㋑。これは近似公式なので「約」が付いている）。

最後に配電線の電力損失は，リアクタンスでは無効電力のみが消費されるので抵抗分のみ考えればよく，

$$25^2 \times 0.2 = 125\text{W}$$（㋒）

以上より，正答は **4** となる。

対称三相交流の計算の基本問題である。電源が Y なので負荷も Y に変換するとよいだろう。

負荷を Δ–Y 変換する。線電流を I として，中性線を引くと，

$$\dot{I} = \frac{E}{\dfrac{R}{3} + jX}$$

したがって，3つの負荷で消費される電力 P は，

$$P = 3 \times |\dot{I}|^2 \times \frac{R}{3} = \frac{RE^2}{\left(\dfrac{R}{3}\right)^2 + X^2}$$

以上より，正答は**3**となる。

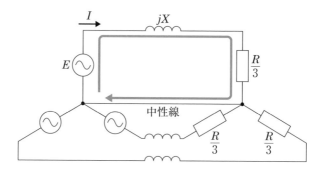

補足

抵抗負荷では有効電力のみが消費され，リアクタンス（コンデンサ）では無効電力のみが消費される。これを前提に電力を計算しているが，実際に抵抗負荷の場合に複素電力を計算すると，

$$\overline{P} = \dot{V}\bar{\dot{I}} = R\dot{I}\bar{\dot{I}} = |\dot{I}|^2 R$$

となるので，すべて有効電力となる。この式を前提に，解説では電流 $\dot{I}$ の大きさ $|\dot{I}|$ を計算している。

→問題は P.275

No.9 の解説 送電電力

送電電力の公式を用いた問題で，その場で計算するというよりは，三相3線式の電力を覚えておくのがよいだろう。

単相2線式の電力 P_2 について

単相2線式では，負荷にそのまま線間電圧が加わる。したがって送電電力全体では $VI\cos\varphi$ であり，送電線が2条あるので，

$$P_2 = \frac{1}{2}VI\cos\varphi$$

となる。

三相3線式の電力 P_3，4線式の電力 P_4 について

三相交流では，送電電圧 V に対して全体で $\sqrt{3}VI\cos\varphi$ が送電電力となる。したがって，これを条数で割り算すれば，

$$P_3 = \frac{\sqrt{3}}{3}VI\cos\varphi$$

$$P_4 = \frac{\sqrt{3}}{4}VI\cos\varphi$$

となる。

以上から，

$$P_2 : P_3 : P_4 = \frac{1}{2} : \frac{\sqrt{3}}{3} : \frac{\sqrt{3}}{4} = 1 : \frac{2\sqrt{3}}{3} : \frac{\sqrt{3}}{2}$$

$$= 1.00 : 1.15 : 0.87$$

以上より，正答は**3**となる。

第4章

電力・機器

　前半部分については（一相と三相の違いはあるものの），P.262 の必修問題に出てきた公式を覚えていれば直ちに選ぶことができる。ここでは無効電力の公式と，必修問題とは異なる導出法について紹介する。なお，本試験では，無効電力の公式も覚えて解いてよい。

　一相分で考える。電流を $\dot{I}$ とすると，キルヒホッフの法則より，

$$\dot{E}_s = jX\dot{I} + \dot{E}_r$$

が成り立つ。ここで複素電力

$$\bar{P} = \dot{E}_r \bar{I}$$

を計算する。受電端の電圧を位相の基準とすると，受電端の電圧は実数 E_r となり，送電端の電圧は大きさが E_s，位相が δ となるので，

$$\dot{E}_s = E_s(\cos\delta + j\sin\delta) = E_s e^{j\delta}$$

となる（以下，指数関数で計算していってもよいが，ここでは三角関数で計算する）。キルヒホッフの法則に代入すると，

$$\dot{I} = \frac{E_s(\cos\delta + j\sin\delta) - E_r}{jX} = -j\frac{E_s(\cos\delta + j\sin\delta) - E_r}{X}$$

$$\bar{I} = j\frac{E_s(\cos\delta + j\sin\delta) - E_r}{X} = \frac{E_s}{X}\sin\delta + j\left(\frac{E_s\cos\delta - E_r}{X}\right)$$

これより，

$$\bar{P} = \dot{E}_r \bar{I} = E_r \times \frac{E_s}{X}\sin\delta + E_r \times j\left(\frac{E_s\cos\delta - E_r}{X}\right)$$

$$= \frac{E_r E_s}{X}\sin\delta + j\left(\frac{E_r(E_s\cos\delta - E_r)}{X}\right)$$

$$= P + jQ$$

ただし，これは一相分なので 3 倍して三相分に直す。

以上より，正答は **3** となる。

No.11 の解説　無効電力の補償　→問題は P.276

　無効電力の補償という決まった解法のある有名問題である。以前はよく出題された問題で,解き方も決まっているので用意しておきたい。

　電力用コンデンサを設置する前の無効電力 Q_0 を求める。力率が60%なので,これを $\cos\theta_0 = 0.6$ とすると,

$$\sin\theta_0 = \sqrt{1 - \cos^2\theta_0} = 0.8$$

したがって,このときの皮相電力を S_0 として,

$$Q_0 = S_0 \sin\theta_0 = \frac{P}{\cos\theta_0} \sin\theta_0 = \frac{60}{0.6} \times 0.8 = 80\,\mathrm{kvar}$$

　一方,設置後の無効電力 Q_1 については,力率が80%なのでこれを $\cos\theta_1$ とすると

$$\sin\theta_1 = \sqrt{1 - \cos^2\theta_1} = 0.6$$

となるので,このときの皮相電力を S_1 として,

$$Q_1 = S_1 \sin\theta_1 = \frac{P}{\cos\theta_1} \sin\theta_1 = \frac{60}{0.8} \times 0.6 = 45\,\mathrm{kvar}$$

　したがって設置する電力用コンデンサの容量は

$$Q_0 - Q_1 = 80 - 45 = 35\,\mathrm{kvar}$$

以上より,正答は **1** となる。

　この様子を図示すると次のようになる。

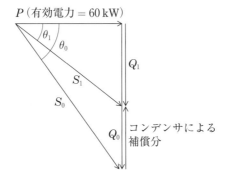

P（有効電力 $= 60\,\mathrm{kW}$）

θ_1　θ_0

Q_1

S_1

S_0

Q_0

コンデンサによる
補償分

正答	No.1＝4	No.2＝3	No.3＝1	No.4＝4	No.5＝4	No.6＝2
	No.7＝4	No.8＝3	No.9＝3	No.10＝3	No.11＝1	

第4章
電力・機器

必修問題

図のような巻数比 $a:1$ の理想変圧器を用いた回路において，1 次側電流 $\dot{I}_1$ と 2 次側電流 $\dot{I}_2$ の組合せとして最も妥当なのはどれか。

【国家総合職・平成28年度】

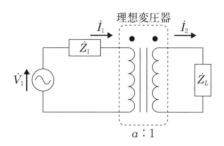

理想変圧器

$a:1$

$$\dot{I}_1 \qquad\qquad \dot{I}_2$$

1 $\quad\dfrac{\dot{V}_1}{\dot{Z}_1 + a^2\dot{Z}_L} \qquad\qquad \dfrac{a\dot{V}_1}{\dot{Z}_1 + a^2\dot{Z}_L}$

2 $\quad\dfrac{\dot{V}_1}{\dot{Z}_1 + a\dot{Z}_L} \qquad\qquad \dfrac{a\dot{V}_1}{\dot{Z}_1 + a\dot{Z}_L}$

3 $\quad\dfrac{a\dot{V}_1}{a^2\dot{Z}_1 + \dot{Z}_L} \qquad\qquad \dfrac{\dot{V}_1}{\dot{Z}_1 + a^2\dot{Z}_L}$

4 $\quad\dfrac{\dot{V}_1}{\dot{Z}_1} \qquad\qquad\quad \dfrac{a\dot{V}_1}{\dot{Z}_L}$

5 $\quad\dfrac{a\dot{V}_1}{\dot{Z}_1} \qquad\qquad\quad \dfrac{\dot{V}_1}{a\dot{Z}_L}$

必修問題 の 解説

　変圧器の1次換算，2次換算の演習問題である。解説では両方使ったが，実戦的には片方のみを使って，もう片方は電流比は巻数比に反比例することを利用したほうがよいだろう。

　$\dot{I}_1$ を求めるために2次側を1次換算する。1次換算の公式を使うと左下図のようになる。

　直列合成すると，

$$\dot{I}_1 = \frac{\dot{V}_1}{\dot{Z}_1 + a^2\dot{Z}_L}$$

次に，$\dot{I}_2$ を求めるために1次側を2次換算する。1次換算の公式の逆数を考えて変換すると右下図のようになる。

　直列合成すると，

$$\dot{I}_2 = \frac{\dfrac{\dot{V}_1}{a}}{\dfrac{1}{a^2}\dot{Z}_1 + \dot{Z}_L} = \frac{a\dot{V}_1}{\dot{Z}_1 + a^2\dot{Z}_L}$$

なお，$\dot{I}_2 = a\dot{I}_1$ から求めてもよい。

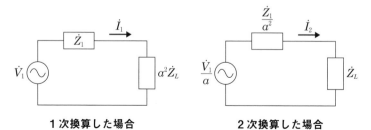

1次換算した場合　　　　　　　　**2次換算した場合**

正答 1

　三相誘導電動機に関する次の文中のア，イに入るものがいずれも正しいのはどれか。

　なお，極数が p の誘導電動機の場合，電流の 1 周期の間に回転磁界は $\dfrac{2}{p}$ 回転する。　　　　　　　　　　　　　　　　　　　　【地方上級・平成25年度】

「極数が 6 の三相誘導電動機を周波数 50 Hz の電源につないだところ，電動機の回転速度が 930 min⁻¹ となった。このときの電動機の滑りは ［　ア　］ %である。

　ここで，この電動機を周波数 60 Hz の電源につなぎ換えて同じ滑りで回転させると，電動機の回転速度は ［　イ　］ min⁻¹ となる」

	ア	イ
1	3	775
2	3	1116
3	5	775
4	7	775
5	7	1116

必修問題 の 解説

誘導機の基本公式を使った問題である。本問ではその場で公式を導出するためのヒントが書かれているが，問題によっては必ず書かれているわけではないため，事前に覚えて解けるようにしておきたい。

この電動機の同期速度 N_s は，

$$N_s = \frac{120f}{p} = \frac{120 \times 50}{6} = 1000\,\text{Hz} \quad (f：周波数)$$

となるので，滑り n は，

$$n = \frac{N_s - N}{N_s} \times 100 = \frac{1000 - 930}{1000} \times 100 = 7\,\%$$

これが空欄アに入る。

次に，周波数を 60 Hz にした場合の同期速度は，

$$N_s = \frac{120 \times 60}{6} = 1200\,\text{Hz}$$

したがって，すべりが 7 % なので，求める回転速度 N は，

$$N = N_s \times \frac{100 - n}{100} = 1200 \times \frac{93}{100} = 1116\,\text{min}^{-1}$$

これが空欄イに入る。

補足

本問で使われた 50 Hz は東日本の商用周波数，60 Hz は西日本の商用周波数である。

正答 **5**

図の自励式発電機を含む回路について，発電機の起電力を求めるための以下の文章中の空欄ア，イ，ウに当てはまる数として正しいのはどれか。

ただし，ブラシ接触電圧降下，電機子反作用の影響は考えないものとする。

【地方上級・平成24年度】

「負荷での消費電力が $8.5\,\mathrm{kW}$ であることから，負荷に流れる電流 I は，$I =$ ［ ア ］ A だとわかる。したがって，発電機抵抗での逆起電力は ［ イ ］ V となるので，発電機での起電力は ［ ウ ］ V である」

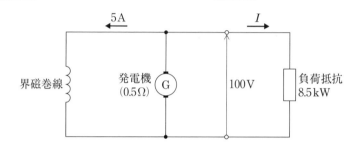

	ア	イ	ウ
1	85	40	60
2	85	40	140
3	85	45	55
4	85	45	145
5	8.5	14	86

必修問題 の 解説

　直流機の計算では等価回路が重要になる。本問では，界磁巻線を流れる 5A の電流（界磁電流）にも注意が必要である。

　この回路の等価回路は下のようになる。負荷の電圧が 100V，電力が 8.5kW = 8500W なので，

$$I = \frac{8500}{100} = 85\text{A}$$

これが空欄アに入る。

　次に，発電機に流れる電流は $I + 5 = 90\text{A}$ なので，発電機抵抗での逆起電力は $90 \times 0.5 = 45\text{V}$ となり，これが空欄イに入る。

　この分も起電力に含まれる（または太実線矢印についてキルヒホッフの法則）ので起電力は $100 + 45 = 145\text{V}$ となり，これが空欄ウに入る。

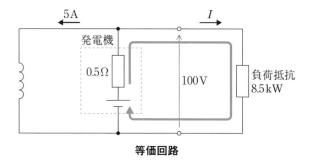

等価回路

正答 **4**

重要ポイント **1** 変圧器

鉄心にコイルを巻いて，交流の電圧を変える装置を変圧器という。
変圧器では，巻線の巻数比によって，電圧，電流が変化する。

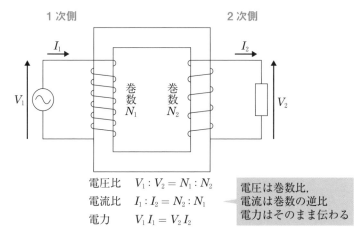

電圧比　　$V_1 : V_2 = N_1 : N_2$
電流比　　$I_1 : I_2 = N_2 : N_1$
電力　　　$V_1 I_1 = V_2 I_2$

電圧は巻数比，
電流は巻数の逆比
電力はそのまま伝わる

　変圧器の入った回路を計算する場合，変圧器で電圧，電流を分けて計算すると大変なため，1次側または2次側に回路の数値をすべて変換して変圧器を意識せずに解くのがよい。1次側に数値を換算することを1次換算，2次側に数値を換算することを2次換算という。どちらも公式は同じであるが（立場が逆になる），下に1次換算の計算公式を示しておく。

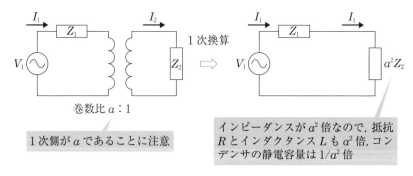

1次換算

巻数比 $a : 1$

1次側が a であることに注意

インピーダンスが a^2 倍なので，抵抗
R とインダクタンス L も a^2 倍，コンデンサの静電容量は $1/a^2$ 倍

重要ポイント **2** **誘導機**

　下図のように回転子のまわりで磁石を回転させると，電磁誘導によって，磁石と同じ向きに回転子が回転する。このプロセスは，正しくは次のようになる。

①磁石が動くことで，回転子の磁界が変化する
②磁界の変化で電磁誘導が起こり，回転子に渦電流が発生する
③渦電流の位置には磁石の磁界があるため，フレミングの左手の法則によって回転子が力を受ける。この力は回転している磁石と同じ方向のモーメントをつくる

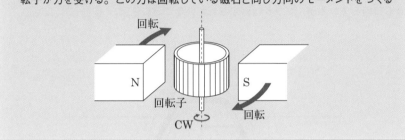

　実際には，磁石の回転で回転子を回転させるのでは意味がないため，磁石の回転に相当する磁界を電気的に発生させて磁石を回転させることなく回転子を回転させている。この原理でできているのが，誘導電動機である。

　誘導機では，同期速度 N_s を表す次の公式が重要である。

$$N_s = \frac{120f}{p}$$

　同期速度 N_s〔min^{-1}〕は，電気的につくられる回転磁界の 1 分当たりの回転数を表している。また，公式中で f〔Hz〕は周波数，p は極数である。

　実際には，電気的につくられた回転磁界と回転子の回転にはすべりがあって一致しない。このすべり s〔%〕は次式で計算される。

$$s = \frac{N_s - N}{N_s} \times 100$$

N_s は同期速度，N は回転速度である。

第4章
電力・機器

重要ポイント 3 直流機

　下図は直流電動機の原理である。図の状態で，フレミングの左手の法則より，コイルの ab に下向き，cd に上向きの力が働くため，コイルには反時計回りに回そうとするモーメントが発生する。これがモーターの駆動力となる。

　ただし，このままではコイルが半回転するたびにモーメントの向きが変化するため，整流子によって，常に図の左側部分に（cd が回ってきても）下方向の力が加わるようにしている。

　このように整流子は電流の向きを反転させる役割をしている（整流子はコイルとともに回っているが，ブラシは固定されていることに注意）。

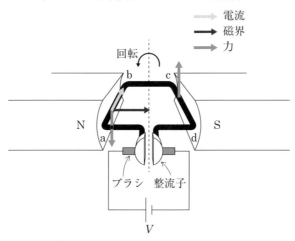

　一方，逆にコイルを外力で回転させればコイルには誘導電流が発生する（フレミングの右手の法則）。これが直流発電機の原理である。

　ここでも整流子によって，電流の向きが一定になるようになっているため，ここで流れる電流は向きが一定の直流電流である。ただし，そのままでは電流の大きさが大きく変化するため，多くのコイルを同時に回転させて合成することで，電流の大きさもほぼ一定とみなせるようにする。

　直流機の計算をする場合には，次図のように直流機部分を電源と抵抗の直列の形の等価回路に直して計算する。

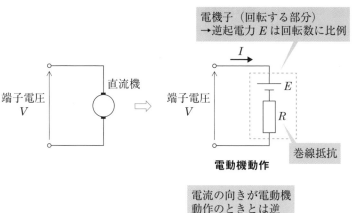

電機子（回転する部分）
→逆起電力 E は回転数に比例

端子電圧 V　直流機

端子電圧 V

巻線抵抗

電動機動作

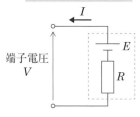

電流の向きが電動機
動作のときとは逆

端子電圧 V

発電機動作

第4章

電力・機器

このとき，次のことに注意する。

- 電動機動作と発電機動作では電流の向きが逆になる
- 電機子の逆起電力 E は，回転数に比例する（界磁〈磁界〉が一定の場合。界磁が変化する出題例はまれだが，変化する場合は，逆起電力は界磁の磁束にも比例する）
- 電機子の回転を固定している場合 $E=0$（巻線抵抗はある）
- 端子を開放している場合，電流が 0 となる（結果的に巻線抵抗の電圧が 0 となる）
- トルクを T，回転角速度を ω とすると，電力（仕事率）P について $P=T\omega=EI$ が成立する

　実際には，最初の原理図に出てきた磁石は永久磁石ではなく電流によってつくられる電磁石を利用する。この電磁石による磁束を**界磁**という。界磁部分にも電流が流れるが，これを考慮する場合，与えられた回路に従ってキルヒホッフの法則などを立てていく（上に列挙したことも，それに応じて変化させること）。

No.1 図のように，巻数比が 1 : 2 の理想変圧器を用いて作られる回路についての以下の文章の空欄ア，イ，ウに当てはまる数として正しいのはどれか。

【地方上級・平成24年度】

「変圧器の 2 次側電圧 $\dot{E}_2$ の大きさが ［ ア ］ V になるため，2 次側電流 $\dot{I}_2$ の大きさは ［ イ ］ A となる。ここで，1 次側電流 $\dot{I}_1$ の大きさは ［ ウ ］ A なので，負荷で消費される電力が，電源から供給される電力と等しく保たれる」

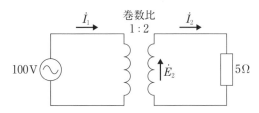

	ア	イ	ウ
1	200	40	20
2	200	40	80
3	200	1000	20
4	50	10	5
5	50	250	125

No.2 図のように分路巻線の巻数が 80 回，直列巻線の巻数が 20 回の単巻変圧器において，10Ω の抵抗に 6A の電流が流れた。このとき，1 次側の電圧はいくらか。

【地方上級・平成26年度】

1 15V
2 48V
3 60V
4 75V
5 240V

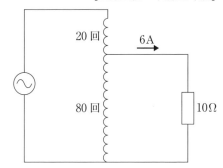

No.3 変圧器に用いられる磁性材料に関する次の文章中のア～ウの｛ ｝の中から正しい語を選んでいるのはどれか。 【地方上級・平成26年度】

「変圧器の鉄心には，鉄損が小さく，飽和磁束密度や透磁率が大きい材料が適している。そのため，材料にはア $\left\{\begin{array}{l}\text{a. 強磁性体}\\\text{b. 常磁性体}\end{array}\right\}$ の電磁鋼板が使われる。特に変圧器の

場合にはイ $\left\{\begin{array}{l}\text{a. 方向性}\\\text{b. 無方向性}\end{array}\right\}$ の電磁鋼板が使われる。鉄心による損失は鉄損と呼ば

れる。鉄損はヒステリシス損と渦電流損に分けられるが，ウ $\left\{\begin{array}{l}\text{a. ヒステリシス損}\\\text{b. 渦電流損}\end{array}\right\}$

は，磁性特性がループを描くことにより，磁界の方向が変化するたびにエネルギーが損失することをいう」

	ア	イ	ウ
1	a	a	a
2	a	a	b
3	a	b	a
4	b	a	b
5	b	b	b

No.4 図のような巻数比 a の単相変圧器があり，1次巻線と2次巻線の抵抗はともに1Ωである。両巻線の漏れインダクタンスは零，励磁インダクタンスは無限大，鉄損は零である。1次側に実効値100Vの単相交流電圧源を接続し，無負荷時の2次側電圧を測定したところ実効値は200Vであった。また，2次側に負荷を接続したところ，銅損は500Wであった。巻数比 a と負荷接続時の1次電流実効値 I_1 の組合せとして最も妥当なのはどれか。

なお，銅損とは1次巻線と2次巻線の抵抗によって消費される電力の合計値のことである。 【国家総合職・令和3年度】

	a	I_1
1	0.5	10A
2	0.5	20A
3	1	20A
4	2	10A
5	2	20A

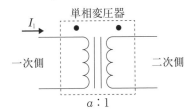

No.5 図は極数が２の三相同期発電機を表したものである。中の磁極が１周すると１サイクルの正弦波電圧が発電される。極数が 16 の場合に，磁極を１分間に 300 回転させて得られる正弦波交流電圧の周波数はいくらか。

【地方上級・平成24年度】

1 20Hz
2 30Hz
3 40Hz
4 50Hz
5 60Hz

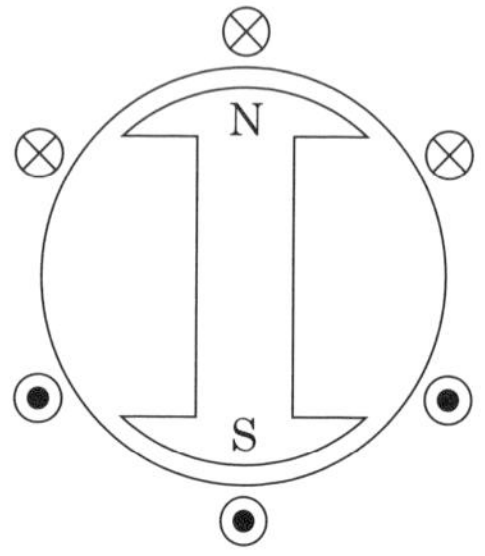

No.6 三相誘導電動機に関する次の記述の㋐，㋑，㋒に当てはまるものの組合せとして最も妥当なのはどれか。 【国家総合職・令和４年度】

「50Hz の三相交流電源が接続された極数が２の三相誘導電動機があり，すべりが５%，発生トルクが 100Nm で動作している。このとき，回転磁界の回転速度は [㋐]，回転子の回転速度は [㋑]，三相分の機械出力はおよそ [㋒] である」

	㋐	㋑	㋒
1	1500 min^{-1}	75 min^{-1}	15kW
2	1500 min^{-1}	1425 min^{-1}	30kW
3	3000 min^{-1}	150 min^{-1}	30kW
4	3000 min^{-1}	2850 min^{-1}	15kW
5	3000 min^{-1}	2850 min^{-1}	30kW

No.7 永久磁石直流電動機の回転子を拘束し，端子電圧 20.0V を印加したところ，5.00A の電流が流れた。電源を取り外し，端子を開放して外部から別の電動機によって 1200 min^{-1} で回転させたところ，端子電圧は 48.0V であった。この電動機が 5.00Nm の負荷を駆動しているとき，2400 min^{-1} で回転させるための端子電圧はおよそいくらか。 【国家総合職・平成26年度】

1 101V　　**2** 116V
3 148V　　**4** 192V
5 200V

実戦問題 の 解説

No.1 の解説　変圧器
→問題は P.296

　変圧器の基本公式の確認問題である。問題の誘導では空欄ウはあたかも1次換算して計算したように書かれているが，実際には1次換算しないで，解説のように文章中の記述をヒントとして計算するのがよいだろう。

　変圧器では電圧は巻数比に比例するので，

$$E_2 = 2 \times 100 = 200\text{V}$$

これが空欄アに入る。

　したがって，オームの法則より，

$$I_2 = \frac{200}{5} = 40\text{A}$$

これが空欄イに入る。

　最後に，変圧器では電力はそのまま伝わるので，

$$100 \times I_1 = 200 \times 40 \qquad \therefore \quad I_1 = \frac{200 \times 40}{100} = 80\text{A}$$

これが空欄ウに入る。

　以上より，正答は**2**となる。

No.2 の解説　変圧器
→問題は P.296

　単巻変圧器と呼ばれる変圧器に関する問題である。公式を知っていれば直ちに解くことができる。補足にまとめてあるのでおさえておこう。

　2次側（抵抗）の電圧はオームの法則から $10 \times 6 = 60\text{V}$ である。したがって，求める1次側（電源電圧）の電圧を V とすると，

$$V : 60 = (20 + 80) : 80 \qquad \therefore \quad V = \frac{60 \times 100}{80} = 75\text{V}$$

　以上より，正答は**4**となる。

補足

　この問題のように，1次，2次の巻線が共通の変圧器を単巻変圧器という。図で

$$V_1 : V_2 = N_1 : N_2$$

および

$$(N_1 - N_2) I_1 = N_2 (I_2 - I_1)$$

が成り立つ。下の式の左辺は，ab のアンペアターン（起磁力のことで，巻数と電流の積），右辺は bc のアンペアターンである。

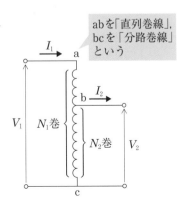

abを「直列巻線」，
bcを「分路巻線」
という

第4章

電力・機器

　　珍しい変圧器の知識問題であるが，地方上級の出題例としてチェックして
おこう。
ア：「a. 強磁性体」が入る。強磁性体とは，一度帯びた磁性が（外部の磁
　　界の影響に関係なく）残留するような材料で，鉄，コバルト，ニッケルな
　　どが該当する。一方，常磁性体とは，外部から磁界を加えると磁性を帯び
　　るが，外部の磁界を取り除くと磁性がなくなる材料で，アルミニウム，ナ
　　トリウムなどが該当する。
イ：「a. 方向性」が入る。変圧器の鉄心には方向性の電磁鋼板が使われる。
　　方向性電磁鋼板とは，圧延方向のみに磁束を通しやすい性質を持つ鋼板の
　　ことである。
ウ：「a. ヒシテリシス損」が入る。ヒシテリシス損とは，縦軸に磁束密度
　　B，横軸に磁界 H をとったヒシテリシス曲線がループを描くことが原因
　　となる損失である。一方，渦電流損は，磁界の変化によって鉄心に渦電流
　　が発生し，そのエネルギーが熱になって起こる損失である。どちらも小さ
　　いほうがよい。そのためにケイ素を配合したり，ヒシテリシス損を軽減す
　　るために内部のひずみを減少させたり，渦電流損を小さくするために絶縁
　　被膜を施すといった対策をとる。
　　以上より，正答は**1**となる。

　　変圧器独特の用語が使われているが，本問を解くのに必要な知識は設問中
に書かれている。1 次電流を求めたいので 1 次換算する。
　　無負荷時に 2 次側の電圧が 1 次側の 2 倍になっている。したがって，巻数
の比は $1:2 = 0.5:1$ となる。よって，$a = 0.5$ となる。
　　次に，2 次側を 1 次換算した回路を考える。2 次巻線の抵抗は 1Ω だが，
1 次換算すると $a^2 \times 1 = 0.25\Omega$ となる。
　　したがって，1 次巻線と 2 次巻線を直列合成した抵抗値は $1 + 0.25 =$
1.25Ω であり，そこで消費される電力である銅損は，

$$500 = I^2 \times 1.25$$

$$\therefore \quad I_1 = \sqrt{\frac{500}{1.25}} = 20\text{A}$$

　　以上より，正答は**2**となる。

No.5 の解説　同期機

→問題は P.298

三相同期発電機に関する問題は多くはない。ここで問われている公式は，誘導機と同じである。ただし，同期機と誘導機では似ている部分はあるが，動作原理は異なるため，この点も覚えておいてほしい。

誘導機は外側に回転磁界をつくったが，同期機は中の磁石（磁極）を回転させることにより，外側の電機子巻線に起電力を発生させる。逆に，誘導機と同様に外側に回転磁界を加えれば，その磁石と引かれるように中の磁石が回転する。これは同期電動機の原理である。

同期発電機では，極数を p，周波数を f〔Hz〕，同期速度を N_s〔min^{-1}〕とすると，

$$N_s = \frac{120f}{p}$$

が成り立つ。本問では $N_s = 300$，$p = 16$ なので，

$$f = \frac{N_s p}{120} = \frac{300 \times 16}{120} = 40\,\mathrm{Hz}$$

以上より，正答は**3**となる。

No.6 の解説　誘導機

→問題は P.298

誘導機の基本公式を確認しておこう。公式さえ知っていれば解ける問題である。

同期速度を N_s〔min^{-1}〕とすると，同期速度の公式より，

$$N_s = \frac{120f}{p} = \frac{120 \times 50}{2} = 3000\,\mathrm{min}^{-1}$$

これが回転磁界の回転速度である（㋐）。すべりが 5% ということは同期速度の 95% で回転子が回転しているので，回転速度 N〔min^{-1}〕は，

$$N = N_s \times (1 - 0.05) = 3000 \times 0.95 = 2850\,\mathrm{min}^{-1}$$

これが㋑に入る。この場合の回転角速度 ω〔rad/s〕は，1 秒間の回転数（回転振動数）が $\dfrac{N}{60} = \dfrac{2850}{60} = 47.5\,\mathrm{Hz}$ なので，

$$\omega = 2\pi \times 47.5 = 95\pi\,\text{〔rad/s〕}$$

となるので，求める出力は，トルクに回転角速度を掛けて，

$$P = 100 \times 95\pi \fallingdotseq 29.8\,\mathrm{kW}$$

これはおよそ 30 kW といえる（㋒）。

以上より，正答は**5**となる。

第4章 電力・機器

　回転子を固定したということは，直流電動機の逆起電力がなかったということである。端子電圧 20V で 5.00A が流れているので，内部抵抗が $R = 4\Omega$ とわかる。

　次に，端子を開放しているということは，電流が流れないということである。したがって $1200\,\mathrm{min}^{-1}$ で回転しているときの逆起電力が 48.0V になる。

　最後に，$2400\,\mathrm{min}^{-1}$ で回転しているとき，回転速度と逆起電力は比例するので 96V になる。このときの負荷が $5.00\,\mathrm{N \cdot m}$ であり，$2400\,\mathrm{min}^{-1} = \dfrac{2400}{60}$ $= 40\,\mathrm{Hz}$ の周波数，つまり，$2\pi \times 40\,\mathrm{[rad/s]}$ の角速度で回転していることから，この負荷の仕事率 $P\,\mathrm{[W]}$ は，

$$P = 5.00 \times (2\pi \times 40) = 400\pi \,\mathrm{[W]}$$

この仕事率は逆起電力における電力 $96 \times I\,\mathrm{[W]}$ に等しいので，

$$I = \frac{400\pi}{96} = \frac{25}{6}\pi \,\mathrm{[A]}$$

したがって，求める端子電圧は，

$$96.0 + 4 \times \frac{25}{6}\pi \fallingdotseq 148.3\mathrm{V}$$

以上より，正答は**3**となる。

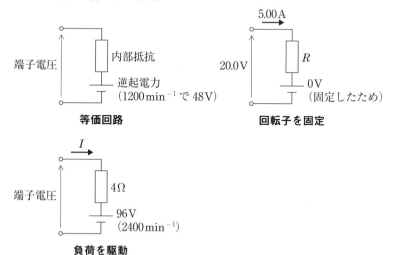

端子電圧 / 内部抵抗 / 逆起電力（$1200\,\mathrm{min}^{-1}$ で 48V）　**等価回路**

5.00A / 20.0V / R / 0V（固定したため）　**回転子を固定**

端子電圧 / I / 4Ω / 96V（$2400\,\mathrm{min}^{-1}$）　**負荷を駆動**

正答	No.1＝2　No.2＝4　No.3＝1　No.4＝2　No.5＝3　No.6＝5 No.7＝3

第5章

電子工学

半導体

必修問題

シリコン半導体に関する次の記述の㋐，㋑，㋒に当てはまるものの組合せとして最も妥当なのはどれか。 【国家総合職・令和4年度】

「図はシリコンの単位格子を表している。シリコンの単結晶において，シリコン原子は隣接する [㋐] 個のシリコン原子と [㋑] 結合し，ダイヤモンド構造の結晶をつくっている。したがって，シリコンの格子定数 a が 5.4×10^{-8}cm であるとき，単位体積当たりの価電子数はおよそ [㋒] cm^{-3} となる」

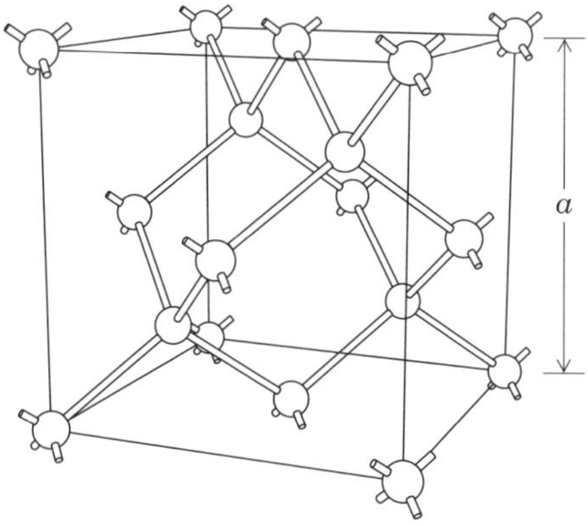

	㋐	㋑	㋒
1	4	共有	1.0×10^{23}
2	4	共有	2.0×10^{23}
3	4	イオン	2.0×10^{23}
4	8	共有	1.0×10^{23}
5	8	イオン	1.0×10^{23}

〈必修問題〉の解説

㋐，㋑はどの試験でも問われている基本知識で，確実に覚えたい。また，㋒は国家総合職で繰り返し出題されている問題である。問われているものが「原子数」ではなく「価電子数」であることに気をつけよう。

シリコン原子は，設問の図の１つの原子から４本の結合の線が出ていることからわかるとおり，４個の隣接する原子と共有結合している。したがって，㋐には「4」，㋑には「共有」が入る（図がなくても覚えておくこと）。

㋒について，まずは単位格子内に含まれる原子数を計算する。下図の斜線の原子（格子の頂点にある原子）は，全体の$\frac{1}{8}$が格子内に含まれる。これは下図から８個ある。次に，下図の青色の原子（格子の面内に頂点がある原子）は全体の$\frac{1}{2}$が格子内に含まれる。これは下図から６個ある。また，それ以外の原子はすべて格子内に入っている。これは４個ある。

したがって格子内に含まれる原子数は，

$$8\times\frac{1}{8}+6\times\frac{1}{2}\times4+1=8\text{個}$$

１個の原子は４個の価電子を持っているので，単位格子内の価電子数は$8\times4=32$個である。

これより，単位体積当たりの価電子数は，

$$\frac{32}{a^3}=\frac{32}{(5.4\times10^{-8})^3}\fallingdotseq2.0\times10^{23}\text{cm}^{-3}$$

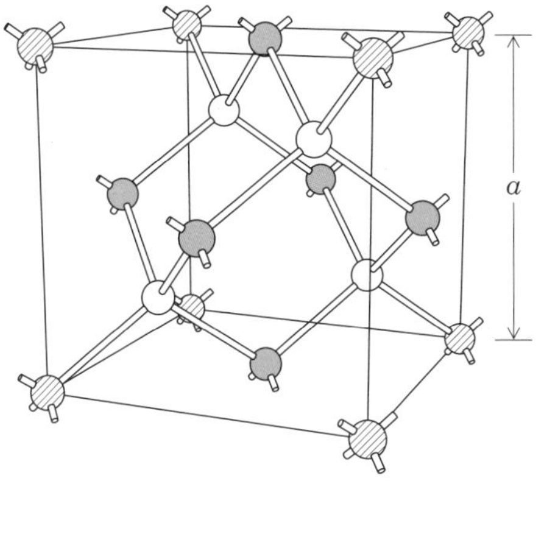

正答 2

図のように 1 m^3 当たり 1.25×10^{21} 個のホウ素原子をドープしたシリコンウェハについて，x 軸方向に 1 mA の電流を流し，磁束密度 0.1 T の磁界を z 軸方向に印加した。このとき，端子 T_1 を基準として端子 T_2 に生じるホール電圧はおよそいくらか。

ただしシリコンウェハの z 軸方向の厚さは 0.5 mm，電気素量は 1.6×10^{-19} C とし，ホール電圧の寄与は多数キャリアのみを考えればよいものとする。

【国家総合職・平成27年度】

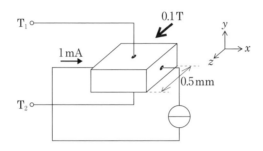

○ は理想電流源を示す

1 ＋10 mV

2 ＋1.0 mV

3 －0.1 mV

4 －1.0 mV

5 －10 mV

必修問題 の 解説

　ホール効果がテーマの典型問題であり，事前に準備していたかどうかで差がつく問題である。解説では公式を覚えていない前提で導出しているが，答えを覚えておく方法もあるだろう。

　ホウ素原子をドープしたシリコンウェハは p 型半導体となっているので，多数キャリアは正孔で正の電荷を持っている。これが電流と同じ方向に移動していることになる。

　フレミングの左手の法則より，電流が x 正方向，磁界が z 正方向なら電流，つまり移動する正孔が受ける力の方向は y 負方向になる。結果として，T_2 側に正孔が引き付けられる。T_2 側が正に帯電するので，ここから T_1 の方向に電界を発生させる。したがって，電位は T_2 のほうが高いので T_1 を基準とする T_2 の電位は正である。

　以下，大きさのみを考える。ウェハの厚みを d，幅を w，電流を I，磁束密度 B，電界を E，キャリアの速さを v とする（下図を参照のこと）。

　電気素量を q とすると，正孔に働くローレンツ力 $F = qvB$ と電界の力 $F = qE$ がつりあうので，

　　　$qvB = qE$　　　$\therefore$　　$E = vB$

　ここで，電流は 1 秒間に通過する電気量である。キャリア密度を p とすると，1 秒間に電流が通過する体積 vwd に含まれるキャリアの持つ電荷が電流に等しいので，

　　　$I = q \times p \times vwd = vwdpq$

　これより速さ v を消去すると，

　　　$E = \dfrac{IB}{wdpq}$

　ここで T_1 を基準とする T_2 の電位 V は $V = Ed$ なので，

　　　$V = Ed = \dfrac{IB}{wpq}$

　ここに与えられた数値を代入して，

　　　$V = \dfrac{1 \times 10^{-3} \times 0.1}{0.5 \times 10^{-3} \times 1.25 \times 10^{21} \times 1.6 \times 10^{-19}} = +1.0\,\mathrm{mV}$

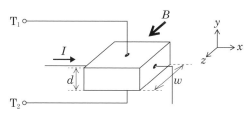

正答 **2**

重要ポイント 1 真性半導体

抵抗率が非常に大きく，電流がほとんど通らない材料を絶縁体といい，逆に，抵抗率が非常に小さく，大電流が流せる材料を導体という。この中間にあり，条件によって電流を通したり通さなかったりする材料のことを半導体という。

代表的な半導体は，単体として

・Ge（ゲルマニウム）
・Si（ケイ素，シリコン）

が挙げられる。いずれもⅣ族の元素で，**価電子は 4** である。これらは周囲の 4 つの元素と**共有結合**の結晶をつくっている。

また，化合物の半導体は数多くあるが，代表的なものとして，

・GaAs（ガリウムヒ素，**直接遷移形**）
・GaP （ガリウムリン，単結晶は**間接遷移形**）
・InSb （インジウムアンチモン）
・ZnSe （セレン化亜鉛）

が挙げられる。これらは，まとめて真性半導体と呼ばれる。

半導体は一般に，温度が低いうちは抵抗率が大きく，温度が高くなると抵抗率が下がり，伝導性が増す。

電子の動きを把握するためには，電子のエネルギーに着目するのがよい。エネルギーについては次の点を理解することが大切である。

- ・エネルギーが低いと原子核の束縛にとらわれて電子は動けない（伝導性がない）
- ・エネルギーが高いと原子核の束縛から逃れて伝導電子となる
- ・量子力学的性質として，エネルギーは飛び飛びの値しかとれず，エネルギーを一気に必要量与えないと伝導電子にはならない

このようなエネルギーの様子を図示したのがエネルギーバンドである。エネルギーバンドでは通常，電子のエネルギーの絶対値の大きい状態を上にとる。

絶縁体，金属のエネルギーバンドを下に示す。

金属のエネルギーバンド

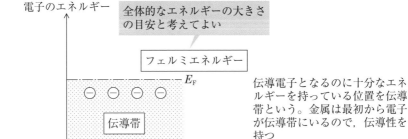

絶縁体のエネルギーバンド

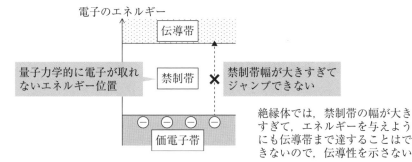

図中のフェルミエネルギーは，これより高いエネルギーにはほとんど電子は存在しないという，エネルギーの上限に近い意味のエネルギーである。しかし，公務員試験で出題される範囲では，電子の全体的なエネルギーの大きさを表すと考えてよい。原子の中にはさまざまなエネルギーの値の電子が存在するため，全体的な動きを調べるときに使われる（ダイオードの動作など）。この場合，**電子は（フェルミ）エネルギーの高いほうから低いほうに移動する**と思っておくとよい。

真性半導体の場合，通常の状態では電子は価電子帯にあり，伝導性を示さないが，必要なエネルギーを与えれば，電子は伝導帯に移り，伝導性を示す。

このとき，もともと電子のいた場所は（電気的に±0のところから電子がいなくなったので）正に帯電することになる。ここに電子が引かれると，正に帯電する場所は移動する。そこで，この正に帯電した部分も，あたかも正の電荷のように移動することになる。これを**正孔**という。つまり，エネルギーを与えることによって，1対の**伝導電子**と**正孔**が生じ，ともに伝導性を示すことになる。したがって，真性半導体では，伝導電子と正孔は同じ数だけ発生する。

半導体のエネルギーバンド

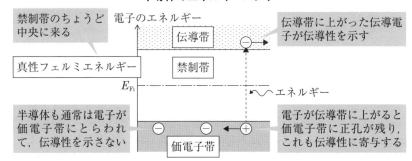

半導体は禁制帯の幅が狭いので，エネルギーを与えると禁制帯を越えて，伝導電子・正孔対が発生して伝導性を示す

なお，逆に**伝導電子**と**正孔**が結合すると，そのときにエネルギーを放出して伝導性を失う。このエネルギーが熱や光の形で放出されることを利用する素子がある（発光ダイオードなど）。

重要ポイント **2** **不純物半導体**

真性半導体に不純物を加え，より小さなエネルギーで伝導性が表れるようにした半導体が不純物半導体である。

n 型半導体と p 型半導体があるが，まずは，n 型半導体を見る。Si に少量の P（リン）を加えた不純物を考える。Si はⅣ族の原子で，その価電子数は 4 であるが，P はⅤ族で，その価電子数は 5 である。つまり，電子が純粋な Si の単結晶よりも多いことになる。マイナス（negative）の電子が増えるように，不純物を混ぜたので，これを n 型半導体という。

n 型半導体では，余った 5 個目の電子は，そのままの状態では非常に弱く P 原子に捕捉されている。しかし，この結合は弱いため，室温程度の熱エネルギーで，容易に伝導帯に上がることができる。したがって，n 型半導体では，真性半導体よりも伝導性が高いことになる。この弱いリンとの束縛のエネルギーをドナー準位という。

n 型半導体　　　　　　　**p 型半導体**

余ったリンの価電子が伝導電子となる（青）

ホウ素の価電子で埋まらなかった正孔が伝導性を担う

逆に，Si にⅢ族の元素である B（ホウ素）を少量不純物として混ぜた物質が p 型半導体である。この場合，B の価電子は 3 であるので，Si の共有結合と比べると電子の数が 1 つ足りないことになる。これを，電子の入っていない，電気的にはプラスの穴ができたものと考え，正孔（ホール）と呼ぶ。この正孔には電子が入りうるが，全体として電子は不足しているため，ある正孔が消えると，別の場所に正孔が発生することになる。これはあたかも正孔が電子のように移動しているように考えることができる。この正孔が伝導性に寄与することになる。p 型半導体のキャリアは正孔である。また，そのために混ぜた不純物（B）をアクセプタと呼ぶ。正孔を束縛するためのエネルギーをアクセプタ準位という。

エネルギーバンドで表すと次のようになる。

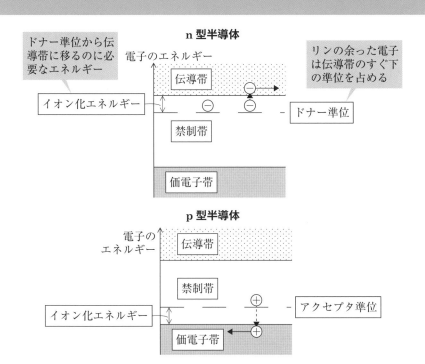

性質	n 型半導体	p 型半導体
代表的な不純物原子	P (リン) Ga (ガリウム)	B (ホウ素) Al (アルミニウム)
不純物原子の価電子数	5	3
不純物原子の名称	ドナー	アクセプタ
多数キャリア	電子	正孔

※キャリアは，伝導性を示しているものを表している。

重要ポイント **3** *pn* 積

　熱平衡状態においては，伝導電子濃度を n，正孔濃度を p と置くと，その積 pn は一定に保たれる。これを pn 積という。特に真性半導体のキャリア濃度を n_i とすると，真性半導体では，エネルギーを与えることで，伝導電子と正孔が対となって表れるため，どちらの濃度も n_i となる。したがって，一般に，

$$pn = n_i^2$$

となる。

実戦問題

No.1 **真性半導体に関する次の記述の㋐～㋓に当てはまるものの組合せとして最も妥当なのはどれか。** 【国家一般職・令和元年度】

「純粋なシリコン結晶では，各原子が価電子を [㋐] 持ち，これらが [㋑] している。温度が十分低く [㋑] が完全であるときには，[㋒] として振る舞う。温度が高いときには，[㋓] が電気伝導に寄与する」

	㋐	㋑	㋒	㋓
1	4個	共有結合	絶縁体	電子と正孔
2	4個	共有結合	絶縁体	電子のみ
3	4個	金属結合	金属	電子と正孔
4	5個	共有結合	絶縁体	電子のみ
5	5個	金属結合	金属	電子と正孔

No.2 **電気抵抗率に関する次の記述の㋐，㋑，㋒に当てはまるものの組合せとして最も妥当なのはどれか。** 【国家一般職・令和３年度】

「真性半導体では，温度が上がると電気抵抗率は [㋐] する。高純度のシリコン（Si）にヒ素（As）をわずかに添加した不純物半導体では，ヒ素（As）の割合が増加すると電気抵抗率は [㋑] する。金属では，温度が上がると電気抵抗率は [㋒] する」

	㋐	㋑	㋒
1	増加	増加	増加
2	増加	増加	減少
3	増加	減少	増加
4	減少	減少	増加
5	減少	減少	減少

No.3 **半導体に関する次の記述の㋐，㋑，㋒に当てはまるものの組合せとして最も妥当なのはどれか。** 【国家Ⅱ種・平成23年度】

「n 型半導体はシリコン（Si）の真性半導体に [㋐] のヒ素（As）やリン（P）を不純物として添加することで得られる。このときエネルギーバンド図を考えると，自由電子の生成に必要なエネルギーは，[㋑] の下端と [㋒] のエネルギーの差といえる」

	㋐	㋑	㋒
1	5 価	伝導帯	ドナー準位
2	5 価	価電子帯	ドナー準位
3	3 価	伝導帯	アクセプタ準位
4	3 価	伝導帯	ドナー準位
5	3 価	価電子帯	アクセプタ準位

No.4 **半導体に関する次の記述の㋐，㋑，㋒に当てはまるものの組合せとして最も妥当なのはどれか。** 【国家総合職・令和 3 年度】

「14 族元素であるシリコンで構成される結晶は，伝導帯と価電子帯との間に禁制帯を有する真性半導体である。この半導体に導電性を持たせるために，不純物として 13 族元素であるホウ素（B）をドープすると，この不純物は [㋐] となり，室温での禁制帯中のフェルミ準位は [㋑] に近づく。これを [㋒] 半導体と呼ぶ」

	㋐	㋑	㋒
1	ドナー	伝導帯	n 型
2	ドナー	価電子帯	p 型
3	アクセプタ	伝導帯	p 型
4	アクセプタ	伝導帯	n 型
5	アクセプタ	価電子帯	p 型

No.5 シリコン半導体に関する次の記述の㋐, ㋑に当てはまるものの組合せとして最も妥当なのはどれか。　【国家総合職・平成30年度】

「真性半導体である純度の高いシリコン結晶に対して, 15族元素であるリンを添加した。リンを添加する前のフェルミ準位 E_i と, リンを添加した後のフェルミ準位 E_f との関係は ㋐ となる。ただし, 添加したリンの原子密度は$1cm^3$ 当たり 1×10^{15} 個程度とし, 温度は室温とする。

　室温から十分温度を高くすると, その温度における真性キャリア密度が添加したリンの原子密度よりも大きくなるとともに, フェルミ準位は ㋑ に近づく」

	㋐	㋑
1	$E_i < E_f$	禁制帯の中央
2	$E_i < E_f$	伝導帯
3	$E_i = E_f$	価電子帯
4	$E_i > E_f$	価電子帯
5	$E_i > E_f$	禁制帯の中央

No.6 不純物がドープされていない純粋なシリコンウェハに, $1m^3$ 当たり 2.0×10^{21} 個の P 原子をドープした。ドナーが完全にイオン化したと仮定すると, このシリコンウェハの正孔密度はおよそいくらか。

　ただし, シリコンの真性キャリア密度を $1.5 \times 10^{16} m^{-3}$ とする。

【国家総合職・平成26年度】

1 $1.3 \times 10^5 m^{-3}$

2 $1.1 \times 10^{11} m^{-3}$

3 $2.0 \times 10^{16} m^{-3}$

4 $2.7 \times 10^{28} m^{-3}$

5 $3.0 \times 10^{37} m^{-3}$

No.7 ヒ素が 1 cm³ 当たり 1.00 × 10¹⁶ 個，ホウ素が 1 cm³ 当たり 4.00 × 10¹⁵ 個，均一にドープされたシリコン結晶に関して，室温における伝導型および少数キャリア密度の組合せとして最も妥当なのはどれか。

ただし，ヒ素およびホウ素は完全にイオン化しているものとし，室温におけるシリコンの真性キャリア密度を 1.5 × 10¹⁰ cm⁻³ とする。

【国家総合職・平成29年度】

	伝導型	少数キャリア密度
1	p 型	$2.3 \times 10^4 \mathrm{cm}^{-3}$
2	n 型	$2.3 \times 10^4 \mathrm{cm}^{-3}$
3	p 型	$3.8 \times 10^4 \mathrm{cm}^{-3}$
4	n 型	$3.8 \times 10^4 \mathrm{cm}^{-3}$
5	p 型	$5.6 \times 10^4 \mathrm{cm}^{-3}$

実戦問題の解説

No.1 の解説 真性半導体

→問題は P.312

真性半導体の基本問題である。真性半導体では電子と正孔の両方が伝導性に寄与することに注意しよう。

シリコン原子の価電子数は「4」である（㋐）。また，これらは「共有結合」している（㋑）。

共有結合が完全であるときには，価電子が完全に結合に使われて移動できないので，電流は流れず，「絶縁体」として振る舞う（㋒）。しかし，温度が高いときは結合を切って結合の束縛から逃れる電子が出るため，電流が流れる。このとき，真性半導体では，電子が結合から逃れると，電子の存在すべき場所が正孔となるため（電子が伝導帯に移ると，価電子帯に正孔が残されるため）「電子と正孔」が電気伝導に寄与する（㋓）。

以上より，正答は**1**となる。

No.2 の解説 真性半導体

→問題は P.312

本問では電気抵抗率が問われているが，導電率が問われる場合もあるため注意してほしい。

真性半導体では，温度が上がると，エネルギーが与えられて伝導帯に移る電子が増加（逆に価電子帯に配置する正孔も増加）するので，伝導性が増加し，逆に電気抵抗率は「減少」する（㋐）。また，不純物半導体では，不純物が増加すると，周囲のシリコン原子と共有結合せず，伝導性に寄与する電子が増加するため，伝導性が増加し，逆に電気抵抗率は「減少」する（㋑）。

金属の場合，温度が上昇すると原子核（イオン）の振動が激しくなり，自由電子の移動を妨げるため，電気抵抗率は「増加」する（㋒）。

以上より，正答は**4**となる。

No.3 の解説　半導体のエネルギーバンド
→問題は P.313

n 型半導体のエネルギーバンドに関する問題である。重要ポイント①にあるエネルギーバンド図は確実に覚えておきたい。

n 型半導体では，価電子が「5 価」(㋐) の原子を不純物として添加して，余った電子が伝導性に寄与するようにする。

このとき，ドナー準位にあった電子が，伝導帯に移ると自由電子となるため，必要なエネルギーは，「伝導帯」(㋑) の下端と「ドナー準位」(㋒) のエネルギーの差となる。

以上より，正答は**1**となる。

No.4 の解説　半導体のエネルギーバンド
→問題は P.313

半導体についての基本知識を問う問題である。n 型，p 型の違いは確実に覚えておこう。

ホウ素の価電子数は3であり，シリコンより少ない。したがって，不純物は「アクセプタ」となる (㋐)。この場合のフェルミ準位は「価電子帯」に近づく (㋑)。これは「p 型」(㋒) である。

以上より，正答は**5**となる。

第5章 電子工学

No.5 の解説 半導体のエネルギーバンド

→問題は P.314

半導体のフェルミ準位に関する知識問題である。リンを添加するとn型の不純物半導体になること，真性半導体のフェルミ準位は禁制帯の中央に来ることに注意しよう。

真性半導体のフェルミ準位は禁制帯の中央にある。ここにリンを添加すると，一部の電子が伝導帯のすぐ下のドナー準位に配置する。結果として，フェルミ準位は禁制帯の中央からは伝導帯に近づくことになる。つまり「$E_i < E_f$」となる（㋐）。

高温領域になる場合，真性キャリア密度が大きくなれば（添加したリンの電子よりも真性半導体のシリコンの電子が伝導帯に多く励起した状態になるので），実質的にこの半導体は真性半導体とみなすことができる。したがって，フェルミ準位は「禁制帯の中央」に近づく（㋑）。

以上より，正答は**1**となる。

No.6 の解説 *pn* 積

→問題は P.314

pn 積に関する基本的な計算問題である。真性キャリア密度が設問で与えられている場合には pn 積について注意を払っておくとよい。

伝導電子濃度を n，正孔濃度を p とすると，熱平衡状態では常にその積 pn は等しい。真性半導体では，電子が価電子帯から伝導帯に励起すると，それに対応した正孔が発生するので，真性キャリア密度を n_i として $p = n = n_i$ となる。したがって，常に

$$pn = n_i^2$$

が成立することになる。

いま，ドープしたP（原子）の余った電子であるドナーが完全にイオン化したので $n = 2.0 \times 10^{21}$ となる。したがって，

$$p = \frac{n_i^2}{n} = \frac{(1.5 \times 10^{16})^2}{2.0 \times 10^{21}} = 1.1 \times 10^{11}\mathrm{m}^{-3}$$

以上より，正答は**2**となる。

No.7 の解説　*pn* 積

→問題は P.315

　本問では設問中に「真性キャリア密度」が与えられていることに注目しよう。この数値が出てきたときには *pn* 積に注意が必要となる。

　ヒ素の価電子数は5，ホウ素の価電子数は3である。この2つをドープすると，濃度の高いほうの性質を持つことになる。この場合はヒ素のほうが濃度が高いので，伝導型はヒ素を添加した場合のn型となる。

　次に，ヒ素とホウ素が完全にイオン化すると，ホウ素の正孔にヒ素の余った価電子の一部が打ち消されるため，多数キャリアの電子濃度 n は，ヒ素から，ホウ素によって打ち消された分を引いて，

$$n = 1.00 \times 10^{16} - 4.00 \times 10^{15} = 6.00 \times 10^{15} \mathrm{cm}^{-3}$$

となる。

　したがって，*pn* 積が一定に保たれることから，少数キャリア密度である正孔濃度を p，真性キャリア密度を n_i とすると $pn = n_i^2$ の関係より，

$$p = \frac{n_i^2}{n} = \frac{(1.5 \times 10^{10})^2}{6.00 \times 10^{15}} \fallingdotseq 3.8 \times 10^4 \mathrm{cm}^{-3}$$

　以上より，正答は **4** となる。

第5章　電子工学

電子デバイス

必修問題

半導体素子に関する次の記述の㋐，㋑，㋒に当てはまるものの組合せとして最も妥当なのはどれか。 【国家一般職・平成25年度】

- [㋐] は，GaAs，GaP などを材料とする pn 接合に順方向電流を流すと自然放出によって発光する素子であり，照明や表示器などに用いられる。
- [㋑] は，pnpn の 4 層の接合構造を有し，アノード-カソード間に流れる電流をゲート-カソード間に流れる電流により制御する素子であり，スイッチング素子や整流素子として用いられる。
- [㋒] は，pn 接合構造を有し，ドレイン-ソース間に流れる電流をゲート-ソース間に加えた電圧により制御する素子であり，スイッチング素子や増幅素子として用いられる。

	㋐	㋑	㋒
1	フォトダイオード	逆阻止三端子サイリスタ	接合形電界効果トランジスタ
2	フォトダイオード	サーミスタ	バイポーラトランジスタ
3	レーザダイオード	接合形電界効果トランジスタ	逆阻止三端子サイリスタ
4	発光ダイオード	逆阻止三端子サイリスタ	接合形電界効果トランジスタ
5	発光ダイオード	サーミスタ	バイポーラトランジスタ

必修問題の解説

半導体を使った素子については各種のものが利用されている。性質のみおさえておくものと，詳細な原理まで把握するものに分けて理解しておくことが大切である。

㋐：「発光ダイオード」が入る。発光ダイオードは記述にもあるとおり，pn 接合に順方向電流を流すことで自然放出によって発光する素子である。GaAs（ガリウムヒ素）は，価電子帯の頂上と伝導帯底の電子の波数が等しく，光と電子が直接遷移しやすい直接遷移型の半導体で，発光効率はよいが赤外領域の光となることから，可視光を発光するためのさまざまな工夫がされた。GaP（ガリウムリン）は直接遷移型の条件を満たさない間接遷移型の半導体であるが，特殊な不純物の性質などを利用して発光ダイオードに使われる。

㋑：「逆阻止三端子サイリスタ」が入る。pnpn 構造を持つのは（逆阻止三端子）サイリスタである。サイリスタでは，ゲート，アノード，カソードの 3 つの端子を持つが，ゲート電流を制御することによって，アノード－カソード間の電流を制御できる。

㋒：「接合形電界効果トランジスタ」が入る。素子名称が「ドレイン」「ソース」「ゲート」となるのは，電界効果トランジスタである。バイポーラトランジスタでは，「ベース」「コレクタ」「エミッタ」になる。

なお，選択肢に登場するその他の用語とその内容は以下のとおりである。

フォトダイオード	光の強さに応じて電流を発生させるダイオードで，光検出器として使われる
レーザダイオード	pn 接合の順方向に電流を流して発光させる点は発光ダイオードと同じであるが，半導体内部で光を往復させて誘導放出を起こさせ，その一部を取り出すのがレーザダイオードである
サーミスタ	半導体の抵抗が温度により変化することを利用して，温度変化を検出する素子として利用するものである

正答 4

第5章 電子工学

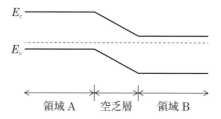

必修問題

pn 接合に関する次の記述の㋐〜㋔に当てはまるものの組合せとして最も妥当なのはどれか。 【国家Ⅱ種・平成19年度】

「図は,熱平衡状態における pn 接合のエネルギー帯図である。p 型半導体と n 型半導体を接合させると,p 領域である ㋐ の正孔が n 領域へ,n 領域である ㋑ の電子が p 領域へ移動する。この移動は ㋒ と呼ばれ,図中の破線で示されるように, ㋓ が一致するまで続く」

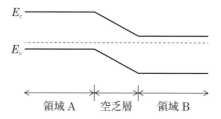

E_c:伝導帯の底部
E_v:価電子帯の頂部

	㋐	㋑	㋒	㋓
1	領域 A	領域 B	拡散	フェルミ準位
2	領域 A	領域 B	ドリフト	電子親和力
3	領域 B	領域 A	拡散	フェルミ準位
4	領域 B	領域 A	拡散	電子親和力
5.	領域 B	領域 A	ドリフト	電子親和力

必修問題 の 解説

　pn 接合の原理に関する問題で，確実に理解したい。原理は重要ポイント①で説明しているが，「拡散」と「ドリフト」についておさえておこう。

　フェルミ準位が価電子帯の近くにあるのは p 型半導体，伝導帯の近くにあるのは n 型半導体である。したがって，p 領域は「領域 A」（ア），n 領域は「領域 B」（イ）である。

　この 2 つを接合すると，濃度の高いほうから低いほうにキャリアが移動する。つまり，領域 A の正孔は n 領域へ，領域 B の電子は p 領域へ移動する。これは「拡散」である（ウ）。

　このような移動は全体的なエネルギーの高さを表す「フェルミ準位」が一致するまで続く（エ）。

正答 1

必修問題

pn 接合の空乏領域に関する次の記述の㋐，㋑，㋒に当てはまるものの組合せとして最も妥当なのはどれか。 【国家総合職・平成30年度】

「図は，pn 接合の熱平衡状態における空乏領域内の空間電荷密度分布（階段接合）であり，空乏層内の電位 φ について次式が成り立つ。

$$\frac{d^2\varphi}{dx^2} = \frac{qN_A}{\varepsilon_s} \quad (-x_p \leqq x \leqq 0)$$

$$\frac{d^2\varphi}{dx^2} = -\frac{qN_D}{\varepsilon_s} \quad (0 \leqq x \leqq x_n)$$

ここで，N_A は p 型領域のアクセプタ濃度，N_D は n 型領域のドナー濃度，q は電気素量，ε_s は半導体の誘電率である。

電界は接合面（$x=0$）において連続であることから [㋐] であり，空乏層全体では電荷中性条件が成り立つ。

また，空乏層全体にわたって電界を積分することで内蔵電位が [㋑] と導出される。

外部電圧が印加されていない状態で pn 接合の空乏層幅が 0.34μm，内蔵電位が 0.89V であるとき，接合面における電界の大きさはおよそ [㋒] となる」

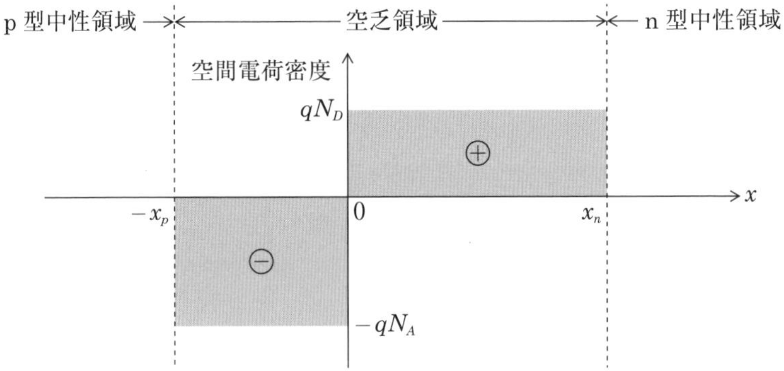
p 型中性領域
空乏領域
n 型中性領域
空間電荷密度
qN_D
⊕
x
$-x_p$
0
x_n
⊖
$-qN_A$

	㋐	㋑	㋒
1	$N_Ax_p = N_Dx_n$	$\frac{q}{2\varepsilon_s}(N_Ax_p^2 - N_Dx_n^2)$	2.6×10^4V/cm
2	$N_Ax_p = N_Dx_n$	$\frac{q}{2\varepsilon_s}(N_Ax_p^2 + N_Dx_n^2)$	2.6×10^4V/cm

	㋐	㋑	㋒
3	$N_A x_p = N_D x_n$	$\frac{q}{2\varepsilon_s}(N_A x_p^2 + N_D x_n^2)$	5.2×10^4V/cm
4	$\frac{N_A}{N_D} = \frac{x_p}{x_n}$	$\frac{q}{2\varepsilon_s}(N_A x_p^2 - N_D x_n^2)$	5.2×10^4V/cm
5	$\frac{N_A}{N_D} = \frac{x_p}{x_n}$	$\frac{q}{2\varepsilon_s}(N_A x_p^2 + N_D x_n^2)$	2.6×10^4V/cm

必修問題の解説

空乏領域に成り立つ平衡に関する計算問題で，国家総合職ではよく出題される。まずは解説のようにある程度結果を覚える前提で用意するとよいであろう。

原点で正の電荷がつくる電界と負の電荷がつくる電界が等しくなるが，電界は電荷によって発生するので，正負の電荷量は等しいことになる。電荷量は，電荷濃度に体積（ここでは長さ）を掛けて求まるので，

$N_A x_p = N_D x_n$　（㋐）

次に，空乏領域のうちｐ型領域の部分の電界を求める。空乏領域のｐ型領域についてガウスの法則を使う。ｐ型領域に含まれる電荷量は㋐で計算したとおり $qN_A x_p$ なので，接合部（$x = 0$）の電界 E_0 は，

$$E_0 = \frac{qN_A x_p}{\varepsilon_s}$$

となるが，ｐ型領域全体では平均的には $E_p = \frac{qN_A x_p}{2\varepsilon_s}$ と考えられるので，これによってできる電位は $V_p = E_p x_p = \frac{qN_A}{2\varepsilon_s} x_p^2$ と計算できる。ｎ型領域についても同様に $V_n = E_n x_n = \frac{qN_D}{2\varepsilon_s} x_n^2$ となるので，全体では，求める電位は V は，

$$V = \frac{q}{2\varepsilon_s}(N_A x_p^2 + N_D x_n^2) \quad (㋑)$$

電位が 0.89V，厚さが 0.34μm なので，平均的な電界は，

$$E = \frac{0.89}{0.34 \times 10^{-4}} \fallingdotseq 2.6 \times 10^4 \text{V/cm}$$

接合面の電界は，平均的な電界の 2 倍なので，

$2E = 5.2 \times 10^4$V/cm　（㋒）

正答 3

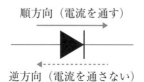

重要ポイント **1** pn接合ダイオード

理想的なダイオードは，1方向のみに電流を流す素子である。これはn型半導体とp型半導体を接合させてつくられる。

ダイオードの記号

順方向（電流を通す）

逆方向（電流を通さない）

p型半導体とn型半導体を接合させると次のようなことが起こる（実際にはそれぞれが同時に起こる）。

拡散	（多数）キャリアが相手方に向かって拡散する。つまり，n型半導体の電子がp型に，p型半導体の正孔がn型に拡散する
空乏層の形成	拡散した結果，接合部に空乏層と呼ばれる多数キャリアがほとんど存在しない層ができる。キャリアがなくなった分だけ，空乏層は逆に帯電している
ドリフト電界	空乏層のn型部分は正に，p型部分は負に帯電しているので，n型半導体からp型半導体（正から負）に電界ができる。これは拡散と逆向きなので，やがて多数キャリアの移動は止まる。全体としてつりあったので，全体的なエネルギーの指標となるフェルミエネルギーは一定となる

この状態およびエネルギーバンドを図示すると以下のようになる。

図中の⊕⊖は移動できる多数キャリアを表す。⊕⊖がある状態が電気的に0となる（図にない移動できない電荷もあるため）。

空乏層の電荷によって空乏層に電界ができ（ドリフト），多数キャリアの移動が止まる

⊕がなくなり負に帯電

⊖がなくなり正に帯電

多数キャリアが，相手側に拡散する

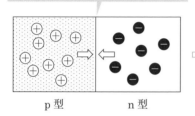

p型　　　　　n型

p型
中性領域　　空乏層　　n型
中性領域

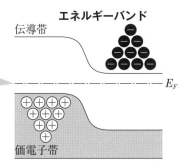

エネルギーバンド

全体的にキャリアの移動がなくなったので，フェルミエネルギーは一定になる。p型半導体のフェルミエネルギーは価電子帯のすぐ上，n型半導体は伝導帯のすぐ下なので，伝導帯，価電子帯は曲がる

この状態で，n側のフェルミエネルギーを上げるように，n型に負極の電源を加えると（エネルギーバンドは**電子のエネルギー**なので，負の電位を与えるとエネルギーは上がる），電子は全体的にエネルギーの高いほうから低いほうに移動するので，電流が流れる。これが順方向である。

順方向に接続する場合

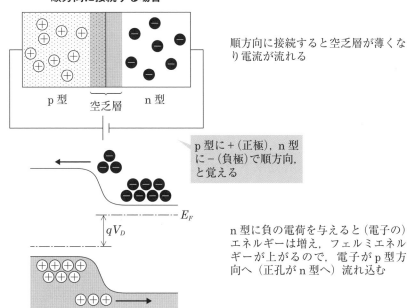

順方向に接続すると空乏層が薄くなり電流が流れる

p型に＋（正極），n型に－（負極）で順方向，と覚える

n型に負の電荷を与えると（電子の）エネルギーは増え，フェルミエネルギーが上がるので，電子がp型方向へ（正孔がn型へ）流れ込む

逆に，p側に負の電位を与えてエネルギーを上げると，電流は流れない。これが逆方向である。

重要ポイント **2** バイポーラトランジスタ

　トランジスタに各種の用途があるが，小さな電流（電圧）を使って大きな電流をコントロールする素子と考えるとよい。

　代表的なものがバイポーラトランジスタで，ダイオードにさらに半導体を重ねた3層構造をしている。npn型トランジスタとpnp型トランジスタの2種類がある。それぞれ，ベース（B），エミッタ（E），コレクタ（C）の3端子がある。トランジスタの記号は，エミッタの部分に矢印が書かれているが，その向きは，電流の向きに対応している。

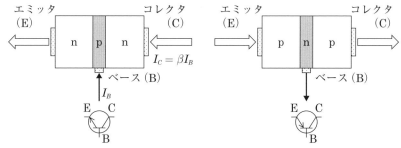

npn型トランジスタ　　　　　　　　　**pnp型トランジスタ**

　たとえばnpn型の場合，ベースに流れ込む小さな電流の上げ下げに応じて，エミッタ-コレクタ間の大きな電流を制御することができる。

　バイポーラトランジスタを使った回路は次のテーマで取り扱う。

重要ポイント **3** 電界効果トランジスタ

　電界効果トランジスタは，入力であるソースがあたかもスイッチの役割を果たして，トランジスタの働きをする。

　ここでは，現在最もよく使われているタイプのMOS型の電界効果トランジスタ（MOS FET）について簡単に説明する。

　下図はnチャネルのMOS FETの原理図である。MOS FETはソース（S），ドレイン（D），ゲート（G）の3つの端子を持ち，ゲートの電圧を操作することで，ソース-ドレイン間の電流を制御することができる。次図のnチャネルの場合，電流はドレインからソースに向かって流れる（pチャネルの場合は逆）。

n チャンネル MOS FET（エンハンスメント型）の原理図

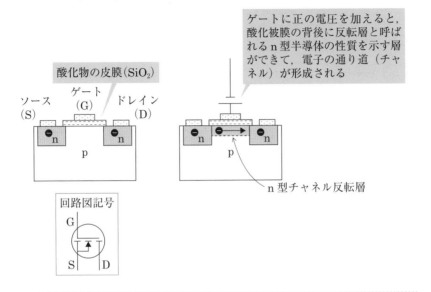

ゲートに正の電圧を加えると，酸化被膜の背後に反転層と呼ばれる n 型半導体の性質を示す層ができて，電子の通り道（チャネル）が形成される

酸化物の皮膜(SiO_2)

ソース (S) ／ ゲート (G) ／ ドレイン (D)

n 型チャネル反転層

回路図記号

第5章 電子工学

重要ポイント 4　pn 接合ダイオードの計算

pn 接合ダイオードの空乏層幅を計算する。正しくは，微分方程式を解くことになるが，ここでは，択一式試験用に簡便な解き方を紹介する。

空乏層は（キャリアがいなくなった）反対の電荷を帯びている。電荷濃度はほぼ一定とみなすことができるが，ガウスの法則から，電界は接合部で最大で，それ以外の部分は 1 次関数的に変化する。

そこで，接合部の電界を E_0 とすると，平均の電界は最大値の半分で $\overline{E} = \dfrac{1}{2}E_0$ となる。

空乏層の幅を d とすると，空乏層の電位差との間に $V = \overline{E}d$ の関係があるので，

$$d = \frac{V}{\overline{E}} = \frac{2V}{E_0}$$

の関係が成り立つ。

設問に電界が与えられている場合には，この式を使って解く。電界が与えられていない場合には，ガウスの法則を使って電界を求めることになる。この場合，電界の大きさと厚さ d が比例するため，結果的に，ダイオードの電位差 V は空乏層の厚さの2乗（d^2）に比例することになる。

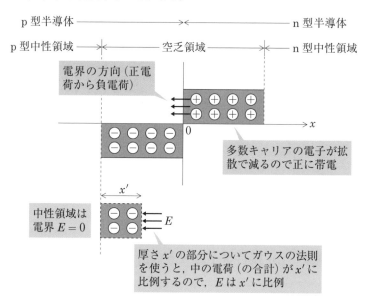

p型半導体 ——————————→←—————————— n型半導体

p型中性領域 ——→←———— 空乏領域 ————→←—— n型中性領域

電界の方向（正電荷から負電荷）

0 x

多数キャリアの電子が拡散で減るので正に帯電

x'

中性領域は電界 $E = 0$

E

厚さ x' の部分についてガウスの法則を使うと，中の電荷（の合計）が x' に比例するので，E は x' に比例

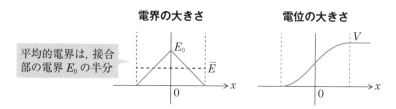

電界の大きさ　　　　**電位の大きさ**

平均的電界は，接合部の電界 E_0 の半分

E_0

$\overline{E}$

0 x

V

0 x

実戦問題

No.1 半導体素子に関する以下の記述㋐，㋑，㋒の下線部について，妥当なものみをすべて挙げているのはどれか。　【国家一般職・平成27年度】

㋐　太陽電池は，光の照射による半導体材料の<u>導電率の変化</u>を利用している。

㋑　ペルチェ素子は，電流による半導体材料の<u>熱の発生，または吸収</u>を利用している。

㋒　サーミスタは，温度による半導体材料の<u>抵抗値の変化</u>を利用している。

1　㋐

2　㋐，㋑

3　㋐，㋒

4　㋑

5　㋑，㋒

No.2 半導体素子に関する次の文章中の {　} には a か b の文章が入る。これを正しく組み合わせたのはどれか。　【地方上級・平成24年度】

- 可変容量ダイオードは，pn接合したダイオードの空乏層の大きさを変えることによって，コンデンサとしての容量を変化させるダイオードのことで，空乏層が大きくなると ア {a. 容量が大きくなる，b. 容量が小さくなる }。

- ツェナーダイオードは，降伏点よりも大きい電圧では イ {a. 電圧が大きくなっても電流が，b. 電流が大きくなっても電圧が } 一定に保たれるため，電源として用いられる。

- 発光ダイオードでは，順方向に電圧を加えると，電子が ウ {a. 正孔と再結合，b. 伝導帯に励起 } して，その際に出される光が利用される。

	ア	イ	ウ
1	a	a	a
2	a	b	b
3	b	a	a
4	b	b	a
5	b	b	b

No.3 **半導体に関する次の記述の㋐～㋓に当てはまるものの組合せとして最も妥当なのはどれか。**

【国家一般職・平成28年度】

- 高純度のシリコン（Si）に，5価の原子であるヒ素（As）を添加すると，[㋐]のすぐ[㋑]にドナー準位が形成され，n型半導体となる。
- p型半導体とn型半導体を接合すると，接合部付近には[㋒]が形成され，[㋓]が生じる。

	㋐	㋑	㋒	㋓
1	価電子帯	上	反転層	電子親和力
2	価電子帯	下	空乏層	拡散電位
3	伝導帯	上	反転層	拡散電位
4	伝導帯	上	空乏層	電子親和力
5	伝導帯	下	空乏層	拡散電位

No.4 **図Ⅰ，Ⅱに，それぞれpnp型トランジスタとnpn型トランジスタの構造図を表す。トランジスタを活性領域で動作させるためにバイアス電圧を加えるとき，図中の㋐～㋓に当てはまる図記号の組合せとして最も妥当なのはどれか。**

【国家一般職・平成24年度】

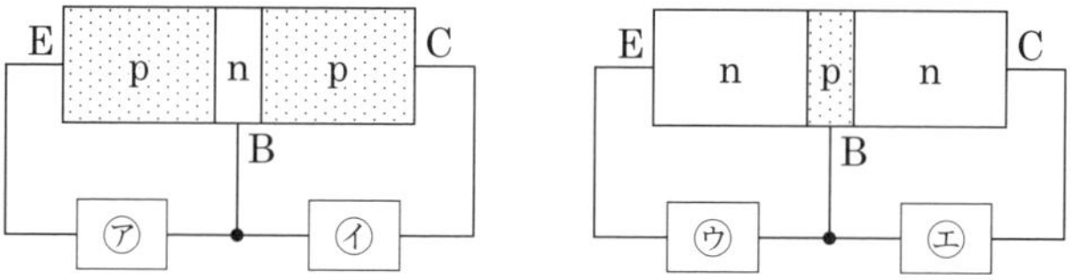

図Ⅰ　　図Ⅱ

㋐　㋑　㋒　㋓

1 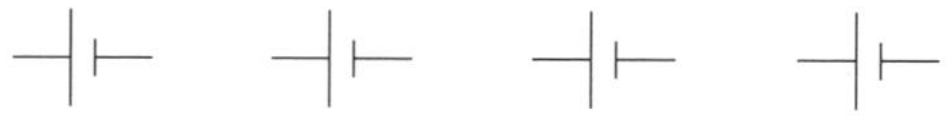

2 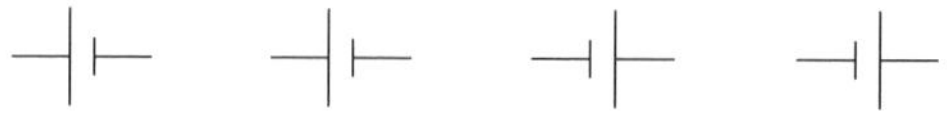

3 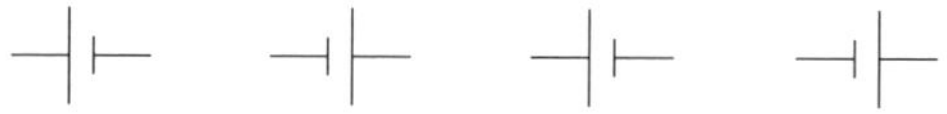

4 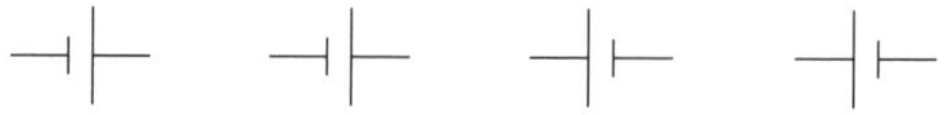

5 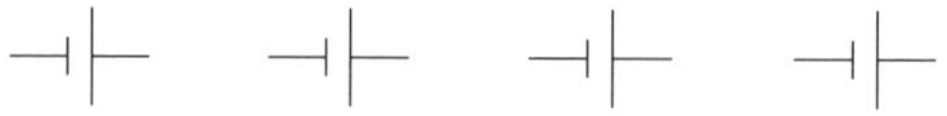

No.5 **pn 接合に関する次の記述の㋐，㋑，㋒に当てはまるものの組合せとして最も妥当なのはどれか。** 【国家Ⅰ種・平成23年度】

「p 型半導体と n 型半導体を密着させる場合，そのままではキャリア密度が境界を挟んで大きく異なる。その密度差をならすように，n 型半導体から p 型半導体へと伝導電子が拡散して移動する。同様に，正孔も逆の方向に移動し，電子と正孔が再結合して消滅する。このようにキャリアが動くと，接合面近傍に空間電荷が生じ，それによって電界が生じる。この電界の向きは [㋐] である。

図は，n 型半導体，p 型半導体がそれぞれ単独で存在するときのエネルギーバンド図である。この図をもとに pn 接合のエネルギーバンド図を考える。平衡状態では，[㋑] が場所によらず一定となるように接合界面近傍でのエネルギーバンドが曲がるから，このエネルギーバンドの曲がりの総量は [㋒] となる。

ただし，p 型半導体，n 型半導体ともに，同じ半導体材料から生成され，外部から電圧は加えられていないものとする」

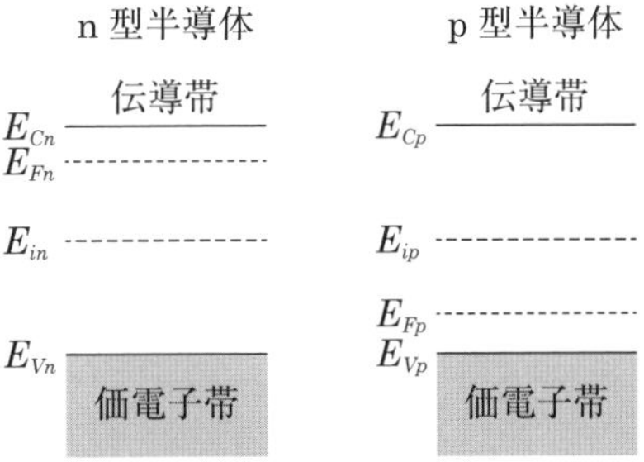

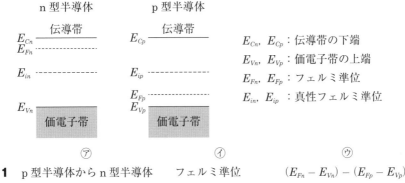

E_{Cn}，E_{Cp}：伝導帯の下端
E_{Vn}，E_{Vp}：価電子帯の上端
E_{Fn}，E_{Fp}：フェルミ準位
E_{in}，E_{ip}：真性フェルミ準位

	㋐	㋑	㋒
1	p 型半導体から n 型半導体	フェルミ準位	$(E_{Fn}-E_{Vn})-(E_{Fp}-E_{Vp})$
2	p 型半導体から n 型半導体	真性フェルミ準位	$(E_{Cp}-E_{ip})-(E_{Cn}-E_{in})$
3	n 型半導体から p 型半導体	フェルミ準位	$(E_{Fn}-E_{Vn})-(E_{Fp}-E_{Vp})$
4	n 型半導体から p 型半導体	フェルミ準位	$(E_{Vn}-E_{Fn})-(E_{Fp}-E_{Vp})$
5	n 型半導体から p 型半導体	真性フェルミ準位	$(E_{in}-E_{Vn})-(E_{ip}-E_{Vp})$

No.6 **pn接合の空乏領域に関する次の記述の㋐，㋑，㋒に当てはまるものの組合せとして最も妥当なのはどれか。** 【国家総合職・平成28年度】

「p型半導体とn型半導体が接合されると，接合部におけるキャリアの大きな密度勾配によってキャリアの拡散が起こる。たとえば，p型半導体中の正孔がn型半導体へと拡散して移動し，電子と再結合して消滅する。このようにキャリアが動くことによって，接合面近傍に不純物イオンによる空間電荷が生じる。この領域を空乏領域と呼ぶ。空乏領域内では，空間電荷によって[㋐]の向きの電界が生じ，この結果空乏領域の両端に生じる電位差を拡散電位と呼ぶ。

図は，pn接合の熱平衡状態における空乏領域内の空間電荷分布（階段接合）であり，横軸は接合面に垂直な方向の位置xを表し，$x=0$に接合面，$x<0$にp型半導体，$0<x$にn型半導体が存在している。ここで，$x=0$における電界の強さが1.4×10^{6}V/m，拡散電位が0.70Vであるとき，空乏領域の幅はおよそ[㋑]である。また，このpn接合のn型半導体側に正の電圧を印加した場合，空乏領域の幅は[㋒]する」

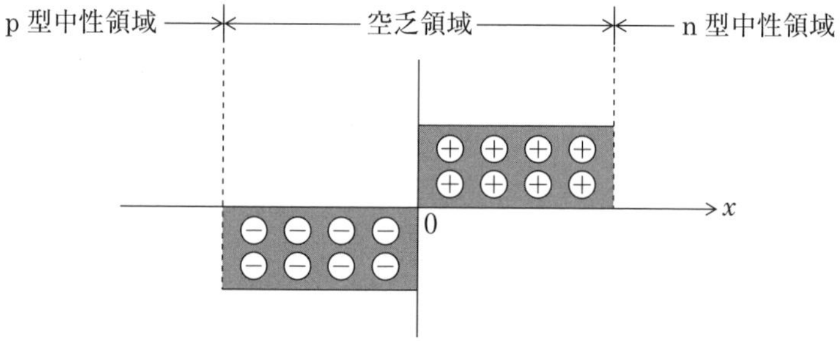

	㋐	㋑	㋒
1	n型半導体からp型半導体	2.0×10^{-6}m	拡大
2	n型半導体からp型半導体	2.0×10^{-6}m	縮小
3	n型半導体からp型半導体	1.0×10^{-6}m	拡大
4	p型半導体からn型半導体	2.0×10^{-6}m	縮小
5	p型半導体からn型半導体	1.0×10^{-6}m	拡大

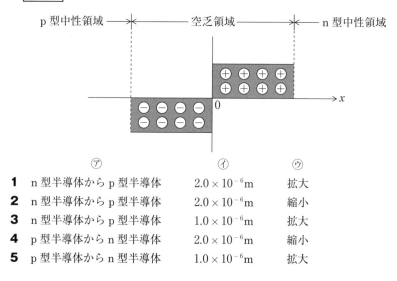

No.7 **電界効果トランジスタに関する次の記述の㋐～㋓に当てはまるものの組合せとして最も妥当なのはどれか。** 【国家総合職・令和４年度】

「nチャネルMOS電界効果トランジスタは，[㋐]型シリコン基板表面に[㋑]型のソースとドレイン領域が形成されている。また，ゲート電極はソースとドレイン間の[㋐]型基板表面上に薄いゲート酸化膜を介してつくられている。ドレインに正の電圧を加え，ゲート電極にはしきい値電圧以上の正の電圧を印加することで，電界効果によりゲート酸化膜下のシリコン基板表面に[㋒]が誘起され，ソースとドレイン間の電流が[㋓]する」

	㋐	㋑	㋒	㋓
1	n	p	正孔	減少
2	n	p	電子	増加
3	p	n	正孔	増加
4	p	n	正孔	減少
5	p	n	電子	増加

No.8 **発光ダイオードに関する次の記述の㋐～㋓に当てはまるものの組合せとして最も妥当なのはどれか。** 【国家総合職・令和３年度】

「ガリウムヒ素（GaAs）に代表される[㋐]遷移型半導体のpn接合を用いた発光素子は，発光ダイオードとして用いられ，その原理は以下のようになる。

pn接合のp型に正電圧，n型に負電圧を印加し，[㋑]方向に電流を流すとn型側の[㋒]である電子がp型側へ向けて拡散し，同時にp型側の[㋒]である正孔がn型側へ向けて拡散することで電流が流れる。その際，p型側に[㋓]として注入された電子はp型側の正孔と再結合し，n型側に[㋓]として注入された正孔はn型側の電子と再結合する。このとき，正孔と電子とのエネルギー差に相当する波長の光が発生する」

	㋐	㋑	㋒	㋓
1	直接	順	少数キャリア	多数キャリア
2	直接	順	多数キャリア	少数キャリア
3	直接	逆	多数キャリア	少数キャリア
4	間接	逆	少数キャリア	多数キャリア
5	間接	逆	多数キャリア	少数キャリア

図は，金属および n 型シリコン半導体のショットキー接合におけるエネルギーバンド図である。ここで，E_F はフェルミ準位，$e\phi_m$ は金属の仕事関数，V_{bi} は内蔵電位，e_χ は半導体の電子親和力，E_C は半導体の伝導帯下端のエネルギー準位，E_V は半導体の価電子帯上端のエネルギー準位，e は電気素量である。

$e\phi_m$ を 4.5 eV，e_χ を 4.0 eV，半導体の伝導帯での電子密度 n を $1.0 \times 10^{16} \mathrm{cm}^{-3}$ としたときの熱平衡状態における内蔵電位 V_{bi} はおよそいくらか。

ただし，接合は理想的で表面準位の影響は考えなくてよいものとする。また，半導体の伝導帯での電子密度 n には，次式の関係が成立していることを用いてよい。

$$n = N_C \exp\left(-\frac{E_C - E_F}{kT}\right)$$

ここで，N_C は伝導帯における有効状態密度，k はボルツマン定数，T は絶対温度である。また，$N_C = 3.0 \times 10^{19} \mathrm{cm}^{-3}$，$kT = 0.026\,\mathrm{eV}$，$\ln 10 = 2.3$，$\ln 3 = 1.1$ とする。　【国家総合職・平成29年度】

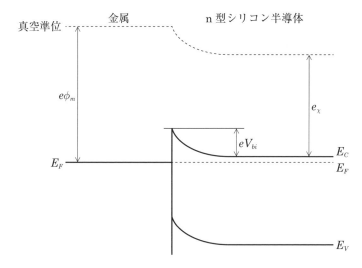

1　0.1 V

2　0.2 V

3　0.3 V

4　0.4 V

5　0.5 V

実戦問題 の 解説

No.1 の解説　半導体素子
→問題は P.331

　半導体素子に関する問題で，ここではあまり出題のないものも問われている。どのようなものか概要を覚えておこう。

㋐✕　太陽電池は，光の照射によって空乏層内で電子・正孔対がつくられることによって起こる光起電力効果を原理としていて，導電率自体は変化していない。

㋑○　ペルチェ素子とは，電流を流すことにより熱が発生したり吸収したりする現象(ペルチェ効果)や，逆に温度差を与えることで電位差が発生する現象(ゼーベック効果) が効率よく起こるようにした素子である。ペルチェ効果，ゼーベック効果は異種の金属間など幅広い物質で発生するが，半導体を利用することで効率よく起こるようにしたものがペルチェ素子である。

㋒○　サーミスタは，温度によって半導体材料の抵抗値が変化することを利用して，温度変化を検出するものである。

　　以上より，正答は**5**となる。

No.2 の解説　半導体素子
→問題は P.331

　半導体素子に関する知識問題で，やや細かいことが問われている。それぞれについて簡単な知識でもよいのでまとめておこう。

ア：「b. 容量が小さくなる」が入る。可変容量ダイオードは空乏層部分をコンデンサとみなしたダイオードで，空乏層幅が広がることは，極板間隔が広がることを意味するので，容量は減少する。

イ：「b. 電流が大きくなっても電圧が」が入る。ツェナーダイオードは，pn 接合ダイオードにある大きさ以上の逆方向起電力を加えると，ダイオードに逆方向電流が流れる降伏現象を利用したものである。降伏現象では，電流の変化に比べて電圧の変化が十分小さいため，定電圧電源として用いられる。

ウ：「a. 正孔と再結合」が入る。発光ダイオードでは，電子と正孔が再結合する場合に光の形でエネルギーが放出されることを利用している。

　　以上より，正答は**4**となる。

No.3 の解説 半導体, ダイオード

No.3 の解説　半導体, ダイオード　　→問題は P.332

半導体, ダイオードの基本的な知識問題である。確実に正解したい。

㋐, ㋑:「伝導帯」のすぐ「下」が入る。n 型半導体では, 電子が小さなエネルギーで伝導帯に移れるように, 伝導帯のすぐ下にドナー準位が来るようにする。

㋒, ㋓:「空乏層」が形成され「拡散電位」が生じる, が入る。p 型半導体と n 型半導体を接合すると, p 型半導体中の正孔が n 型半導体に, n 型半導体中の電子が p 型半導体に拡散して再結合するため, キャリアが存在しない空乏層が生じる。空乏層には電界が存在するため, これが拡散電位を生じさせる。

以上より, 正答は **5** となる。

No.4 の解説　トランジスタ　→問題は P.332

バイポーラトランジスタのバイアスについての知識問題である。基本事項なので確認しておこう。なお, 動作原理については重要ポイント②を見直してほしい。

バイポーラトランジスタは, エミッタ (E)−ベース (B) 間が順方向, ベース (B)−コレクタ (C) を逆方向に接続すると活性領域となる。したがって, pnp 型トランジスタではエミッタ端子と電池の正極, コレクタ端子と電池の負極が接続されればよい。同様に, npn 型トランジスタでは, エミッタ端子と電池の負極, コレクタ端子と電池の正極が接続されればよい。

以上より, 正答は **2** となる。

No.5 の解説　pn 接合　→問題は P.333

pn 接合ダイオードについての知識問題で, 空乏層の㋐と㋑は確実に正解したい。㋒についても, フェルミ準位が一定となる図を描けば容易に判断できるだろう。

空乏層は, n 型半導体領域は (伝導電子が拡散して少なくなるため) 正に帯電し, p 型半導体領域は (正孔が拡散して少なくなるため) 負に帯電するため, 正の電荷から負の電荷つまり「n 型半導体から p 型半導体」の方向に電界が発生する (㋐)。

やがて, 拡散と発生した電界によるドリフトがつりあって平衡になると「フェルミ準位」が一定となる (㋑)。なお, 真性フェルミ準位は, 真性半導体のフェルミ準位で, この問題に出てくる不純物半導体には関係がない。

最後に, エネルギーバンドの曲がりについては, 与えられたエネルギーバンドをフェルミ準位が等しくなるように描き換えて調べる。次図の等しく

338

なったフェルミ準位から価電子帯までの距離をn型，p型の両方で求めてその差をとると，エネルギーバンドの曲がりは

$(E_{Fn}-E_{Vn})-(E_{Fp}-E_{Vp})$

となる（ウ）。

以上より，正答は**3**となる。

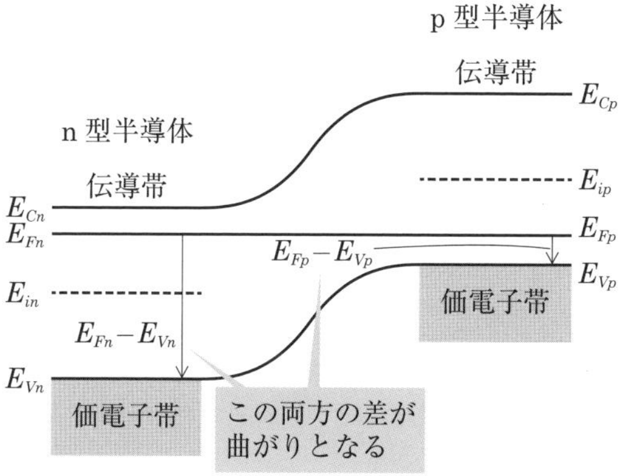

No.6 の解説　pn 接合

→問題は P.334

空乏層の計算問題の演習である。ここでも簡単に公式を覚えていることを前提に解説しておく。

実戦問題 No.5 同様，空乏層では図のように正負帯電する。電界は正の電荷から負の電荷に向かって発生するので，「n型半導体からp型半導体」向きとなる（ア）。

次に，$x=0$ の電界は空乏層内での電界の最大値であり，平均値は $\frac{1}{2}$ の $0.7\times10^{6}\mathrm{V/m}$ となる。したがって，空乏層幅を d とすると，電位 V，電界の平均 $\overline{E}$ との間の関係 $V=\overline{E}d$ より，

$$d=\frac{V}{\overline{E}}=\frac{0.70}{0.7\times10^{6}}=1.0\times10^{-6}\mathrm{m}\quad(イ)$$

最後に，n型半導体に正の電圧を印加すると，n型のキャリアである伝導電子がn型の半導体側（x 軸正方向）に引き寄せられるため，空乏領域の幅は「拡大」する（ウ）。あるいは，単にn型半導体に正の電圧を印加するのは逆方向なので，空乏層の幅が拡大すると考えてもよい。

以上より，正答は**3**となる。

No.7 の解説　電界効果トランジスタ

→問題は P.335

電界効果トランジスタの原理についての問題である。本問からわかるとおり，基本的事項を理解していれば十分に正解できる。ただ，正の電圧を加えれば負の電荷を持った電子が誘起される点などは，その場で問題の記述を読んで判断することもできただろう。

nチャネルのMOS電界効果トランジスタは，「p」型（㋐）シリコン基板表面に「n」型（㋑）のソースとドレイン領域が形成されている。ゲートに正の電圧を印加すると，その下のシリコン基板表面には，正の電圧に誘起された「電子」（㋒）が集まり，これによってソース-ドレイン間の電流が「増加」（㋓）する。

以上より，正答は**5**となる。

No.8 の解説　発光ダイオード

→問題は P.335

発光ダイオードの原理に関する問題であるが，一部の空欄はダイオードの基本的な知識で判断できる。

ガリウムヒ素は「直接」遷移型の半導体である（㋐）。pn接合ダイオードのp型に正電圧，n型に負電圧を加えるのは「順」方向である（㋑）。また，n型の電子，p型の正孔は「多数キャリア」となる（㋒）。したがって，p型に注入された電子，n型に注入された正孔は「少数キャリア」となる（㋓）。

以上より，正答は**2**となる。

No.9 の解説 ショットキー接合 →問題は P.336

　ショットキー接合のエネルギーバンドの計算問題で，ほとんどの部分は設問に与えられた条件内で解くことができる。エネルギーバンドの曲がりをどこで計算するのかが本問のポイントである。

　設問の条件式から $E_C - E_F$ を求める。与えられた n，N，kT を設問中の数式に代入すると，

$$1.0 \times 10^{16} = 3.0 \times 10^{19} \exp\left(-\frac{E_C - E_F}{0.026}\right)$$

$$\therefore \quad \exp\left(\frac{E_C - E_F}{0.026}\right) = 3 \times 10^3$$

ここで自然対数をとると，

$$\frac{E_C - E_F}{0.026} = \ln 3 + 3 \times \ln 10 = 8.0$$

$$\therefore \quad E_C - E_F = 8.0 \times 0.026 = 0.208\,\mathrm{eV}$$

これに加え，エネルギーバンドの曲がりはどこでも同じなので，下図のように書き加えると，$e\phi_m$ の値について，

$$4.5 = eV_{bi} + 4.0 + 0.208$$

$$\therefore \quad eV_{bi} = 0.292 \fallingdotseq 0.3\,\mathrm{eV}$$

したがって V_{bi} は 0.3V であり，正答は**3**となる。

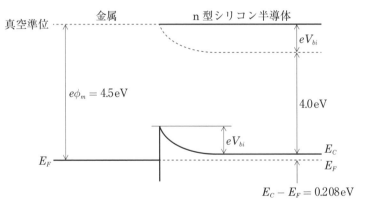

真空準位	金属	n 型シリコン半導体

$e\phi_m = 4.5\,\mathrm{eV}$

eV_{bi}

4.0eV

eV_{bi}

E_F

E_C

E_F

$E_C - E_F = 0.208\,\mathrm{eV}$

正答	No.1=5　No.2=4　No.3=5　No.4=2　No.5=3　No.6=3
	No.7=5　No.8=2　No.9=3

トランジスタ増幅回路

　　トランジスタ増幅回路に関する次の記述の㋐，㋑に当てはまるものの組合せとして最も妥当なのはどれか。　　　　　　　【国家Ⅰ種・平成18年度】

「図Ⅰは電流帰還バイアス回路を示しており，トランジスタの直流電流増幅率 $h_{FE}\left(=\dfrac{I_C}{I_B}\right)$ は200である。また，$I_C \gg I_B$ であるから，I_E $\fallingdotseq I_C$ とする。

　いま，この図Ⅰのトランジスタの動作点を，図Ⅱに示す直流負荷線の中点の位置 P に置いた場合，その動作点 P におけるベース電流 I_B は ㋐ mA となる。

　さらに，その動作点 P におけるベース-エミッタ間電圧 V_{BE} を 0.7V とすると，抵抗 R_A に流れる電流 I_A をベース電流 I_B の 10 倍とする抵抗 R_A は ㋑ kΩ である」

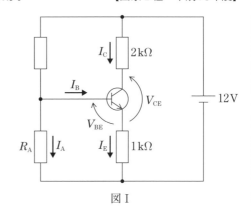

図Ⅰ

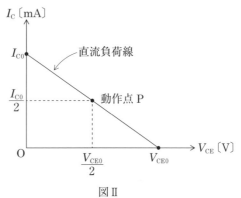

図Ⅱ

	㋐	㋑
1	0.01	13.0
2	0.01	23.5
3	0.01	27.0
4	0.02	13.0
5	0.02	23.5

必修問題の解説

トランジスタ増幅回路には直流部分の計算と交流部分の計算（増幅率）の2つがある。本問では直流部分について学ぼう。図Iの回路には大電流が流れる部分と，微小電流が流れる部分があり，これを分けて見られるようにしておきたい。まずは直流負荷線を計算し，微少な電流が流れる部分は，各点の電位を計算していく。また，設問に書かれている条件が多いため，読み飛ばさないようにしてほしい。

まず，下図の青実線に沿ってキルヒホッフの法則を立てる。$I_C = I_E$ に気をつけると（単位は m〈ミリ〉と k〈キロ〉で約分される），

$$12 = 2I_C + V_{CE} + I_C = 3I_C + V_{CE}$$

となる。これが直流負荷線で，$V_{CE} = 0$ として $I_{C0} = 4\,\text{mA}$，$I_C = 0$ として $V_{CE0} = 6\text{V}$ となる。動作点は直流負荷線の中央なので，$I_C = \dfrac{I_{C0}}{2} = 2\,\text{mA}$ となる。

したがって，与えられた直流電流増幅率から，

$$I_B = \frac{I_C}{h_{FE}} = 0.01\,\text{mA}$$

となる。これが㋐に入る。

次に，設問の条件から I_A は I_B の10倍にするので，$I_A = 0.1\,\text{mA}$ となる。

オームの法則を使うために，図の点Pの電位を求める。仮に図の二重線の位置を電位0として，青破線の矢印に従って電位を計算すると，

$$V_Q = 1 \times I_C + V_{BE} = 2 + 0.7 = 2.7\text{V}$$

したがって，抵抗 R_A の両端の電位差（電圧）は $2.7 - 0 = 2.7\text{V}$。よって，オームの法則から，

$$R_A = \frac{2.7}{0.1} = 27.0\,\text{k}\Omega$$

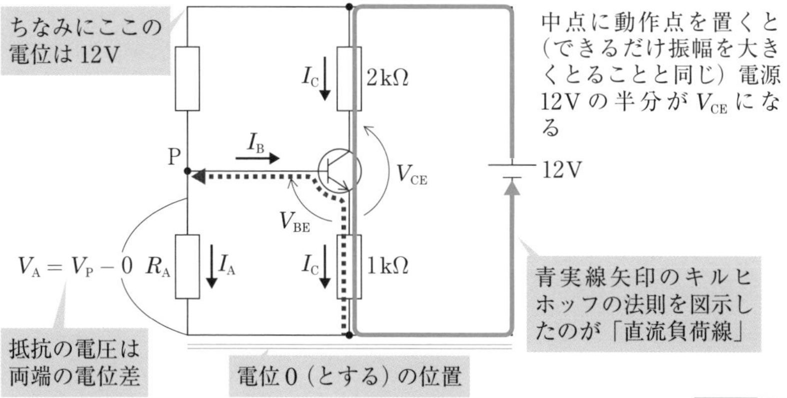
ちなみにここの電位は12V
I_C
2kΩ
中点に動作点を置くと（できるだけ振幅を大きくとることと同じ）電源12Vの半分が V_{CE} になる
P
I_B
V_{CE}
12V
V_{BE}
$V_A = V_P - 0$
R_A
I_A
I_C
1kΩ
青実線矢印のキルヒホッフの法則を図示したのが「直流負荷線」
抵抗の電圧は両端の電位差
電位0（とする）の位置

正答 3

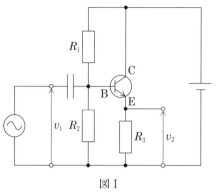

図Iの電子回路はトランジスタを含むエミッタホロワ増幅回路であり，図Ⅱはトランジスタの交流等価回路を表している。この電子回路の電圧増幅度 $A\left(=\dfrac{v_2}{v_1}\right)$ として最も妥当なのはどれか。

ただし，コンデンサのインピーダンスは無視できるほど十分小さいものとする。
【国家総合職・平成25年度】

図Ⅰ 図Ⅱ

は理想電流源を示す

1 $\dfrac{\left(1+\dfrac{1}{h_{fe}}\right)R_1}{\left(1+\dfrac{1}{h_{fe}}\right)R_2+h_{ie}}$

2 $\dfrac{\left(1+\dfrac{1}{h_{fe}}\right)R_3}{\left(1+\dfrac{1}{h_{fe}}\right)R_3+h_{ie}}$

3 $\dfrac{(1+h_{fe})R_1}{(1+h_{fe})R_2+h_{ie}}$

4 $\dfrac{(1+h_{fe})R_3}{(1+h_{fe})R_3+h_{ie}}$

5 $\dfrac{R_3}{(1+h_{fe})R_3+h_{ie}}$

必修問題 の 解説

　トランジスタ増幅回路の交流回路の増幅度の計算問題である。国家総合職の問題であるが，国家一般職［大卒］，地方上級でもこの一部の過程が問われる形であるため難易度は大きくは変わらない。等価回路を描いて計算をしていくが，手順は決まっているので，この手順を覚えることが大切である。

手順❶　トランジスタを与えられた等価回路に描き換える

　設問の図Ⅰのトランジスタ部分を図Ⅱの回路に描き直す。このとき，電流の向きについてはEに向かって流れていることを確認してから描くと，向きが変わっても描きやすい。

手順❷　コンデンサ，直流電源を取り除き導線に直し，電位0の位置をおさえる

　コンデンサと直流電源は，交流の電流には影響を与えないため，導線に置き換える（図1）。

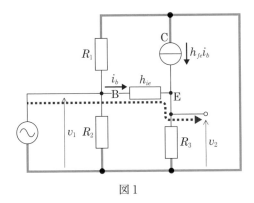

図1

　描き換えた回路について，仮に電源の下側の位置を電位0として，ここと導線（のみ）でつながって電位0となっているところを確認する。図1では青実線で示してある。

手順❸　交流等価回路を描く

　まず，次ページの図2のように電位0の線を描く。次に，電源 v_1 から v_2 に向かう線を確認する。図1では青破線の矢印となる。これが途中で電位0とならないことから，電位が0ではないことを表す線（図2のPQ）を描く。

　そのうえで，改めて図1の青破線に沿って回路を通り，抵抗，電源源を順番に入れていく。このとき，青破線と青実線を結ぶ抵抗はそのように（図2では縦に），青破線の中にある抵抗は，PQの中に入れる。

　たとえば，抵抗 R_1, R_2 は設問の図では異なるところを結んでいるように見えるが，いずれも青破線から電位0の青実線を結んでいるので，図2の等価回路では並列に描く。また，h_{ie} は図1の青破線に沿っていくと，その経路の中にあるので，PQの

第5章

電子工学

中に入れている。電流の向きについては，電位0に向かっているのか逆なのかを確認する。

手順❹　交流等価回路を解く

図2において，ループAに沿ってキルヒホッフの法則を立てると，

$$v_1 = h_{ie}i_b + R_3(h_{fe}+1)i_b = \{h_{ie} + R_3(h_{fe}+1)\}i_b$$

ループBに沿ってキルヒホッフの法則を立てると，

$$v_2 = R_3(h_{fe}+1)i_b$$

以上2つから，

$$A = \frac{v_2}{v_1} = \frac{R_3(h_{fe}+1)}{h_{ie} + R_3(h_{fe}+1)}$$

となり，正答は**4**となる。

図1の青破線はP→Qに相当する

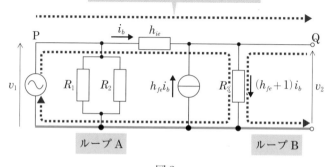

図2

正答　4

POINT

重要ポイント 1 ▶ バイポーラトランジスタ

バイポーラトランジスタを使った増幅回路を考える。増幅作用というのは，小さな入力電流に合わせて，大きな電流を増減させることをいう。

バイポーラトランジスタにおいては，ベース電流を入力電流と考えて，コレクタ-エミッタ電流が増幅された大電流と考えればよい。増幅するためには，もともと大電流が流れていて，それを増減させる仕組みとなるため，最初に一定の大電流を流しておく。これは直流電流となる。一方，増減させる信号は交流であるため，直流と交流が混在することになる。

これを実際の回路に合わせて見てみる。

図1（の黒太線）はトランジスタの特性図で，いくつもの線が引かれているが，ベース電流 I_B によって線が変わる。

トランジスタの特性図 （図1）

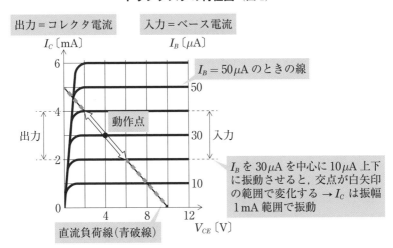

この特性図と，回路のキルヒホッフの法則の両方が成り立つ電流が，実際に流れる電流である。

そこで，特性図の黒太線に従ってキルヒホッフの法則を立てて，これを特性図に記入する。これが特性図の青破線で**直流負荷線**と呼ばれる。

直流負荷線と特性図の交点はベース電流 I_B によって変化する。そこで，$I_B = 30\mu$A を流すと，特性図の黒点となるが，これが**動作点**である。I_B を $20 \leq I_B \leq 40$ に振幅 10μA で変化させると交点も特性図の白い矢印で変化する。

このときのコレクタ電流 I_C は特性図の左側縦目盛りを読めば求まるが，3mA を中心に振幅1mA で振動する。つまり，振幅 10μA の信号で，I_C が振幅1mA で振動したので電流が100倍増幅したことになる。

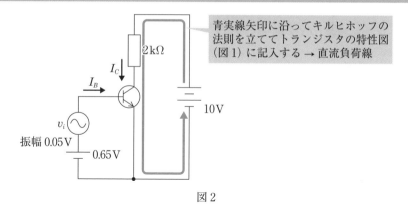

図2

実際の計算では，重ね合わせの理を考慮して，直流と交流は別々に計算する。

直流等価回路の計算

直流の計算は，大きく分けると次の2つに分けられる。

①直流負荷線の計算	キルヒホッフの法則
②背後の電流，抵抗の計算	電位の計算

電位の計算では，オームの法則は電位を計算してから電位差（電圧）を計算する。そのため，電位と電圧を区別して計算する必要がある。

オームの法則：$V_2 - V_1 = IR$

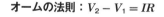

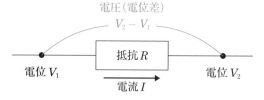

なお，直流電流の大きさは大文字で書かれることが多い。

重要ポイント 3 交流等価回路の計算

交流等価回路の計算の手順は，必修問題で確認してほしい。基本的には，等価回路を描いて，キルヒホッフを立てる。

交流回路の計算では，直流電源とコンデンサは短絡(導線に変える)して計算する。直流電源は，重ね合わせの理を考えて，交流部分のみを計算するからである。コンデンサは，静電容量 C が十分大きいとインピーダンス $Z = \dfrac{1}{j\omega C}$ はほぼ0となるため，交流電流はそのまま通すことになる。これがコンデンサを短絡する理由である。一方，直流電流は角周波数 $\omega = 0$ の信号と考えることもできるため，直流電流に対するインピーダンスはかなり大きい。このことを利用して，電流から交流成分のみを取り出すのが**結合コンデンサ**（入出力の近くに接続されている）や，安定性を増加させるための**バイパスコンデンサ**があるが，いずれも計算においては短絡してよい。

なお，交流電流の大きさは小文字で書かれることが多い。

第5章

電子工学

No.1 図のようなトランジスタを用いた電圧帰還バイアス（自己バイアス）回路において，トランジスタの直流電流増幅率 h_{FE} はおよそいくらか。

【国家総合職・平成27年度】

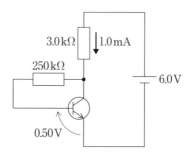

1 10

2 50

3 100

4 500

5 1000

No.2 図に示すエミッタ接地回路において，$E = 10\text{V}$ としたとき，$V_{CE} = 5\text{V}$，$V_{BE} = 0.6\text{V}$，直流電流増幅率 $h_{FE} = 100$ となった。このとき，抵抗値 R を求めよ。

【地方上級・平成24年度】

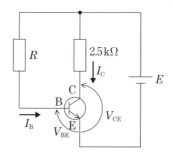

1 94 kΩ

2 470 kΩ

3 940 kΩ

4 4.7 MΩ

5 9.4 MΩ

No.3 図Ⅰはバイポーラトランジスタを用いた回路であり，図Ⅱはこのバイポーラトランジスタの小信号等価回路である。コレクタ電流 I_C が 1.00 mA のときの直流電流増幅率 $h_{FE}\left(=\dfrac{I_C}{I_B}\right)$ はおよそいくらか。　　　【国家総合職・平成30年度】

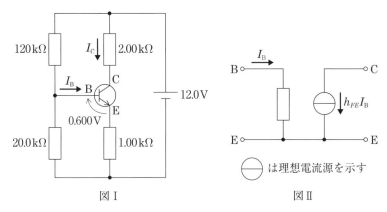

図Ⅰ　　　　　　　　　　　図Ⅱ

1　9.8×10

2　1.6×10^2

3　2.2×10^2

4　3.9×10^2

5　4.6×10^2

ただし，h_{fe}, h_{ie}, i_b は，それぞれ，トランジスタの小信号電流増幅率，小信号入力インピーダンス，ベース電流を表し，R_L は負荷抵抗を表す。

【国家一般職・平成25年度】

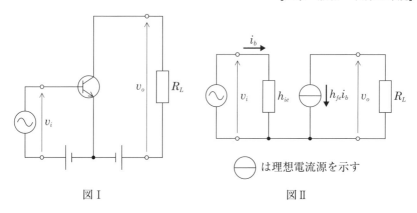

図Ⅰ   図Ⅱ

$\bigominus$ は理想電流源を示す

1 $\dfrac{h_{fe}h_{ie}}{R_L}$

2 $\dfrac{h_{fe}}{h_{ie}}R_L$

3 $\dfrac{h_{fe}^{\,2}}{h_{ie}}R_L$

4 $\dfrac{h_{fe}+1}{h_{ie}}R_L$

5 h_{fe}

No.5 図Ⅰのトランジスタを含む電子回路は，エミッタ接地増幅回路である。図Ⅱはこのトランジスタの交流等価回路（T形等価回路）であり，端子 B，E，C はそれぞれベース，エミッタ，コレクタの端子，i_b はベース電流の交流成分，β はエミッタ接地電流増幅率を示している。この電子回路において，入力電圧の交流成分を $v_{\rm in}$，出力電圧の交流成分を $v_{\rm out}$ としたときの電圧増幅度 $\dfrac{v_{\rm out}}{v_{\rm in}}$ として最も妥当なのはどれか。

ただし，交流成分に対してコンデンサのインピーダンスは無視できるほど小さいものとする。　　　　　　　　　　　　　【国家一般職・令和2年度】

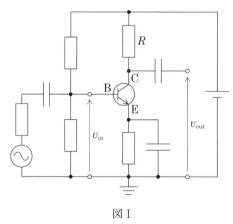

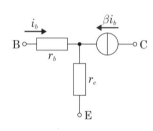

は理想電流源を示す

図Ⅰ　　　　　　　　　　　　図Ⅱ

1 $\dfrac{\beta R}{r_e + (1 + \beta)r_b}$

2 $\dfrac{\beta R}{r_b + (1 + \beta)r_e}$

3 $\dfrac{-\beta R}{r_b - (1 + \beta)r_e}$

4 $\dfrac{-\beta R}{r_e + (1 + \beta)r_b}$

5 $\dfrac{-\beta R}{r_b + (1 + \beta)r_e}$

第5章 電子工学

図Iの電子回路はトランジスタを含む増幅回路であり，図IIはこのトランジスタの小信号等価回路である。この電子回路の電圧増幅度 $\dfrac{v_2}{v_1}$ として最も妥当なのはどれか。

ただし，コンデンサのインピーダンスは無視できるほど小さいものとする。

【国家総合職・令和元年度】

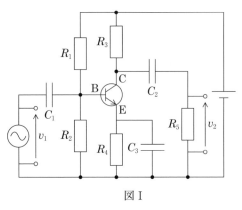

図I

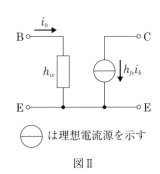

$\bigominus$ は理想電流源を示す

図II

1 $\dfrac{-(1+h_{fe})(R_3+R_5)}{h_{ie}+(1+h_{fe})(R_3+R_5)}$

2 $\dfrac{-(1+h_{fe})R_4}{h_{ie}+(1+h_{fe})R_4}$

3 $\dfrac{-h_{fe}R_1R_2}{h_{ie}(R_1+R_2)}$

4 $\dfrac{-h_{fe}R_3R_4}{h_{ie}(R_3+R_4)}$

5 $\dfrac{-h_{fe}R_3R_5}{h_{ie}(R_3+R_5)}$

No.7 **エミッタホロワ（エミッタフォロワ）に関する次の記述の㋐，㋑，㋒に当てはまるものの組合せとして最も妥当なのはどれか。**

【国家総合職・令和４年度】

「図Ⅰは，エミッタホロワと呼ばれる増幅回路である。図Ⅱは，図Ⅰをhパラメータh_{ie}およびh_{fe}を用いて書き換えた等価回路である。

図Ⅱにおいて，エミッタ側の抵抗の抵抗値R_L'は［㋐］で，入力電圧v_iは［㋑］で表される。したがって，R_L'を用いて入力端子abからみた増幅回路の入力インピーダンスを表すと，［㋒］となる。

ただし，v_oは出力電圧を，i_bとi_cはそれぞれベース電流とコレクタ電流を表す。また，h_{ie}はBEにおける入力インピーダンス，h_{fe}は電流増幅度を表す」

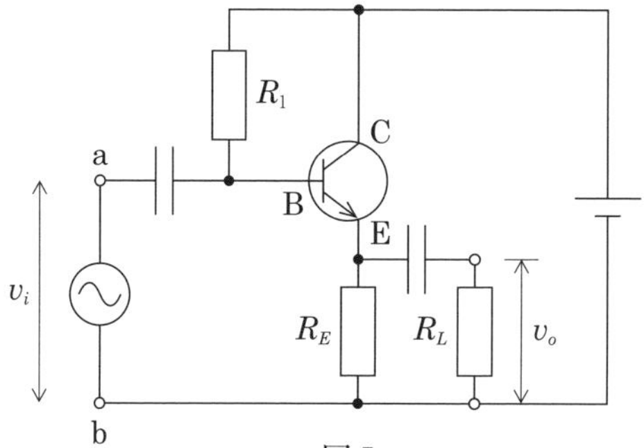

図Ⅰ

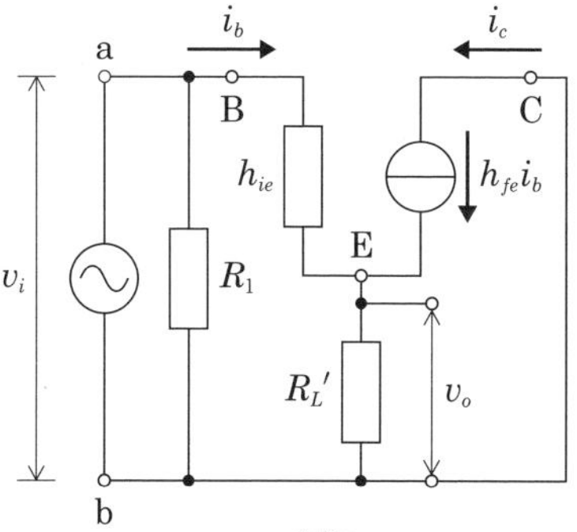

⊖は理想電流源

図Ⅱ

	㋐	㋑	㋒
1	$\dfrac{R_ER_L}{R_E+R_L}$	$\{h_{ie}+(1+h_{fe})R_L'\}i_b$	$\dfrac{R_1\{h_{ie}+(1+h_{fe})R_L'\}}{R_1+h_{ie}+(1+h_{fe})R_L'}$
2	$\dfrac{R_ER_L}{R_E+R_L}$	$\{h_{ie}+(1+h_{fe})R_L'\}i_b$	$\dfrac{R_1R_L'}{R_1+R_L'}$
3	$\dfrac{R_ER_L}{R_E+R_L}$	$\{(1+h_{ie})+h_{fe}R_L'\}i_b$	$\dfrac{R_1\{(1+h_{ie})+h_{fe}R_L'\}}{R_1+h_{ie}+(1+h_{fe})R_L'}$
4	R_E+R_L	$\{h_{ie}+(1+h_{fe})R_L'\}i_b$	$\dfrac{R_1\{h_{ie}+(1+h_{fe})R_L'\}}{R_1+h_{ie}+(1+h_{fe})R_L'}$
5	R_E+R_L	$\{(1+h_{ie})+h_{fe}R_L'\}i_b$	$\dfrac{R_1R_L'}{R_1+R_L'}$

第5章 電子工学

No.1 の解説　トランジスタ増幅回路（直流の計算）　　→問題は P.350

「直流」電流増幅率なので，直流電流の計算問題である。手筋どおり，抵抗の前後の電位を求める方針で考える。

直流電流増幅率 h_{FE} は，ベース電流 I_B とコレクタ電流 I_C の比 $h_{FE} = \dfrac{I_C}{I_B}$ である。

下図の位置を電位 0 として 250 kΩ の抵抗の両端の電位を求めていく。なお，計算においては，電流の m（ミリ）と抵抗の k（キロ）が約分されることに注意する。

下図のルート X に沿って電位を計算していくと，250 kΩ の左端の電位は 0.50 V となる。

一方，下図のルート Y に沿って電位を計算していくと，250 kΩ の右端の電位は

$$6 - 3.0 \times 1.0 = 3.0\,\mathrm{V}$$

となる。

したがって，250 kΩ の抵抗の両端の電位差（電圧）は 3.0 − 0.5 = 2.5 V となるので，オームの法則からベース電流は，

$$I_B = \frac{2.5}{250} = 0.01\,\mathrm{mA}$$

となる。この場合，コレクタ電流 I_C はほぼ 1.0 mA とみなせるので（正しくは 0.99 mA），

$$h_{FE} = \frac{1.0}{0.01} = 100$$

以上より，正答は **3** となる。

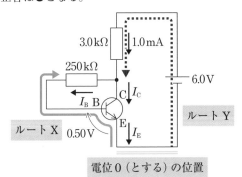

　直流等価回路の計算問題であるが，コレクタ電流が不明のため，まずは大電流のループを考えて，次に背後の抵抗 R の電位を計算する。条件が設問に書かれているので，これを丁寧に図に記入して考えること。

　まずは下図のルート X（直流負荷線になる式）に沿ってキルヒホッフの法則を立てると，

$$10 = 2.5I_\mathrm{C} + 5$$
$$\therefore \quad I_\mathrm{C} = \frac{5}{2.5} = 2\,\mathrm{mA}$$

　直流電流増幅率の値から $I_\mathrm{B} = \dfrac{I_\mathrm{C}}{h_{FE}} = 0.02\,\mathrm{mA}$ とわかる。これが抵抗 R を流れる電流である。そこで，抵抗 R の両端の電位を計算する。ルート Y に沿って R の上端の電位を求めると 10V となる。次にルート Z に沿って R の下端の電位を求めると 0.6V となる。したがって，求める抵抗値は，電位差を電流で割って，

$$R = \frac{10 - 0.6}{0.02} = 470\,\mathrm{k\Omega}$$

以上より，正答は**2**となる。

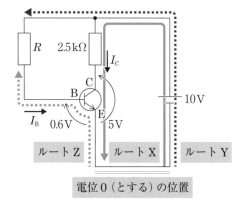

電位 0（とする）の位置

第5章　電子工学

　設問の図Ⅱは交流信号の増幅度の計算でよく出てくる等価回路だが，求められているのは直流の増幅率であることに注意してほしい。背後の電位を求める方針は他の問題と変わらない。

　下図の X, Y の電位を求める。それぞれ青破線に沿って電位を計算する。すると，X の電位は12.0V，Y の電位 V_Y は，$I_C = I_E = 1.00\text{mA}$ として，

$$V_Y = 1.00 \times 1.00 + 0.600 = 1.600\text{V}$$

したがって，120kΩ の抵抗の電位差（電圧）は，12.0 − 1.6 = 10.4V なので，電流 I_1 は，$I_1 = \dfrac{10.4}{120}\,[\text{mA}]$ となる。

　次に20.0kΩ の抵抗の電圧は V_Y の電位に等しく1.60V となる。したがって，電流 I_2 は $I_2 = \dfrac{1.60}{20.0}\,[\text{mA}]$ となる。

　点 Y についてキルヒホッフの第1法則を考えると，

$$I_B = I_1 - I_2 = \frac{10.4}{12.0} - \frac{1.6}{20} = \frac{0.8}{120}\,[\text{mA}]$$

よって，

$$h_{FE} = \frac{I_C}{I_B} = \frac{1}{\dfrac{0.8}{120}} = 1.5 \times 10^2$$

以上より，正答は**2**となる。

補足

　分数で計算するときれいに割り切れるが，小数で計算していってもよい。この場合，途中の四捨五入のしかたによっては選択肢の 1.6×10^2 になる場合もある。

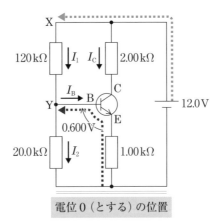

電位 0（とする）の位置

No.4 の解説　トランジスタ増幅回路（交流等価回路）　　→問題は P.352

交流の等価回路の国家一般職［大卒］の出題例である。このように国家一般職［大卒］，地方上級では，P.344 の必修問題の計算のうち一部分だけが出題されることがある。ただし，難易度はあまり変わらない。

h_{ie} には電流 i_b が流れるので $v_i = h_{ie}i_b$ である。また，抵抗 R_L には電流 $h_{fe}i_b$ が流れるので $v_o = -R_L h_{fe}i_b$ となる（電流は電位が低くなるほうに流れるので，v_o は負となる）。これより，

$$\left|\frac{v_o}{v_i}\right| = \frac{R_L h_{fe}i_b}{h_{ie}i_b} = \frac{h_{fe}}{h_{ie}}R_L$$

以上より，正答は **2** となる。

No.5 の解説　トランジスタ増幅回路（交流等価回路）　　→問題は P.353

交流等価回路の計算問題である。P.344 の必修問題と同じ手順で解いてみよう。

手順❶　トランジスタを与えられた等価回路に描き換える

設問の図Ⅰのトランジスタ部分を図Ⅱの回路に描き直す。このとき，電流の向きについては B，C，E の中央の接合点に向かって流れていることを確認してから描くと描きやすい。

手順❷　コンデンサ，直流電源を取り除き導線に直し，電位 0 の位置をおさえる

コンデンサと直流電源は，交流の電流には影響を与えないため，導線に置き換える（図1）。

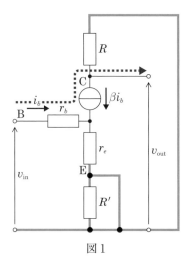

図1

書き換えた回路について，仮に電源の下側の位置を電位0として，こここと導線（のみ）でつながって電位0となっているところを確認する。図1では青実線で示してある。

　本問では抵抗 R' の両端が電位0になっている。この場合，R' には電流は流れないので次の等価回路を描くときには取り除く。

　また，v_{in} から計算を始めるため，図1では v_{in} より左側は取り除いた。

手順❸　交流等価回路を描く

　まず，図2のように電位0の線を描く。次に，電源 v_{in} から v_{out} に向かう線を確認する。図1では青破線の矢印となる。

　これが図2の上側の青破線の矢印である。

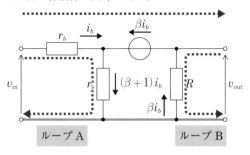

図2

手順❹　交流等価回路を解く

　図2において，ループAに沿ってキルヒホッフの法則を立てると，

$$v_{in} = r_b i_b + r_e (\beta + 1) i_b = \{ r_b + r_e (\beta + 1) \} i_b$$

ループBに沿ってキルヒホッフの法則を立てると，

$$v_{out} = - R \beta i_b$$

なお，v_{out} はつながっていないので，電流源を流れる電流 βi_b はすべて抵抗 R を流れている。また，青破線の矢印は抵抗 R では電流と逆向きになっているので，電圧の符号は「$-$」となっている。

　以上2つから，

$$\frac{v_{out}}{v_{in}} = \frac{-\beta R}{r_b + (1 + \beta) r_e}$$

となり，正答は**5**となる。

No.6 の解説　トランジスタ増幅回路（交流等価回路）　　→問題は P.354

電圧増幅度の典型問題である。手順どおりに計算すれば解けるが，途中で電位が0になるところと，等価回路の計算で電流が流れる場所には気をつけよう。

手順❶　トランジスタを与えられた等価回路に描き換える

設問の図Iのトランジスタ部分を図IIの回路に描き直す。

手順❷　コンデンサ，直流電源を取り除き導線に直し，電位0の位置をおさえる

コンデンサと直流電源は，交流の電流には影響を与えないため，導線に置き換える（図1）。

描き換えた回路について，仮に電源の下側の位置を電位0として，ここと導線（のみ）でつながって電位0となっているところを確認する。図1では青実線で示してある。

R_4 の両端の電位差が0なので，R_4 には電流が流れない。そこでこの抵抗は取り除く。

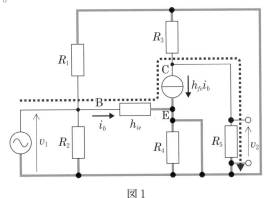

図1

手順❸　交流等価回路を描く

次ページの図2のようになる。h_{ie} の右側で電位が0となるので，これと対応するように h_{ie} は電位0に落ちるように描いた。また，R_3 と R_5 の間には何もなく，いずれも電位0に向かうので並列の関係にある。ここではこれを強調するように描いた。

第5章 電子工学

手順❹　交流等価回路を解く

図2において，ループAに沿ってキルヒホッフの法則を立てると，

$$v_1 = h_{ie}i_b$$

v_2 は R_3 と R_5 の並列抵抗に加わる電圧なので

$$v_2 = -\left(\dfrac{1}{\dfrac{1}{R_3} + \dfrac{1}{R_5}}\right) \times h_{fe}i_b = -\dfrac{R_3 R_5 h_{fe}}{R_3 + R_5}i_b$$

ここで，電流は電位の高いほうから低いほうへ流れるので $v_2 < 0$ とする。
したがって，

$$\dfrac{v_2}{v_1} = \dfrac{-h_{fe}R_3 R_5}{h_{ie}(R_3 + R_5)}$$

以上より，正答は**5**となる。

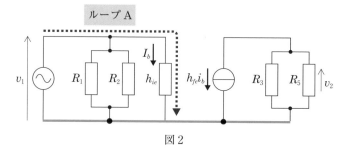

図2

No.7 の解説　トランジスタ増幅回路（交流等価回路）　→問題は P.355

　ここまで演習した交流等価回路の計算と大きくは変わらないが，問われ方，問われる内容が異なっている。入力インピーダンスとは，入力側の電圧と電流の比のことである。

㋐について

　交流を考えているので，R_E と R_L の間のコンデンサを導線に変えれば，両方の抵抗の両端の電位は等しい。つまり，2つの抵抗は並列の関係にあって，エミッタ端子と電位 0（b の電位）の位置を結んでいる。したがって，

$$R_L' = \dfrac{1}{\dfrac{1}{R_E} + \dfrac{1}{R_L}} = \dfrac{R_E R_L}{R_E + R_L}$$

㋑について

　ループAについてキルヒホッフの法則を考える。電流は次図に描いたとおりである。したがって，

$$v_i = h_{ie}i_b + R_L'(h_{fe} + 1)i_b = \{h_{ie} + (1 + h_{fe})R_L'\}i_b$$

⑰について

入力インピーダンス Z_i は電源の電圧と電流の比 $Z_i = \dfrac{v_i}{i_a}$ のことである。

そこでループ B についてキルヒホッフの法則を立てると，

$$v_i = R_1 i_1$$

以上から，

$$i_a = i_1 + i_b = \frac{v_i}{R_1} + \frac{v_i}{\{h_{ie} + (1 + h_{fe})R_L{}'\}} = \frac{R_1 + h_{ie} + (1 + h_{fe})R_L{}'}{R_1\{h_{ie} + (1 + h_{fe})R_L{}'\}} v_i$$

$$\therefore \quad \frac{v_i}{i_a} = \frac{R_1\{h_{ie} + (1 + h_{fe})R_L{}'\}}{R_1 + h_{ie} + (1 + h_{fe})R_L{}'}$$

となり，正答は**1**となる。

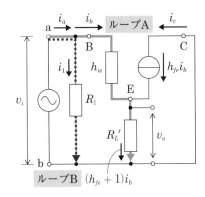

第 5 章　電子工学

◁ 必修問題 ▷

　図のような演算増幅器を用いた回路において，入力電圧を v_i としたときの出力電圧を v_o とする。このときの回路の電圧利得 $\dfrac{v_o}{v_i}$ として最も妥当なのはどれか。

　ただし，演算増幅器は理想的なものであり，演算増幅器の入力端子間の電位差はなく，各入力端子には電流が流れ込まないものとする。

【国家一般職・平成30年度】

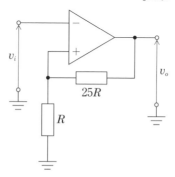

1 -26

2 -25

3 24

4 25

5 26

必修問題 の 解説

　オペアンプ回路の基本問題で，解法❶がオペアンプ回路の基本解法となる。解法❷は素早く解けるが，電流が一定であることを確認しておこう。この回路は非反転増幅回路と呼ばれる。

解法❶　キルヒホッフの法則を考える

　イマジナリーショートを考えると，2つの抵抗の間の位置が電位 v_i であることがわかる。

　したがって，オームの法則から抵抗 R に流れる電流 i は図の向きで

$$i = \frac{v_i - 0}{R} = \frac{v_i}{R}$$

となる。したがって，抵抗 $25R$ の抵抗の電位差は $25R \times i = 25R \times \dfrac{v_i}{R} = 25v_i$ となる。

電流は電位の高いほうから低いほうに流れるので，$25R$ の抵抗の電位差を考えて，

$$v_o = v_i + 25v_i = 26v_i \qquad \therefore \ \frac{v_o}{v_i} = 26$$

解法❷　電位図を描いて相似を考える

　青実線に沿って電位図を描く。オペアンプの入力側には電流は流れ込まないので，青実線に沿って電流は一定であり，電位図は直線となる（正確には出力側には電流は流れずにオペアンプの出力側に流れるが気にしなくてよい）。

　電流が一定の場合，電位図の抵抗を横に描いてもよいので，右下図のようになる。

　この図の相似比が $1:(1+25)=1:26$ なので $\dfrac{v_o}{v_i}=26$ である。

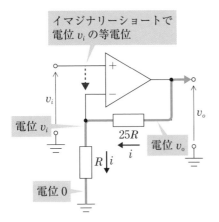

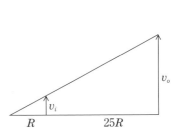

正答 **5**

必修問題

図のような演算増幅器を用いた回路において，出力電圧 v_o が $v_o = -5v_1 + 3v_2$ となるとき，$\dfrac{R_2}{R_1}$，$\dfrac{R_4}{R_3}$ の組合せとして最も妥当なのはどれか。

ただし，演算増幅器は理想的なものとする。

【国家総合職・平成26年度】

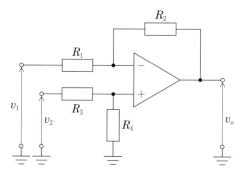

	$\dfrac{R_2}{R_1}$	$\dfrac{R_4}{R_3}$
1	1	3
2	3	3
3	3	5
4	5	1
5	5	5

必修問題 の 解説

　重ね合わせの理を応用した問題である。解法❶で解くならほかの問題と大きくは変わらない。反転増幅回路と非反転増幅回路の電位図が頭に入っているなら，解法❷で素早く解くことができる。ただし，電位図では，電流が一定になることを常に確認すること。

解法❶　キルヒホッフの法則を考えて計算する

　図1のように電流を置く。

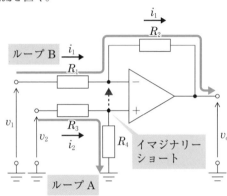

図1

　まずはイマジナリーショートの位置の電位を求めるために，ループ A について考える。電位 v_2 と 0（接地）を抵抗 R_3 と R_4 の直列でつないでいるので，

$$i_2 = \frac{v_2}{R_3 + R_4}$$

　したがって，イマジナリーショートの位置の電位 v' は，

$$v' = R_4 i_2 \, (= v_2 - R_3 i_2) = \frac{R_4}{R_3 + R_4} v_2$$

　次にループ B を考える。抵抗 R_1 の両端の電位は v_1 と v' なので，オームの法則から，

$$i_1 = \frac{v_1 - v'}{R_1} = \frac{v_1}{R_1} - \frac{R_4}{R_1(R_3 + R_4)} v_2$$

　ただし，図の向きに電流の向きを決めていること，電位の高いほうから低いほうに電流が流れることから $v_1 > v'$ と仮定して電圧を決めている。

　この電流が抵抗 R_2 に流れるので，R_2 の電圧 Δv は，

$$\Delta v = R_2 i_1 = \frac{R_2}{R_1} v_1 - \frac{R_2 R_4}{R_1(R_3 + R_4)} v_2$$

　これより，出力される電圧（電位）は，電流が電位の高いほうから低いほうに流れることに気をつけて，

第5章

電子工学

$$v_o = v' - \Delta v = -\frac{R_2}{R_1}v_1 + \frac{R_4(R_1 + R_2)}{R_1(R_3 + R_4)}v_2 = -5v_1 + 3v_2$$

これより $\dfrac{R_2}{R_1} = 5$ であり，$R_2 = 5R_1$ を使って v_2 の係数比較をすると，

$$\frac{R_4 \times 6R_1}{R_1(R_3 + R_4)} = \frac{6R_4}{R_3 + R_4} = 3$$

これを解いて，

$$\frac{R_4}{R_3} = 1$$

解法❷　重ね合わせの理と電位図を使う

まず，$v_2 = 0$ として v_1 だけを考える。この場合，$v_2 = 0$ なので，抵抗 R_3, R_4 は電位 0（v_2）と電位 0（接地）を結んでいるので電流は流れない。したがって，イマジナリーショートも電位 0 である。これを踏まえて，図2の青実線の電位図を描くと図3となり，相似の関係から，

$$v_{o1} = -\frac{R_2}{R_1}v_1 = -5v_1$$

$$\therefore \quad \frac{R_2}{R_1} = 5$$

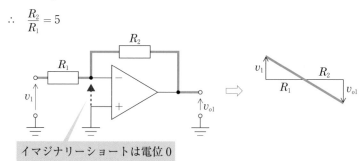

図2　　　　　　　　　　　　　　　　図3

次に $v_1 = 0$ として v_2 だけが存在する場合を考える。この場合，まずは図4の青実線について電位図を考えてイマジナリーショートの位置の電位 v_s を求めると，図6（青実線の電位図）より，

$$v_s = \frac{R_4}{R_3 + R_4}v_2$$

次に，青破線についての電位図（図5）を考えると，

$$v_{o2} = \frac{R_1 + R_2}{R_1}v_s$$

$\dfrac{R_2}{R_1} = 5$ なら $\dfrac{R_1 + R_2}{R_1} = 1 + \dfrac{R_2}{R_1} = 6$ なので，

$$v_{o2} = 6v_s = \frac{6R_4}{R_3 + R_4}v_2 = 3v_2$$

したがって,

$$\frac{R_4}{R_3 + R_4} = \frac{1}{2}$$

$$\frac{R_4}{R_3} = 1$$

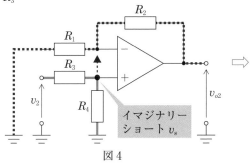

図 4

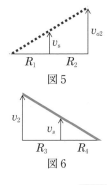

図 5

図 6

正答 **4**

図のような演算増幅器を用いた回路において，出力電圧 $V_o = -1.2\,\text{V}$ となるスイッチの状態 D_2，D_1，D_0 の組合せとして最も妥当なのはどれか。

ただし，$R = 100\,\text{k}\Omega$，$R_f = 20\,\text{k}\Omega$，$E = 4\,\text{V}$ とし，D_i は i 番目のスイッチが ON のとき 1，OFF のとき 0 であるとする。また，演算増幅器は理想的なものとする。

【国家総合職・平成25年度】

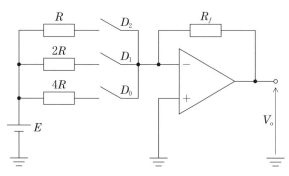

	D_2	D_1	D_0
1	1	1	1
2	1	1	0
3	1	0	1
4	1	0	0
5	0	0	1

必修問題 の 解説

重ね合わせの理を応用した問題である。一つ一つは反転増幅回路の形であることに注意しよう。

まず，スイッチを1つだけ入れた状態の出力電圧を考える。スイッチを2つ以上入れた場合は，重ね合わせの理を考えればよい。

仮にスイッチ D が抵抗 nR に接続されていると考えると下図のようになる。ただし，この場合の出力電圧を V_n としている。

このとき，

$$V_n = -\frac{R_f}{nR}E = -\frac{4}{5n}$$

となるので，D_2 を閉じれば $n = 1$ で $V_1 = -0.8\text{V}$，D_1 を閉じれば $n = 2$ で $V_2 = -0.4\text{V}$，D_0 を閉じれば $n = 4$ で $V_4 = -0.2\text{V}$ が出力される。

これらを重ね合わせて -1.2V とするためには，$-1.2 = -0.8 - 0.4$ なので D_1 と D_2 を閉じればよい。つまり $D_1 = D_2 = 1$，$D_0 = 0$ とすればよい。

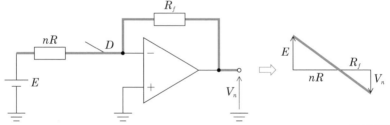

正答 **2**

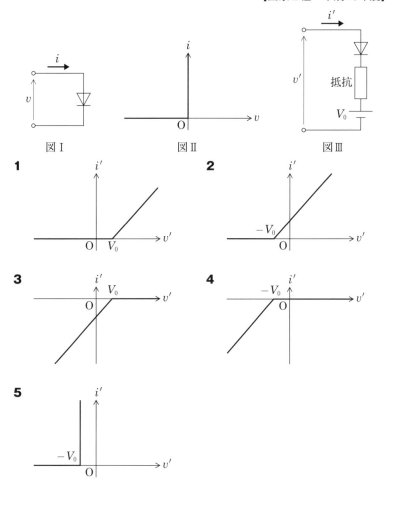

　図 I に示すダイオードの電圧 v – 電流 i の特性は図 II で表される。
　このダイオードを用いて図 III に示す回路を構成したとき，電圧 v' – 電流 i' の特性を表したものとして最も妥当なのはどれか。

【国家 II 種・平成19年度】

図 I　　　　　　　　図 II　　　　　　　　図 III

1

2

3

4

5

必修問題 の 解説

　ダイオード回路の基本問題である。理想ダイオード回路については，無抵抗で電流を流すか，まったく流さないかのいずれかである。場合分けをして条件を確認する手順を覚えておこう。また，ダイオード回路についてはいくつかの有名回路は覚えておきたい。

　$i' \geqq 0$ を前提にすると，抵抗を R としてこの回路についてのキルヒホッフの法則より，

$$v' = Ri' + V_0$$

$$\therefore \quad i' = \frac{1}{R}v' - \frac{V_0}{R}$$

これが成り立つとき，

$$i' = \frac{1}{R}v' - \frac{V_0}{R} \geqq 0$$

$$\therefore \quad v' \geqq V_0$$

この条件が成り立たない，つまり $v' < V_0$ のときには，ダイオードが電流を流さないので $i' = 0$ となる。

補足

　ダイオードを非線形の抵抗とみなして解くこともできる。この場合，ダイオードの電圧を v，電流を i とすると，キルヒホッフの法則より，

$$v' = v + Ri + V_0 \qquad \therefore \quad i = -\frac{1}{R}v + \frac{v' - V_0}{R}$$

これを図Ⅱに記入して，交点を求めていくと i が求められる。

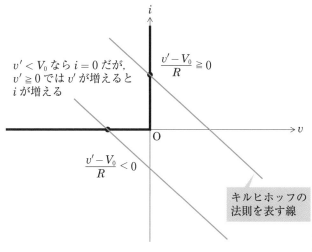

$v' < V_0$ なら $i = 0$ だが，$v' \geqq 0$ では v' が増えると i が増える

$\dfrac{v' - V_0}{R} \geqq 0$

$\dfrac{v' - V_0}{R} < 0$

キルヒホッフの法則を表す線

正答 1

第5章　電子工学

重要ポイント 1 オペアンプ

　演算増幅器（オペアンプ）は，作動増幅回路を実現するために IC によってつくられた小型の回路である。高い電圧増幅率を持っている。演算増幅器は図1のような記号で表される。ここからわかるとおり，2入力1出力となっており，さらにこれに加え，操作させるための電源が必要となる。ただし，通常，回路では電源については省略される。

　理想的な演算増幅器は，図2のように表すことができる。このとき，次の関係が成り立つ。

$$v_o = A(v_{\text{in}+} - v_{\text{in}-})$$

　また，インピーダンスについて，理想的な演算増幅器では次のようになる。

入力インピーダンスは ∞ : Z	∞，つまり入力側の端子には電流は流れ込まない
出力インピーダンスは 0 : Z_o	0，つまり出力側からは必要な電流を流すことができる（電流源とみなせる）

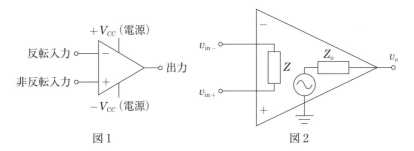

図1　　　　　　　　　　　　　図2

重要ポイント 2 オペアンプを使った回路の解法

　オペアンプの出力端子と反転入力端子を抵抗で結んだ負帰還回路の問題では，次のことに注意して問題を解く。

> ・反転入力端子と非反転入力端子には電流は流れ込まない
> ・反転入力端子と非反転入力端子の電位は等しいとみなせる（イマジナリーショート）

これを利用して，オペアンプの回路を解く。トランジスタ増幅回路の直流電源に対する計算と同様，電位に注目して解くことに注意する。

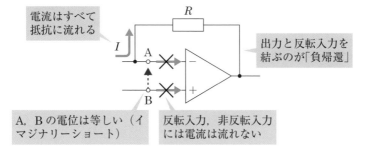

電流はすべて抵抗に流れる

出力と反転入力を結ぶのが「負帰還」

A，Bの電位は等しい（イマジナリーショート）

反転入力，非反転入力には電流は流れない

重要ポイント 3 電位図による解法

オペアンプを使った回路では電位図を描いて解くことができる場合がある。電位図は，電位を縦にとって図形的に電位を計算する方法である。電流が一定の場合，横に抵抗をとると，電位図は直線に描くことができる（$V = IR$ で，I が一定の場合，電圧が R に比例するため）。これを利用するのである。

実際に使う場合には，下の反転増幅回路と非反転増幅回路の形を覚えておくと便利である。電源が2つ以上ある場合には重ね合わせの理を使うことができる。ただし，電流が一定であることに注意すること。

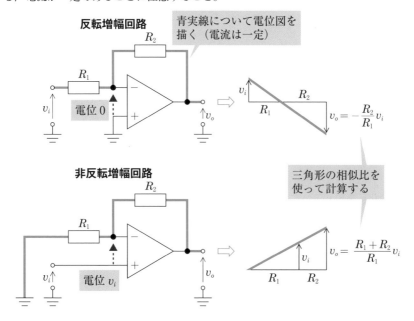

反転増幅回路

青実線について電位図を描く（電流は一定）

$$v_o = -\frac{R_2}{R_1}v_i$$

非反転増幅回路

三角形の相似比を使って計算する

$$v_o = \frac{R_1 + R_2}{R_1}v_i$$

重要ポイント 4 ▶ ダイオード回路の解法

理想的なダイオードは，順方向には無抵抗で電流を流し，逆方向にはまったく電流を流さない。ダイオードを含む回路は，一般には次の手順で解く。

①仮にダイオードに順方向に電流が流れるものとして回路を解く
②ダイオードを流れる電流を求めて，順方向ならそれを答えにする。逆方向の場合，改めてダイオードを開放（切断して電流 0 とする）して回路を解き直す

重要ポイント 5 ▶ ダイオードの有名回路

次の2つの回路については覚えておく。いずれも交流電流を直流電流に整流する目的で使用される。

(1)半波整流回路

電圧が負の部分をカットした形の出力となる。

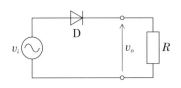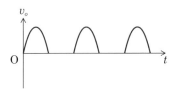

(2)全波整流回路

電圧の絶対値をとった形の出力となる。

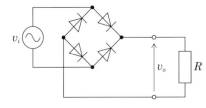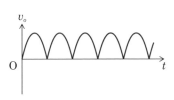

なお，いずれも実際にはコイルを直列に，コンデンサを並列に接続して脈流（電圧の変化）を取り除いて，より直流電源に近い形にする。

実戦問題

No.1 オペアンプを用いた増幅回路には，正帰還を用いたものと負帰還を用いたものがある。次の記述のうち，正帰還を用いたものの特徴の説明として正しいものを 2 つ挙げたのはどれか。 【地方上級・平成24年度】

ア　発振回路に応用する。

イ　電圧増幅率を大きくできる。

ウ　出力で発生するノイズを低減させることができる。

エ　周波数帯が広い。

オ　温度変化に対して安定である。

1　ア，イ

2　イ，ウ

3　ウ，エ

4　エ，オ

5　ア，オ

第5章 電子工学

No.2 図のような演算増幅器を用いた回路において，入力電圧 v_1, v_2 を入力したとき，出力電圧 v_o として最も妥当なのはどれか。

ただし，演算増幅器は理想的なものであり，演算増幅器の入力端子間の電位差はなく，各入力端子には電流が流れ込まないものとする。

【国家一般職・平成28年度】

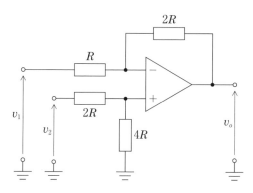

1 $-2(v_1 - v_2)$

2 $-\dfrac{1}{2}(v_1 - v_2)$

3 $-\dfrac{1}{2}(v_1 + v_2)$

4 $\dfrac{1}{2}(v_1 - v_2)$

5 $2(v_1 - v_2)$

No.3 図のような演算増幅器を使ったフィルタに関する以下の文章の空欄ア〜
オに当てはまるものを正しく組み合わせたのはどれか。

【地方上級・平成24年度】

「入力に対する出力の電圧の比である電圧増幅率 A_0 は ア となる。ここで，
Z_1 を抵抗，Z_2 をコンデンサとすると，コンデンサは，周波数を大きくしたときに
インピーダンスが イ なるので， ウ 通過フィルタとして用いられる。

一方，Z_1 をコンデンサ，Z_2 を抵抗とすると，コンデンサは，周波数を小さくし
たときにインピーダンスが エ なるので， オ 通過フィルタとして用いら
れる」

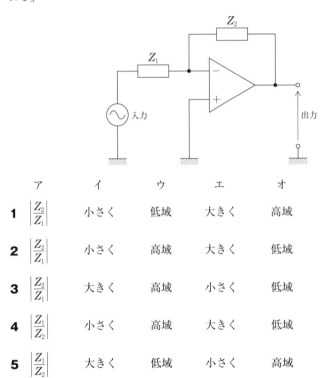

	ア	イ	ウ	エ	オ
1	$\left\|\dfrac{Z_2}{Z_1}\right\|$	小さく	低域	大きく	高域
2	$\left\|\dfrac{Z_2}{Z_1}\right\|$	小さく	高域	大きく	低域
3	$\left\|\dfrac{Z_2}{Z_1}\right\|$	大きく	高域	小さく	低域
4	$\left\|\dfrac{Z_1}{Z_2}\right\|$	小さく	高域	大きく	低域
5	$\left\|\dfrac{Z_1}{Z_2}\right\|$	大きく	低域	小さく	高域

図のような演算増幅器を用いた回路において，角周波数 ω の交流電圧 v_i を入力したときの出力電圧を v_o とする。このときの回路の伝達関数 $G(j\omega) = \dfrac{v_o}{v_i}$ として最も妥当なのはどれか。

ただし，R_1 および R_2 は抵抗の値であり，C はコンデンサの容量である。また，演算増幅器は理想的なものであり，演算増幅器の入力端子間の電位差はなく，各入力端子には電流が流れ込まないものとする。 【国家一般職・平成29年度】

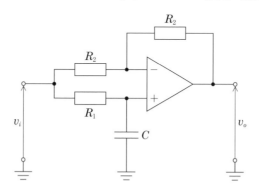

1 $\dfrac{1 - j\omega CR_1}{1 + j\omega CR_1}$

2 $\dfrac{1 + j\omega CR_1}{1 - j\omega CR_1}$

3 $\dfrac{1 - j\omega CR_2}{1 + j\omega CR_2}$

4 $\dfrac{1 + j\omega CR_2}{1 - j\omega CR_2}$

5 $\dfrac{1 + j\omega CR_1}{1 - j\omega CR_2}$

No.5 図は理想演算増幅器を用いた演算回路である。入力 1 に $\sin(\omega t)$ (V), 入力 2 に $2\cos(\omega t)$ (V)の信号を与えたとき，出力の最大振幅電圧として最も妥当なのはどれか。

ただし，ω を角周波数，t を時間とする。 【国家総合職・平成29年度】

1 1V
2 $\sqrt{2}$V
3 $\sqrt{3}$V
4 2V
5 $\sqrt{5}$V

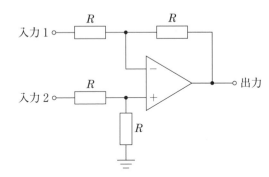

No.6 図のような演算増幅器を用いた回路において，$V_1 = 1.5$V，$V_2 = 4.0$V のとき，出力電圧 V_o として最も妥当なのはどれか。

ただし，$R_1 = 10\,\mathrm{k\Omega}$, $R_2 = 30\,\mathrm{k\Omega}$, $R_3 = 10\,\mathrm{k\Omega}$, $R_4 = 10\,\mathrm{k\Omega}$, $R_5 = 50\,\mathrm{k\Omega}$ である。また，演算増幅器は理想的なものとする。 【国家総合職・令和4年度】

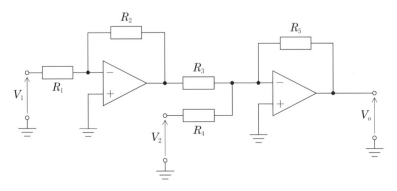

1 -3.0V
2 -2.0V
3 0.5V
4 1.5V
5 2.5V

図のような演算増幅器を用いた回路において，$V_i = 2.0\,\text{V}$ のとき，出力電圧 V_o はおよそいくらか。

ただし，$R_1 = 10\,\text{k}\Omega$，$R_2 = 15\,\text{k}\Omega$，$R_3 = 10\,\text{k}\Omega$，$R_4 = 20\,\text{k}\Omega$ である。また，演算増幅器は理想的なものとする。　　　　　　　【国家総合職・令和 3 年度】

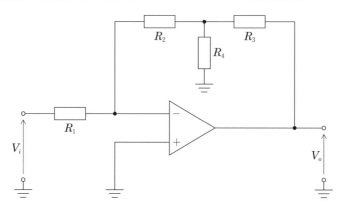

1　$-1.5\,\text{V}$
2　$-3.5\,\text{V}$
3　$-4.5\,\text{V}$
4　$-5.0\,\text{V}$
5　$-6.5\,\text{V}$

No.8 演算増幅器を用いた図Ⅰに示す回路の入力 V_in に，図Ⅱのように変化する入力信号波形を与えたとき，出力 V_out に現れる信号波形として最も妥当なのはどれか。

ただし，初期状態でコンデンサの電荷は0とし，演算増幅器は理想的なものとする。 【国家総合職・平成27年度】

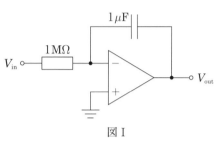

図Ⅰ   図Ⅱ

1
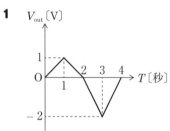

2
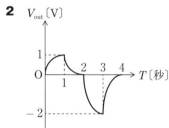

3
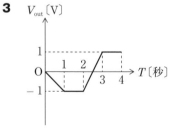

4
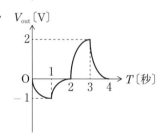

5
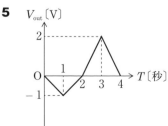

No.9 図は演算増幅器を用いた移相形発振回路である。図中の矢印で示した演算増幅器の出力側のところで回路を切り離したと考え，この回路の一巡利得を求めると，

$$\cfrac{1}{-\cfrac{R_1}{R_2} + \cfrac{5}{\omega^2 C^2 R_1 R_2} + j\left(\cfrac{6}{\omega C R_2} - \cfrac{1}{\omega^3 C^3 R_1^2 R_2}\right)}$$

となる。ここで，ω は角周波数，j は虚数単位である。このとき，回路が発振するための振幅条件と発振周波数の組合せとして最も妥当なのはどれか。

ただし，演算増幅器は理想的なものとする。【国家一般職・令和 4 年度】

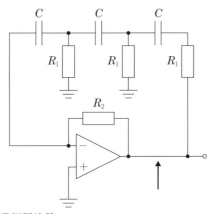

　　　　　振幅条件　　　　　発振周波数

1 $\dfrac{R_2}{R_1} \geqq 29$ 　　　$\dfrac{1}{2\pi\sqrt{6}\,C R_1}$

2 $\dfrac{R_2}{R_1} \geqq 29$ 　　　$\dfrac{1}{2\pi\sqrt{6}\,C R_2}$

3 $\dfrac{R_2}{R_1} \geqq 29$ 　　　$\dfrac{1}{2\pi\sqrt{6}\,C R_1 R_2}$

4 $\dfrac{R_1}{R_2} \geqq 29$ 　　　$\dfrac{1}{2\pi\sqrt{6}\,C R_1}$

5 $\dfrac{R_1}{R_2} \geqq 29$ 　　　$\dfrac{1}{2\pi\sqrt{6}\,C R_2}$

No.10 図Ⅰは，サイリスタ $Th_1 \sim Th_4$ を用いた単相ブリッジ整流回路に，抵抗を接続した回路である。この回路に，図Ⅱのような交流電圧 v_s を加え，各サイリスタのゲート端子にトリガパルス v_g を与えた。このとき抵抗に加わる電圧 v_d の波形の概形として最も妥当なのはどれか。　【国家Ⅱ種・平成23年度】

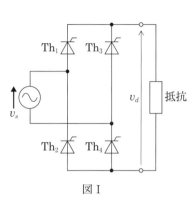

図Ⅰ

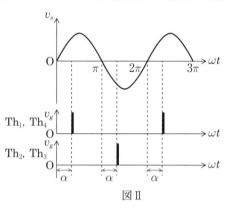

図Ⅱ

1
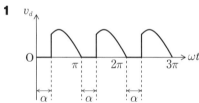

2
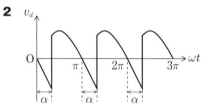

3
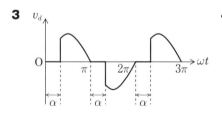

4
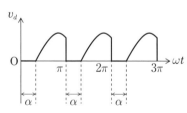

5
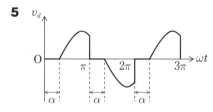

No.1 の解説 オペアンプ回路

→問題は P.377

正帰還と負帰還についての知識問題は珍しい。重要度は高くないが,一応知識として持っておきたい。

正帰還回路とは,オペアンプ回路の出力端子と正相入力を接続した回路で,利得(増幅率)は増すが,安定性は減少し,周波数帯も狭くなる。正帰還回路は,発振回路やコンパレーター(比較器)として利用される。

以上から,空欄ア,イの2つが正帰還回路に該当する。残りのウ,エ,オはいずれも負帰還回路である。

以上より,正答は**1**となる。

No.2 の解説 オペアンプ回路

→問題は P.378

P.366の必修問題の類題で,オペアンプ回路の解法を確認しておこう。なお,この回路は「減算回路」である。

解法❶ キルヒホッフの法則を使う

次図について,ループAAを考える。電位 v_2 から電位0(接地)に向かって直列 $2R + 4R = 6R$ で結んでいるので $i_2 = \dfrac{v_2}{6R}$ となる。

したがって,イマジナリーショートの位置の電位 v_s は,

$$v_s = 4R \times i_2 \left(= v_2 - 2R \times i_2 \right) = \frac{2}{3}v_2$$

次に,ループBについて,電流の向きを図の向きに決めて,抵抗 R についてオームの法則を立てると,

$$i_1 = \frac{v_1 - v_s}{R} = \frac{v_1}{R} - \frac{2}{3R}v_2$$

これが抵抗 $2R$ に流れ込むので,抵抗 $2R$ の電圧 Δv は,

$$\Delta v = 2Ri_1 = 2v_1 - \frac{4}{3}v_2$$

これより,電流の流れに沿って電位は下がっていくことに気をつけて,

$$v_o = v_s - \Delta v = \frac{2}{3}v_2 - \left(2v_1 - \frac{4}{3}v_2\right) = -2(v_1 - v_2)$$

以上より,正答は**1**となる。

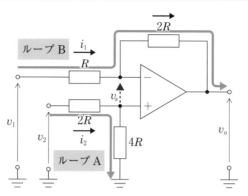

解法❷ 重ね合わせの理と電位図を使う

下図のように，2つの電源を別々に計算する（詳細は P.366 の必修問題と同じであるので，そちらも見てみること）。なお，v_2 を考えるときのイマジナリーショートの位置の電位 v_{s2} は，青実線の電位図より $v_{s2} = \dfrac{2}{3}v_2$ なので，

$$v_{o2} = 3v_{s2} = 2v_2$$

となる。したがって，

$$v_o = v_{o1} + v_{o2} = -2(v_1 - v_2)$$

となる。

なお，選択肢を利用するのであれば，$v_{o1} = -2v_1$ から v_1 の係数を見るだけで，正答を選ぶことができる。

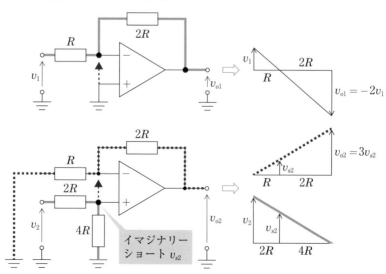

　コンデンサの入った問題であるが，落ち着いて電圧増幅率を計算し，それに関連して考えてみよう。

　入力電圧を v_1，出力電圧を v_2 とすると，電圧増幅率 A_v は

$$A_v = \left| \frac{v_2}{v_1} \right| = \left| \frac{Z_2}{Z_1} \right|$$

となる（下の電位図を見ること）。空欄アは $\left| \dfrac{Z_2}{Z_1} \right|$ である。

　$Z_1 = R$（抵抗），$Z_2 = \dfrac{1}{j\omega C}$（$\omega$：角振動数，$C$：容量）とすると，

$$A_v = \frac{1}{\omega CR}$$

となる。この電圧増幅率は ω が小さくなると大きくなる。つまり，周波数の低い信号を大きく増幅させる。これは「低域」通過フィルタである。また，コンデンサのインピーダンス Z_2 は ω が大きくなると小さくなる。以上から空欄イは「小さく」，空欄ウは「低域」が入る。

　次に，$Z_1 = j\omega C$，$Z_2 = R$ とすると，

$$A_v = \omega CR$$

となる。これは，ω が大きくなると大きくなるので，周波数の大きい信号を増幅させる。これは「高域」通過フィルタである。また，コンデンサのインピーダンス Z_1 は角周波数 ω を小さくすると，大きくなる。以上から空欄エは「大きく」，空欄オは「高域」が入る。

　以上より，正答は **1** となる。

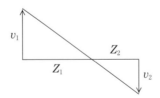

No.4 の解説　オペアンプ回路　　　　→問題は P.380

コンデンサが入った場合の計算問題であるが，解き方は変わらない。ただし，電位図で解く場合には計算に注意しよう。

電流，電位は下の図のように置く。ループ A についてキルヒホッフの法則を考えると，

$$v_i = \left(R_1 + \frac{1}{j\omega C}\right)i_1 = \frac{1 + j\omega CR_1}{j\omega C}i_1 \qquad \therefore \quad i_1 = \frac{j\omega C}{1 + j\omega CR_1}v_i$$

したがって，イマジナリーショートの位置の電位 v_s は，

$$v_s = \frac{1}{j\omega C}i_1\left(= v_i - R_1 i_1\right) = \frac{1}{1 + j\omega CR_1}v_i$$

次にループ B を考える。抵抗 R_2 を流れる電流について，電流の向きを考慮して，$v_i > v_s$ と想定してオームの法則を立てると，

$$i_2 = \frac{v_i - v_s}{R_2} = \left(\frac{1}{R_2} - \frac{1}{R_2(1 + j\omega CR_1)}\right)v_i = \frac{j\omega CR_1}{R_2(1 + j\omega CR_1)}v_i$$

したがって，イマジナリーショートから出力までキルヒホッフの法則を立てると，

$$v_o = v_s - R_2 i_2 = \frac{1}{1 + j\omega CR_1}v_i - \frac{j\omega CR_1}{1 + j\omega CR_1}v_i = \frac{1 - j\omega CR_1}{1 + j\omega CR_1}v_i$$

$$\therefore \quad G(j\omega) = \frac{v_2}{v_1} = \frac{1 - j\omega CR_1}{1 + j\omega CR_1}$$

なお，電位図も下に示したが，ループ B については $R_2 : R_2 = 1 : 1$ に注意すれば，

$$v_s = \frac{v_i + v_o}{2} \qquad \therefore \quad v_o = 2v_s - v_i$$

と計算することもできる。

以上より，正答は **1** となる。

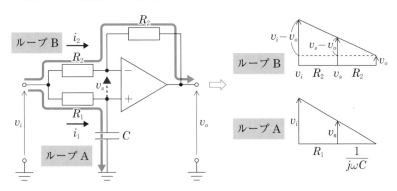

ここまで何度も出てきている形で, 確実に計算できるようにしてほしい。最後の最後に国家総合職らしいひねりがあるが, まずはそれ以前の出力電圧までを確実に計算できるようにしたい。

入力1の電圧を v_1, 入力2の電圧を v_2 とする。また, 電流は下図のように置く。ループAについて, 入力2と接地をつないでいることから

$$i_2 = \frac{v_2}{2R}$$

となるので, イマジナリーショートの位置の電位を v_s とすると,

$$v_s = Ri_2 \left(= v_2 - Ri_2 \right) = \frac{v_2}{2}$$

次にループBについて, 図の方向に電流 i_1 が流れることを前提として, 左上の抵抗 R について,

$$i_1 = \frac{v_1 - v_s}{R} = \frac{v_1}{R} - \frac{v_2}{2R}$$

したがって, 出力電圧 v_o は,

$$v_o = v_s - Ri_1 = v_2 - v_1 = 2\cos(\omega t) - \sin(\omega t)$$
$$= \sqrt{1^2 + (-2)^2} \sin(\omega t - \theta) = \sqrt{5} \sin(\omega t - \theta) \quad (\text{ただし}, \tan\theta = 2)$$

よって, 最大振幅電圧は $\sqrt{5}$ V である。途中の変形には三角関数の合成公式を使い, θ はその定数である。なお, 変位図を使う場合には, 右下図を参考にすること。

以上より, 正答は**5**となる。

入力1 (v_1) に対する電位図

入力2 (v_2) に対する電位図

No.6 の解説　オペアンプ回路

→問題は P.381

オペアンプを2つ結合した回路は，過去には国家一般職［大卒］でも出題されている。オペアンプの出力端子からは電流が流れる（電流の値が変わる）ことに気をつけて解きたい。別解ができれば今までの問題と大きくは変わらない。

解法❶　各部分についてオームの法則などを考える

図1のように電流を決める。このときに，オペアンプの出力端子からは電流が流れるため，電流の値が変わりうることに注意する。また，点A～Dも図1のように決める。

Aの電位はイマジナリーショートから0Vなので，Aの左側の10kΩの抵抗についてのオームの法則より，

$$i_1 = \frac{1.5 - 0}{10} = 0.15\,\mathrm{mA}$$

したがって，AB間の30kΩの抵抗の電圧は $30 \times 0.15 = 4.5\,\mathrm{V}$ なので，点Bの電位は $0 - 4.5 = -4.5\,\mathrm{V}$ となる。

次に，Cの電位がイマジナリーショートで0Vであることに注意して，BC間の10kΩの抵抗についてのオームの法則を立てると，

$$i_2 = \frac{0 - (-4.5)}{10} = 0.45\,\mathrm{mA}$$

一方，4.0Vの入力電圧とCの間の抵抗についてオームの法則を立てると，

$$i_3 = \frac{4.0 - 0}{10} = 0.4\,\mathrm{mA}$$

したがって，CD間の抵抗の電圧は $50 \times (0.45 - 0.40) = 2.5\,\mathrm{V}$ となる。これより，点Dの電位は，電流の向きと，電流が電位の高いほうから低いほうに流れることに気をつけて，

$$V_o = 0 + 2.5 = 2.5\,\mathrm{V}$$

なお，実際に解くときには，最初に電流の向きを決めるのではなく，電位を求めながら，電位の高低に気をつけて向きを決めるとよい。

以上より，正答は**5**となる。

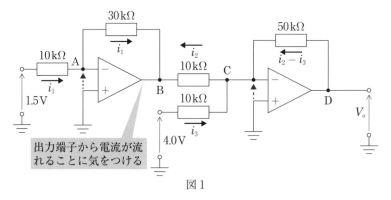

図1

解法❷　電位図を描いて考える

　電位図を描いて計算する場合，点 B で電流の値が変わるため，点 B で分けて考える。また BD 側については，点 B の電位を電源とみなすと，2 つの電源があることになるので，重ね合わせの理を考えて，分けて考える。このとき，いずれも途中で電流が変わらないことを確認すること（電流の値が変わると電位図はまっすぐにならない）。

　図 2，3 より，求める電圧は，

$$V_o = v_{o1} + v_{o2} = 2.5\,\mathrm{V}$$

AB 間（図 2）

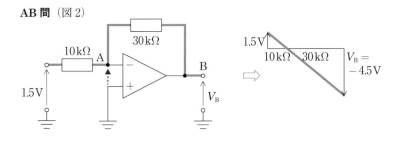

392

BD 間（図 3）

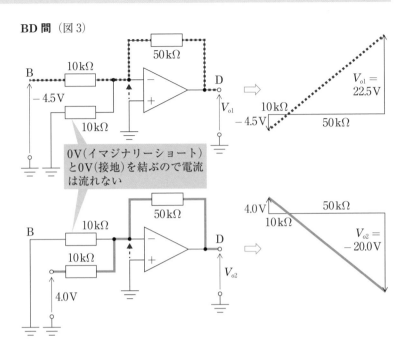

→問題は P.382

No.7 の解説　オペアンプ回路

　電位図が使いにくい問題として取り上げた。本問で使いにくい理由は R_2, R_3, R_4 を流れる電流が異なることにある。補足のように一部分は使うことができるが，時間が限られる本試験では，電流が異なる場合には電位を計算する方法で解いたほうが得策だろう。なお，電位を計算する方法ではほかの問題と違いがない。

　次図のように電流を置く（実際には解きながら必要な電流を置いていくのがよい）。A の電位はイマジナリーショートで 0 なので，$R_1 = 10\,\mathrm{k\Omega}$ の抵抗についてのオームの法則より，

$$i_1 = \frac{2.0 - 0}{10} = 0.2\,\mathrm{mA}$$

　したがって，$R_2 = 15\,\mathrm{k\Omega}$ についてのオームの法則より，R_2 の電圧は $0.2 \times 15 = 3.0\,\mathrm{V}$ となる。したがって，点 B の電位は $0 - 3.0 = -3.0\,\mathrm{V}$ となる。

　次に R_4（$20\,\mathrm{k\Omega}$）についてのオームの法則より，

$$i_2 = \frac{0 - (-3.0)}{20} = 0.15\,\mathrm{mA}$$

となるので，R_3 についてのオームの法則より，R_3 の電圧は $0.35 \times 10 = 3.5\,\mathrm{V}$。電流が電位の高いほうから低いほうに流れることを考慮すると，B の電位が

$0 - 20 \times i_2 = -3.0\text{V}$ であることから，

$V_o = -3.0 - 3.5 = -6.5$

以上より，正答は**5**となる。

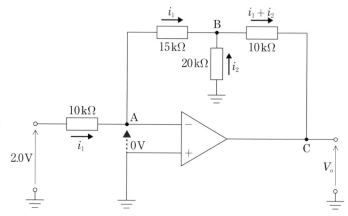

電流の値が変わると電位図は使いにくいが，V_i から B までは電流は等しいので，ここまでの範囲で電位図を描けば B の電位 V_B は，

$$V_B = -\frac{15}{10} \times 2.0 = -3.0\text{V}$$

と求められる。

No.8 の解説　オペアンプ回路（積分回路）
→問題は P.383

　積分回路の知識問題でときどき出題される。知っていれば確実に正答を選べるので，覚えておきたい。

　本問の回路は，電圧の符号付き積分を出力する積分回路である。ただし，符号は反転増幅回路と同じ形なので正負逆になる。

　図Ⅱの符号付き面積を正負逆にしたものは選択肢 **3** である。

補足

　下の回路で，実際の表式を求める。抵抗についてのオームの法則より，

$$I = \frac{V_{in}}{R}$$

となる。したがって，電流の向きに注意して，

$$V_{out} = -\frac{1}{C}\int_0^t I dt = -\frac{1}{CR}\int_0^t V_{in} dt$$

よって，出力電圧は V_{in} を積分したものを $-\dfrac{1}{CR}$ 倍（本問では -1 倍）したものになる。

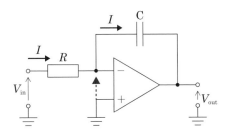

　発振回路の問題で，以前はよく出題されていたが，一時期出題が減っていた。しかし，その後またときどき出題が見られる。利得は与えられている問題がほとんどなので，発振条件を覚えておくことが大切である。

　発振回路では，大ざっぱにいえば，特定の周波数の信号をつくり出すことができる回路のことである。原理としては，入力した信号を増幅して出力し，再び入力に戻すことで増幅を繰り返す形になっている。このときの1巡の増幅率を一巡利得（HA とする）とする。

　ただし，戻すときに位相が異なると信号が打ち消されてしまうので，同位相でなければいけない。これは，一巡利得が実数であることを意味する。さらに，利得は増幅させるために1倍以上でなければいけないので，発信させるためには次の2つの条件が必要である。

$$\begin{cases} \mathrm{Im}(HA) = 0 & （虚数部分：位相が等しい）\\ \mathrm{Re}(HA) \geqq 1 & （実数部分：発振する） \end{cases}$$

本問でこれを当てはめると，虚数部分について，

$$\frac{6}{\omega CR_2} - \frac{1}{\omega^3 C^3 R_1^2 R_2} = 0$$

$$\omega = \frac{1}{\sqrt{6}\,CR_1}$$

したがって，発信周波数を f とすると，

$$\therefore \ f = \frac{\omega}{2\pi} = \frac{1}{2\pi\sqrt{6}\,CR_1}$$

実数部分について，

$$\frac{1}{-\dfrac{R_1}{R_2} + \dfrac{5}{\omega^2 C^2 R_1 R_2}} = \frac{1}{-\dfrac{R_1}{R_2} + \dfrac{30R_1}{R_2}} = \frac{R_2}{29R_1} \geqq 1$$

$$\therefore \ \frac{R_2}{R_1} \geqq 29$$

以上より，正答は **1** となる。

No.10 の解説　サイリスタ回路

→問題は P.385

この問題では，全波整流回路，サイリスタの2つをおさえておきたい。有名な回路については，その場で考えるのではなく，事前に準備して覚えておかないと，なかなか解くことはできない。

まず，本問のサイリスタをすべてダイオードとする（下図）。この回路は全波整流回路で，電源電圧 v_s の符号にかかわらず，抵抗には常に同じ方向の電流が流れる。つまり，抵抗の電圧は，電源電圧の絶対値をとった形になる（右下図。このように絶対値をとった形になるのが全波整流回路である）。

次に，ダイオードをサイリスタに変える。サイリスタは，トリガパルスを与える前（ターンオフ）は，まったく電流を流さず，トリガパルスを与える（ターンオン）と，ダイオードとして働く，つまりダイオードの順方向に電流を流す挙動をする。また，電流が0になると再びターンオフする。

したがって，トリガパルスを与える前には，電流は流さないが，トリガパルスを与えると全波整流回路として働く。これを表すのが選択肢**1**である。

なお，本問では適切なサイリスタにトリガパルスが与えられていることに気をつけてほしい（下図で $v_s > 0$ のときには $\mathrm{Th_1}$，$\mathrm{Th_4}$ を電流が通っている）。

第5章
電子工学

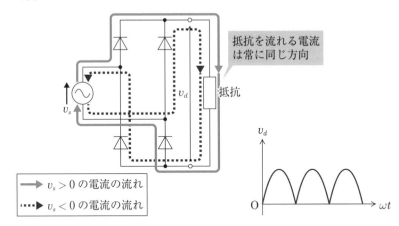

抵抗を流れる電流は常に同じ方向

抵抗

v_d

v_s

v_d

O　　　ωt

→　$v_s > 0$ の電流の流れ

┈▶　$v_s < 0$ の電流の流れ

正答	No.1＝1	No.2＝1	No.3＝1	No.4＝1	No.5＝5	No.6＝5
	No.7＝5	No.8＝3	No.9＝1	No.10＝1		

　3入力多数決回路とは，3つの入力のうち2つ以上が「1」であれば「1」を出力し，2つ以上が「0」であれば「0」を出力する回路である。図はこの回路を示しているが，破線枠の四角に当てはまるものとして正しいのはどれか。

【地方上級・平成29年度】

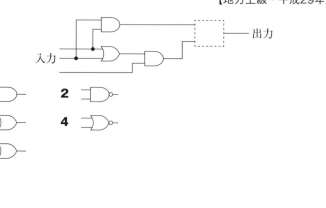

必修問題 の **解説**

　論理回路の基本は「全部調べる」ことにある。まずはこのことを確認してほしい。ただし，慣れている場合には解法❷にある式を使った方法が便利である。

解法❶　全部調べる

　次図のように3つの入力を A, B, C とする。出力はこのうち2つ以上が1のときに1となる。これらを下図を参考に調べると次のようになる。

A	B	C	$A+B$	$(A+B)\cdot C$	$A\cdot B$	出力
0	0	0	0	0	0	0
0	0	1	0	0	0	0
0	1	0	1	0	0	0
0	1	1	1	1	0	1
1	0	0	1	0	0	0
1	0	1	1	1	0	1
1	1	0	1	0	1	1
1	1	1	1	1	1	1

　この右の3つを見て，$(A+B)\cdot C$と$A\cdot B$から出力をつくり出せるのは論理和である（すぐに気づかない場合は選択肢を計算してみるとよい。たとえば**1**の論理積では一番下のみが1となる。また，**2**では，一番下が0でほかがすべて1となる。**5**の排他的論理和は一番下が0になる）。

　論理和を表すのは**3**である。

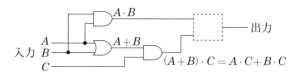

解法❷　カルノー図を描いて式を作る

　出力のカルノー図を使って論理式を作る。できたのが以下の表だが，これは次のようにしている。

① 　カルノー図を作成し，1が出力されるところに1を入れる。
② 　1が入っているところをできるだけ大きい長方形ですべて覆う（重なってもよい）。
③ 　それぞれの長方形の表の場所を見て，長方形を表す式を作る。たとえば，破線は横に2マスの大きさの長方形だが，これを表す式は，$A\cdot B\cdot \overline{C}$と$A\cdot \overline{B}\cdot C$である（縦と横は積で結ぶ）。この2つに共通している$A\cdot C$がこの長方形を表す部分である。

　このようにして作った式の和が求める式で，多数決を表す論理式が$A\cdot B + A\cdot C + B\cdot C$とわかる。解法❶の図をみると，$A\cdot B$と$A\cdot C + B\cdot C$の間を結ぶものが求める素子なので，「論理和」とわかる。

	$\overline{A}\cdot\overline{B}$	$\overline{A}\cdot B$	$A\cdot B$	$A\cdot\overline{B}$
$\overline{C}$			1	
C		1	1	1

$A\cdot B$

$B\cdot C$　　　　　　　$A\cdot C$

正答 **3**

第5章　電子工学

399

必修問題

図Ⅰの論理回路の入力 A, B に，図Ⅱのような入力信号波形を与えたとき，出力 X に現れる信号波形として最も妥当なのはどれか。

【国家総合職・令和2年度】

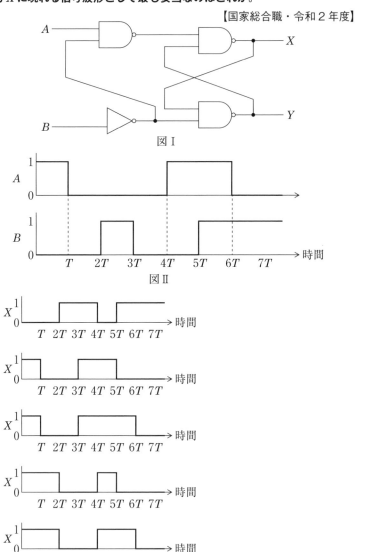

図Ⅰ

図Ⅱ

1

2

3

4

5

400

必修問題 の 解説

　順序回路（RS フリップフロップ）を含む回路の演習問題である。フリップフロッ
プ（FF）の動作を試験本番で調べることは，よほど慣れていないと難しいため，
挙動を覚えて対処するのがよいだろう。RS フリップフロップの場合，NAND を
使ったものと NOR を使ったものがあるので注意して区別したい。解説では，RS
フリップフロップの挙動を覚えていることを前提としている。挙動について理解し
たい場合は重要ポイント③を参照してほしい。

　設問の回路を一番下の図のように分ける。下の図
の右側は入力が C と B の RS フリップフロップで
あり，その挙動は右表のようになる（X に関するも
ののみ）。なお，この挙動の理由が知りたい場合は
重要ポイント③を見て，真理値表を覚えること。
　以上をもとにすると，次の真理値表が描ける。

C	B	X
0	0	Keep（保持）
0	1	Reset（0）
1	0	Set（1）
1	1	禁止

A	B	$C = A \cdot \bar{B}$	B	X
0	0	0	0	Keep（保持）
0	1	0	1	Reset（0）
1	0	1	0	Set（1）
1	1	0	1	Reset（0）

これを入力と照らし合わせると次のようになる（時刻 $0 \leqq t \leqq T$ を T と表している）。

t	T	$2T$	$3T$	$4T$	$5T$	$6T$	$7T$
A	1	0	0	0	1	1	0
B	0	0	1	0	0	1	1
動作	S	K	R	K	S	R	R
X	1	1	0	0	1	0	0

　　　　　※時間は終了時刻を記した。動作は頭文字で示した
これをグラフにすると正答は選択肢**4**である。

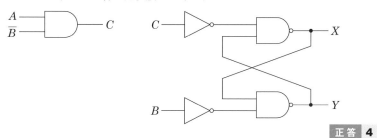

正答 4

重要ポイント **1** 論理計算，論理回路

0と1のみの値を持つ変数を論理変数という。ここでは，この論理変数の間に定義される論理計算についてみる。

2つの論理変数の間には次の計算が定義されている（否定のみ1つの論理変数に対して計算されている）。

A	B	否定 (NOT) $\overline{A}$	論理積 (AND) $A \cdot B$	論理和 (OR) $A + B$	排他的論理和 (XOR) $A \oplus B$	NAND $\overline{A \cdot B}$	NOR $\overline{A + B}$
0	0		0	0	0	1	1
0	1	1	0	1	1	1	0
1	0		0	1	1	1	0
1	1	0	1	1	0	0	0

論理計算は論理式のほかに，論理回路でも定義されている。これは次のようになる。

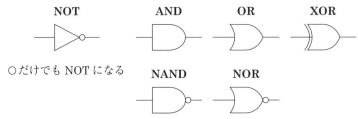

○だけでも NOT になる

論理計算は基本的にすべての場合を計算して表を描けばよい。式変形をする場合には，次の公式を覚えておくことになる（これ以外にも数多くある）。

零元	$A + 0 = A, \ A \cdot 0 = 0$
吸収則	$A + A \cdot B = A$
単位元	$A + 1 = 1, \ A \cdot 1 = A$
二重否定	$\overline{\overline{A}} = A$
補元則	$A + \overline{A} = 1, \ A \cdot \overline{A} = 0$
ド・モルガンの法則	$\overline{A + B} = \overline{A} \cdot \overline{B}, \ \overline{A \cdot B} = \overline{A} + \overline{B}$
べき等則	$A + A = A, \ A \cdot A = A$
排他的論理和	$A \oplus B = A \cdot \overline{B} + \overline{A} \cdot B$

重要ポイント **2** **カルノー図**

論理式を簡単にするときに使われるのがカルノー図である。

下に変数が3つと4つの場合を例示している。手順は以下のとおりになる。

手順❶

カルノー図を作る（縦横ともに隣接するマスと1変数のみ違うように配置する）。

手順❷

1が出力される場合を記入する。

手順❸

1が記入された部分が重なるようにできる限り大きな長方形で覆う。このとき，長方形の1辺の長さは1，2，4，… となるようにする。長方形は重なってよい。

手順❹

それぞれの長方形について，共通している部分を積にして，すべての長方形について和をとる。

B が共通

	$\bar{A} \cdot \bar{B}$	$\bar{A} \cdot B$	$A \cdot B$	$A \cdot \bar{B}$
$\bar{C}$		1	1	
C		1	1	

この4マスの共通点は B なので式も B

表1

	$\bar{A} \cdot \bar{B}$	$\bar{A} \cdot B$	$A \cdot B$	$A \cdot \bar{B}$
$\bar{C} \cdot \bar{D}$	1	1		1
$\bar{C} \cdot D$	1	1		1
$C \cdot D$	1	1		
$C \cdot \bar{D}$	1	1	1	1

欄外も左右（上下）つながるとみなせる。すると共通点は $\bar{B}$, $\bar{C}$ なので $\bar{B} \cdot \bar{C}$

共通点は $\bar{A}$　　表2　　$C \cdot \bar{D}$ が共通

上の例の場合，表1は論理式では B となり，表2ではすべての長方形を加えて，$\bar{A} + \bar{B} \cdot \bar{C} + C \cdot \bar{D}$ となる。表2の場合，長方形の作り方次第で，$\bar{A} + A \cdot \bar{B} \cdot \bar{C} + A \cdot C \cdot \bar{D}$ とも書けることがわかる。

フリップフロップ

　前の値を記憶（保持）できる回路がフリップフロップである。ここではそのうち RS フリップフロップについて紹介する。

　RS フリップフロップの真理値表は以下のとおりになる。

S	R	Q
0	0	Keep（前の Q の値を保持する）
1	0	1（Set）
0	1	0（Reset）
1	1	ー（禁止）

　RS フリップフロップでは，入力は $R = S = 1$ にはならないようにする。たとえば，$S = 1$，$R = 0$ にすると，$Q = 1$ になるが，ここで $S = 0$ に戻しても（$R = 1$ にはできない），$Q = 1$ のまま値が保持される。逆に $S = 0$，$R = 1$ にすると $Q = 0$ になるが，ここで $R = 0$ に戻しても $Q = 0$ のままになる。

　このように，前の操作（Set，Reset）が保持できるのが RS フリップフロップである。

　RS フリップフロップは，下図のように，NOR や NAND（と NOT）を使って作ることができる（S と R が逆になることに注意）。

　実際には，RS フリップフロップの挙動は覚えておくとよい。

　フリップフロップにはこのほか，JK フリップフロップ，D フリップフロップ，T フリップフロップなどがあるが，それらについては実戦問題で確認してほしい。

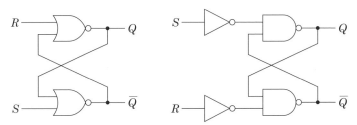

A	B	NOR
0	0	1
0	1	0
1	0	0
1	1	0

入力の片方が1だと
出力は0となる

$\Rightarrow$

❶ $S=1$ とすると，目の前の Q の
出力が0となる（左の NOR の性
質）
❷ $Q=R=0$ となるので，R の目
の前の Q が1となる（$Q=1$ に
セット）

⇩

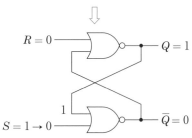

$R=0$ $Q=1$

$S=1\rightarrow0$ $\overline{Q}=0$

$Q=1$ が入力されるので，S を0に
戻しても0が出力され，変化がない
（NOR の性質）

第5章

電子工学

405

No.1 図に示す論理回路の出力 X を入力 A, B, C で表した論理式として最も妥当なのはどれか。 【国家一般職・平成25年度】

1 $AB + BC + CA$

2 $\overline{AB + BC + CA}$

3 $\overline{AB} + \overline{BC} + \overline{CA}$

4 $AB + BC$

5 $\overline{A} + \overline{B} + \overline{C}$

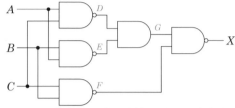

※$D \sim G$は解説のために付けた記号で問題の図には存在しない

No.2 図のようなディジタル回路において，入力を A, B および C としたときの，出力 X と Y の組合せとして最も妥当なのはどれか。

なお，論理記号⊕は，排他的論理和を表す。 【国家一般職・令和３年度】

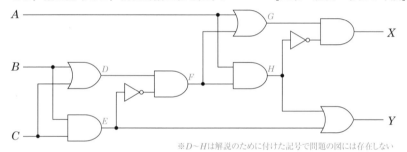

※$D \sim H$は解説のために付けた記号で問題の図には存在しない

	X	Y
1	$A \oplus (B \oplus C)$	$AB + AC$
2	$A \oplus (B \oplus C)$	$AB + AC + BC$
3	$B + C$	$AB + AC$
4	$B + C$	$A \oplus (B \oplus C)$
5	$B \oplus C$	$AB + AC + BC$

No.3 図のような X_1, X_2, X_3 を入力として，Y を出力とする論理回路がある。いま，この回路を調べたところ，入力 X_1 の部分が故障しており，本来ならば X_1 に 1 を入力しなければいけないところ，0 が入力されていたため，出力 Y が本来のものと違っていた。このとき，入力 X_2, X_3 と本来の出力 Y として正しいのはどれか。

【地方上級・平成24年度】

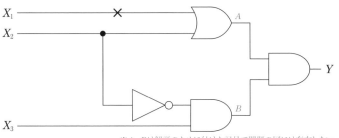

※A, Bは解説のために付けた記号で問題の図には存在しない

	X_2	X_3	Y
1	0	1	0
2	0	1	1
3	1	0	0
4	1	1	0
5	1	1	1

No.4 図のような論理回路の入力をそれぞれ A, B, C とするとき，出力 X を A, B, C の論理式で表したものとして最も妥当なのはどれか。

【国家総合職・平成26年度】

1 $A + BC$
2 $A + B\,\overline{C}$
3 $\overline{A} + BC$
4 $\overline{A} + B\,\overline{C}$
5 $B + AC$

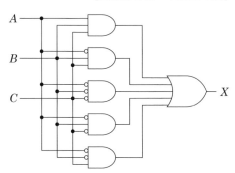

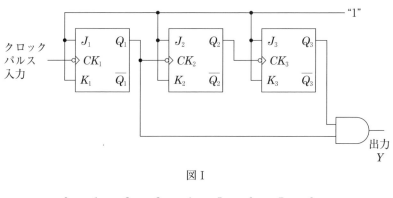

No.5 表は，JK フリップフロップの真理値表である。JK フリップフロップ（ネガティブエッジトリガ型）は，クロック CK が 1 から 0 になるごとに，真理値表に示した動作をする。ここで，Q^n および Q^{n+1} は，それぞれ，あるクロック周期 n での出力およびその直後のクロック周期 $n+1$ での出力を表す。

入力		出力
J	K	Q^{n+1}
0	0	Q^n
0	1	0
1	0	1
1	1	$\overline{Q^n}$

　いま，図 I に表す 3 個の JK フリップフロップを接続した回路に，図 II に表すクロックパルスを入力する場合，出力 Y が最初に 1 になるのは，クロックパルスがいくつ入力されたときか。

　ただし，JK フリップフロップの入力 J_1，J_2，J_3，K_1，K_2，K_3 には 1 が入力されており，出力 Q_1，Q_2，Q_3 の初期状態は 0 であるとする。

【国家総合職・令和元年度】

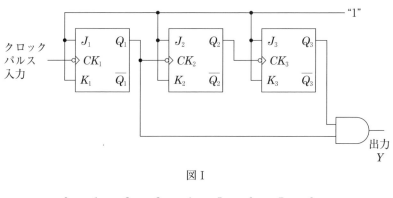

図 I

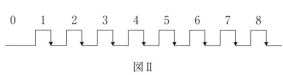

図 II

1 　1 個

2 　3 個

3 　5 個

4 　7 個

5 　9 個

No.6 表は，図Ⅰに示すポジティブエッジトリガ型Tフリップフロップの動作を表したものである。このフリップフロップを用いて構成された図Ⅱの回路において，図Ⅲのタイミングチャートに示す入力を与えたとき，出力のタイミングチャートとして最も妥当なのはどれか。

C	T	次の状態 $Q(t + \Delta t)$
立ち上がり ⎍	0	$Q(t)$
	1	$\overline{Q(t)}$
その他	0	$Q(t)$
	1	$Q(t)$

ただし，各フリップフロップについて，$Q(0) = 0$ とし，動作遅延時間 Δt は十分小さいものとする。

【国家一般職・平成28年度】

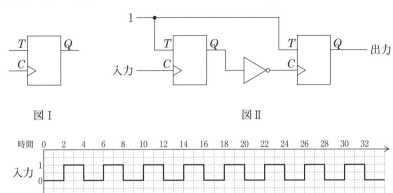

図Ⅰ　　　　　図Ⅱ

図Ⅲ

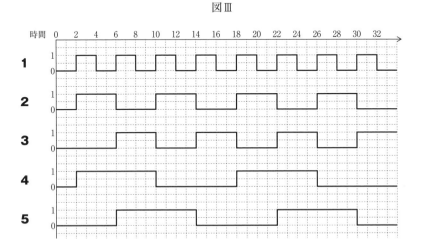

No.7 図のような 3 つの D フリップフロップが結線された回路に，クロックパルスが 10 回のみ入力された後の 3 つの D フリップフロップの出力値 Q_1，Q_2，Q_3 の組合せとして最も妥当なのはどれか。

ただし，Q_1，Q_2，Q_3 の初期値はいずれも 0 であり，D フリップフロップはクロック入力の立ち上がりで出力が変化するものとする。

【国家総合職・令和 2 年度】

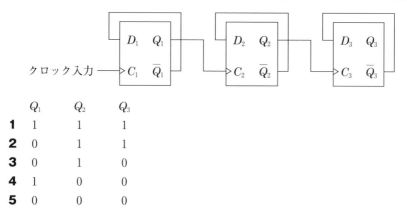

	Q_1	Q_2	Q_3
1	1	1	1
2	0	1	1
3	0	1	0
4	1	0	0
5	0	0	0

No.8 図Ⅰは n 型 MOSFET と p 型 MOSFET を組み合わせた CMOS イン
バータの回路図であり，2 値の入力電圧 V_{in} に対する 2 値の出力電圧 V_{out} の関係
は動作表Ⅰのとおりとなる。ここで，H は 2 値の電圧のうち高いほうを表し，L
は低いほうを表す。このとき，図Ⅰと同じ n 型 MOSFET と p 型 MOSFET を用
いた図Ⅱの回路を動作させた場合の動作表Ⅱの㋐〜㋓に当てはまる H，L の組合
せとして最も妥当なのはどれか。　　　　　　　　　　　【国家Ⅰ種・平成23年度】

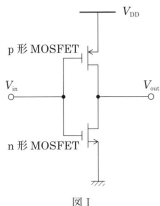

図Ⅰ　　　　　　　　　　　図Ⅱ

動作表Ⅰ

V_{in}	V_{out}
H	L
L	H

動作表Ⅱ

入力 A	入力 B	出力 Y
L	L	㋐
L	H	㋑
H	L	㋒
H	H	㋓

	㋐	㋑	㋒	㋓
1	L	L	L	H
2	L	H	H	H
3	H	L	H	L
4	H	H	L	L
5	H	H	H	L

No.9 図は，あるシステムの動作を表した状態遷移図である。円の中の記号は内部状態を，矢印は遷移を表しており，それぞれの矢印には「入力／出力」が付してある。このシステムの状態および入力にはそれぞれ01，10，11の3種類があり，入力が与えられると入力と同じ記号で表された状態へと遷移する。状態が $X_1 X_2$ のときに入力 $Y_1 Y_2$ が与えられたとすると，出力を表す論理式として正しいのは次のうちではどれか。【地方上級・平成19年度】

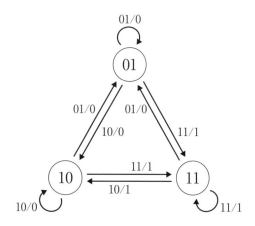

1 $X_1 \cdot X_2 + Y_2$

2 $X_1 \cdot X_2 + Y_1 \cdot Y_2$

3 $X_1 \cdot Y_1 + \overline{X_1} \cdot Y_1 \cdot Y_2$

4 $Y_1 \cdot Y_2 + X_1 \cdot X_2 \cdot Y_1$

5 $Y_1 \cdot Y_2 + X_1 \cdot \overline{X_2} \cdot Y_2$

No.1 の解説　論理回路

→問題は P.406

　論理回路の基本問題で，全部の出力を調べていくことが基本となる。全部で8通りあり，解説ではすべて調べているが，適宜，選択肢を見て，誤りだとわかった選択肢は計算をやめてよい。たとえば $A = B = C = 0$ の結果だけで **1**，**4** に絞ってよい。

　なお，**1**，**4** は，論理式の違いを見て $A = C = 1$（$B = 0$）を調べればわかると判断できると簡単に正答が選べる。この回路は，P.398 の必修問題にもあった多数決回路である。

　与えられた論理回路の真理値表は次のようになる（下表のように文字を置いて，中間も調べる）。

A	B	C	D	E	F	G	X	選択肢				
								1	2	3	4	5
0	0	0	1	1	1	1	0	0	1	1	0	1
0	0	1	1	1	1	1	0	0	1	1	0	1
0	1	0	1	1	1	1	0	0	1	1	0	1
0	1	1	1	1	0	1	1	1	0	1	1	1
1	0	0	1	1	1	1	0	0	1	1	0	1
1	0	1	0	1	1	0	1	1	0	1	0	1
1	1	0	1	0	1	0	1	1	0	1	1	1
1	1	1	0	0	0	0	1	1	0	0	1	0

　以上より，正答は **1** となる。

　計算量の多い論理回路の問題である。大変ではあるが，すべて計算すれば正答は出てくる。選択肢についても調べて確かめる。

　与えられた論理回路の真理値表は次のようになる。

A	B	C	$D = B + C$	$E = BC$	$\overline{E}$	$F = D\overline{E}$	$G = A + F$
0	0	0	0	0	1	0	0
0	0	1	1	0	1	1	1
0	1	0	1	0	1	1	1
0	1	1	1	1	0	0	0
1	0	0	0	0	1	0	1
1	0	1	1	0	1	1	1
1	1	0	1	0	1	1	1
1	1	1	1	1	0	0	1

$H = AF$	$\overline{H}$	$X = G\overline{H}$	$Y = E + H$
0	1	0	0
0	1	1	0
0	1	1	0
0	1	0	1
0	1	1	0
1	0	0	1
1	0	0	1
0	1	1	1

　一方，選択肢については次のようになる。

A	B	C	$B \oplus C$	$A \oplus (B \oplus C)$	$B + C$	$AB + BC$	$AB + AC + BC$
0	0	0	0	0	0	0	0
0	0	1	1	1	1	0	0
0	1	0	1	1	1	0	0
0	1	1	0	0	1	1	1
1	0	0	0	1	0	0	0
1	0	1	1	0	1	0	1
1	1	0	1	0	1	1	1
1	1	1	0	1	1	1	1

　以上を照らし合わせれば，$X = A \oplus (B \oplus C)$，$Y = AB + AC + BC$ となる。

なお，この論理回路は「全加算器」と呼ばれるものである。2進数で，下のケタからの繰り上がりを考慮した足し算を行うもので，Y，Xの順に並べると，$A + B + C$の2進数での結果を表せる。

　以上より，正答は**2**となる。

→問題は P.407

No.3 の解説　論理回路

　問い方がひねられているが，まずはすべての場合を調べてみることが基本となる。その中で条件に合うものを見ていく。

　問題の論理回路の真理値表を作る。ただし，通常と入力の順番を入れ替えている。

X_1	X_2	X_3	A	B	Y
0	0	0	0	0	0
1	0	0	1	0	0
0	0	1	0	0	0
1	0	1	1	1	1
0	1	0	1	0	0
1	1	0	1	0	0
0	1	1	1	0	0
1	1	1	1	0	0

　X_1 の値で出力が変化するのは，$X_2 = 0$，$X_3 = 1$ のときで，このときの本来の出力は $Y = 1$ である。

　なお，この回路を論理式で書くと，

$$Y = (X_1 + X_2)\overline{X_2}X_3 = X_1\overline{X_2}X_3$$

であり，この回路が $X_1 = X_3 = 1$，$X_2 = 0$ のときのみ $Y = 1$ となる回路で，ほかの入力のときにはすべて $Y = 0$ となることがわかる。

　以上より，正答は**2**となる。

　カルノー図を描いて論理式を簡約化する演習問題として取り上げた。このほか，論理式を変形したり，実際に真理値表を描いて解くこともできる。自分の実力に応じて解法を選んでほしいが，この論理回路を論理式で表す部分については理解しておくと簡単に問題が解ける場合がある。

　設問の論理回路は4つの論理積を論理和で結んでいる。また，それぞれの論理積は，A, B, C のうちいくつかに否定を付けて入力する形になっている。したがって，どこに否定が付いているのかに気をつけて上から順に式を作っていくと，

$$X = A\cdot B\cdot C + \overline{A}\cdot B\cdot C + \overline{A}\cdot \overline{B}\cdot \overline{C} + \overline{A}\cdot B\cdot \overline{C} + \overline{A}\cdot \overline{B}\cdot C$$

となることがわかる。

　この論理式のカルノー図は次のようになる。

	$\overline{A}\cdot\overline{B}$	$\overline{A}\cdot B$	$A\cdot B$	$A\cdot\overline{B}$
$\overline{C}$	1	1		
C	1	1	1	

4つの共通点は $\overline{A}$　　$B\cdot C$ が共通点

　したがって，これを簡単な式に直すと $\overline{A} + B\cdot C$ となり，正答は **3** となる。

→問題は P.408

No.5 の解説　JK フリップフロップ

　JK フリップフロップの演習問題である。挙動は設問に書かれているが，事前に練習していくとよいだろう。

　フリップフロップを左から順に JK-FF1，JK-FF2，JK-FF3 と名づける。3 つのフリップフロップの入力には常に $J = K = 1$ が入力される。つまり，出力 Q はいずれも CK が 1 から 0 に変わるたびに常に反転する。なお，JK-FF2 と JK-FF3 は CK が 1 から 0 に変わるとき以外は作動せず，値が変わらないことに注意する。

　以上から，クロックパルスを入力したときの挙動を調べると次のようになる。なお，$Y = Q_1 Q_3$ に注意する。

クロックパルス	$Q_1 = CK_2$	$Q_2 = CK_3$	Q_3	Y
0	0	0	0	0
1	1	0	0	0
2	0	1	0	0
3	1	1	0	0
4	0	0	1	0
5	1	0	1	1

　したがって，初めて $Y = 1$ となるのは，クロックパルスを 5 個入力したときである。

　以上より，正答は**3**となる。

補足

　上の表では，Q_1 が $1 \rightarrow 0$ に変わるときだけ，JK-FF2 が作動して，Q_2 が反転していることに注意してほしい。同様に Q_2 が $1 \rightarrow 0$ に変わるときに JK-FF3 が作動している。

Tフリップフロップの演習問題である。これも設問中に説明があるため，それを理解すれば解くことができる。この場合クロックが立ち上がる（ネガティブエッジトリガ型なら立ち下がるときになる）たびに出力が反転する。これに従って作図していく。下図では左側のTフリップフロップの Q と $\overline{Q}$ を図示した。$\overline{Q}$ は右のTフリップフロップの C に入る。

入力のタイムチャートに従って順に計算していく。ポジティブエッジトリガ型Tフリップフロップは，C が立ち上がるたびに出力が反転する。これに従って，順に計算すると下図となる。

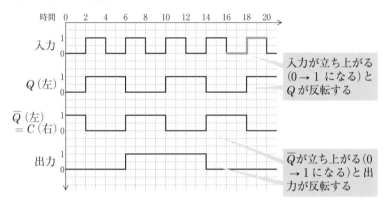

この一番下と同じ図を選択肢から選ぶと，**5** となる。

Dフリップフロップの演習問題である。設問に説明がないため，Dフリップフロップの挙動を覚えておく必要がある。挙動を知っていれば計算そのものは易しいため，本問でマスターしてほしい。なお，実際に計算していくと，挙動が類推できる（2進カウンタ）。

Dフリップフロップとは，クロック入力（本問ではクロックの立ち上がり〈0→1になること〉）のタイミングにおける入力 D の値をそのまま出力 Q に出力するものである。このとき，その否定を $\overline{Q}$ に出力する。クロック入力以外のタイミングでは，Q や $\overline{Q}$ の値は保持される。

本問において，3つのDフリップフロップを左から順に D-FF1，D-FF2，D-FF3 と呼ぶ。D-FF1 のクロック入力にはクロックパルスを入力するが，1つのクロックパルスは 0 から 0→1，1→0 と変化して 0 に戻るので，その立ち上がり（0→1になること）の瞬間に D_1 の値を Q_1 に出力する。D-FF2 と D-FF3 は C に入力された値が 0→1 に変化したときだけ，D の値を Q に

出力する。

以上を踏まえて挙動を計算する。

クロックパルスの個数	0	1	2	3	4	5	6	7	8	9	10
$D_1 = \overline{Q_1}$	1	0	1	0	1	0	1	0	1	0	1
$Q_1 = C_2$	0	1	0	1	0	1	0	1	0	1	0
$D_2 = \overline{Q_2}$	1	0	0	1	1	0	0	1	1	0	0
$Q_2 = C_3$	0	1	1	0	0	1	1	0	0	1	1
$D_3 = \overline{Q_3}$	1	0	0	0	0	1	1	1	1	0	0
Q_3	0	1	1	1	1	0	0	0	0	1	1

たとえば1個目のクロックパルスの計算は次の順になる。

❶クロックパルスが入ったので，入力 D_1 を出力 Q_1 に出す

❷$\overline{Q_1}$ を計算する。また C_2 が $0 \to 1$ と立ち上がったので，D_2 の1を Q_2 に出す

❸$\overline{Q_2}$ を計算する。また C_3 が $0 \to 1$ と立ち上がったので，D_3 の1を Q_3 に出す

クロックパルスの個数	0	1
$D_1 = \overline{Q_1}$	1	
$Q_1 = C_2$	0	1
$D_2 = \overline{Q_2}$	1	
$Q_2 = C_3$	0	
$D_3 = \overline{Q_3}$	1	
Q_3	0	

これより，クロックパルスを10個入力した後の出力は，$Q_1 = 0$，$Q_2 = Q_3 = 1$ である。

以上より，正答は**2**となる。

MOSFET を使ってつくられた論理回路素子についての演習問題である。MOSFET はスイッチのようなものだと思うと挙動を理解しやすい。この問題で慣れておこう。

p 型 MOSFET はゲートの電圧が低いとき（L）に，ソースとドレインが短絡されるスイッチ，n 型 MOSFET はゲートの電圧が高いとき（H）に，ソースとドレインが短絡されるスイッチと考える（左下図）。

4 つの場合について，規則に従ってどこが短絡されるのかを調べると右下のようになる。これは L を 0，H を 1 とすると NAND の素子を表している。

以上より，正答は **5** となる。

p 型 MOSFET	**n 型 MOSFET**
	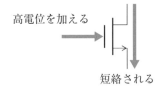

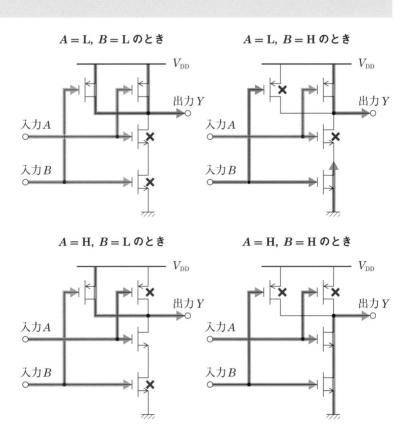

論理の珍しい応用問題である。論理式は 1 を出力する場合を示す式であることに注意して，カルノー図を描いてみる。

出力が 1 のところのカルノー図を描くと次のようになる。状態も入力も 00 は存在しないが欄は作っておく。

	$\overline{X_1 \cdot X_2}$	$\overline{X_1} \cdot X_2$	$X_1 \cdot X_2$	$X_1 \cdot \overline{X_2}$
$\overline{Y_1 \cdot Y_2}$	*	*	*	*
$\overline{Y_1} \cdot Y_2$	*			
$Y_1 \cdot Y_2$	*	1	1	1
$Y_1 \cdot \overline{Y_2}$	*		1	

共通部分は $Y_1 \cdot Y_2$

共通部分は $X_1 \cdot X_2 \cdot Y_1$

表中＊の部分は入力にも状態にも使われていないため，0 でも 1 でもどちらでもよい部分である。うまく長方形が作れるように使う。

上図で青破線の長方形を作るとき，表内の＊を 1 つ含めた。ここが 1 でも（0 でも）実際には使われないので構わない。

カルノー図の 2 つの長方形の和をとって，$Y_1 \cdot Y_2 + X_1 \cdot X_2 \cdot Y_1$ が求める論理式となり，正答は**4**となる。

正答	No.1＝**1** No.2＝**2** No.3＝**2** No.4＝**3** No.5＝**3** No.6＝**5**
	No.7＝**2** No.8＝**5** No.9＝**4**

第6章

通信工学

>> 必修問題 <<

　AD 変換に関する次の記述の㋐, ㋑, ㋒に当てはまるものの組合せとして最も妥当なのはどれか。 【国家一般職・令和4年度】

「音をデジタル化するときには, 一定の間隔で音の強さを収集する ┌─㋐─┐ , 収集した音の強さを数値に変換する量子化, 量子化した数値を2進数に変換する ┌─㋑─┐ の3つの処理を行う。人間が聞き取れる周波数は 20,000 Hz 程度以下とされているが, 20,000 Hz 以上の周波数成分を持たない音をデジタル化するときには ┌─㋐─┐ において音の強さを収集する間隔を ┌─㋒─┐ μs 以下にすればよい」

	㋐	㋑	㋒
1	標本化	DFT	50
2	標本化	符号化	25
3	フーリエ変換	DFT	25
4	フーリエ変換	DFT	50
5	フーリエ変換	符号化	50

必修問題の解説

AD 変換の基本的な手順に関する問題である。3 つの手順の順番と意味はそれぞれ確実に覚えておきたい。

音をデジタル化する場合は,「標本化」→「量子化」→「符号化」の順番で行われる。それぞれの意味は次のようになる。

標本化	一定の時間間隔でデータを読み取る
量子化	データを何段階かの数値に直す
符号化	量子化されたデータを 0，1 で表す

これより[ア]に当てはまるのは「標本化」であり，[イ]に当てはまるのは「符号化」である。

標本化を行う場合，標本化定理により，もとの音の 2 倍以上の周波数で読み取る必要がある。

20,000 Hz は 20 kHz なので，必要な標本化周波数は 40 kHz であり，これを時間間隔に直すと，

$$\frac{1}{40 \times 10^3}\,〔\mathrm{s}〕= \frac{1000}{40}\,〔\mu\mathrm{s}〕= 25\,\mu\mathrm{s}$$

となる。これが[ウ]に入る。

正答 2

必修問題

振幅変調（AM）に関する次の記述の㋐～㋓に当てはまるものの組合せとして最も妥当なのはどれか。　【国家総合職・令和３年度】

「搬送波 $c(t)$ を $c(t)=A_c\cos(2\pi f_c t)$，変調波 $m(t)$ を $m(t)=A_m\cos(2\pi f_m t)$ とする。ここで，A_c は搬送波振幅，f_c は搬送波周波数，A_m は変調波振幅，f_m は変調波周波数，t は時間であり，$f_c \gg f_m \geqq 0$ を満たすとする。このとき，振幅変調波 $u(t)$ は，$u(t)=$ [㋐] $\cos(2\pi f_c t)$ のように表される。また，振幅変調波 $u(t)$ の振幅スペクトルは，搬送波と上側帯波，下側帯波の３本の線スペクトルからなり，下側帯波の振幅は [㋑]，周波数は [㋒] となる。振幅変調の復調に包絡線検波を用いると，変調度 $\frac{A_m}{A_c}$ が [㋓] の場合，[㋐] <0 の領域が現れ，正しく復調できない」

	㋐	㋑	㋒	㋓
1	$\{A_c+A_m\cos(2\pi f_m t)\}$	$\frac{A_m}{2}$	f_c-f_m	$\frac{A_m}{A_c}>1$
2	$\{A_c+A_m\cos(2\pi f_m t)\}$	$\frac{A_m}{2}$	f_c+f_m	$\frac{A_m}{A_c}<1$
3	$\{A_c+A_m\cos(2\pi f_m t)\}$	A_m	f_c-f_m	$\frac{A_m}{A_c}>1$
4	$\left\{A_m+\frac{A_c}{2}\cos(2\pi f_m t)\right\}$	$\frac{A_m}{2}$	f_c-f_m	$\frac{A_m}{A_c}>1$
5	$\left\{A_m+\frac{A_c}{2}\cos(2\pi f_m t)\right\}$	A_m	f_c+f_m	$\frac{A_m}{A_c}<1$

〈必修問題〉の 解説

アナログ変調のうちのAM変調に関する問題で，数式こそ使われているものの基本問題として確実におさえておきたい問題である。ここでは数式で計算しておくが，㋒に関しては国家一般職［大卒］で知識問題として出題されたこともあるため，覚えておきたい。

AM変調では，搬送波の振幅 A_c を変化させることで搬送波に情報を乗せる。このとき送る情報が変調波であり，振幅に変調波分加えて $A_c + m(t)$ が振幅となるようにするので，

$$u(t) = \{A_c + A_m \cos(2\pi f_m t)\}\cos(2\pi f_c t)$$

となる。これより，$\{A_c + A_m \cos(2\pi f_m t)\}$ が㋐に入る。

ところで，この $u(t)$ を積和公式 $\cos\alpha\cos\beta = \frac{1}{2}(\cos(\alpha+\beta)+\cos(\alpha-\beta))$ を使って変形すると，

$$u(t) = A_c \cos(2\pi f_c t) + A_m \cos(2\pi f_c t)\cos(2\pi f_m t)$$
$$= A_c \cos(2\pi f_c t) + \frac{A_m}{2}\{\cos(2\pi(f_c + f_m)t) + \cos(2\pi(f_c - f_m)t)\}$$

となるので，周波数が f_c，$f_c + f_m$，$f_c - f_m$ の3つの波に分離できる。下側帯波は周波数が最も小さい波で，振幅は $\frac{A_m}{2}$，周波数は $f_c - f_m$ になる。これがそれぞれ㋑，㋒に入る。なお，振幅 $\frac{A_m}{2}$，周波数 $f_c + f_m$ の波が上側波帯である。

ところで，振幅部分について，$A_c + A_m \cos(2\pi f_m t) < 0$ となる時間があると，振幅が負なのか，それとも $\cos(2\pi f_c t) < 0$ となったのかが区別できなくなり，正しく復調できなくなる。$\cos(2\pi f_m t) = -1$ のときが振幅部分の最小値なので，

$$A_c + A_m \times (-1) = A_c - A_m < 0$$
$$\therefore \quad \frac{A_m}{A_c} > 1$$

がこうなる条件である（つまり振幅部分は常に正でなければ正しく復調できない）。

最後の不等式が㋓に入る。

正答 1

第6章 通信工学

··

重要ポイント 1 アナログデジタル変換（AD 変換）

たとえば音のような連続したデータ（アナログデータ）を 0，1 のみで表してデジタルデータに直すことをアナログデジタル変換という。アナログデジタル変換は，標本化，量子化，符号化の 3 つの段階に分けられる。

⑴標本化

アナログ信号をある間隔で取り出す操作を標本化という。アナログ信号は時間的に連続であるが，適当な時間間隔で取り出し（サンプリング）離散的なデータに直す。

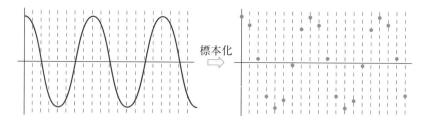

データを取り出すときに，時間間隔が広すぎると，もとのデータを再現できない。周波数 f_0 のデータをサンプリングする場合にもとのデータを復元するときには，もとのデータの 2 倍の周波数以上でサンプリングしなければならない。これを標本化定理という。つまり，サンプリング周波数を f とすると，

$$f \geqq 2f_0$$

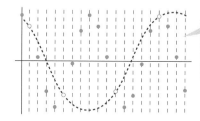

標本化周波数を小さくとって時間間隔を空けすぎると(たとえば左図の白丸のみとる)，存在しない波(破線)が復元されてしまう

428

(2) 量子化

標本化したデータは，時間的には離散的であるが，振幅はまだ連続量（アナログ量）である。そこで，振幅も何段階かに区切って飛び飛びの値にしてデジタルデータにしなければならない。これを量子化という。なお，下図ではイメージをわかりやすくするために区間すべてに着色しているが，実際には区間中央の値に置き換えている。これは，飛び飛びの値にするということは細かい数値を切り捨てることと同じである。このとき発生する誤差を量子化誤差という。

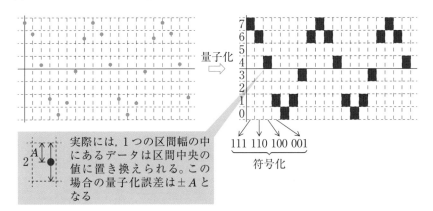

(3) 符号化

量子化された信号を 0，1 の符号に直すことを符号化という。これによりアナログデータがデジタルデータに変換される。この 0，1 の記号のどちらかによって，2 つのものを区別することができる。この情報量を 1 ビットという。2 ケタの 0，1 信号（00，01，10，11）の場合は 2 ビットである。また，8 ビットを 1 バイトという。

重要ポイント 2 アナログ変調

電磁波といった波に情報を乗せて通信するためには，その波に何らかの方法で情報を記録する必要がある。その方式を**変調**という。ただ単に規則正しい正弦波を送っただけでは，相手側では何らその意図をくみ取ることはできない。しかし，波に変化を与えてやれば，相手はその変化に応じて情報を読み取ることができる。この変化の与え方を変調方式という。変調には主に，振幅変調方式（AM），周波数変調方式（FM），位相変調方式（PM）がある。

第6章

通信工学

振幅（AM）変調の例

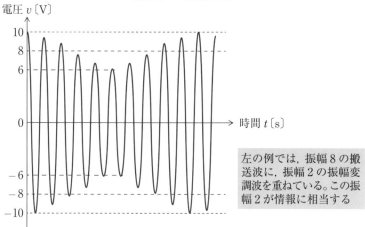

電圧 v〔V〕

時間 t〔s〕

左の例では，振幅8の搬送波に，振幅2の振幅変調波を重ねている。この振幅2が情報に相当する

重要ポイント **3** **デジタル変調**

　0，1のデジタル信号も，電磁波を代表とする波に乗せて通信する場合には，アナログ信号に直す必要がある。その代表が，ASK（振幅偏移変調），PSK（位相偏移変調），FSK（周波数偏移変調）である。それぞれ，波の振幅，位相，周波数を変化させ，それに0，1の値を対応させることで，0，1の信号を相手に送ることができる。

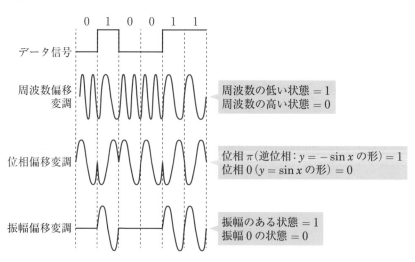

データ信号

周波数偏移変調

位相偏移変調

振幅偏移変調

周波数の低い状態＝1
周波数の高い状態＝0

位相 π（逆位相：$y = -\sin x$ の形）＝1
位相0（$y = \sin x$ の形）＝0

振幅のある状態＝1
振幅0の状態＝0

以上の方法では，1つの波で1ビットの情報しか送ることができないが，位相や振幅を細かく分ければ，1つの波でより多くの情報（ビット）を送ることができる。たとえば，位相を 0, $\frac{\pi}{2}$, π, $\frac{3}{2}\pi$ の4つに変化させ，それぞれに 00，01，11，10 を割り当てれば2ビットの情報を送ることができる。これが QPSK（4PSK）である（一方，最初の2つの値のみを区別する位相偏移変調は BPSK と呼ばれる）。位相を8つに分ければ3ビットの情報を送ることもできる。

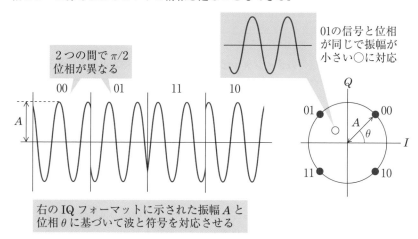

01の信号と位相が同じで振幅が小さい○に対応

2つの間で π/2 位相が異なる

右の IQ フォーマットに示された振幅 A と位相 θ に基づいて波と符号を対応させる

位相に加えて振幅も変化させれば，1つの波でさらに多くの情報を送ることができる。これを実現したものが多値 QAM で，16QAM，64QAM，256QAM などがある。16QAM では4ビットの情報を送ることができる。

No.1　±0.01V以内の量子化誤差（連続値である原信号標本値と量子化標本値の差）で，−5Vから+5Vまでの範囲の電圧値を量子化しようとするとき，必要とされる最小の量子化ビット数はいくらか。　【国家総合職・平成28年度】

1　6

2　7

3　8

4　9

5　10

No.2　アナログ信号のディジタル信号への変換に伴う標本化および量子化に関する次の記述の㋐，㋑，㋒に当てはまるものの組合せとして最も妥当なのはどれか。

【国家総合職・令和元年度】

「最大周波数が f〔Hz〕，振幅が $A(A_{min} \leqq A \leqq A_{max})$〔V〕のアナログ信号を標本化周波数が f_s〔Hz〕の標本化回路で標本化する。このとき，　㋐　の場合，　㋑　〔Hz〕以上の周波数成分が雑音として標本化信号に重畳されるため，標本化周波数の選択には注意する必要がある。

　また，標本化したアナログ信号を n〔bit〕で均一に量子化する場合，最大で　㋒　〔V〕の量子化誤差が生じることから，アナログ信号の再現性を確保するためには，より大きなビット数で量子化を行うことが望ましい」

	㋐	㋑	㋒
1	$f_s > 2f$	$\dfrac{f_s}{2}$	$\dfrac{A_{max} - A_{min}}{2^{n+1}}$
2	$f_s > 2f$	f_s	$\dfrac{A_{max} - A_{min}}{2^n}$
3	$f_s < 2f$	$\dfrac{f_s}{2}$	$\dfrac{A_{max} - A_{min}}{2^n}$
4	$f_s < 2f$	$\dfrac{f_s}{2}$	$\dfrac{A_{max} - A_{min}}{2^{n+1}}$
5	$f_s < 2f$	f_s	$\dfrac{A_{max} - A_{min}}{2^n}$

No.3 **ディジタル通信に関する次の記述の㋐，㋑に当てはまるものの組合せとして最も妥当なのはどれか。** 【国家総合職・平成27年度】

「入力されたアナログ信号をディジタル化する，ある変調システムにおいて，入力アナログ信号の帯域幅を 4kHz，量子化ビット数を 8，変調方法を 16QAM としたとき，ディジタル化された信号のビットレートは［㋐］kbps，1 秒当たりのシンボル数は［㋑］となった。

ただし標本化はもとの入力信号がひずみなく再生される最低の周波数で行われたものとする」

	㋐	㋑
1	32	2000
2	32	8000
3	64	4000
4	64	8000
5	64	16000

No.4 **アナログ信号のディジタル化に関する次の記述の㋐，㋑に当てはまるものの組合せとして最も妥当なのはどれか。** 【国家一般職・平成29年度】

「周波数が 12kHz 以下に帯域制限されたアナログ信号を標本化するとき，このアナログ信号を忠実に再現するために必要な最低限の標本化周波数は［㋐］kHz である。また，このアナログ信号を標本化周波数［㋐］kHz で標本化し，標本ごとに 11 ビットで量子化して誤り訂正符号を 4 ビット付加して伝送するときの伝送速度は［㋑］kbps である」

	㋐	㋑
1	6	90
2	6	180
3	12	180
4	24	180
5	24	360

No.5 ある島の天気が晴れ，曇り，雨，雪となる確率は，それぞれ X, $\dfrac{1-X}{2}$,

$\dfrac{1-X}{4}$, $\dfrac{1-X}{4}$ である。晴れ，曇り，雨，雪をそれぞれ二元符号 0，10，110，

1110 で表したときの平均符号長が，晴れ，曇り，雨，雪をそれぞれ二元符号

00，01，10，11 で表したときの平均符号長よりも 0.30 ビット小さい場合，

X はいくらか。

ただし，$0 \leqq X \leqq 1$ とする。　　　　　　　　　【国家一般職・平成28年度】

1　0.55

2　0.60

3　0.65

4　0.70

5　0.75

No.6　0 と 1 で構成される 7 ビットの記号列（a_7, a_6, a_5, a_4, a_3, a_2, a_1）
があり，$a_7 \sim a_1$ の 1 の個数が奇数のときは $a_0 = 1$，偶数のときは $a_0 = 0$ を新
たなビットとして末尾に付け加え，8 ビットの記号列（a_7, a_6, a_5, a_4, a_3, a_2,
a_1, a_0）を構成する。この 8 ビットの記号列を伝送したときの誤りの検出，訂正
に関する記述として最も妥当なのはどれか。　　　　【国家一般職・平成27年度】

1　1 ビットの誤りが発生した場合，誤りの検出および訂正はできない。

2　1 ビットの誤りが発生した場合，誤りの検出はできるが訂正はできない。

3　1 ビットの誤りが発生した場合，誤りの検出および訂正ができる。

4　2 ビットの誤りが発生した場合，誤りの検出はできるが，訂正はできない。

5　2 ビットの誤りが発生した場合，誤りの検出および訂正ができる。

No.7 **8ビットの符号01010101からのハミング距離が3である符号の個数として最も妥当なのはどれか。**

なお，4ビットの符号0000からのハミング距離が2である符号は0011，0101，0110，1001，1010，1100の6個である。

【国家総合職・平成26年度】

1 32
2 56
3 64
4 96
5 128

No.8 **ディジタル通信に関する次の記述の㋐，㋑に当てはまるものの組合せとして最も妥当なのはどれか。** 【国家総合職・平成29年度】

「1948年にシャノンは，熱雑音（加法性白色ガウス雑音）の環境下において，信号対雑音電力比 S/N が与えられたとき，通信速度を C〔bit/s〕とし，信号周波数帯域幅を W〔Hz〕とすると，［㋐］の関係式を満たせば，誤り率を限りなく零に近づけることが可能であることを証明した。これは，通信路の容量定理と呼ばれており，この式における S/N は［㋑］」

	㋐	㋑
1	$C = W \times \log_{10}(S/N)$	1以上でなければならない
2	$C = W \times \log_2(1 + S/N)$	1未満であってもよい
3	$C = W \times \log_2(1 + S/N)$	1以上でなければならない
4	$C = W \times \log_{10}(1 + S/N)$	1未満であってもよい
5	$C = W \times \log_{10}(1 + S/N)$	1以上でなければならない

No.9 **ディジタル変調方式に関する次の記述の㋐，㋑，㋒に当てはまるものの組合せとして最も妥当なのはどれか。** 【国家総合職・平成30年度】

「無線通信の搬送波は，一般に次式で表現される。

$s(t) = A\cos(2\pi ft + \theta)$

ここで，A は信号振幅，f は搬送波周波数，t は時間，θ は位相である。いま，ディジタル変調方式としてBPSKを用いる場合，[㋐]は[㋑]の値をとる。また，8PSKを用いる場合，[㋐]は8通りの値をとるため，BPSKを用いる場合と比べて，1シンボル当たりのビット数は[㋒]倍となる」

	㋐	㋑	㋒
1	f	0, 1	3
2	f	0, 1	4
3	θ	$0, \frac{\pi}{2}$	3
4	θ	$0, \frac{\pi}{2}$	4
5	θ	$0, \pi$	3

No.10 **16kHzの搬送波を0.3～3.4kHzの周波数帯域を持つ音声信号で振幅変調したとき，変調波の周波数スペクトルの上側波帯に含まれる周波数として最も妥当なのはどれか。** 【国家一般職・平成25年度】

1 14kHz
2 16kHz
3 18kHz
4 20kHz
5 22kHz

実戦問題の解説

No.1 の解説　量子化誤差

→問題は P.432

量子化誤差の基本問題である。量子化の意味を考えて計算しよう。

-5V から $+5$V までの 10V の範囲を ± 0.01V 以内の量子化誤差にするため 0.02V の幅で量子化する。したがって $10 \div 0.02 = 500$ 段階以上に分ければよいが，$2^8 = 256$，$2^9 = 512$ であるので，9 ビット以上に量子化すればよい。

以上より，正答は**4**となる。

No.2 の解説　標本化，量子化

→問題は P.432

標本化，量子化に関する基本問題で確実に理解しておきたい。[ウ]は問われ方に少し注意が必要である。

標本化定理より，$f_s > 2f$ ならばもとの信号が復元できるが，$f_s < 2f$ の場合には復元ができない。この場合も同じ標本化定理を言い換えれば，「もとの音の周波数の 2 倍の標本化周波数があれば復元できる」⟷「標本化周波数の $\frac{1}{2}$ の周波数までは正しく復元される」ということなので，正しく復元できないのは $\frac{f_s}{2}$ 以上の周波数の信号である。

つまり，「$f_s < 2f$」の場合，「$\frac{f_s}{2}$」以上の周波数の信号が雑音として重畳される。以上の 2 つがそれぞれ[ア]，[イ]に入る。

次に，量子化誤差について考える。たとえば，$0 < A < 2$ の区間幅 2 の区間を $A = 1$ と量子化する場合，誤差の最大値は区間幅の半分の 1 となる。つまり，量子化誤差は区間幅の半分となる。ここで，振幅幅が $A_{\max} - A_{\min}$ のアナログ信号を n〔bit〕，つまり 2^n 個の区間で量子化する場合，区間幅が $\frac{A_{\max} - A_{\min}}{2^n}$ となるため，量子化誤差の最大値はその半分の $\frac{A_{\max} - A_{\min}}{2^{n+1}}$ となる。これが[ウ]に入る。

以上より，正答は**4**となる。

AD 変換，デジタル変調についての計算問題である。国家一般職［大卒］などでも計算の過程の一部はよく問われている。一つ一つ計算方法を覚えてほしい。

入力アナログ信号の帯域幅が 4kHz なので，標本化定理から，8kHz 以上で標本化する必要がある。今回は最低の周波数で行うので，8kHz で行う。さらに，量子化ビット数が 8 なので，1 秒間に $8000 \times 8 = 64000$ bit，つまり，64kbps のビットレートが必要となる。これが㋐に入る。

次に 16QAM は 1 つのシンボルで 16 の信号，つまり $16 = 2^4$ より 4 ビットの信号を送ることができる。したがって，1 秒当たりのシンボル数は，

$64000 \div 4 = 16000$

となる。

以上より，正答は **5** となる。

実戦問題 No.3 と似たような伝送速度の計算問題である。一つ一つ手順を確認しておこう。

周波数が 12kHz なので，標本化定理から 24kHz 以上の標本化周波数が必要である。よって㋐には「24」が入る。

次に，それぞれを 11 ビットで量子化して 4 ビットの誤り訂正符号を付けるので，標本化された各信号は 15 ビット必要となる。標本化周波数から，1 秒間で 24,000 回標本化されているので，

$24000 \times 15 = 360000$ bit $= 360 \times 1000$ bit

伝送することになる。つまりビットレート（伝送速度）は 360kbps となり，これが㋑に入る。

以上より，正答は **5** となる。

No.5 の解説 符号化 →問題は P.434

平均符号長が問われているが，期待値の計算を思い出して計算しよう。
平均符号長 μ は，

$$\mu = \sum (\text{ビット数}) \times (\text{生起確率})$$

で計算できる。まず，最初の二元符号の場合には次のようになる。

天気	晴れ	曇り	雨	雪
符号	0	10	110	1110
ビット数	1	2	3	4
生起確率	X	$\dfrac{1-X}{2}$	$\dfrac{1-X}{4}$	$\dfrac{1-X}{4}$

したがって，平均符号長は，

$$1 \times X + 2 \times \frac{1-X}{2} + 3 \times \frac{1-X}{4} + 4 \times \frac{1-X}{4} = 2.75 - 1.75X$$

次に，後の二元符号の場合には次のようになる。

天気	晴れ	曇り	雨	雪
符号	00	01	10	11
ビット数	2	2	2	2
生起確率	X	$\dfrac{1-X}{2}$	$\dfrac{1-X}{4}$	$\dfrac{1-X}{4}$

この場合は，すべて2ビットなので，平均符号長も2ビットになる。
したがって，

$$2.75 - 1.75X = 2 - 0.30 = 1.70 \qquad \therefore \quad X = 0.60$$

以上より，正答は**2**となる。

No.6 の解説 符号化 →問題は P.434

誤り検出，訂正符号のうち最も基本となるパリティビットについての問題である。知識としても覚えておいてよいが，その場で考えてもわかるだろう。
与えられた方法では，誤りがないと $a_7 \sim a_0$ の中の1の記号の数が偶数になり，1ビットの誤りがあると奇数になるので，1ビットの誤りがあることが検出できる。ただし，どのビットが誤りかはわからないので訂正はできない。
なお，2ビットの誤りがあると，$a_7 \sim a_0$ の中の1の記号の数が偶数になるため，誤りを検出できない。
以上より，正答は**2**となる。

　ハミング符号についての問題である。ハミング符号とは，パリティビット を拡張したようなもので，誤り検出・訂正ができるようにしたものである。 本問はハミング距離についての定義を知っていれば容易に解くことができ る。

　ハミング距離が3ということは，もとの符号と3か所に違いがあるという ことである。8ビットのうちの3ビットが違っているかを考えると，その 個数は

$$_8\mathrm{C}_3 = \frac{8 \times 7 \times 6}{3 \times 2 \times 1} = 56$$

と計算でき，正答は**2**となる。

　シャノンの容量定理に関する基本知識の問題にチャレンジしてみよう。国 家総合職では本問のように容量定理の知識がそのまま問われることがある。

　シャノンの容量定理は，設問中の定義において，

$$C = W \log_2 \left(1 + \frac{S}{N} \right)$$

と表されるとするものである。ここで S/N は信号対雑音電力比で，この値が 大きいと通信の信頼性が高いことを意味するが，容量定理そのものは $\dfrac{S}{N} < 1$ でも成立するので1未満であってもよい。

　以上より，正答は**2**となる。

No.9 の解説 BPSK

→問題は P.436

デジタル変調の基本問題である。地方上級でも出題されることがあるため，考え方を覚えておきたい。

PSK とは，位相偏移変調と呼ばれるもので，デジタル信号をアナログ波を利用して伝える場合に，位相 θ を変化させて伝えるものである。したがって㋐には「θ」が入る。

BPSK の場合は $\theta = 0$, π（θ は 2π の周期関数なので 0 と π が最も遠い）の 2 通りの値を使って 1 ビットの信号を伝える。これが㋑に入る。

さらに QPSK（4PSK）では 4 通りに変化させて 2 ビットの，OPSK（8PSK）では 8 通りに変化させて 3 ビットの信号を 1 つの波（シンボル）で伝えることができる。

よって，8PSK では QPSK より 1 つのシンボルで 3 倍のビット数の情報を送ることができる。したがって㋒には「3」が入る。

以上より，正答は **5** となる。

No.10 の解説 上側波帯

→問題は P.436

アナログ変調の上側波帯の周波数に関する知識問題である。詳細は P.426 の必修問題の解説に書かれているとおりであるが，これを確認しておこう。

搬送波の周波数を f_c，これに乗せる信号の周波数を f_m とすると，上側波帯の周波数は $f_c + f_m$ となる。したがって，この場合の上側波帯の周波数は $16.3 \sim 19.4\,\mathrm{kHz}$ の周波数である。選択肢の中でこれに含まれるのは，**3** の $18\,\mathrm{kHz}$ である。

第6章 通信工学

正答	No.1＝4	No.2＝4	No.3＝5	No.4＝5	No.5＝2	No.6＝2
	No.7＝2	No.8＝2	No.9＝5	No.10＝3		

必修問題

　IP アドレスに関する次の記述の㋐，㋑，㋒に当てはまるものの組合せとして最も妥当なのはどれか。　　　　　　　　　　【国家総合職・平成26年度】

- IP アドレス（IPv4 アドレス）は「1」と「0」の組合せで，32 ビットから構成され，通常，ネットワークアドレス部とホストアドレス部に分類される。8 ビット区切りの 10 進数で表した場合に，あるコンピュータの IP アドレスが「172.16.28.92」，サブネットマスクが「255.255.255.192」であるとき，ホストアドレス部を 10 進数で表すと ┌─㋐─┐ となる。

- X 社のネットワークでは，クラス C のネットワークアドレス「192.168.10.0」を持ち，A 部，B 部，C 部にそれぞれ，120 台，60 台，30 台のコンピュータを接続することを計画している。このネットワークを部ごとにルータで区切るとき，各部のサブネットマスクの適切な組合せとして，A 部を「255.255.255.128」，B 部を「255.255.255. ┌─㋑─┐」，C 部を「255.255.255. ┌─㋒─┐」とすることが考えられる。

	㋐	㋑	㋒
1	28	192	224
2	28	224	240
3	92	224	240
4	192	192	224
5	192	224	240

〈必修問題〉の 解説

IP アドレスの基本問題である。サブネットマスクの仕組みを整理しておこう。特に記述の後半部分は国家総合職らしくひねられているが，考え方はどの試験でも出題されるのでよく理解しておきたい。重要ポイント[1]は熟読しておくこと。

[ア]について，サブネットマスクは，IP アドレスのどこがホストアドレス部かを示すもので，サブネットマスクが 0 の部分が，ホストアドレス部の場所である。

サブネットマスクが 255（2 進法に直すとすべて 1）の部分はすべてネットワークアドレス部である。そこで，192 を 2 進法に直すと，

$192_{(10)} = 11000000_{(2)}$

となるので，IP アドレスの下 6 ケタがホストアドレス部である。

設問の IP アドレスの 1 番下の 8 ビットの「92」を 2 進法に直すと，

$92_{(10)} = 01011100_{(2)}$

である。この下 6 ケタだけとって 10 進法に直すと，

$011100_{(2)} = 28_{(10)}$

これが[ア]に入る。なお，ネットワークアドレスは，IP アドレス（の下 8 ビット）からホストアドレス部を引いて，「172.16.28.64」となる。

B 部について，60 台にアドレスを割り振るためには，$2^6 = 64$ なので，6 ビット分のアドレスを割り当てればよい。なお，「すべて 0」「すべて 1」のアドレスは使用しないことに決められているため，6 ビットでは，62 台分のアドレスを割り振ることができる。つまり，サブネットマスクの下 8 ビットは，「$11000000_{(2)} = 192_{(10)}$」とする。これが[イ]に入る。

さらに C 部について，30 台にアドレスを割り振るためには，$2^5 = 32$ なので 5 ビット分のアドレスを割り振ればよい。同様に 5 ビットでは，使用できない 2 個分を引いて 30 台分のアドレスを割り振ることができるので，これで十分である。このとき，サブネットの下 8 ビットは，「$11100000_{(2)} = 224_{(10)}$」とする。これが[ウ]に入る。

正答 1

....

重要ポイント **1** **IPアドレス**

IPアドレスは，インターネット上の住所に相当するものである。次の2つの規格がある。

IPv4	現在広く使われているアドレス。32ビット（2進数で32桁）。枯渇が心配されている
IPv6	新しい規格で今後普及が見込まれている。128ビット

以下，広く普及しているIPv4を説明する。IPv4では，IPアドレスは8ビット（ケタ）ずつ区切って10進数で表されている。

「172.16.28.92」の例

10進数	172	16	28	92
2進数	10101100	00010000	00011100	01011100

ところで，IPアドレスは，1つの組織にまとまった数が割り当てられる。そこで，さらにその組織が，割り当てられたIPアドレスを細かくネットワークごとに振り分けて使う場合がある。

この場合，組織に割り当てられたIPアドレスを**ネットワークアドレス**，下部のネットワーク内のアドレスを**ホストアドレス**という。

これを次の図にたとえると，「組織＝建物」に割り振られた住所がネットワークアドレスで，建物内の一つの部屋に割り振られた部屋番号（名）がホストアドレスとなる。この場合，部屋番号（名）は，建物を管理する組織が割り振ることになる。

ネットワークアドレスとホストアドレスの関係

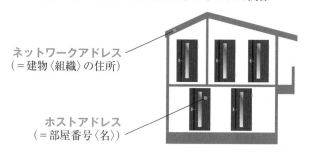

ネットワークアドレス
（＝建物〈組織〉の住所）

ホストアドレス
（＝部屋番号〈名〉）

たとえば，「東京都○○区△△　子ども部屋」にあるパソコンの住所を表すとき，「東京都○○区△△」＝ネットワークアドレス，「子ども部屋」＝ホストアドレスとなる（家の中に子ども部屋があるかどうかは郵便局などは知らない）。

IPアドレスでは，子ども部屋までを含めて32ビットの2進数で住所が表されているため，IPアドレスのうち，どこまでがネットワークアドレスで，どこからが

ホストアドレスなのか，その場所を示す必要がある。ここに使われるのが**サブネットマスク**である。

　サブネットマスクも 10 進数で表されているので，これを 2 進数に直すと，1 が連続した後に 0 が連続している。サブネットマスクの 1 の部分がネットワークアドレス，0 の部分がホストアドレスの場所を表している。これを見ながら，実際の IP アドレスを，ネットワークアドレスとホストアドレスに分ける。

ネットワークアドレス／ホストアドレスの求め方

　IP アドレスが「172.16.28.92」，サブネットマスクが「255.255.255.192」の場合

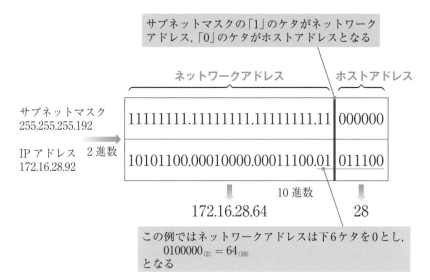

次の 2 点に注意が必要となる。

①ネットワークアドレスには下のケタに必要な分だけ 0 を付けて 32 ビットにする
　（例ではホストアドレスのケタ数の 6 個）
②ホストアドレスにはすべて 0，すべて 1 は使えない

　このような，数字だけの住所は人間にとってはわかりやすいとはいえない。そこで，これにわかりやすい名前，たとえば「www.jitsumu.co.jp」を付ける。これを**ドメインネーム**という。IP アドレスとドメインネームを結び付ける仕組みが，**DNS** である。

第 6 章　通信工学

コンピュータ同士で通信を行うためには，通信している相手とさまざまな決まりをつくっておかないといけない。これに関する標準的なモデルがOSI基本参照モデルである。つまり，通信を正しく行うために，どのような約束事（プロトコルという）を決めておく必要があるのかということを示したものである。これは以下のように7階層に分かれている。

階層	名称	内容	対応する機器
7	アプリケーション層	メールや Web などの具体的なサービスの内容を定める	
6	プレゼンテーション層	データを通信に適した形式にしたり，暗号化したりする	
5	セッション層	通信の開始や終了などを定める	
4	トランスポート層	データ圧縮や誤り訂正などの通信の信頼性の確保を行う	ゲートウェイ
3	ネットワーク層	通信経路の選択やアドレス管理などを行う	ルータ
2	データリンク層	誤り制御，再送要求などで隣接機器と正しく通信を行えるようにする	ブリッジ
1	物理層	コネクタ，ケーブルなど実際に接続するときの機械的，電力的なことを定める	リピータ

実戦問題

No.1 TCP/IP プロトコルによるネットワークにホストが接続されている。あるホストに割り当てられた IP アドレスとサブネットマスクは，次のとおりである。

　　IP アドレス　　　：　192.168.11.117
　　サブネットマスク　：　255.255.255.224

　このとき，このホストが接続されたネットワークのネットワークアドレスとして正しいのはどれか。　　　　　　　　　　　　　　　【国家一般職・平成30年度】

1　192.168.11.0
2　192.168.11.32
3　192.168.11.64
4　192.168.11.96
5　192.168.11.128

No.2 LAN における端末の接続形態には，スター型，バス型，リング型などがある。以下の説明文㋐，㋑と接続形態の組合せで正しいのはどれか。
　　　　　　　　　　　　　　　　　　　　　　　【地方上級・平成24年度】

　㋐　１本の回線に端末を接続する形態。端末の追加や撤収が容易であるが，回線そのものに故障が発生すると，システム全体に影響する場合がある。

　㋑　１台の集線装置に端末を接続した形態。端末に故障が出てもシステム全体に影響が派生しないが，集線装置が故障するとシステム全体に影響する。

	㋐	㋑
1	スター型	バス型
2	スター型	リング型
3	バス型	スター型
4	バス型	リング型
5	リング型	スター型

No.3 **ネットワークの接続装置に関する次の記述の㋐，㋑，㋒に当てはまるものの組合せとして最も妥当なのはどれか。** 【国家一般職・平成26年度】

「ブリッジは，複数のLANを接続する機器であり，OSI基本参照モデルにおける［㋐］を中継する。ルータが［㋑］アドレスを参照してデータを中継するのに対し，ブリッジは［㋒］アドレスを参照してLAN間でデータを中継する」

	㋐	㋑	㋒
1	物理層	MAC	IP
2	データリンク層	MAC	IP
3	データリンク層	IP	MAC
4	ネットワーク層	MAC	IP
5	ネットワーク層	IP	MAC

No.4 **インターネットに関する次の記述の㋐，㋑，㋒に当てはまるものの組合せとして最も妥当なのはどれか。** 【国家一般職・令和4年度】

「インターネットに接続されている機器を識別するために［㋐］が用いられている。一つの機器で動作する複数のアプリケーションが同時にインターネットを使用することがあるが，同一機器内の複数のアプリケーションの要求を区別するために，TCPプロトコルは［㋑］を用いている。従来［㋐］は4バイトで表されていたが，インターネットに接続する機器の増加に伴い［㋐］が不足したので，［㋒］バイトで表す新しい方式が普及し始めている」

	㋐	㋑	㋒
1	IPアドレス	DNS	8
2	IPアドレス	ポート番号	8
3	IPアドレス	ポート番号	16
4	SSID	DNS	8
5	SSID	ポート番号	16

No.5　通信に関する次の記述の㋐，㋑に当てはまるものの組合せとして最も妥当なのはどれか。　【国家一般職・令和３年度】

- PC などを，無線 LAN，Bluetooth などを用いて携帯電話端末に接続し，この携帯電話端末を介してインターネットに接続することを [㋐] という。
- 第 4 世代移動通信システムである LTE-A の下り伝送に用いられている多重化方式は，[㋑] 方式である。

	㋐	㋑
1	ローミング	直交周波数分割多重
2	ローミング	符号分割多重
3	ローミング	波長分割多重
4	テザリング	直交周波数分割多重
5	テザリング	符号分割多重

No.1 の解説　IPアドレス　　　　　　　　　　　　　　→問題は P.447

　IPアドレスの基本問題である。重要ポイント①でサブネットマスクの意味を確認しておこう。

　サブネットマスクの255となっている部分は2進数に直すと8ビットの1となる。また，224を2進数に直すと

　　　$224_{(10)} = 11100000_{(2)}$

となる。つまり，IPアドレスの下位5ビットがホストアドレス部，残りの上位27ビットがネットワークアドレス部である。したがって，与えられたIPアドレスのうち，上位24ビットに相当する「192.168.11.」はすべてネットワークアドレスであり，下位8ビットを表す117を2進数に直すと，

　　　$117_{(10)} = 01110101_{(2)}$

となるが，この上位3ビットの「01100000」がネットワークアドレス部で，

　　　$01100000_{(2)} = 96_{(10)}$

となるので，ネットワークアドレスは，「192.168.11.96」となる。

　以上より，正答は**4**となる。

No.2 の解説　LAN　　　　　　　　　　　　　　　　　→問題は P.447

　ネットワークトポロジーに関する知識問題で，出題は多くないが，本問を通じて知識を簡単におさらいしておこう。

　LANのネットワークの形態について，設問で取り上げられているスター型，バス型，リング型を図示すると下のようになる。

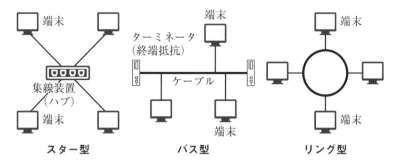

スター型　　　　　　　　バス型　　　　　　　　リング型

　スター型は集線装置（ハブ）に端末を接続する方式で，端末に故障があってもネットワーク全体には影響しない。

　バス型は高速な回線（ケーブル）に端末を接続する方式で，この場合も端末に故障があってもネットワーク全体に影響しない。ただし，回線そのものに故障があると全体に影響が出る。

　リング型はリング上につながれた回線に端末を接続する，あるいは端末を

リング上に接続する方式である。リング上のバスに回線をつなぐ場合でも，各端末は順番にすべての情報を受け取り，自身に関係のないものを次に渡す形式をとるため，端末に故障があるとシステム全体に影響が出る場合がある。

本問の場合，説明文[ア]はバス型，[イ]はスター型となる。

以上より，正答は**3**となる。

No.3 の解説 ネットワーク

→問題は P.448

OSI 基本参照モデルに関する基本問題である。ネットワークの接続装置としては，ゲートウェイ，ルータ，ブリッジ，リピータがあり，それぞれ第4層（トランスポート層）以上，第3層（ネットワーク層），第2層（データリンク層），第1層（物理層）の階層で動作することを覚えておこう。

ブリッジは，OSI 基本参照モデルの第2層である「データリンク層」で動作する機器で，「MAC」アドレスをもとにデータを中継する。一方，ルータは OSI 基本参照モデルの第3層である「ネットワーク層」で動作する機器で，IP アドレスをもとにデータを中継する。

したがって，[ア]，[イ]，[ウ]には順に「データリンク層」「IP」「MAC」が入り，正答は**3**となる。

No.4 の解説 インターネットの用語

→問題は P.448

インターネットに関する基本知識の問題である。ここでは特に IPv6 についての知識が問われている。

インターネットに接続されている機器を識別するものは「IP アドレス」なので，これが[ア]に入る。なお，SSID は無線 LAN（Wi-Fi）を識別するものであり，機器を識別するものではない。

次に，TCP プロトコルにおいて，複数のアプリケーションを区別するために使われるのは「ポート番号」であり，これが[イ]に入る。たとえば，ポート番号 80 番は HTTP におけるデータ通信に使われ，ポート番号 80 のデータが届くと，HTTP 通信だとわかるため，そのためのアプリケーションソフトを使えばよいことがわかる（HTTP 通信に常に 80 番ポートが使われているわけではない）。なお，DNS とは，IP アドレスとドメイン名に関する（結び付ける）システムのことである。

最後に，IP アドレスは従来は IPv4 と呼ばれる 4 バイト（32 ビット）のアドレスが使われていたが，近年これが枯渇してきたため，IPv6 と呼ばれる 16 バイト（128 ビット）のシステムが使われるようになってきている。したがって，[ウ]には 16 が入る。

以上より，正答は**3**となる。

No.5 の解説　通信関連の用語

→問題は P.449

通信関連の用語知識の問題である。細かい用語が扱われているが，本問の演習を通じて覚えておこう。

㋐には「テザリング」が入る。なお「ローミング」とは，通信事業者が契約をすることで，通信事業者の通信サービス範囲外であっても，別の通信事業者のサービスを利用して通信が可能になるサービスのことである。たとえば，海外に行く場合に使われる。

㋑には「直交周波数分割多重」が入る。通信の多重化とは，同時に複数の端末と通信を行う技術である。携帯電話におけるいわゆる3G，4G，5Gについて，それぞれ別個の形式が採用されている（3G，4G，5Gの違いは多重化方式だけではなく，それぞれ別個の通信方式の違いを指している）。

4Gで使われたのが直交周波数分割多重方式（OFDM）である。これは周波数分割多重方式（FDM）を効率化したものである。

なお，残りの選択肢のうち，符号分割多重（CDM）は3G通信で採用された方式である。

以上より，正答は**4**となる。

正答　No.1=4　No.2=3　No.3=3　No.4=3　No.5=4

第7章

情報工学

必修問題

　図は，入力記号の集合が {0，1} であり，4つの内部状態を持つ有限オートマトンの状態遷移図である。この有限オートマトンで受理される入力記号列に関する記述として最も妥当なのはどれか。

　ただし，図中の太い矢印が指示する状態は初期状態を，二重丸で表された状態は受理状態をそれぞれ表す。【国家一般職・平成24年度】

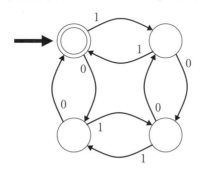

1　1の個数が偶数，0の個数が奇数である。

2　1の個数が奇数，0の個数が偶数である。

3　1の個数と0の個数が双方とも奇数である。

4　1の個数と0の個数が双方とも偶数である。

5　1の個数と0の個数の和が奇数である。

必修問題 の 解説

　情報理論の出題数は多いが，オートマトンはその中でも非常によく出題されている。選択肢も活用して正答を導けるようにしたい。

　下図のようにオートマトンの状態に名前を付ける。選択肢を満たす具体的な例を調べていく。

1．「110」を調べると状態 d に移り受理されない（単に「0」でもよい）。

2．「100」を調べると状態 b に移り受理されない（単に「1」でもよい）。

3．「10」を調べると状態 c に移り受理されない。

4．「11」を調べると状態 a に移り受理される（「00」「0011」なども調べてみるとよい）。

5．今まで調べた中で「110」「100」が条件を満たすが，受理されない（単に「0」「1」でもよい）。

　以上から，消去法的に正答は**4**であることがわかる。なお，このオートマトンの内部状態の意味を下に記した。

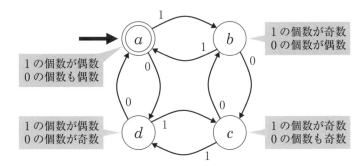

正答 **4**

第7章

情報工学

必修問題

　ある会社で社員90人の帰宅時の行動を調査したところ，以下の結果が得られた。ただし，すべての社員は帰宅時にスーパー，コンビニ，ドラッグストアのいずれか一つの店舗へ必ず立ち寄るものとする。

・　スーパーへ立ち寄った社員の70%は翌日スーパーへ，10%はコンビニへ，20%はドラッグストアへ立ち寄る。

・　コンビニへ立ち寄った社員の25%は翌日スーパーへ，25%はコンビニへ，50%はドラッグストアへ立ち寄る。

・　ドラッグストアへ立ち寄った社員の50%は翌日スーパーへ，50%はコンビニへ立ち寄る。

　これらを表にすると以下のようになる。

		翌　日		
		スーパー	コンビニ	ドラッグストア
あ る 日	スーパー	70%	10%	20%
	コンビニ	25%	25%	50%
	ドラッグストア	50%	50%	0%

　上記の社員の行動に変化はなく，社員の人数も増減しないものとして，調査を始めてから十分な日数が経過してそれぞれの店舗に立ち寄る社員の人数が一定になったとする。このとき，帰宅時にスーパーへ立ち寄る社員の人数として正しいのはどれか。　　　　　　　　　【国家一般職・令和3年度】

1　40人　　　**2**　45人　　　**3**　50人

4　55人　　　**5**　60人

必修問題 の 解説

　マルコフ過程と呼ばれる問題である。収束値を求める問題では，状態遷移図から考える方法と連立漸化式を立てる方法がある。なお，解説では他の問題に簡単に応用できるように全体を1として式を立てた。

解法❶　状態遷移図を描く

　全体を1として，そのうちスーパーの割合を x，コンビニの割合を y とする。問題の状況を状態遷移図にまとめると図のようになる。

　ここで，それぞれの割合が一定値に収束して変化しないということは，どこを見

ても，その状態に新しく入る分と出て行く分が等しいことを意味する。

まず，スーパーについて，状態遷移図で新しく入る分と出て行く分が等しいことから（破線の矢印が新しく入る分を表している）

$$0.25y + 0.5(1 - x - y) = 0.1x + 0.2x$$

∴　$0.8x + 0.25y = 0.5$

次に，ドラッグストアについて，入る分と出て行く分が等しいことから（入る分は青矢印），

$$0.2x + 0.5y = 2 \times 0.5 \times (1 - x - y)$$

∴　$1.2x + 1.5y = 1$

以上の2式を解けばよい。最初の式の6倍から後の式を引いて，

$$3.6x = 2 \quad ∴ \quad x = \frac{1}{1.8} = \frac{5}{9}$$

社員は全員で90人なので，その人数は $90 \times \dfrac{5}{9} = 50$ 人となる。

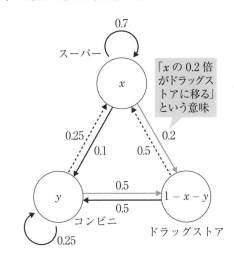

解法❷　連立漸化式を立てる

調査を始めてから n 日後のスーパーに行った社員の割合を x_n，コンビニに行った社員の割合を y_n，ドラッグストアに行った社員の割合を z_n とすると，与えられた表から次の連立漸化式を立てることができる。

$$\begin{cases} x_{n+1} = 0.7x_n + 0.25y_n + 0.5z_n \\ y_{n+1} = 0.1x_n + 0.25y_n + 0.5z_n \\ z_{n+1} = 0.2x_n + 0.5y_n \end{cases}$$

全体の割合について $x_n + y_n + z_n = 1$ が成り立つ。収束した場合，値が変化しないため $x_{n+1} = x_n = x$，$y_{n+1} = y_n = y$，$z_{n+1} = z_n = z$ と置くことができる。これを上の式のうち1番目と3番目に代入すると，$z = 1 - x - y$ に気をつけて，

$$\begin{cases} x = 0.7x + 0.25y + 0.5(1 - x - y) \\ 1 - x - y = 0.2x + 0.5y \end{cases}$$

これは解法❶で出てきた連立方程式と同じである。

補足

解説の連立方程式は，次のように行列でも書ける。

$$\begin{pmatrix} x_{n+1} \\ y_{n+1} \\ z_{n+1} \end{pmatrix} = \begin{pmatrix} 0.7 & 0.25 & 0.5 \\ 0.1 & 0.25 & 0.5 \\ 0.2 & 0.5 & 0 \end{pmatrix} \begin{pmatrix} x_n \\ y_n \\ z_n \end{pmatrix}$$

正答　**3**

第7章

情報工学

　図のような，中央処理装置と外部記憶装置を１台ずつ含む２つの系１，系２からなるシステムがある。このシステムでは，系に含まれる中央処理装置と外部記憶装置がともに稼働していれば，その系が稼働し，系１，系２のいずれか一方でも稼働していれば，システムとして稼働するものとする。各装置の MTBF（平均故障間隔），MTTR（平均修理時間）が表のとおりであるとき，このシステムの稼働率として最も妥当なのはどれか。

【国家一般職・令和元年度】

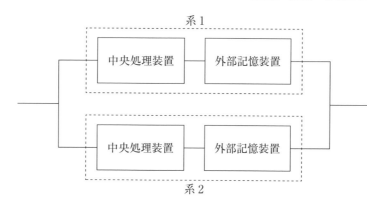

	MTBF〔時間〕	MTTR〔時間〕
中央処理装置	a	b
外部記憶装置	c	d

1　$1 - \left(1 - \dfrac{a}{a+b} \cdot \dfrac{c}{c+d}\right)^2$

2　$1 - \left(1 - \dfrac{b}{a+b} \cdot \dfrac{d}{c+d}\right)^2$

3　$1 - \left(1 - \dfrac{a}{a+b}\right) \cdot \left(1 - \dfrac{c}{c+d}\right)$

4　$\left\{1 - \left(1 - \dfrac{a}{a+b}\right)^2\right\} \cdot \left\{1 - \left(1 - \dfrac{c}{c+d}\right)^2\right\}$

5　$\left\{1 - \left(1 - \dfrac{b}{a+b}\right)^2\right\} \cdot \left\{1 - \left(1 - \dfrac{d}{c+d}\right)^2\right\}$

必修問題 の 解説

　稼働率に関する問題で，ここでは MTBF（= Mean Time Between Failure：平均故障間隔），MTTR（= Mean Time To Repair：平均修理時間）も含めた問題を取り上げた。似たような計算問題が非常によく出題されている。確率計算とほとんど変わらないため，確実に用意しておきたい。

　中央処理装置と外部記憶装置の稼働率をそれぞれ p, q と置く。まず p と q を求める。

　機械が故障せずに稼働している時間が MTBF，機械が故障して稼働しない時間が MTTR であり，この合計が全体の時間となる。稼働率は，全時間に対する稼働時間の割合なので $p = \dfrac{a}{a+b}$, $q = \dfrac{c}{c+d}$ となる。

　次に，中央処理装置と外部記憶装置をまとめた系全体の稼働率を考えると，系全体では両方とも稼働していないと系が稼働しているとはいえないので，系全体の稼働率は，どちらの系も pq である。

　最後に，系 1 と系 2 はどちらか一方でも稼働していれば稼働していることになる。言い換えれば，両方とも故障しているときだけ故障しているといえる。余事象を考えると，求める稼働率は，両方の系が故障している確率を 1 から引いて，

$$1 - (1-pq)^2 = 1 - \left(1 - \frac{a}{a+b} \cdot \frac{c}{c+d}\right)^2$$

補足

　稼働率 α, β の機械が直列に接続されているとき，全体の稼働率は $\alpha\beta$，並列に接続されているときは $\alpha + \beta - \alpha\beta$ になる。本問では選択肢の都合からこの公式を使わないほうが有利であるが，場合によってはこの公式を使ったほうが簡単に計算できる。

正答 1

第7章
情報工学

重要ポイント 1 ▶ 状態遷移図に関する問題

状態遷移図とは，状態とその推移について丸と矢印で表したものである。オートマトンや推移確率の計算など状態とその遷移に関する問題はいろいろなパターンが見られるが，まずは状態遷移図を描いて考えることが大切である。

重要ポイント 2 ▶ 木構造とその応用

データの階層構造を下図のように示したものを木構造という。

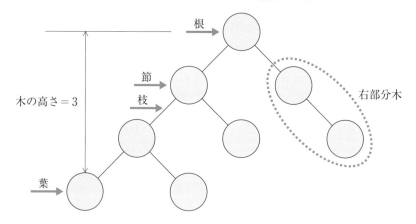

このとき，根からある節に到達するまでに移動した数を**節の深さ**，最も深い節までの深さを**木の高さ**という。木構造には次のような種類のものがある。

二分木	1つの節から伸びる枝が2本以下である木
完全二分木	葉以外のすべての節から2本の枝が伸び，葉までの深さがすべて等しい木
ヒープ	木の浅い節を親，深い節を子としたとき，すべて親のデータ≦子のデータ，またはすべて親のデータ≧子のデータとなる木

木構造の応用にポーランド記法，逆ポーランド記法の問題がある。数式の表し方には，記号をどこに置くかによって，次の3つが考えられる。

$A*B$	中間記法
$*AB$	ポーランド記法（前置記法）
$AB*$	逆ポーランド記法（後置記法）

　日常でよく使われるのは中間記法であるが，一貫性がないため，コンピュータで
は，ポーランド記法，逆ポーランド記法が使われる。逆ポーランド記法に直す場合，
次のように木構造を使うと簡単である。

手順❶	演算を木構造で表す
手順❷	木構造を奥行き優先探索する
手順❸	一番最後にその要素を通るときに，要素を書き出す

　たとえば，数式「$a+b*c+d÷(e+f)$」は次のような木構造で表せる。

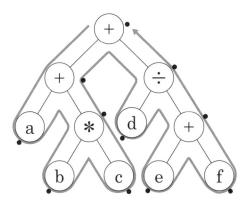

　これを矢印のとおりに回り，最後に通るときに要素を書き出す(矢印上の黒点)と，
　　$abc*+def+÷+$
と逆ポーランド記法（後置記法）で書ける。
　なお，最初に要素を通るときに書き出せばポーランド記法となる（この場合は
「$++a*bc÷d+ef$」となる）。

No.1 次の表は，入力記号の集合が {0，1}，状態集合が {a，b，c，d} である有限オートマトンの状態遷移表である。ここで初期状態は a であり，受理状態は c とする。この有限オートマトンが受理する入力記号列に関する記述として最も妥当なのはどれか。 【国家一般職・平成27年度】

1 001 で終わるすべての記号列

2 001 で始まるすべての記号列

3 001 を含まないすべての記号列

4 0 の個数と 1 の個数が同じすべての記号列

5 0 の個数と 1 の個数が異なるすべての記号列

状態	入力	
	0	1
a	b	a
b	d	c
c	b	a
d	d	c

No.2 主菜を牛，鶏，魚，豆の 4 種類から 1 つ選択して注文する社員食堂がある。従業員の主菜の選択は，前回の選択のみに依存し，その注文は次のとおりである。

- 前回牛を注文した従業員の 30％は牛を，50％は魚を，20％は豆を注文する。

- 前回鶏を注文した従業員の 10％は牛を，20％は鶏を，50％は魚を，20％は豆を注文する。

- 前回魚を注文した従業員の 10％は牛を，20％は鶏を，20％は魚を，50％は豆を注文する。

- 前回豆を注文した従業員の 20％は牛を，10％は鶏を，20％は魚を，50％は豆を注文する。

これらを表にすると次のようになる。

このとき，1 回目に魚を注文した従業員が，4 回目に魚を注文する確率として最も妥当なのはどれか。 【国家一般職・令和 4 年度】

1 25％

2 26％

3 27％

4 28％

5 29％

		今回			
		牛	鶏	魚	豆
前回	牛	30％	0％	50％	20％
	鶏	10％	20％	50％	20％
	魚	10％	20％	20％	50％
	豆	20％	10％	20％	50％

No.3 **1 台の稼働率が 60%の機器を複数台並列に接続してシステム全体稼働率を 95%以上にしたい。何台以上接続すればよいか。**

ただし，このシステムでは 1 台でも稼働していれば全体として稼働しているものとする。 【地方上級・平成24年度】

1 3台
2 4台
3 5台
4 6台
5 7台

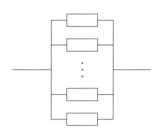

No.4 **端末装置 T_1 と T_2 の間を中継装置 R を介して通信路で結んだデータ伝送網を構築したい。T_1 と T_2 の間の構成について，図のように 4 つの案㋐～㋓を考えた。T_1 と T_2 を結ぶ伝送網の信頼度が高いものから順に㋐～㋓を並べたものとして最も妥当なのはどれか。**

ただし，T_1，T_2 および R は故障しないものとし，通信路の信頼度はすべて等しく K (0 < K < 1) とする。 【国家一般職・平成25年度】

	高い ←	信頼度	→ 低い	
1	㋑	㋐	㋓	㋒
2	㋑	㋒	㋓	㋐
3	㋑	㋓	㋒	㋐
4	㋓	㋑	㋒	㋐
5	㋓	㋒	㋑	㋐

第7章 情報工学

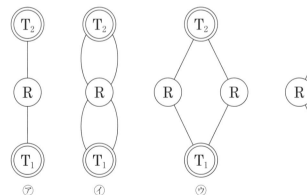

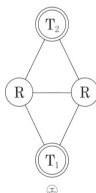

待ち行列モデルに関する次の記述の㋐，㋑，㋒に当てはまるものの組合せとして最も妥当なのはどれか。 【国家一般職・令和2年度】

「あるネットワークプリンタでは，1分当たり平均2件のジョブを受信し，ジョブ1件当たり平均15秒の処理時間を要する。このネットワークプリンタにおけるジョブの受信およびその処理がM/M/1待ち行列モデルに従うものとするとき，利用率 ρ は ㋐ と求まる。この ρ と，処理中および処理待ちを合わせた待ち行列の平均の長さ（平均滞留件数）L の間に，$L = \dfrac{\rho}{1-\rho}$ の関係があることを用いると，ジョブの受信から処理開始までの平均待ち時間は ㋑ ，ジョブの受信から処理終了までの平均応答時間 ㋒ とそれぞれ求まる」

	㋐	㋑	㋒
1	0.50	15 秒	30 秒
2	0.50	15 秒	45 秒
3	0.75	45 秒	60 秒
4	0.75	45 秒	75 秒
5	0.75	45 秒	90 秒

No.6 次の㋐〜㋓は，頂点 1 〜 5 を持つグラフを隣接行列で表したものである。グラフを構成するすべての辺をちょうど 1 回ずつ通る経路が存在するものを表した隣接行列のみを挙げているのはどれか。

ただし，隣接行列の x 行 y 列目の成分は，頂点 x と y を結ぶ辺の数であり，たとえば，図 I のグラフを隣接行列で表すと図 II のようになる。

【国家一般職・令和元年度】

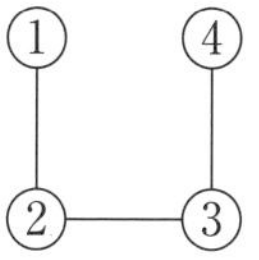

図 I

$$\begin{pmatrix} 0 & 1 & 0 & 0 \\ 1 & 0 & 1 & 0 \\ 0 & 1 & 0 & 1 \\ 0 & 0 & 1 & 0 \end{pmatrix}$$

図 II

㋐ $\begin{pmatrix} 0 & 1 & 0 & 0 & 1 \\ 1 & 0 & 1 & 0 & 0 \\ 0 & 1 & 0 & 1 & 0 \\ 0 & 0 & 1 & 0 & 1 \\ 1 & 0 & 0 & 1 & 0 \end{pmatrix}$

㋑ $\begin{pmatrix} 0 & 1 & 0 & 0 & 1 \\ 1 & 0 & 1 & 1 & 0 \\ 0 & 1 & 0 & 0 & 0 \\ 0 & 1 & 0 & 0 & 0 \\ 1 & 0 & 0 & 0 & 0 \end{pmatrix}$

㋒ $\begin{pmatrix} 0 & 1 & 0 & 1 & 0 \\ 1 & 0 & 1 & 0 & 0 \\ 0 & 1 & 0 & 1 & 1 \\ 1 & 0 & 1 & 0 & 0 \\ 0 & 0 & 1 & 0 & 0 \end{pmatrix}$

㋓ $\begin{pmatrix} 0 & 1 & 1 & 0 & 1 \\ 1 & 0 & 1 & 1 & 0 \\ 1 & 1 & 0 & 0 & 0 \\ 0 & 1 & 0 & 0 & 0 \\ 1 & 0 & 0 & 0 & 0 \end{pmatrix}$

1 ㋐，㋑
2 ㋐，㋒
3 ㋐，㋓
4 ㋑，㋒
5 ㋒，㋓

No.7 グラフ G の頂点集合を 2 つの素な部分集合 A と B に分割でき，G のすべての辺は A の頂点と B の頂点を結んでおり，かつ，同じ部分集合に含まれる頂点どうしの間には辺が存在しないとき，G は 2 部グラフと呼ばれる。さらに A の各頂点が B のすべての頂点と辺で結ばれているとき，G は完全 2 部グラフと呼ばれる。次の㋐〜㋓のグラフのうち，完全 2 部グラフとして妥当なもののみをすべて挙げているのはどれか。

ただし，グラフ中の黒丸は頂点を表している。 【国家一般職・平成27年度】

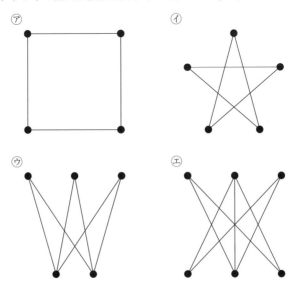

1 ㋐

2 ㋐, ㋒

3 ㋐, ㋓

4 ㋑, ㋓

5 ㋒, ㋓

No.8 S, A, B を非終端記号（S は開始記号），_ を終端記号，T_{num}，T_{eng} を終端記号の集合とする文脈自由文法 G について考える。$T_{\text{num}} = \{0,\ 1,\ 2,\ \cdots,\ 9\}$（数字の集合），$T_{\text{eng}} = \{a,\ b,\ c,\ \cdots,\ z\}$（英小文字の集合）であり，$G$ の生成規則は次のとおりである。

- $S \rightarrow A$　　　・$S \rightarrow B$
- $A \rightarrow \alpha S$　　　・$A \rightarrow \alpha$　　　・$A \rightarrow \_S$（ただし，α は終端記号で，$\alpha \in T_{\text{num}}$）
- $B \rightarrow \beta B$　　　・$B \rightarrow \beta$　　　・$B \rightarrow \_B$（ただし，β は終端記号で，$\beta \in T_{\text{eng}}$）

たとえば，「2020」という文は，「$S \Rightarrow A \Rightarrow 2S \Rightarrow 2A \Rightarrow 20S \Rightarrow \cdots \Rightarrow 202A \Rightarrow 2020$」のように生成でき，「tokyo_olympic」という文も，「$S \Rightarrow B \Rightarrow tB \Rightarrow toB \Rightarrow \cdots \Rightarrow tokyoB \Rightarrow tokyo\_B \Rightarrow tokyo\_oB \Rightarrow \cdots \Rightarrow tokyo\_olympiB \Rightarrow tokyo\_olympic$」のように生成できることから，いずれも G により生成される文である。

このとき，㋐〜㋓のうち，G により生成される文として妥当なもののみをすべて挙げているのはどれか。　　　　　　　　　　　　　　【国家一般職・平成28年度】

- ㋐　tokyo_2020
- ㋑　2020_olympic
- ㋒　1st_prize
- ㋓　42_point_195_kilometers

1　㋐，㋑

2　㋐，㋑，㋓

3　㋐，㋒

4　㋑，㋒

5　㋑，㋒，㋓

No.9 図のような 20 個の節からなる二分探索木の各節に，連続する 20 個の整数を一意に対応させたところ，節アに対応する整数と節イに対応する整数の和が節ウに対応する整数と等しくなった。このとき，連続する 20 個の整数として正しいのはどれか。

なお，二分探索木は，各節に対応する値が左部分木の中のどの節の値よりも大きく，右部分木の中のどの節の値よりも小さい二分木である。

【国家総合職・令和 2 年度】

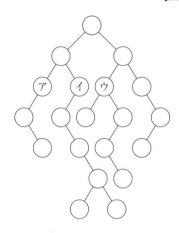

1 {1, 2, 3, 4, 5, 6, 7, 8, 9, 10, 11, 12, 13, 14, 15, 16, 17, 18, 19, 20}

2 {2, 3, 4, 5, 6, 7, 8, 9, 10, 11, 12, 13, 14, 15, 16, 17, 18, 19, 20, 21}

3 {3, 4, 5, 6, 7, 8, 9, 10, 11, 12, 13, 14, 15, 16, 17, 18, 19, 20, 21, 22}

4 {4, 5, 6, 7, 8, 9, 10, 11, 12, 13, 14, 15, 16, 17, 18, 19, 20, 21, 22, 23}

5 {5, 6, 7, 8, 9, 10, 11, 12, 13, 14, 15, 16, 17, 18, 19, 20, 21, 22, 23, 24}

No.10 次の中置記法の式を前置記法で表したものとして最も妥当なのはどれか。

【国家総合職・令和元年度】

$A \times (B + C) + D \times E$

1 $+ \times A + BC \times DE$

2 $+ A \times BC + \times DE$

3 $\times + ABC + \times DE$

4 $A \times BC + DE \times +$

5 $ABC + \times DE \times +$

No.11 状態 s_i (i = 1，2，3) に遷移したときに文字 i を 1 文字出力する図の
ような情報源があるとする。この情報源のエントロピーはいくらか。

　ただし，図の数値は，状態間の遷移確率を示す。　　【国家総合職・平成24年度】

1 $\dfrac{17}{19}$ ビット

2 $-\dfrac{1}{19} + \dfrac{17}{19}\log_2 3$ ビット

3 $\dfrac{6}{19} + \dfrac{3}{19}\log_2 3$ ビット

4 $\dfrac{8}{19} + \dfrac{6}{19}\log_2 3$ ビット

5 $\dfrac{18}{19} - \dfrac{1}{19}\log_2 3$ ビット

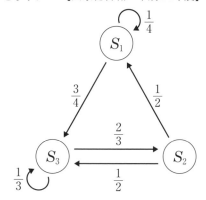

No.12 次の BNF 定義において非終端記号〈A〉から 5 文字の文字列を生成し
て得られるものとして最も妥当なのはどれか。　　【国家一般職・令和4年度】

　　〈Q〉∷= 0 | 2 | 4 | 6 | 8
　　〈R〉∷= 1 | 3 | 5 | 7 | 9
　　〈A〉∷=〈Q〉|〈Q〉〈A〉〈R〉|〈R〉〈B〉〈Q〉
　　〈B〉∷=〈R〉|〈Q〉〈A〉〈Q〉|〈R〉〈B〉〈R〉

1　01357
2　02461
3　10234
4　10246
5　13502

No.13 **ネットワークセキュリティに関する次の記述の㋐～㋓に当てはまるものの組合せとして最も妥当なのはどれか。** 【国家一般職・平成25年度】

「公開鍵と秘密鍵を用いて秘匿データの通信を行う公開鍵暗号方式では，送信者は［㋐］を用いて送信するデータの暗号化を行い，受信者は［㋑］を用いて受信したデータの復号を行う。

また，公開鍵暗号方式を応用した送信者の認証方法であるディジタル署名では，送信者は送信するデータのハッシュダイジェストを［㋒］で暗号化することで，ディジタル署名を作成し，データとともにディジタル署名を受信者に送信する。その後，受信者は受信した送信者のディジタル署名を［㋓］で復号し，受信したデータのハッシュダイジェストとの照合を行う」

	㋐	㋑	㋒	㋓
1	送信者の秘密鍵	送信者の公開鍵	送信者の秘密鍵	受信者の秘密鍵
2	送信者の秘密鍵	送信者の公開鍵	受信者の公開鍵	受信者の秘密鍵
3	送信者の公開鍵	送信者の公開鍵	送信者の秘密鍵	送信者の公開鍵
4	受信者の公開鍵	受信者の秘密鍵	送信者の公開鍵	送信者の公開鍵
5	受信者の公開鍵	受信者の秘密鍵	送信者の秘密鍵	送信者の公開鍵

実戦問題 の 解説

→問題は P.462

No.1 の解説　オートマトン

　オートマトンの問題で，表のままでも解くことができるが，状態遷移図を描いたほうが簡単だろう。

　与えられた状態遷移表から状態遷移図を描くと次のようになる。太矢印は初期状態，二重丸は受理状態である。

　これを見ながら選択肢を検討する。

　2を満たす「0010」を試すと，$a \to b \to c \to d$ となり，受理されない（**5** も誤りとわかる）。**3**を満たす「0」を試すと $a \to b$ となり，受理されない。**4**を満たす「10」を試すと $a \to a \to b$ となり，受理されない。

　したがって，正答は**1**とわかる。なお，a, b, c, d いずれから始めても「001」を入力すると c にたどり着いて受理される。つまり，「001」の前がどのような文字列でも受理されるので，001 で終わるすべての記号列は受理される。

　もっとも，同様にどこから始めても「01」を入力すれば状態は c に移って受理されるので，「01」で終わるすべての記号列が受理される。

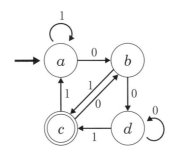

ポアソン過程についての計算問題で，P.456 の必修問題と異なり特定の日の確率が問われている。この場合，行列を使って計算すると効率がよい。なお，解説ではいったん連立漸化式を立てているが，慣れれば，与えられた表を（縦横）転置させるだけで行列を作ることができる。

n 回目に牛，鶏，魚，豆を注文する確率をそれぞれ a_n，b_n，c_n，d_n とすると，1 回目に魚を注文しているので，$c_1 = 1$，$a_1 = b_1 = d_1 = 0$ であり，与えられた表から，次のような連立漸化式を立てることができる。

$$\begin{cases} a_{n+1} = 0.3a_n + 0.1b_n + 0.1c_n + 0.2d_n \\ b_{n+1} = 0.2b_n + 0.2c_n + 0.1d_n \\ c_{n+1} = 0.5a_n + 0.5b_n + 0.2c_n + 0.2d_n \\ d_{n+1} = 0.2a_n + 0.2b_n + 0.5c_n + 0.5d_n \end{cases}$$

これを行列に直すと次のようになる。

$$\begin{pmatrix} a_{n+1} \\ b_{n+1} \\ c_{n+1} \\ d_{n+1} \end{pmatrix} = \begin{pmatrix} 0.3 & 0.1 & 0.1 & 0.2 \\ 0 & 0.2 & 0.2 & 0.1 \\ 0.5 & 0.5 & 0.2 & 0.2 \\ 0.2 & 0.2 & 0.5 & 0.5 \end{pmatrix} \begin{pmatrix} a_n \\ b_n \\ c_n \\ d_n \end{pmatrix}, \quad \begin{pmatrix} a_1 \\ b_1 \\ c_1 \\ d_1 \end{pmatrix} = \begin{pmatrix} 0 \\ 0 \\ 1 \\ 0 \end{pmatrix}$$

これを使って，順次計算すると，

$$\begin{pmatrix} a_2 \\ b_2 \\ c_2 \\ d_2 \end{pmatrix} = \begin{pmatrix} 0.3 & 0.1 & 0.1 & 0.2 \\ 0 & 0.2 & 0.2 & 0.1 \\ 0.5 & 0.5 & 0.2 & 0.2 \\ 0.2 & 0.2 & 0.5 & 0.5 \end{pmatrix} \begin{pmatrix} 0 \\ 0 \\ 1 \\ 0 \end{pmatrix} = \begin{pmatrix} 0.1 \\ 0.2 \\ 0.2 \\ 0.5 \end{pmatrix}$$

$$\begin{pmatrix} a_3 \\ b_3 \\ c_3 \\ d_3 \end{pmatrix} = \begin{pmatrix} 0.3 & 0.1 & 0.1 & 0.2 \\ 0 & 0.2 & 0.2 & 0.1 \\ 0.5 & 0.5 & 0.2 & 0.2 \\ 0.2 & 0.2 & 0.5 & 0.5 \end{pmatrix} \begin{pmatrix} 0.1 \\ 0.2 \\ 0.2 \\ 0.5 \end{pmatrix} = \begin{pmatrix} 0.17 \\ 0.13 \\ 0.29 \\ 0.41 \end{pmatrix}$$

$$\begin{pmatrix} a_4 \\ b_4 \\ c_4 \\ d_4 \end{pmatrix} = \begin{pmatrix} 0.3 & 0.1 & 0.1 & 0.2 \\ 0 & 0.2 & 0.2 & 0.1 \\ 0.5 & 0.5 & 0.2 & 0.2 \\ 0.2 & 0.2 & 0.5 & 0.5 \end{pmatrix} \begin{pmatrix} 0.17 \\ 0.13 \\ 0.29 \\ 0.41 \end{pmatrix} = \begin{pmatrix} 0.175 \\ 0.125 \\ 0.29 \\ 0.41 \end{pmatrix}$$

※実際は a_4，b_4，d_4 は計算しなくてよい

これより，4 回目に魚を注文する確率は $c_4 = 0.29 = 29\%$ であり，正答は**5**となる。

No.3 の解説　信頼度

→問題は P.463

稼働率計算の基本問題である。並列の計算方法をマスターしよう。

余事象を考える。システム全体として稼働していないのは，すべての機器が故障しているときで，n 台あるとするとその確率は 0.4^n である。稼働率が 0.95 以上ということは，稼働していない確率は 0.05 未満なので，

$$0.4^n < 0.05$$

となる n の最小値を求めればよい。$0.4^2 = 0.16$，$0.4^3 = 0.064$，$0.4^4 = 0.0256$ なので，そのような n の最小値は $n = 4$ であり，正答は**2**となる。

No.4 の解説　信頼度

→問題は P.463

稼働率（信頼度）の応用問題である。本問では具体的に信頼度を計算して比較することは困難である。選択肢も利用して大小関係を判断したい。

最も信頼度が低いのは 2 重化をしていない㋐である。次に，㋒と㋓を比較すると，㋓は中央に通信路があるが，㋒はこの中央の通信路の信頼度のみが 0 の場合に相当する。（㋓では中央の通信路の信頼度は K なので）㋓のほうが信頼度が高い。

最後に㋑と㋓を比較する。㋑は㋓の中央の通信路の信頼度のみが 1 となった場合に相当する（中央の通信路が必ずつながっているなら，全体として一つの中継装置とみなすことができる）。したがって㋑のほうが信頼度が高い。

以上より，信頼度の高いほうから㋑㋓㋒㋐となり，正答は**3**となる。

念のため具体的に信頼度を計算する（比較は困難である）。

㋐は両方つながっていて初めて通信できるので，信頼度は K^2 である。

㋑は，まず T_1 と R がつながるのは，下の 2 つの通信路の片方でもつながっている場合なので（余事象が，両方つながっていないことから），その信頼度は $1-(1-K)^2 = 2K-K^2$ となる。T_2 と R も同様なので，全体の信頼度は $(2K-K^2)^2 = 4K^2-4K^3+K^4$ である。

㋒は，右か左かどちらかがつながっていればよい。片方がつながる確率は K^2 なので，全体の信頼度は，$1-(1-K^2)^2 = 2K^2-K^4$ となる。

最後に㋓は中央の通信路がつながっている場合は㋑と同じ（そうなる確率は K），つながっていない場合は㋒と同じ（そうなる確率は $1-K$）なので，

$$K(4K^2-4K^3+K^4)+(1-K)(2K^2-K^4) = 2K^2+6K^3-5K^4+2K^5$$

No.5 の解説　待ち行列

→問題は P.464

1分間に平均2件のジョブがあり，それぞれ15秒処理にかかるので，合計で処理時間は30秒である。したがって，60秒中30秒利用されているので，利用率は $\rho = \frac{30}{60} = 0.50$ であり，これが㋐に入る。

このとき，処理中および処理待ちを合わせた平均の長さは，与えられた公式から $L = \frac{0.5}{1-0.5} = 1$ 件であるが，これはジョブを受信したときに平均1件のジョブが処理中か，受信したジョブの前で待っている，つまり，1件分の処理を待たないと受信したジョブを開始できない，ということである。この1件のジョブを処理するのは15秒であり，これが㋑に入る。

ジョブ終了までは，処理時間を加えて $15+15=30$ 秒となり，これが㋒に入る。

以上より，正答は**1**となる。

No.6 の解説　グラフ

→問題は P.465

まずは例を見ながら行列をグラフに直すこと。一筆書きの問題は教養試験でよく出題されているが，過去には専門試験でも複数回出題されている。公式は確実に覚えておこう。

与えられた行列をグラフに直すと下図のようになる（この時点で実際にグラフをたどって一筆書きの可否を調べても早い）。

設問にあるすべての辺をちょうど1回ずつ通る（＝一筆書き可能）条件は，奇点（頂点から出て行く線分の数が奇数となる点）の数が0か2になることである。

奇点の数を数えると，㋐から順に，0，4，2，4となるので，奇点の数が0か2となるのは㋐，㋒である。なお，㋒の奇点は頂点3，5であり，一筆書きするためには，頂点3，5を起点，終点にする必要がある。

以上より，正答は**2**となる。

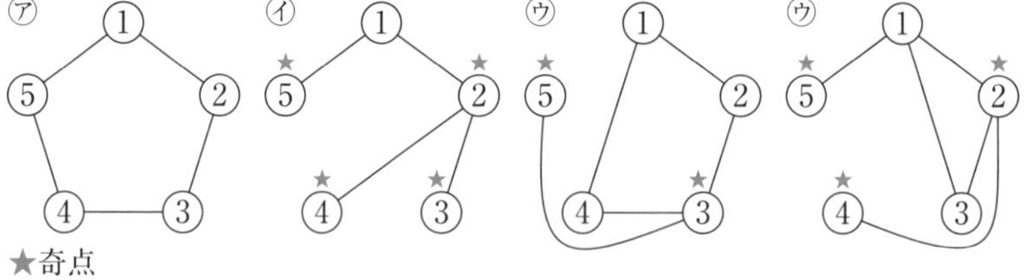

★奇点

No.7 の解説 グラフ

→問題は P.466

　完全2部グラフの定義は設問に書かれているので，丁寧に読んで意味を理解したい。ここではある程度実戦的な方法で解いてみる。

　完全2部グラフとなることを確かめるため，

　手順❶　辺で結ばれた頂点を交互に2色で塗る（ここでは白と黒にする）

　手順❷　1つの頂点から反対の色のすべてに辺が伸びているかを確認するという手順をとる（下図の㋑を参照のこと）。

　㋑は白と黒（設問では *A* と *B* に相当）に分けることができないので不適である。また，㋓は分けることはできるが，結ばれていない白と黒の頂点がある（図の破線）ので，2部グラフであるが完全2部グラフではない。

　一方，㋐，㋒は白と黒に分けることができ，しかもすべての白と黒の組合せが辺で結ばれているので完全2部グラフである。

　以上より，正答は**2**となる。

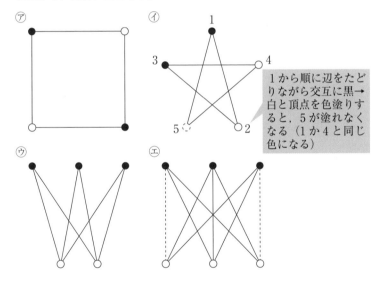

㋐

㋑

1

3　　　　4

5　　　2

1から順に辺をたどりながら交互に黒→白と頂点を色塗りすると，5が塗れなくなる（1か4と同じ色になる）

㋒

㋓

No.8 の解説　文脈自由言語

→問題は P.467

文脈自由文法の問題で，規則に従って文を作っていくことになる。ときどき出題されているので練習しておこう。

設問で与えられた例と同様にして，数字だけの列と文字だけの列は作ることができる。また，アンダーバーを使って，文字 _ 文字，数字 _ 数字，数字 _ 文字をつなぐことはできるが，文字 _ 数字とつなぐことができない。

具体的には，

$S \Rightarrow A \Rightarrow 1S \Rightarrow 1A \Rightarrow 1_S$

として，$S \Rightarrow A$ なら 1_1 のような数字 _ 数字に，$S \Rightarrow B$ なら 1_a のように数字 _ 文字につなぐことができる。しかし，文字 _ 数字は，

$S \Rightarrow B \Rightarrow aB \Rightarrow a_B$

としたときに B は英小文字に限定され数字にならないので不可能である。

与えられた文の中では，㋐の tokyo_2020 の o_2 と㋓の 42_point_195_kilometers の t_1 の部分がこれに該当するため生成することができない。㋑と㋒は可能である。

以上より，正答は**4**となる。

No.9 の解説　二分探索木

→問題は P.468

　グラフを使った応用問題で，過去には国家一般職［大卒］でも出題されている。設定が工夫されているが，まずは1から20まで入れてみること。

　二分探索木は，左から奥行き優先探索を行い，折り返すか，左から右に通過するときに要素を置いていくと作ることができる。

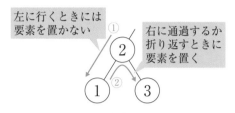

二分探索木の作り方

　仮に（選択肢**1**の）1〜20までの数を使って二分探索木を作ると下のようになる。この段階で，アとイの和がウになっているので**1**が正答となる。

　もし**1**が正答でなかった場合には，「3番目」と「10番目」の要素の和が「13番目」の要素になっていることを確かめればよい。

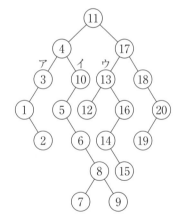

　前置記法（ポーランド記法）に関する問題である。後置記法（逆ポーランド記法）のほうがよく出題されているが，どちらも解き方としては大きく変わらない。手順を覚えておくとよいだろう。

　まずは中間記法の数式を木構造のグラフに直す。すると下のようになる。

　前置記法に直すためには，このグラフを左から奥行き優先探索して，最初に通るときに要素を書き出していけばよい。

　下図の①から順に，最初に通るときに要素を書き出すと，

$$+ \times A + BC \times DE$$

となり，正答は**1**となる。

　なお，後置記法（逆ポーランド記法）の場合には，最後に通るときに要素を書き出す。このとき，最後に一番上に戻ることを忘れないようにする。本問の場合には，

$$ABC + \times DE \times +$$

となる。

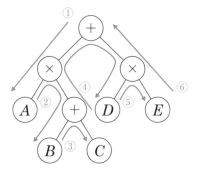

No.11 の解説　エントロピー　→問題は P.469

　エントロピーの計算問題である。エントロピーの定義式は地方上級，国家一般職［大卒］を志望している人でも覚えておきたい（以下の解説のうち，それぞれの状態のエントロピーを計算する部分）。本問は情報源のエントロピーであるので，後半は特殊な計算となる。

　情報源のエントロピーは次の計算手順で計算する（手順❶と手順❷は逆でもよい）。

手順❶　各状態のエントロピーを計算する

　エントロピー H の定義式は，生起確率を P として，

$$H = -\sum (P \log_2 P)$$

である。

　本問では，状態 s_i のエントロピーを H_i とすると，

$$H_1 = -\left(\frac{1}{4}\log_2\frac{1}{4} + \frac{3}{4}\log_2\frac{3}{4}\right) = -\left(-\frac{1}{4}\log_2 2^2 + \frac{3}{4}\log_2 3 - \frac{3}{4}\log_2 2^2\right)$$

$$= 2 - \frac{3}{4}\log_2 3$$

$$H_2 = -\left(\frac{1}{2}\log_2\frac{1}{2} + \frac{1}{2}\log_2\frac{1}{2}\right) = 1$$

$$H_3 = -\left(\frac{1}{3}\log_2\frac{1}{3} + \frac{2}{3}\log_2\frac{2}{3}\right) = -\left(-\frac{1}{3}\log_2 3 + \frac{2}{3}\log_2 2 - \frac{2}{3}\log_2 3\right)$$

$$= \log_2 3 - \frac{2}{3}$$

手順❷　収束した状態の確率を求める

　与えられた情報源の収束した状態の遷移確率を求める。収束した状態で，状態 s_i になる確率を p_i とする。収束した状態では，遷移確率はもはや変わらないことに注意すると，状態 s_1 には，状態 s_1 と s_2 から変わってくるので，

$$p_1 = \frac{1}{4}p_1 + \frac{1}{2}p_2$$

$$\therefore \quad p_2 = \frac{3}{2}p_1$$

状態 s_2 には状態 s_3 から入ってくることと，全確率の条件から $p_3 = 1 - p_1 - p_2 = 1 - \frac{5}{2}p_1$ となることより，

$$p_2 = \frac{2}{3}\left(1 - \frac{5}{2}p_1\right)$$

$$\therefore \quad \frac{3}{2}p_1 = \frac{2}{3}\left(1 - \frac{5}{2}p_1\right)$$

第7章　情報工学

これを解いて，$p_1 = \dfrac{4}{19}$，$p_2 = \dfrac{6}{19}$，$p_3 = \dfrac{9}{19}$ となる。

手順❸　各エントロピーを遷移確率で重みづけて情報源のエントロピーを求める

求める情報源のエントロピー H は，

$$H = \sum pH = p_1H_1 + p_2H_2 + p_3H_3$$

で計算できる。ここまで計算してきた数値を代入して，

$$H = \frac{4}{19}\left(2 - \frac{3}{4}\log_2 3\right) + \frac{6}{19}\cdot 1 + \frac{9}{19}\left(\log_2 3 - \frac{2}{3}\right)$$

$$= \frac{8}{19} + \frac{6}{19}\log_2 3 \text{ ビット}$$

以上より，正答は**4**となる。

No.12 の解説　BNF 定義

→問題は P.469

　BNF 定義の問題は近年は多くなかったが，令和4年度試験で出題された。最低限の定義を覚えておきたい。

　$\langle A\rangle$ から5文字の数字列を作る。そのためには，まず，$\langle A\rangle$ の定義から，$\langle A\rangle$ を，$\langle Q\rangle\langle A\rangle\langle R\rangle$ か $\langle R\rangle\langle B\rangle\langle Q\rangle$ に置き換える。次に，$\langle Q\rangle\langle A\rangle\langle R\rangle$ については，$\langle A\rangle$ の定義から $\langle A\rangle$ を置き換えて $\langle Q\rangle\langle Q\rangle\langle A\rangle\langle R\rangle\langle R\rangle$ または $\langle Q\rangle\langle R\rangle\langle B\rangle\langle Q\rangle\langle R\rangle$ として，最後に $\langle A\rangle\langle B\rangle$ の定義から $\langle Q\rangle\langle Q\rangle\langle Q\rangle\langle R\rangle\langle R\rangle$，$\langle Q\rangle\langle R\rangle\langle R\rangle\langle Q\rangle\langle R\rangle$ の2つを生成する。また，$\langle R\rangle\langle B\rangle\langle Q\rangle$ からは，$\langle B\rangle$ の定義からこれを $\langle R\rangle\langle Q\rangle\langle A\rangle\langle Q\rangle\langle Q\rangle$ か $\langle R\rangle\langle R\rangle\langle B\rangle\langle R\rangle\langle Q\rangle$ としてから，$\langle R\rangle\langle Q\rangle\langle Q\rangle\langle Q\rangle\langle Q\rangle$ か $\langle R\rangle\langle R\rangle\langle R\rangle\langle R\rangle\langle Q\rangle$ となる。

　結局，$\langle Q\rangle\langle Q\rangle\langle Q\rangle\langle R\rangle\langle R\rangle$，$\langle Q\rangle\langle R\rangle\langle R\rangle\langle Q\rangle\langle R\rangle$，$\langle R\rangle\langle Q\rangle\langle Q\rangle\langle Q\rangle\langle Q\rangle$，$\langle R\rangle\langle R\rangle\langle R\rangle\langle R\rangle\langle Q\rangle$ の4つが生成されるが，$\langle Q\rangle$ が偶数，$\langle R\rangle$ が奇数であることに注意すると，選択肢の中では**4**の 10246 が $\langle R\rangle\langle Q\rangle\langle Q\rangle\langle Q\rangle\langle Q\rangle$ に該当するのみである。

補足

　BNF 記法は，各種の構文規則を表すのに使われるが，次のものだけでも覚えておくとよい。

::=	（左辺が右辺で）定義される
		または
< >	非終端記号（「中で書かれている別のものに置き換えてよい」という意味）

No.13 の解説　公開鍵暗号

→問題は P.470

　公開鍵暗号方式は，秘密鍵と公開鍵の2つを使って安全に暗号化する方法である。公開鍵は公開されているが，公開鍵から秘密鍵をつくり出すことはできないようになっている。これを使って暗号通信をする場合，送信者は「受信者の公開鍵」を使って暗号を作る。一方，受信者はこれを「受信者の秘密鍵」を使って復号して，もとの送信文を読む。

　このとき，公開鍵は誰でも入手できるが，これを使って暗号化はできてもそれを復号（解読）することはできないようになっている。したがって，復号できるのは秘密鍵を持っている受信者本人のみである。以上から，㋐には「受信者の公開鍵」，㋑には「受信者の秘密鍵」が入る。

　一方，これはデジタル署名にも応用できる。この場合には，暗号化のための鍵を秘密鍵とする一方，復号の鍵を公開鍵とする。つまり，まず署名をする送信者が，自分の秘密鍵，つまり「送信者の秘密鍵」でデータを暗号化して受信者に送信する。受信者はこれを「送信者の公開鍵」で復号する。このとき，復号鍵では暗号は作れない。つまり，暗号化できるのは正しい送信者のみであるので，これが正しく復号できれば，送信者が暗号を作った本人であることがわかる。したがって，㋒には「送信者の秘密鍵」，㋓には「送信者の公開鍵」が入る。

　以上より，正答は**5**となる。

暗号通信

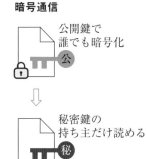

公開鍵で
誰でも暗号化

秘密鍵の
持ち主だけ読める

デジタル署名

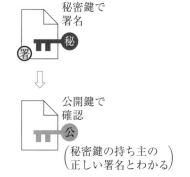

秘密鍵で
署名

公開鍵で
確認

（秘密鍵の持ち主の
正しい署名とわかる）

正答	No.1＝1	No.2＝5	No.3＝2	No.4＝3	No.5＝1	No.6＝2
	No.7＝2	No.8＝4	No.9＝1	No.10＝1	No.11＝4	No.12＝4
	No.13＝5					

　図Iのように後から入れたデータを先に取り出す LIFO（Last In First Out）構造のスタックと，図IIのように先に入れたデータを先に取り出す FIFO（First In First Out）構造のキューについて考える。

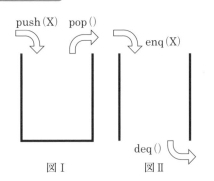

push(X)　pop()　enq(X)

deq()

図I　　図II

スタックの操作に対する定義
・push(X)：スタックにデータ X を入れること
・pop()　：スタックからデータを取り出すことまたは取り出したデータそのもの

キューの操作に対する定義
・enq(X)：キューにデータ X を入れること
・deq()　：キューからデータを取り出すことまたは取り出したデータそのもの

　いま，図IIIの状態にあるスタックと図IVの状態にあるキューを用意し，ある一連の操作を実行したところ，キューの状態が図Vのようになった。次の㋐〜㋒の操作のうち，このとき実行されたと考えられる操作のみをすべて挙げているのはどれか。【国家一般職・令和元年度】

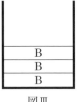

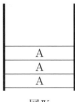

図III　　図IV　　図V

[ア] enq(pop())→enq(pop())→enq(deq())→enq(pop())→enq(deq())
[イ] enq(pop())→enq(deq())→enq(pop())→enq(deq())→enq(pop())
[ウ] push(deq())→enq(B)→enq(pop())→push(deq())→deq()→enq(pop())→enq(A)→enq(deq())
[エ] push(deq())→enq(B)→enq(pop())→push(deq())→pop()→enq(pop())→enq(A)→enq(pop())

1 [ア]　**2** [ア], [エ]　**3** [イ], [ウ]　**4** [イ], [エ]　**5** [ウ]

必修問題の解説

スタックとキューの計算問題はよく出題される。設問中に解くために必要な知識が書かれているが，手際よく解けるように練習しておきたい。

スタックは箱のように上から入れて，上からデータを取り出す。キューは筒のように上から入れて，下からデータを取り出す（設問の図のとおり）。

また，enq(pop()) は，スタックの上から取り出し，キューの上に入れること，enq(deq()) は，キューの下から取り出し，キューの上に入れること，push(deq()) はキューの下から取り出し，スタックの上に入れることである。また，単なる deq()，pop() は取り出すだけで，取り出すデータは破棄されることに注意する。[ア]～[エ]まで実際に操作を行うと次のようになる（ただし，データはできる限り下に詰める）。

[ア]

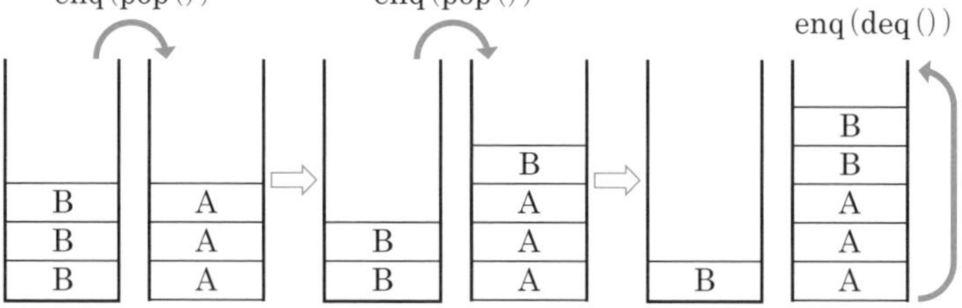

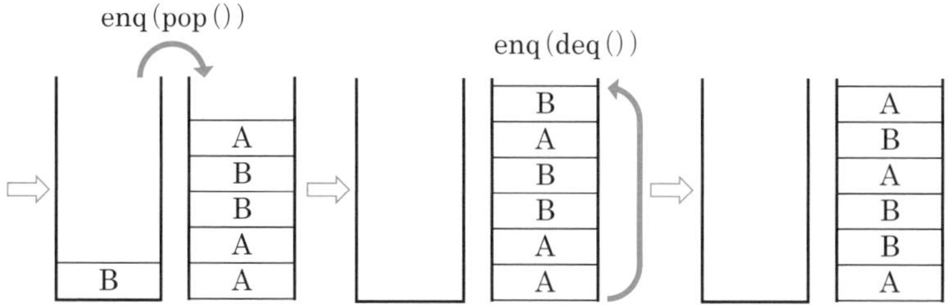

第7章 情報工学

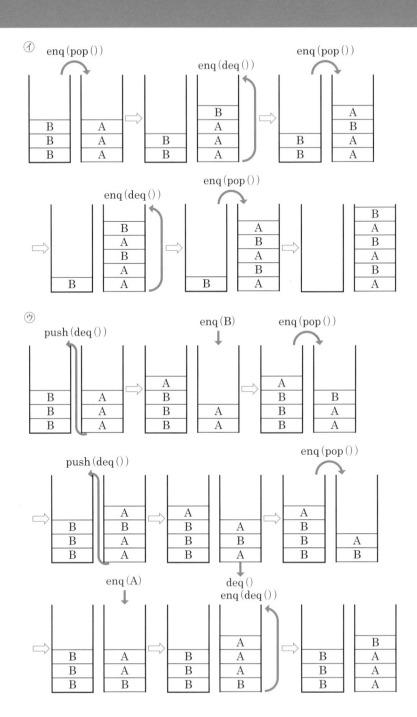

㋒ push(deq()) → enq(B) → enq(pop()) → push(deq()) は㋒と同じ
（図は続きから）

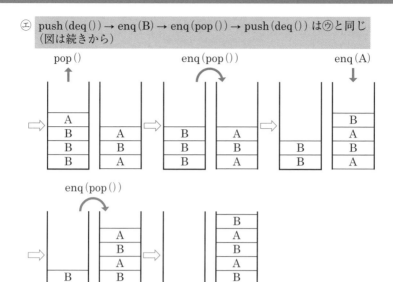

第7章

情報工学

　3人の哲学者による,「食事をする哲学者問題」を考える。

　図のように, 円卓に3人の哲学者 (A, B および C) がおり, 各人の間には1本ずつ,計3本のフォーク(#1, #2 および #3) が置かれている。哲学者は普段は考え事をしているが, あるときにフォークを右, 左の順で2本取ってから食事をする。食事が済むとフォークを左, 右の順で置いて, 再び考え事を始める。

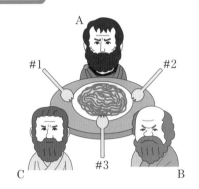

　食事をする哲学者問題を単純に実現すると, ある条件下で膠着状態（デッドロック）に陥る。ここで, 哲学者 X がフォーク #n を取ろうとすることを「Xn」と表すとすると, 哲学者たちが次の6種類の順序でフォークを取ろうとしたとき, デッドロックに陥る順序はいくつあるか。

　ただし,隣の人が先にフォークを使用していてフォークが取れないときは, そのフォークが取れるまで待ち, この間, 他の空いているフォークが取られることを妨げない。【国家総合職・令和3年度】

- A1 → B2 → A2 → B3 → C3 → C1
- A1 → B2 → A2 → C3 → B3 → C1
- A1 → B2 → A2 → C3 → C1 → B3
- A1 → B2 → B3 → A2 → C3 → C1
- A1 → B2 → B3 → C3 → A2 → C1
- A1 → B2 → B3 → C3 → C1 → A2

1 1個

2 2個

3 3個

4 4個

5 なし

必修問題 の 解説

　設定は目新しいが，デッドロックの典型問題である。この場合にデッドロックに陥るのは3人が1つずつフォークを取ってしまう場合である。一つ一つ検討していこう。

　順に見る。
- **A1 → B2 → A2 → B3 → C3 → C1**

　デッドロックは起こらない。A1とB2は取れる。A2はBが取っているので待つことになるが，次のB3でBが両方フォークを取り，やがて離すので，そこでA2を取ることができる。そして，両方取れたAもやがて両方離すのでC3，C1はその後に取れる。
- **A1 → B2 → A2 → C3 → B3 → C1**

　デッドロックが起きる。A1，B2は取れるが，A2はBが離すまで取れない。その間にC3と取るため，B3も取れなくなる。しかしCもAが使っている#1のフォークを取ることができなくなり，この時点でデッドロックに陥る。
- **A1 → B2 → A2 → C3 → C1 → B3**

　デッドロックが起きる。A1，B2は取れる。A2はBが離すまで取れず，その間にC3と取るため，Bも#3を取れなくなる。また，Cも#1のフォークはAが取っているため，取れなくなる。この時点でデッドロックに陥る。
- **A1 → B2 → B3 → A2 → C3 → C1**

　デッドロックは起きない。A1，B2，B3は取れる。これでBが両方取れたので，やがてBは両方離す。するとA2，C3も取れ，両方取れたAもやがて#1のフォークを離すので，C1も取れる。
- **A1 → B2 → B3 → C3 → A2 → C1**

　デッドロックは起きない。A1，B2，B3は取れる。これでBが両方取れたので，やがてBは両方離す。するとC3，A2も取れ，両方取れたAもやがて#1のフォークを離すので，C1も取れる。
- **A1 → B2 → B3 → C3 → C1 → A2**

　デッドロックは起きない。A1，B2，B3は取れる。両方取れたBはやがて両方離すので，C3も取れる。C1はAが持っているため取れないが，A2は取れるので，両方取ったAがやがて両方離せば残ったC1も取れる。

　以上から，デッドロックに陥るのは2個である。

正答 2

重要ポイント 1 キューとスタック

　実際の数値計算の処理では，計算結果を一時的に保存して，それを後で取り出す場合がある。このときに使われるデータ構造に，キューとスタックがある。

⑴**キュー**

　入れた順番に値が取り出される構造で，FIFO[※1]でデータが取り出される。このとき，データを入れることを Enq，データを取り出すことを Deq という。

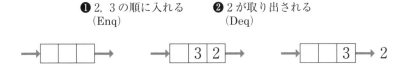

❶2，3の順に入れる　　❷2が取り出される
　（Enq）　　　　　　　　（Deq）

⑵**スタック**

　最後に入れたデータから取り出される構造で，LIFO[※2]でデータが取り出される。このとき，データを入れることを Push，データを取り出すことを Pop という。

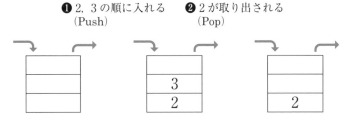

❶2，3の順に入れる　　❷2が取り出される
　（Push）　　　　　　　（Pop）

※1　FIFO（First In First Out）：最初に入れたデータを最初に取ること
※2　LIFO（Last In First Out）：最後に入れたデータを最初に取ること

重要ポイント 2 記憶システム

　一般にメモリは高速になるほど高価になる。そのため，高速なメモリを大容量で用意することは困難である。

　また，高速なメモリの容量は小さいため，通常は使用頻度の低いデータを低速のメモリに対比させ，必要なときに参照するようにする。

　このような使い方をする場合，高速なメモリの容量がいっぱいになると，データの一部を待避させる必要が出てくる。このとき，どのようなルールで待避させるデータを決めるのかさまざまな方式がある。下にこれを列挙する。

略語	正式名	内容
FIFO	First In First Out	最も古く書き込まれたデータを追い出す方式
LRU	Least Recently Used	最も参照された時間が古いデータを追い出す方式
LFU	Least Frequently Used	最も参照された回数の少ないデータを追い出す方式

実戦問題

No.1 1トラックの記憶容量が20kバイト，毎分5400回転の磁気ディスク装置において，1トラック内にまとまって保存されている10kバイトのデータを読み取る際の平均アクセス時間を計測したところ，15msだった。この磁気ディスク装置の磁気ヘッドが目的のトラックまで移動するまでにかかる平均シーク時間はおよそいくらか。　　　　　　　　　　　　　　　　　　【国家一般職・令和3年度】

1　2ms　　　**2**　4ms

3　6ms　　　**4**　8ms

5　10ms

No.2 CPUの読み込むべきデータがキャッシュメモリに存在することをヒットといい，ヒットする確率をヒット率という。

表に示すようにキャッシュメモリと主記憶装置のアクセス時間だけが異なり，ほかの条件は同じCPU XとCPU Yがある。あるプログラムをCPU XとCPU Yでそれぞれ実行したところ，両者の処理時間が等しかった。このとき，キャッシュメモリのヒット率はいくらか。

ただし，CPU処理以外の影響はないものとする。　　【国家一般職・平成27年度】

1　0.75

2　0.80

3　0.85

4　0.90

5　0.95

	CPU X	CPU Y
キャッシュメモリ	20ns	30ns
主記憶装置	600ns	510ns

No.3 動作クロック周波数が1GHzのCPUにおいて，命令実行に必要なクロック数およびその命令の出現率が次の表の値であるとき，このCPUのMIPS値はいくらか。

なお，MIPS値は，コンピュータが1秒間に実行できる命令数を100万の単位で表したものである。　　　　　　　　　　　　　　【国家一般職・令和2年度】

命令種別	命令実行に必要なクロック数	命令の出現率〔%〕
命令1	5	20
命令2	20	50
命令3	5	30

1　75MIPS　　　**2**　80MIPS

3　90MIPS　　　**4**　100MIPS

5　125MIPS

490

No.4 3つのタスク A，B，C の優先度と，各タスクを単独で実行した場合の CPU と入出力装置（I/O）の動作順序と処理時間は，表のとおりである。1つの CPU からなるシステムでこれらのタスクを実行するとき，3つのタスクが同時に実行可能状態になってから，すべてのタスクの実行が終了するまでの，CPU の遊休時間（アイドルタイム）はいくらか。

ただし，入出力装置（I/O）は競合せず，表に示す処理時間以外は考慮しないものとする。　　　　　　　　　　　　　　　　　　　　【国家一般職・平成27年度】

タスク	優先度	単独実行時の動作順序と処理時間
A	高	CPU(2ms) → I/O(5ms) → CPU(2ms)
B	中	CPU(2ms) → I/O(7ms) → CPU(2ms)
C	低	CPU(2ms) → I/O(4ms) → CPU(2ms)

1 0ms　　**2** 1ms
3 2ms　　**4** 3ms
5 4ms

No.5 ページング方式の仮想記憶を用いるコンピュータにおいて，実記憶のページ枠数が不足した場合に追い出すページを選択するアルゴリズムとして，次の2つの方式を想定する。

FIFO：実記憶への読み込みが最も古いページを選択する。

LRU：最後のアクセスが最も古いページを選択する。

ある特定のタスクを実行する場合，ページのアクセス順は次のとおりである。

1，2，4，3，5，2，1，4

このとき，仮想記憶の追い出すページを選択するアルゴリズムとして FIFO 方式を用いた場合，6回のページ読み込みが発生した。同じ条件で，追い出すページを選択するアルゴリズムとして LRU 方式を用いた場合のページ読み込み回数として最も妥当なのはどれか。

なお，初期状態では実記憶にはどのページも読み込まれていないものとする。

【国家一般職・令和4年度】

1 4回　　**2** 5回
3 6回　　**4** 7回
5 8回

No.6 1アドレスのアキュムレータマシンを使った演算について考える。それぞれの命令は次のような意味がある。

LOAD x ：アキュムレータに x を読み込む
ADD x ：アキュムレータの値に x を加える
MULT x ：アキュムレータの値に x を掛ける
STORE t：アキュムレータの値を待避エリアに待避させる

ただし，オペランドとして t を使う場合，待避エリアの値を意味する。
このとき，以下の命令を実行するとアキュムレータには何が計算されるか。

【地方上級・平成24年度】

```
LOAD   a
ADD    b
MULT   c
STORE  t
LOAD   d
ADD    e
MULT   t
```

1 $(a+b)+c\times d+e$
2 $(a+b)\times c\times(d+e)$
3 $(a+b)\times c+d\times e$
4 $a+b\times c\times d+e$
5 $a+b\times c\times(d+e)$

No.7 プロセスの状態遷移に関する次の記述の㋐，㋑，㋒に当てはまるものの組合せとして最も妥当なのはどれか。 【国家総合職・令和元年度】

「複数のプロセスが計算機資源を共有して実行されるオペレーティングシステム（OS）を考える。このOSにおいて，プロセスは，実行状態（running state），実行可能状態（ready state），待ち状態（waiting state）の3種類の状態をとる。実行状態のプロセスは，割り当てられたタイムスライス内で処理が完了しないと［㋐］になる。また，実行状態のプロセスは，入出力などを要求すると［㋑］になり，その要求された操作が完了すると［㋒］になる」

	㋐	㋑	㋒
1	実行可能状態	実行可能状態	実行状態
2	実行可能状態	待ち状態	実行状態
3	実行可能状態	待ち状態	実行可能状態
4	待ち状態	実行可能状態	実行状態
5	待ち状態	待ち状態	実行可能状態

No.8 **出力装置に関する次の記述の㋐，㋑に当てはまるものの組合せとして最も妥当なのはどれか。** 【国家総合職・平成28年度】

「各ピクセルについて，R，G，Bをそれぞれ8ビット用いて表現するカラーディスプレイがあり，そのフレーム・サイズが1280×1024ピクセルであるとする。このとき，1フレーム分のデータを格納するためのフレーム・バッファの最小サイズは［㋐］バイトである。また，通信速度100Mビット/秒のネットワークを通じて1フレームを送信するのに，計算上およそ［㋑］秒かかる」

	㋐	㋑
1	1,310,720	0.10
2	1,310,720	0.13
3	3,932,160	0.13
4	3,932,160	0.31
5	3,932,160	0.39

No.9 **IEEE 754標準規格では，単精度の浮動小数点数を表現するフォーマットが規定されている。この規格では，次の図のようにビット列を s，e_1，e_2，…，e_8，f_1，f_2，…，f_{23} の3つの部分に分け，**

$$(-1)^s \times (1 + (f_1 \times 2^{-1}) + (f_2 \times 2^{-2}) + \cdots + (f_{23} \times 2^{-23})) \times 2^{E-127}$$

という値を表す。ただし，E は2進数 $e_1e_2 \cdots e_8$ の値を表す。

符合	指数			仮数				
s	e_1	…	e_8	f_1	…	…	…	f_{23}

10進数の63.25を，このようなフォーマットで表現し，これを16進数で表したものとして正しいのはどれか。 【国家総合職・平成28年度】

1 027D0000
2 027E8000
3 427D0000
4 427E8000
5 C27E8000

第7章 情報工学

No.1 の解説　磁気ディスク

→問題は P.490

　磁気ディスクの読み込み時間に関する問題である。計算パターンを覚えておこう。なお，設問中の「トラック」はディスク1回転分に相当する領域で，1周20kバイトの容量があるという意味を読み取る必要がある。

　平均アクセス時間は，「磁気ヘッドが目的のトラックにたどり着く平均シーク時間」「トラック内のデータ先頭までたどり着く平均回転待ち時間」「トラックからデータを読み込むデータ転送時間」の合計である。

　回転待ち時間については，まったく待たずに回転0のときも，ほぼ1回転するときもあるので，平均的には$\frac{1}{2}$回転分の時間である。

　データ転送時間は，この問題では1トラック（＝1回転分）の記憶容量が20kバイトで，今回はその半分の10kバイトを読み込むので$\frac{1}{2}$回転分である（問題によって変わる）。

　したがって，平均アクセス時間のうち，平均シーク時間以外の部分は，ディスク1回転分に相当し，その時間は，1秒間の回転数が$5400 \div 60 = 90$回転であることから$\frac{1}{90}$s$= \frac{1000}{90} \fallingdotseq 11$msとなる。

　これより，求める平均シーク時間は$15 - 11 = 4$msであり，正答は**2**となる。

No.2 の解説　キャッシュメモリ

→問題は P.490

　キャッシュメモリのヒット率に関する問題で，この問題も期待値類似の計算となる。用語の意味をしっかり覚えておきたい。

　求めるヒット率をxとする。ヒットするときにはキャッシュメモリにアクセスして，ヒットしないときには主記憶装置にアクセスするので，キャッシュメモリと主記憶装置のアクセス時間をそれぞれa，bとすると，処理時間の期待値は，

　　$ax + b(1 - x)$

となる。これをCPU XとCPU Yについて計算して，

　　$20x + 600(1 - x) = 30x + 510(1 - x)$

　　∴　$x = 0.90$

以上より，正答は**4**となる。

No.3 の解説　CPU

→問題は P.490

　CPU の速度に関する問題である。用語の意味を覚えて，期待値の計算と同様の計算を行っていく。

　まず，必要クロック数の期待値を求めると，

　　$5 \times 0.2 + 20 \times 0.5 + 5 \times 0.3 = 12.5$

となる。

　この CPU のクロック周波数は $1\,\mathrm{GHz} = 1000\,\mathrm{MHz}$（M が 100 万を表す）で，1 秒間に $1000\,(\times 10^6)$ クロック動作するので，求める MIPS 値は，

　　$1000 \div 12.5 = 80\,\mathrm{MIPS}$

　以上より，正答は **2** となる。

No.4 の解説　CPU

→問題は P.491

　CPU のスケジューリングに関する問題は，図を描いて考えたい。本問では，I/O が競合しないという条件も見逃してはいけない。

　優先度の高い順に CPU を割り当てることを考えて図を描くと次のようになる。なお，I/O は競合しないので別々に描いている。また，途中で B の割り込みが入っている。

　下の図から CPU が使われていないのは $2\,\mathrm{ms}$ であり，正答は **3** となる。

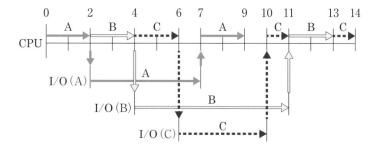

　ページング方式の仮想記憶の問題で，解答に必要な知識は設問中に書いてある。そのため，何度か演習して手際よく解けるようにしておくことが大切である。

　この問題では，データを仮想記憶に読み込んでおき，仮想記憶にデータがあればそれを読み，なければ実記憶を読み込みに行く。このときに，読み込んだデータを仮想記憶に記憶しておくが，仮想記憶の枠（ページング枠数）がいっぱいの場合に，すでにあるデータを追い出さなければならない。このとき追い出すデータを決めるのが設問にあるアルゴリズムで，本問は，この追い出しが何回行われたのかを計算するものである。

　まず，FIFO で6回読み込みが発生したことを考える。本問では，最初の「1，2，4，3，5」は仮想記憶にないため，必ずページ読み込みが発生し，5回読み込んでいることになる。もしページ枠数が3以下だと，この時点で1，2は仮想記憶にないため，必ず読み込まれる。つまり，読み込み回数が7回以上となる。

　一方，ページ枠数が5ならすべてのデータが仮想記憶にあり，読み込みはこれ以上行われず読み込み回数は5回となる。

　したがってページ枠数は4となるが，実際にこのとき，2は仮想記憶にあり，1は仮想記憶にないため，このときに2が追い出されるが，最後の4は仮想記憶にあるため，読み込み回数は6回となる。

　これを整理すると表1のようになる。追い出すときに最も読み込みが古いものから追い出すことに注意する。

　次に LRU に従って追い出すページを決めると表2のようになる。ページ読み込みは7回になり，正答は**4**となる。

アクセスするページ	仮想記憶				読み込み
1	1				発生
2	1	2			発生
4	1	2	4		発生
3	1	2	4	3	発生
5	5	2	4	3	発生
2	5	2	4	3	
1	5	1	4	3	発生
4	5	1	4	3	

最初に読み込んだ1を追い出す

5，2，4，3の中で最初に読み込んだ2を追い出す

表1

アクセスするページ	仮想記憶				読み込み
1	1				発生
2	1	2			発生
4	1	2	4		発生
3	1	2	4	3	発生
5	5	2	4	3	発生
2	5	2	4	3	
1	5	2	1	3	発生
4	5	2	1	4	発生

表2

アクセスが古い
1を追い出す

5, 2, 4, 3の中
でアクセスが古
い4を追い出す

5, 2, 1, 3の中
でアクセスが古
い3を追い出す

No.6 の解説　アキュムレータ

→問題は P.492

　珍しい出題であるが，一つ一つ計算していけば正答を導ける。一つの出題例としてみてほしい。

　命令を実行するにつれてアキュムレータと待避エリアの値がどうなるかを並べていく。

命令	アキュムレータ	待避エリア
LOAD a	a	
ADD b	$a + b$	
MULT c	$(a + b) \times c$	
STORE t		$(a + b) \times c$
LDAD d	d	$(a + b) \times c$
ADD e	$d + e$	$(a + b) \times c$
MULT t	$(a + b) \times c \times (d + e)$	

以上より，正答は**2**となる。

第7章

情報工学

No.7 の解説 OS

→問題は P.492

基礎的な知識問題である。ここで推移をまとめておこう。

1つのプロセスが終わるまでCPUを（実行状態として）独占させると，優先順位が低く長時間かかるプロセスを一度始めてしまうと，後のプロセスの順番がなかなか回ってこない。そこで，一定時間が経つと，そのプロセスを中断して別の処理を先にCPUに割り当てる。このとき，中断したプロセスは，順番が回ってきたときに再び実行できるようにするため，「実行可能状態」に移される。これが[ア]に入る。

次に，実行状態のプロセスが入出力などを行う場合には，一度実行を中断して，その処理が終わるまで待つことになる。これが「待ち状態」であり，[イ]に入る。最後に，待ち状態の間はCPUを他のプロセスに割り当てているため，待ち状態が終わると，次に順番が来るまで「実行可能状態」に移すことになる。したがって，[ウ]にこれが入る。

以上より，正答は**3**となる。

プロセスの状態遷移図は次のようになる。

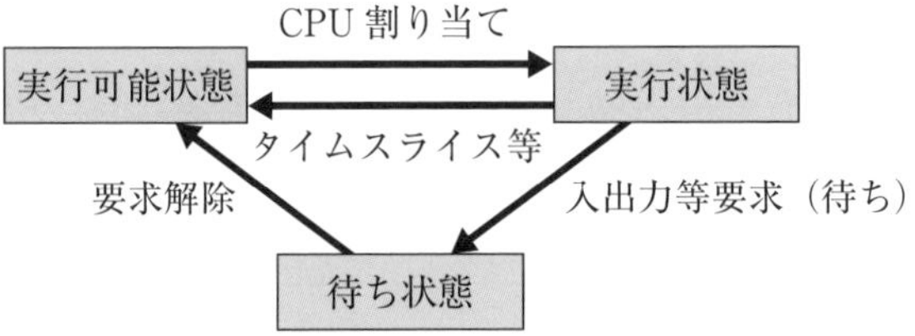

No.8 の解説 出力装置

→問題は P.493

データ転送量に関する基本問題である。設問をよく読んで，特にビットとバイトの区別をつけておこう。

1ピクセルで，R，G，B 8ビット（1バイト）が3つ ＝3バイトのデータが必要なので，1フレームでは，

$3 \times 1280 \times 1024 = 3{,}932{,}160$ バイト

のデータ量が必要である。これが[ア]に入る。

これをビットに直すと，

$3{,}932{,}160$ バイト $\times 8 = 31{,}457{,}280$ ビット

になるが，問題のネットワークは1秒で100,000,000ビットを送れるので，

$31{,}457{,}280 \div 100{,}000{,}000 = 0.31$ 秒

かかる。

以上より，正答は**4**となる。

No.9 の解説　浮動小数点表示　　　　　　　　　　　→問題は P.493

　浮動小数点表示にはいくつかの規格があり，たびたび出題がある。設問の指示をよく読んで計算していこう。

　まず 10 進数の 63.25 を 2 進数に直すと，

$$63.25_{(10)} = 32 + 16 + 8 + 4 + 2 + 1 + 0.25$$
$$= 111111.01_{(2)} = 1.1111101 \times 2^5$$

となる。したがって，符号については $s = 0$，仮数は，1.1111101 の整数部の 1 は省略して 1111101000 … となる。結果として下 16 ケタが 0 となる。さらに $E - 127 = 5$ なので $E = 132$ であるが，これを 2 進数に直すと

$$132_{(10)} = 128 + 4 = 10000100_{(2)}$$

となる。

　以上から，符号（$s = 0$），指数（$E = 10000100$），仮数を順に並べて，

　0100001001111101（以下 16 ケタ 0）

となる。これを 16 進数に直すためには，$2^4 = 16$ より，4 ケタずつ区切って

　0100，0010，0111，1101，0000，0000，0000，0000

としてそれぞれ 16 進数に直せばよい。これをそれぞれ 10 進数に直すと 4，2，7，13，0，0，0，0 であり，16 進数では 13 は D で表されるので全体は「427D0000」となる。

　以上より，正答は **3** となる。

| 正答 | No.1＝**2** | No.2＝**4** | No.3＝**2** | No.4＝**3** | No.5＝**4** | No.6＝**2** |
| | No.7＝**3** | No.8＝**4** | No.9＝**3** | | | |

プログラミング，データベース

必修問題

　次に示す C 言語関数は，フィボナッチ数列を拡張したトリボナッチ数列を再帰的に求めるプログラムである。この関数を引数 7 で呼び出すとき，この関数が引数 2 で呼び出される回数として最も妥当なのはどれか。

【国家一般職・令和 4 年度】

```
int trib(int n)
{
  if (n < 2)
    return 0;
  if (n < 4)
    return 1;
  return trib(n - 1) + trib(n - 2) + trib(n - 3);
}
```

1　3 回
2　6 回
3　11 回
4　13 回
5　24 回

必修問題 の 解説

　再帰を利用したプログラムの問題は国家総合職，国家一般職［大卒］ともに非常によく出題されている。有名なものは別として，基本的には列挙して計算していくことになる。本問でも **trib(7)** から計算するか，解説のように **trib(1)** から計算していくか2通りあるが，どちらにしても整理しながら計算していきたい。

　$\mathrm{trib}(1) = 0$（$\mathrm{trib}(2)$ は呼び出されない），$\mathrm{trib}(2) = 1$（$\mathrm{trib}(2)$ は1回呼び出される），$\mathrm{trib}(3) = 1$（$\mathrm{trib}(2)$ は呼び出されない）。
　次に，
　　$\mathrm{trib}(4) = \mathrm{trib}(3) + \mathrm{trib}(2) + \mathrm{trib}(1) = 1 + 1 + 0 = 2$
　　　（$\mathrm{trib}(2)$ は1回呼び出される）
　　$\mathrm{trib}(5) = \mathrm{trib}(4) + \mathrm{trib}(3) + \mathrm{trib}(2) = 2 + 1 + 1 = 4$
　　　（$\mathrm{trib}(2)$ は $\mathrm{trib}(4)$ の計算でも1回呼び出されるので，$1 + 1 = 2$ 回呼び出される）
　　$\mathrm{trib}(6) = \mathrm{trib}(5) + \mathrm{trib}(4) + \mathrm{trib}(3) = 4 + 2 + 1 = 7$
　　　（$\mathrm{trib}(2)$ は $\mathrm{trib}(5)$ の計算で2回，$\mathrm{trib}(4)$ の計算で1回呼び出されるので，$2 + 1 = 3$ 回呼び出される）
　　$\mathrm{trib}(7) = \mathrm{trib}(6) + \mathrm{trib}(5) + \mathrm{trib}(4) = 7 + 4 + 2 = 13$
　　　（$\mathrm{trib}(2)$ は $\mathrm{trib}(6)$，$\mathrm{trib}(5)$，$\mathrm{trib}(4)$ の計算でそれぞれ3回，2回，1回呼び出されるので，$3 + 2 + 1 = 6$ 回呼び出される）
　よって，$\mathrm{trib}(2)$ は6回呼び出される。

補足

　$\mathrm{trib}(n)$ を計算するときに $\mathrm{trib}(2)$ が a_n 回呼び出されるとすると，このプログラムでは，
　　$a_n = a_{n-1} + a_{n-2} + a_{n-3}$
が成り立つ。つまり，呼び出される回数もトリボナッチ数列となる。ただし，$a_1 = a_3 = 0$，$a_2 = 1$ である。

正答 **2**

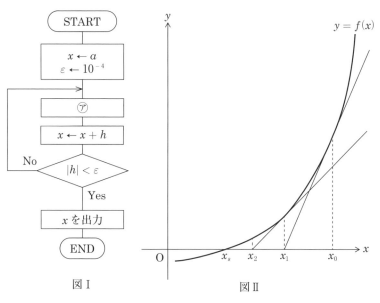

必修問題

図Ⅰは，正の実数 a の正の平方根 $\sqrt{a}$ の近似値を，方程式 $x^2 = a$ の解として，ニュートン法によって求めるためのフローチャートである。近似解の修正値 h の絶対値が ε 未満になったときに，その近似解を出力して停止する。図Ⅰ中の㋐に当てはまるものとして最も妥当なのはどれか。

なお，ニュートン法は，図Ⅱのように，適当な初期値 x_0 から x_1，x_2，$\cdots$ を繰り返し計算することによって，方程式 $f(x) = 0$ の解 x_s の近似値を求める方法である。$k + 1$ 番目の近似値 x_{k+1} は，k 番目の近似値 x_k から，$y = f(x)$ の点 $(x_k,\ f(x_k))$ における接線と x 軸との交点 $(x_{k+1},\ 0)$ の x 座標として求められる。　【国家一般職・平成25年度】

1 $\quad h \leftarrow \dfrac{x^2 + a}{2x}$ 　　**2** $\quad h \leftarrow \dfrac{-x^2 + a}{2x}$

3 $\quad h \leftarrow \dfrac{x^2 - a}{2x}$ 　　**4** $\quad h \leftarrow \dfrac{-x^2 + a}{2}$

5 $\quad h \leftarrow \dfrac{-x^2 + 2x + a}{2}$

〈必修問題〉の 解説

　方程式の解を求める方法はいくつかあるが，出題が多いのは二分法とニュートン法である。本問と異なり設問に説明があまりない場合もあるので，その原理は覚えておくこと。ただし，本問ではフローチャートの形式にも注意が必要である。なお，二分法は工学に関する基礎でも頻出である。

　ニュートン法による解の近似値を求める漸化式は次の手順で計算できる（求める方程式を $f(x) = 0$ とする）
　手順❶　$y = f(x)$ の $x = x_n$ における接線 l の式を求める
　手順❷　l と x 軸の交点を求めてこれを x_{n+1} とする
　本問は，方程式 $x^2 = a$ を $f(x) = x^2 - a = 0$ と変形してから漸化式を求める。
　最初に，$x = x_n$ における接線 l の式を求める。接線の傾きは $f'(x_n) = 2x_n$ であり，接線は点 $(x_n,\ x_n^2 - a)$ を通るので，
$$l : y = 2x_n(x - x_n) + x_n^2 - a$$
となる。
　次に接線 l と x 軸 $(y = 0)$ との交点 $x = x_{n+1}$ を求めると，
$$0 = 2x_n(x_{n+1} - x_n) + x_n^2 - a$$
$$\therefore \quad x_{n+1} - x_n = \frac{-x_n^2 + a}{2x_n}$$
つまり
$$x_{n+1} = x_n + \frac{-x_n^2 + a}{2x_n}$$
これが求める漸化式である。
　次にフローチャートの空欄を見る。フローチャートは，㋐に続いて，$x \leftarrow x + h$ となっている。これが漸化式の $x_{n+1} = x_n + \dfrac{-x_n^2 + a}{2x_n}$ に対応する。㋐は h を計算する部分に対応しているので，$h \leftarrow \dfrac{-x^2 + a}{2x}$ が入る。

補足
　もし，フローチャートの $x \leftarrow x + h$ の部分が $x \leftarrow h$ となっていた場合には，漸化式を $x_{n+1} = x_n + \dfrac{-x_n^2 + a}{2x_n} = \dfrac{x_n^2 + a}{2x_n^2}$ と変形して㋐に $h \leftarrow \dfrac{x^2 + a}{2x}$ を入れることになる。

正答 **2**

必修問題

次の㋐～㋓の SQL 文のうち，A 表および B 表から C 表を得ることができるもののみをすべて挙げているのはどれか。 【国家一般職・令和２年度】

A 表

職員番号	所属コード	役職
100001	301	課長
100002	301	係長
100003	301	主任
100004	400	係長
100005	202	係長
100006	202	主任

B 表

所属コード	所属名
202	庶務
301	開発
503	営業

C 表

所属名	役職	職員番号
開発	課長	100001
開発	係長	100002
庶務	係長	100005

㋐ SELECT　所属名，役職，職員番号　FROM　A 表，B 表
　WHERE　A 表．所属コード = B 表．所属コード
　　AND　A 表．職員番号　NOT　IN(100003, 100006)；

㋑ SELECT　所属名，役職，職員番号　FROM　A 表，B 表
　WHERE　A 表．所属コード = B 表．所属コード
　　AND　A 表．所属コード < 500；

㋒ SELECT　所属名，役職，職員番号　FROM　A 表，B 表
　WHERE　A 表．所属コード = B 表．所属コード
　　AND(A 表．職員番号 < 100002　OR　A 表．職員番号 = 100005)；

㋓ SELECT　所属名，役職，職員番号　FROM　A 表，B 表
　WHERE　A 表．所属コード = B 表．所属コード
　　AND　A 表．役職 < > '主任'；

1　㋐，㋑，㋒　　**2**　㋐，㋒，㋓
3　㋐，㋓　　**4**　㋑，㋒
5　㋑，㋓

必修問題 の 解説

　データベースは国家一般職［大卒］で出題が見られる。出題のパターンは限られているが，**SQL 文まで問われる例は珍しい**。ただ，細かい構文を知らなくても，後半の論理式がわかれば正答を選ぶことができる。

　㋐～㋓の SQL 文の最初の 2 行はすべて同じで，その意味は次のようになる。

> **A 表と B 表から所属名，役職，職員番号を並べた表を作りなさい（ただし，WHERE 以下の条件を満たすこと）**
>
> SELECT　所属名，役職，職員番号　FROM　A 表，B 表
> 　　WHERE　A 表．所属コード＝B 表．所属コード
>
> **A 表と B 表の所属コードが等しく結び付けられること（1 つ目の条件）**

　A 表の職員のうち，職員番号が 100004 の職員は，所属コード 400 が B 表にないため，所属コードを等しく結び付けることができないため，この時点で除外される。
　残り，100003 と 100006 の職員だけを除外できる条件を示している選択肢を選べばよい。

㋐について
　上の条件に加えて，「A 表．職員番号　NOT IN（100003，100006）；」の条件が付け加わっている。ここで，「IN（*a*，*b*，…）」は，値が *a*，*b*，… に含まれていることを意味する。逆に「NOT IN（*a*，*b*，…）」では，値が *a*，*b*，… に含まれていないものを選ぶことになる。本問では，職員番号が 100003，100006 以外を選ぶことになるので，設問の C 表を作ることができる。

㋑について
　上の条件に加えて，「A 表．所属コード ＜500；」の条件が加わるが，これは A 表の所属コードが 500 未満のものだけを選ぶことになる。A 表の所属コードはすべて 500 未満なので，100003 と 100006 が除外されず，C 表を作ることはできない。

㋒について
　上の条件に加えて，「A 表．職員番号 ＜100002 OR A 表．職員番号＝100005」の条件が加わることになる。この場合，職員番号が 100003，100006 の職員だけでなく，100002 の職員も除外されることになる。したがって，C 表を作ることはできない。

㋓について
　上の条件に加えて，「A 表．役職＜＞'主任'；」の条件が加わる。これは役職が主任以外を選ぶことを意味するが，主任は 100003，1000006 だけなので，C 表を作ることができる。

正答 **3**

重要ポイント 1 **再帰の計算**

　関数の中で自分自身を呼び出すものを再帰的関数という。試験では，与えられた関数の値を実際に計算させるもの，あるいは呼び出した回数を計算させるものが多い。

　たとえば，以下の手続き proc は「m，n の最大公約数」をユークリッドの互除法を使って計算して出力するものである。

```
proc(m, n){
  n = 0 ならば {
    m を出力する
  }
  そうでなければ {
    proc(n, m mod n) を生み出す
  }
  戻る
}
```

　手続きの中で，自分自身である手続き proc を呼び出しているのが**再帰**の部分である。

　実際に，proc(72, 42) を計算すると，

　　proc(72, 42) → proc(42, 30) → proc(30, 12) → proc(12, 6) → proc(6, 0) → 6
　　　を出力する

の順番で計算される。

　再帰の出題にはバリエーションがあるが，特にフィボナッチ数列を計算するものが多い。P.500 の必修問題は，これを拡張したプログラムを扱ったものである。

重要ポイント 2 ソート

　配列などの要素を昇順（小さい順）または降順（大きい順）に並べ替えることを
ソートという。ソートには各種の方法があり，出題も多い。

　いかにその原理について簡単に記す。ただし，以下の説明では，昇順に並べるこ
とを前提とする。

方法名	原理	計算量
バブルソート	「入力列の末尾から先頭まで隣接する要素を順番に比べていき，前の要素の値が後ろの要素の値よりも大きければそれらを交換する」という処理を，未ソートの部分がなくまるまで繰り返すことで，ソートを行う	$\Theta(n^2)$
選択法	「入力列の未ソート部分における，値が最小の要素のうち最も先頭にある要素と未ソートの部分の先頭要素を交換し，交換した結果先頭に移動した要素をソート済みとする」という処理を，未ソートの部分がなくなるまで繰り返すことで，ソートを行う	$\Theta(n^2)$
挿入法	入力列の先頭から1つずつ要素をソート済みの列に入れる。このときに，ソート済みの列の後ろから順に入れる要素を比較して，ソート済みの列の要素のほうが大きければ1つ後ろにずらし，新しく入れる要素のほうが大きくなったところで，その場所に要素を入れる	$\Theta(n^2)$
クイックソート	入力列のある要素を基準として，その基準となる要素の値以下の値を持つ要素がその基準の前に，その値より大きな値を持つ要素がその基準の後になるように要素を交換することで，入力列を基準となる要素と前後2つの部分列に分割し，それぞれの部分列を再帰的にソートすることで，ソートを行う	平均計算量 $\Theta(n\log n)$ 最悪計算量 $\Theta(n^2)$
マージソート	入力列を前後ほぼ同数の2つの部分列に分割し，その2つの部分列それぞれを再帰的にソートし，得られた2つのソート済みの部分列を昇順が保たれるように統合することで，ソートを行う	平均計算量 $\Theta(n\log n)$ 最悪計算量 $\Theta(n\log n)$
ヒープソート	ヒープ（木）構造を作り，ヒープから値を取り出すことでソートを行う	平均計算量 $\Theta(n\log n)$ 最悪計算量 $\Theta(n\log n)$

第7章 情報工学

テーマ25の必修問題，実戦問題では，バブルソートとクイックソートの問題を取り上げている。ここでは，バブルソート，クイックソートの簡単な原理についてそれぞれ見てみる。問題の解説もこれを前提に見てほしい。ただし，いずれの方法もバリエーションがあり得るので，問題がまったく同じ方法であるとは限らない。

(1)バブルソート

前から順に比較，交換を繰り返すため，フローチャートでは，比較のすぐ後に交換が来るのが特徴である。原理を下の図に示した。

下の図で，小さい順に並べ替える場合，前から順に (3, 5) (5, 8) (8, 1) と大小比較をして，小さい順になっていない (8, 1) を交換して (1, 8) にする（次に (8, 7) を比べる）。

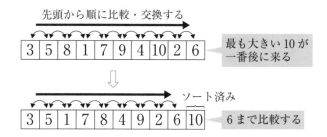

(2)**クイックソート**

クイックソートでは，**ピボット**と呼ばれる基準値をもとに，その前にはピボットより小さい要素が，後にはピボットより大きい要素が来るように並べ替える。このときの並べ替えの方法にはいくつもバリエーションがある。並べた後は，小さい要素，大きい要素でそれぞれ再帰的に同じ処理を繰り返していく。

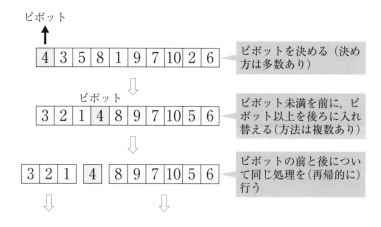

重要ポイント 3 ▶ 関係データベース

　データを表で表したものを関係（リレーショナル）データベースという。表の横の並び（データ）を行，縦の並び（項目）を列という。関係データベースでは，次の演算が定義されている。

選択	特定の行を取り出す
射影	指定した列を取り出す
結合	複数の表から1つの表を作る

　データベースに関する過去の出題については，必修問題と実戦問題を参照してほしい。

No.1 次に示す C 言語で定義される関数 f について，f(2，0，0) が返す値はいくらか。　　　　　　　　　　　　　　　　　　　　【国家一般職・令和 3 年度】

1 － 2

2 4

3 17

4 32

5 81

```c
int f(int x, int y, int z){
    if(x <= y){
        return y + z;
    } else {
        return f(f(x - 1, y, z), f(y - 1, z, x), f(z - 1, x, y));
    }
}
```

No.2 図は，X 個の異なる要素が昇順に並べられた配列 a から，配列に含まれる指定値 V を二分探索法によって探索するためのフローチャートである。

512 個の異なる要素が昇順に並べられた配列について，二分探索法により配列中の値を検索するとき，図中の N がとり得る最大の値はいくらか。

ただし，int () は引数の小数点以下を切り捨てて整数を返す関数であり，a(M) は配列 a の M 番目の要素である。

【国家一般職・平成29年度】

1 6

2 8

3 10

4 12

5 14

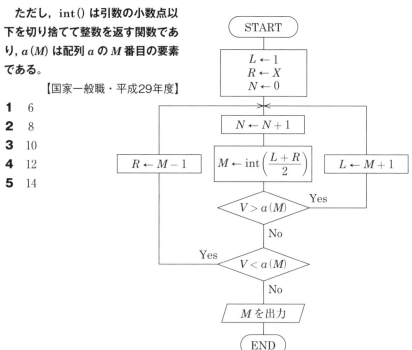

No.3 次の要素 $S[1] \sim S[5]$ に格納されたデータを図のアルゴリズムを用いて並べ替えた。

$S[1]$	$S[2]$	$S[3]$	$S[4]$	$S[5]$
50	70	40	80	20

　このとき，要素間でデータの交換を行った回数はいくらか。　【国家一般職・平成25年度】

1　3回
2　4回
3　5回
4　6回
5　7回

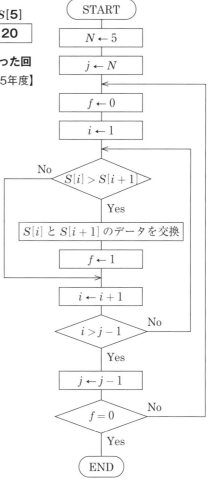

No.4 図は，$f(x_a) \cdot f(x_b) < 0$ を満たす x_a と x_b が得られているとき，区間 $[x_a, x_b]$ に含まれる $f(x) = 0$ の解 x の近似値を求めるためのフローチャートである。表のうち，図中の条件式 A として妥当なもののみをすべて選び出しているのはどれか。

ただし，$f(x)$ は区間 $[x_a, x_b]$ で連続であるとし，$f(x) = 0$ の解はこの区間に一つだけ含まれるものとする。また，ε は正の微小な値とする。

【国家Ⅱ種・平成23年度】

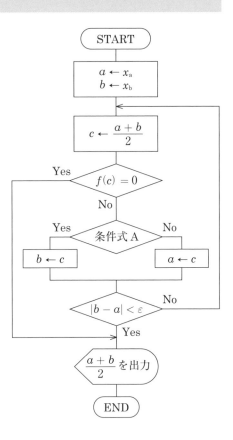

	条件式 A
㋐	$f(a) \cdot f(c) < 0$
㋑	$f(a) \cdot f(b) < 0$
㋒	$f(b) \cdot f(c) > 0$

1 ㋐

2 ㋐，㋒

3 ㋑

4 ㋑，㋒

5 ㋒

No.5 **次の手続き QuickSort は，整数を要素とする配列 A と自然数 m と n が与えられたとき，A の要素 A[m]，A[m + 1]，…，A[n] を，クイックソートにより昇順に並べ替えるものである。ただし，設問の都合上，手続きの一部を空欄にしている。**

```
procedure QuickSort（A：配列，m，n：自然数）
  if m < n then
  begin
    p := A[n]; i := m; j := n;
    while i < j do
      begin
        while A[i] < p do i := i + 1;
        while A[j] ≧ p do j := j − 1;
        if [ ㋐ ] then
          A[i] と A[j] を入れ替える。
      end
    r := [ ㋑ ];
    A[r] と A[n] を入れ替える。
    QuickSort(A，m，r − 1);
    QuickSort(A，r + 1，n);
  end
```

空欄㋐，㋑に当てはまるものの組合せとして最も妥当なのはどれか。

【国家総合職・平成27年度】

	㋐	㋑
1	A[i] < A[j]	i − 1
2	A[i] < A[j]	i
3	i < j	i − 1
4	i < j	i
5	i < j	i + 1

No.6 **次の記述の㋐，㋑に当てはまるものの組合せとして最も妥当なのはどれか。** 【国家一般職・令和４年度】

「以下に示すＣ言語で定義される関数 q は，マクロ swap とクイックソートアルゴリズムを用いて，整数の配列 a の添え字 start から添え字 end までの，end − start + 1 個の要素を昇順にソートしている。

```
#define swap(a, b){ int tmp; tmp=(a); (a)=(b); (b)=tmp; }

void q(int a[], int start, int end){
  int i, pivot=start;
  for (i=start; i<=end; i++)
    if (a[pivot] > a[i]){
      swap(a[pivot], a[i]);
      swap(a[  ㋐  ], a[i]);
      pivot++;
    }
  if (start < pivot - 1) q(a, start, pivot - 1);
  if (pivot + 1 < end) q(a, pivot + 1, end);
}
```

一般に，n 個の要素をクイックソートするときの最悪計算量は，ビッグ・オー記法を用いて［　㋑　］と表せる」

	㋐	㋑
1	pivot - 1	$O(n \times \log(n))$
2	pivot - 1	$O(n \times n)$
3	pivot + 1	$O(n \times \log(n))$
4	pivot + 1	$O(n \times n)$
5	start	$O(n \times \log(n))$

No.7 C言語で書かれた以下の関数は，n 人の学生が百点満点のテストを受けた結果の点数を昇順にソートするものである。ここで，引数 n にはテストを受けた人数 n，data には学生の点数が要素数 n の整数の配列として渡されるものとする。この関数の時間計算量として最も妥当なのはどれか。

なお，$f(x)$ が $\Theta(g(x))$ であるとは，$f(x)$ が漸近的に $g(x)$ によって上と下の両方からおさえられる，すなわち，

$$\exists a > 0, \quad \exists b > 0, \quad \exists y, \quad \forall x > y, \quad ag(x) \leq f(x) \leq bg(x)$$

を意味する。 【国家総合職・令和元年度】

```c
void sort(int n, int * data){
  int tmp[101];
  int i, j;

  for(i = 0; i <= 100; i++)
    tmp[i] = 0;

  for(i = 0; i<n; i++)
    tmp[data[i]]++;

  for(i = 0; i <= 100; i++)
    for(j = 0; j < tmp[i]; j++)
      printf("%d\n", i);
}
```

1 $\Theta(\log n)$

2 $\Theta(n)$

3 $\Theta(n \log n)$

4 $\Theta(n^2)$

5 $\Theta(2^n)$

次の C 言語に似た言語で記述されたプログラムの 17 行目実行終了時における x, y の値の組合せとして正しいのはどれか。

ただし, プログラムの各行の先頭は, プログラムの行番号である。また, この言語は, 関数の仮引数に ref を付けた場合は, 値渡し (call by value) ではなく, 参照渡し (call by reference) を表すという点においてのみ, C 言語と異なるものとする。つまり, 下のプログラムにおいて u と v は参照渡しである。なお, x と y の値は計算され, プログラム終了まで保持されるものとする。

【国家総合職・平成30年度】

```
 1：int f(int t){
 2：  t = t + 1;
 3：  return t;
 4：}
 5：int g(ref int u){
 6：  u = u + 2;
 7：  return u;
 8：}
 9：void sub(ref int v, int w){
10：  v = v - w;
11：  w = v - w;
12：}
13：int main(void){
14：  int a = 1, b = 2;
15：  int x = f(a) + g(b);
16：  int y = f(a) + g(b)
17：  sub(x, y);
18：  return 0;
19：}
```

	x	y
1	-2	-10
2	-2	8
3	6	-8
4	6	6
5	6	8

No.9 表は，職員の研修の受講状況に関する関係データベースである。表の職員番号，研修コード（下線を引いた項目）は主キーを示している。表の項目のうち，主キーに部分関数従属する項目として，妥当なもののみをすべて挙げているのはどれか。

ただし，主キーに部分関数従属する項目とは，主キーの一部，つまり職員番号または研修コードのどちらか一方だけから決まる項目のことである。

【国家一般職・令和４年度】

職員番号	氏名	入社年月	研修コード	研修名	受講年
7010	千葉春彦	H22-4	E-2	英語２級	H24
7010	千葉春彦	H22-4	I-1	情処１級	H25
7032	宮崎夏夫	H23-4	E-2	英語２級	H26
7041	石川雪乃	H24-4	P-1	プレゼン初級	H28
7058	山口秋子	H24-10	I-1	情処１級	H27
7058	山口秋子	H24-10	P-1	プレゼン初級	H29

1 氏名，入社年月，研修名

2 氏名，入社年月，受講年

3 氏名，研修名

4 入社年月，研修名

5 入社年月，受講年

第7章

情報工学

再帰の演習である。P.500 の必修問題と違い，引数が複数あるので，実際に呼び出される順序に計算する。

順に計算する。

　f(2, 0, 0) = f(f(1, 0, 0), f(-1, 0, 2), f(-1, 2, 0))　……①

ここで 3 つの関数が呼び出されるが，このうち x ≦ y となっているものについて，f(-1, 0, 2) = 2, f(-1, 2, 0) = y + z = 2 となる。

次に残る f(1, 0, 0) は，

　f(1, 0, 0) = f(f(0, 0, 0), f(-1, 0, 1), f(-1, 1, 0))　……②

ここで 3 つの関数が呼び出されるが，すべて x ≦ y となっているので，f(0, 0, 0) = 0, f(-1, 0, 1) = 1, f(-1, 1, 0) = y + z = 1 となる。②に代入すると，

　f(1, 0, 0) = f(0, 1, 1) = 1 + 1 = 2　(x ≦ y)

さらに①に代入すると，

　f(2, 0, 0) = f(2, 2, 2) = 2 + 2 = 4　(x ≦ y)

以上より，正答は **2** となる。

No.2 の解説　二分探索法　　　　　　　　　→問題は P.510

　二分探索法というよく知られた探索法の探索回数の問題である。二分探索では，探索範囲が1回ごとにほぼ半分になる。切り捨てがあるのが複雑だが，最も効率の悪い場合を考えていく。

　求める N が増える場所を考えると，その次で探索範囲を狭めているので，探索範囲を狭めた回数が N の意味である。

　また，L が探索範囲の下限，R が探索範囲の上限である。

　そこで，最も効率の悪い場合を考える。今回は int 関数が小数点以下を切り捨てるので，M は L よりも R から遠くなっている。つまり $[L, M]$ の区間より $[M, R]$ の区間のほうが広いので，したがって，常に $V > a(M)$ が成立して，次の探索区間が $[M, R]$ となるようにし，$M = R$ となるまでフローチャートの計算が終わらない場合を考える。

　実際に調べると次のようになる。

L	1	257	385	449	481	497	505	509	511	512
R	512	512	512	512	512	512	512	512	512	512
M	256	384	448	480	496	504	508	510	511	512
N	1	2	3	4	5	6	7	8	9	10

　したがって，$V = 512$ のとき，N の最大値は 10 であり，正答は **3** となる。

補足

　二分探索とは下図のように，探索範囲を半分にしていく方法である。

$$M = \text{int}(4.5) = 4$$

L　　　　　　　　R

1	2	3	4	5	6	7	8

$V < a(M)$：指定値が $a(M)$ より小さい場合	$V > a(M)$：指定値が $a(M)$ より大きい場合

R を $M-1$ に移す　　　　　　　　　L を $M+1$ に移す

L　　R

1	2	3

L　　　　　R

5	6	7	8

以下，同じように探索する

バブルソートのフローチャートを題材とした問題である。バブルソートの原理については重要ポイント2を見てほしい。

このフローチャートは比較の直後で交換を行っているのでバブルソートと考えられる。

また、このバブルソートでは、$i \leftarrow 0$ から $j-1$ まで増やしながら比較、交換しているため、比較の不等式を見ると、$S[1]$ と $S[2]$、$S[2]$ と $S[3]$ と比較していき、$S[j-1]$ と $S[j]$ まで比較、交換している。さらに j は N から減らしていっている。なお、$S[i] > S[i+1]$ のときに交換しているので、昇順（小さい順）となるように並べ替えている。

さらに、1つの j に対して1回でも交換を行うと $f \leftarrow 1$ となるが、$f \leftarrow 0$ で交換を行わないときに終了することにも注意する。

以上より、次のように交換が行われることがわかり、正答は**4**となる。

交換回数	j	i	$S[1]$	$S[2]$	$S[3]$	$S[4]$	$S[5]$
0	5	1	50	70	40	80	20
1	5	2	50	40	70	80	20
2	5	4	50	40	70	20	80
3	4	1	40	50	70	20	80
4	4	3	40	50	20	70	80
5	3	2	40	20	50	70	80
6	4	1	20	40	50	70	80

なお、バブルソートの交換回数はあみだくじの図を描いて調べることもできる。本問の要素であみだくじを作り、フローチャートと同じように（左から）データを比べ、小さい順になっていないときに横棒を入れる。最終的に入れた横棒の数が交換回数となる（下図は6本）。

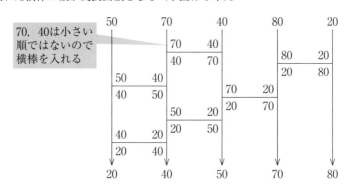

70, 40は小さい順ではないので横棒を入れる

No.4 の解説　二分法　　　　　　　　　　　　　　→問題は P.512

　この問題では，方程式は区間の中にただ一つの解を持つことが保証されている。つまり，$f(y) f(z) < 0$ であれば y と z の間に解があることになる。

　本問のフローチャートでは，区間 $[a, b]$ の中に解があることが前提となる。以下，選択肢を見る。

㋐について

　$f(a) \cdot f(c) < 0$ の場合，区間 $[a, c]$ に解があることがわかるので，区間を $[a, c]$ にしなければならない。そのためには，Yes のときに $b \leftarrow c$ とすることになるが，これは本問のフローチャートそのものである。したがって，㋐は条件式 A に合う。

㋑について

　$f(a) \cdot f(b) < 0$ の場合，区間 $[a, b]$ に解があることがわかるが，これは調べなくても最初から Yes である。したがって，解を絞ることができないので，㋑は条件式 A に合わない。

㋒について

　$f(b) \cdot f(c) > 0$ の場合，区間 $[c, b]$ に解がないということなので，逆に $[a, c]$ に解があることがわかる。これは㋐と同じなので，㋒は条件式 A に合う。

　以上より，正答は **2** となる。

補足

　二分法は，方程式 $f(x) = 0$ の $a \leq x \leq b$ の解を求めるフローチャートである。下図のように a と b の中点 $m = \dfrac{a + b}{2}$ を調べて，解の範囲を調べていく。

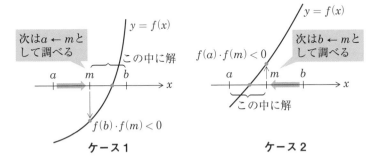

典型的なクイックソートのプログラムである。クイックソートの並べ替えにはいくつかのバリエーションがあるため，柔軟にプログラムを見る必要があるが，大切なのはピボットの動きを捕まえることである。

このプログラムでは，変数 p がピボットと考えられる。また，このプログラムでは，ピボット以下の値を左側，ピボットより大きい値を右側に並べる（中の順番は問わない）ことが while ループの目的である。

中央の while 文を見ると，i を 1 から A[i] ≧ p となる i が見つかるまで増やし，一方で，j を n から A[j] < p となる j が見つかるまで減らしている。つまり，この 2 つが見つかった時点で，p の値との大小関係は左下図のようになっている。ここで交換を行って左側に p 未満，右側に p 以上の数が来るようにする。最終的に i と j がすれ違って，j < i（i = j + 1 となる）となるまで交換を行う。つまり，i と j がすれ違う前の「i < j」なら交換を行うので，これが㋐に入る。

次に，j < i となって while ループが終了した時点では右下図のようになっている。

ここで，左右の境界にピボットが入るようにしたいので，r の値は i とすればよい。したがって，㋑には「i」が入る。

以上より，正答は**4**となる。

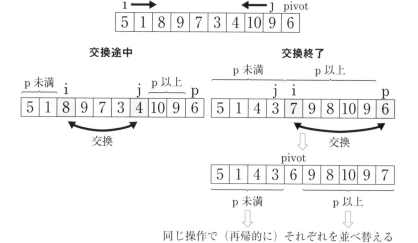

No.6 の解説　クイックソート

→問題は P.514

クイックソートのバリエーションの問題である。㋑は知識で対処したい。一方，㋐はピボットを探して，その動きを追って考えることになる。特に㋐の前後の行を読みながら意味を考えたい。なお，swap の意味もプログラムで書かれている。これが交換を表すことは容易に確かめられるが，頻出なので覚えておくとよい。

本問の関数のうち，swap (a，b) は a，b を交換する関数と定義されている。

まず，本問の pivot は，プログラム中で初期値が start と一致するように決められている。次に i を増やしながら pivot より小さい数を探し，見つかったらその数を pivot の位置に移すとともに，（数が見つかったので）pivot を 1 つ後（右）に動かす。

こうすると，pivot の前（左）に pivot より小さい数が集められる。このうち，㋐は pivot の値を 1 つ後（右）にずらす部分であるので，「pivot + 1」が入る。

pivot の値（3）は，pivot → i → pivot + 1 → pivot の順に動いていく。

最後に，クイックソートの最悪計算量は $O(n^2)$ なので，これより㋑には「$O(n \times n)$」が入る。これは，最初に降順（昇順の逆順）に並べていた場合である。

以上より，正答は**4**となる。

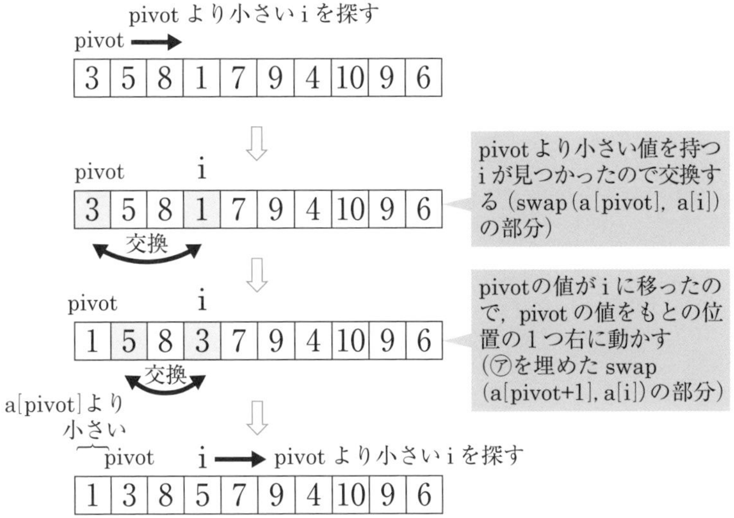
pivot より小さい i を探す
pivot
3 5 8 1 7 9 4 10 9 6
pivot　i
3 5 8 1 7 9 4 10 9 6
交換
pivot より小さい値を持つ i が見つかったので交換する（swap (a[pivot], a[i]) の部分）
pivot　i
1 5 8 3 7 9 4 10 9 6
交換
pivotの値が i に移ったので，pivot の値をもとの位置の 1 つ右に動かす（㋐を埋めた swap (a[pivot+1], a[i]) の部分）
a[pivot] より小さい
pivot　i
pivot より小さい i を探す
1 3 8 5 7 9 4 10 9 6

与えられたプログラムの時間計算量に関する問題である。ここではプログラムの意味も説明しているが，プログラムの n に関係するところだけを考えれば，意味がわからなくても解くことができる。なお，このプログラムでは直接ソートをするものではなく，点数別の人数を数えて，人数分だけ点数を出力している。

このプログラムの最初の2つのブロックは，変数の定義と初期化であり，常に計算量は一定で n に依存しない。

3つ目のブロックは，0点から100点までそれぞれ何点の人が何人いるのかを数えている部分で，1人目から，配列 tmp[] のその点数に相当する要素を1つ増やす計算をしている（たとえば50番目の人が90点，つまり data[50] = 90 なら，tmp[90] を1つ増やす）。この部分の計算量は人数 n に比例する。

4つ目のブロックは，点数の小さいほうから，その点数の人数分だけ点数を出力している（tmp[90] = 5 なら90点の人数が5人なので，90を5回出力する）。この部分も人数分の出力をするだけなので，計算量は人数 n に比例する。

以上から，このプログラムの計算量は $\Theta(n)$ であり，正答は**2**となる。

No.8 の解説 参照渡し →問題は P.516

　値渡しと参照渡しの違いを問う問題である。両者の違いは，もともとの変数に影響があるかないかである。プログラムそのものは易しいので，意味を確認して計算しよう。

　実際に実行する。このとき，たとえば関数の引数が値渡しで定義されている場合，実際にその変数を定義して，その変数に値が代入されていると考えるが，参照渡しの場合，参照された変数がそのまま使われると解釈する。

　結果として，このプログラムでは変数として t，w，a，b，x，y の5つの値を追っていく，一方 u，v は参照渡しとして定義されているので，その関数の計算では，参照されている変数の値を変化させる。

　これを踏まえて，変数の変化を表にまとめる。

行	計算式	t	w	a	b	x	y
14	a = 1，b = 2			1	2		
15，1	値渡し	1		1	2		
2	t = t + 1	2		1	2		
15，5	参照渡し (b)	2		1	2		
6	u = u + 2（u は b）	2		1	4		
3，7，15	x = f(a) + g(b)	2		1	4	6	
16，1	値渡し	1		1	4	6	
2	t = t + 1	2		1	4	6	
15，5	参照渡し	2		1	4	6	
6	u = u + 2（u は b）	2		1	6	6	
3，7，15	x = f(a) + g(b)	2		1	6	6	8
17，9	x は参照，y は値渡し	2	8	1	6	6	8
10	v = v − w（v は x）	2	8	1	6	− 2	8
11	w = v − w（v は x）	2	− 10	1	6	− 2	8
17	計算終了	2	− 10	1	6	− 2	8

　以上から，計算終了時点で $x = -2$，$y = 8$ となり，正答は**2**となる。

データベースの問題は，試験区分が国家Ⅱ種から国家一般職［大卒］に変わった平成24年度以降非常に出題が少なかったが，試験区分が「デジタル・電気・電子」に見直された令和4年度試験では出題された。出題範囲の参考として見てほしい。本問は設問をよく読めば，必要な知識は説明されている。

それぞれについて見る。

「氏名」について

職員番号が決まれば，氏名は決定される。また，研修コードからは決定されない（1つの研修に複数の職員が参加している可能性がある）。したがって，氏名は主キーの一部である職員番号に部分関数従属する。

「入社年月」について

職員番号が決まれば，入社年月は決定される。また，研修コードからは決定されない。したがって，入社年月は主キーの一部である職員番号に部分関数従属する。

「研修名」について

研修コードが決まれば，研修名は決定される。また，職員番号からは決定されない。したがって，研修名は主キーの一部である研修コードに部分関数従属する。

「受講年」について

研修コードが決まっても，同じ研修が2回以上開かれている可能性があり，（実際，情処1級はH25，H27に開かれている）受講年は決定できない。また，職員番号が決まっても同じ職員が複数年にわたって研修を受けている可能性があるため（実際，7010番の職員はH24とH25に受けている），受講年は決定できない。したがって，受講年は主キーに部分関数従属していない。

なお，「部分関数従属ではない」「主キー全体から一意に決定できる」の2つの条件を満たす場合，主キーに完全関数従属しているという。本問で，同じ職員が同じ研修を2回以上受講しないのであれば，受講年は主キーに完全関数従属する。

以上より，正答は**1**となる。

索　引

■ 執筆者紹介

丸山 大介（まるやま・だいすけ）

1974年，長野県生まれ。東京大学工学系研究科社会基盤工学専攻修士課程修了。
技術系公務員試験受験指導歴16年のカリスマ講師。
自身も国家Ⅰ種1位合格2回（土木職，理工Ⅰで各1回）などの経歴を持つ。
主な著書に『めざせ技術系公務員　最優先30テーマの学び方』
『技術系〈最新〉過去問　工学に関する基礎（数学・物理)』
『技術系〈最新〉過去問　土木』
『技術系公務員試験　工学の基礎［数学・物理］攻略問題集　新版』（実務教育出版）がある。
ホームページで，日々最新情報を発信中。
http://www.maru-will.com

編集協力　ZACCOZ

●**本書の内容に関するお問合せについて**

　本書の内容に誤りと思われるところがありましたら，まずは小社ブックスサイト（jitsumu.hondana.jp）中の本書ページ内にある正誤表・訂正表をご確認ください。正誤表・訂正表がない場合や訂正表に該当箇所が掲載されていない場合は，書名，発行年月日，お客様の名前・連絡先，該当箇所のページ番号と具体的な誤りの内容・理由等をご記入のうえ，郵便，FAX，メールにてお問合せください。

〒163-8671　東京都新宿区新宿1-1-12　　実務教育出版　第二編集部問合せ窓口
FAX：03-5369-2237　　　　E-mail：jitsumu_2hen@jitsumu.co.jp

【ご注意】
※電話でのお問合せは，一切受け付けておりません。
※内容の正誤以外のお問合せ（詳しい解説・受験指導のご要望等）には対応できません。

公務員試験
技術系　新スーパー過去問ゼミ　**電気・電子・デジタル**

2023年1月31日　初版第1刷発行　　　　　　　　　　　　〈検印省略〉

編　者　資格試験研究会
執筆者　丸山大介
発行者　小山隆之

発行所　株式会社　実務教育出版
　　　　〒163-8671　東京都新宿区新宿1-1-12
　　　　☎編集　03-3355-1812　　販売　03-3355-1951
　　　　振替　00160-0-78270
印　刷　精興社
製　本　ブックアート